21世纪经济管理精品教材·会计学系列

会计学教程

车幼梅 ◎ 主 编

清华大学出版社

北 京

内 容 简 介

本书主要介绍会计的基本概念、方法和原则。全书可以分为三个部分：第一部分是初级的财务会计，具体介绍了会计的含义，各会计要素的定义及相互之间的关系，会计循环的程序与方法，资产、负债、所有者权益、收入、费用和利润等会计要素的具体确认和计量的方法与原则；第二部分介绍了财务报表和财务报告的基本内容、编制原理以及常见的分析方法；第三部分是管理会计的基本概念与方法。

本书适用于高等院校会计专业和经济管理类其他专业的会计学原理或基础会计课程。本书可为高校的财务会计、管理会计、财务分析、审计等后续课程提供一个知识基础。

图书在版编目（CIP）数据

会计学教程/车幼梅主编.--北京：清华大学出版社，2015（2018.2重印）

（21世纪经济管理精品教材·会计学系列）

ISBN 978-7-302-41195-6

Ⅰ.①会…　Ⅱ.①车…　Ⅲ.①会计学－高等学校－教材　Ⅳ.①F230

中国版本图书馆 CIP 数据核字（2015）第 184821 号

责任编辑：杜　星
封面设计：王新征
责任校对：宋玉莲
责任印制：李红英

出版发行：清华大学出版社
　　　　　网　　　址：http://www.tup.com.cn，http://www.wqbook.com
　　　　　地　　　址：北京清华大学学研大厦 A 座　　　　　邮　　编：100084
　　　　　社 总 机：010-62770175　　　　　　　　　　　　邮　　购：010-62786544
　　　　　投稿与读者服务：010-62776969，c-service@tup.tsinghua.edu.cn
　　　　　质量反馈：010-62772015，zhiliang@tup.tsinghua.edu.cn
　　　　　课件下载：http://www.tup.com.cn，010-62770175-4506
印 刷 者：北京富博印刷有限公司
装 订 者：北京市密云县京文制本装订厂
经　　销：全国新华书店
开　　本：185mm×260mm　　　印　张：23.75　　　字　数：549 千字
版　　次：2015 年 8 月第 1 版　　　　　　　　　　　印　次：2018 年 2 月第 2 次印刷
印　　数：4001～5000
定　　价：39.80 元

产品编号：045760-01

　　本书主要是作为大学本科非会计专业的经济管理类课程教材,也可以作为会计专业学生的入门教材。本书的编写是为了使读者能够了解会计学原理,也为他们进一步学习财务会计、管理会计、财务分析、审计等内容而提供一个知识基础。

　　本书所涉及的会计原理、方法、概念等,都是以目前我国和国际最新的企业会计准则和其他相关的会计规范为依据的。考虑到非会计专业学生或初学者的特点,本书力求内容的全面和简练,以及表述的通俗易懂、深入浅出、严谨准确。本书不但配有较多的图表,而且所设的实例和例题尽量做到业务不太复杂但能较好地说明相关的概念或原理。全书每一章前都有"学习目标",使学生了解这一章的学习要求和重点。章后都有"思考题"、"练习题"与"案例分析题",目的是让学生通过习题与案例中提出的问题和要求,运用已学的知识来练习解答的方法,培养会计的思考方式与动手能力。

　　全书共分十章,主要内容如下。

　　第一章是绪论,通过介绍会计是什么、会计信息的使用者、会计目标与信息质量、会计职业等几个方面,使初学者对会计、会计学、会计职业有一个大致的了解。

　　第二章介绍了会计要素的定义、它们之间的关系,使初学者认识财务会计的基本信息原素及其数量关系,为阅读与理解财务报表打下基础。

　　第三章是会计循环,比较详细地介绍了复式记账的原理,账户及其意义,会计账证表的作用、格式、填制要求以及会计循环程序和核算方法,使读者能够初步了解会计的确认、计量和报告的内容和过程,从而更好地理解会计信息的特点。

　　第四章至第七章介绍资产、负债、所有者权益、收入、费用和利润等会计要素的具体计量和确认的原则与方法。此四章的内容主要是以资产负债表、利润表等财务报表的主要项目为线索进行安排的。

　　第八章财务报表与第九章财务报告分析,是在前几章的基础上,进一步介绍财务报表的内容、格式、编制,并且介绍了财务报表附注。财务报告分析从财务报告使用者角度,着重介绍了对财务报告进行数据分析的常见方法,说明如何从财务报告反映的内容中更好地了解企业的真实情况和能力。

以上第二章至第九章主要是财务会计的内容。

第十章是管理会计简介,主要介绍了管理会计常用的基本概念,介绍了经营决策和投资决策中会计信息的使用,还介绍了企业预算和责任会计。

本书由车幼梅主编,负责拟定全书的结构和编写其中几章,并对一些章节进行了修改和补充,对全书进行了总纂。各章(包括章后的思考题、习题和案例)编写分工如下:第一章和第二章:车幼梅;第三章:罗关良;第四章:周夏飞;第五章和第六章:赵静;第七章:车幼梅;第八章:姚婕;第九章:朱茶芬;第十章:王谦才。

本书在内容安排与表述上难免存在不适当和错误之处,恳请读者给予指正,以使此书在今后能够得到修改与提高。

编 者

2015 年 4 月 21 日

目录

绪 论

1. 了解会计的含义；
2. 了解会计信息的使用者及其需要，掌握财务会计与管理会计的区别；
3. 了解会计规范的性质、内容与必要性，理解企业会计准则体系的结构与基本内容；
4. 理解会计目标和会计信息的质量要求；
5. 了解会计职业的情况。

第一节 会计的含义

通俗地说，会计是一种通用的商业语言。也就是，会计是人们在经济活动中一种重要的信息传递和交流的工具。利用会计语言对某一特定对象（如一个企业）的经济活动所作的描述使人们可以了解这一对象的很多重要信息，并据此作出相关的经济决策。

原始的会计只是运用记数的方法，履行简单的对生产活动数量方面的记录功能，以便管理财物、安排生产。在商业活动尚不发达的漫长时期里，会计的运用主要与政府的财政活动特别是与税收有关。在我国的周朝以及古巴比伦和古埃及等都已有进行会计记录的官员，对会计记录的审计也已出现。约从13世纪开始，在地中海沿岸的一些城市，手工业和商业日益发展，对这些商业经营活动的管理显得十分重要，会计方法也随之发展。现代会计的一个重要方法——复式记账就是在那一时期出现的，会计作为一种现代意义上的商业语言也是从那时开始的。从17世纪末的工业革命开始，大工业取代了手工作坊，企业规模扩大，对管理的要求提高。人们需要对生产过程进行更加严密的组织、需要筹集大量的资金、销售产品、支付货款和银行贷款等等。所有这些都需要运用会计来进行及时的记录、分析和报告。企业规模的扩大和企业组织形式的发展最终导致了投资者与管理者的分离，这就对会计提出了新的要求：向投资者报告企业管理者履行职责情况。自20世纪以来，科学技术的进步、金融市场的发展、跨国公司的成长、税务管理的复杂等等，使得从宏观管理到微观管理、从组织到个人，人们对会计信息的需求有了前所未有的提高，会计信息在决策与管理中不可或缺的地位更加突显。总之，会计是在适应快速发展的环境和满足不断变化的需求中得到发展的。

作为一种商业语言，会计所传递的是财务信息，即以货币作为计量尺度的数量信息。会计信息主要反映的是一个经济实体所掌握的经济资源及其变动。尽管人们对于将会计视为一种商业语言的理解疑义较少，但是所提出的会计定义却各种各样。有人定义会计是一个信息系统,有人认为会计是一项管理活动等。但是,会计是"确认、计量和报告经济信息的过程"这一会计含义的表述还是得到了较大的共识。

会计的"确认、计量和报告"是对处理和传输会计信息过程的归纳。简单地说,会计确认涉及的是什么活动及其影响应该记录、如何记录(应记作什么会计要素,这涉及分类问题)以及何时记录的问题;会计计量涉及的是确认的对象应如何使用货币等度量单位来衡量的问题,或者正如美国会计学会的一个研究报告中指出的那样:"会计计量是建立在过去或现在观察和按规则记录的基础上的,对一个企业的过去、现在或未来经济现象予以数字分配。"会计计量也是数字的计算过程,并且会计计量中总是存在不同程度的估计;会计报告是向使用者传输会计信息的过程,就是提供已确认和计量的结果,作出分析和解释,并以适当的形式,清晰和及时地提供给使用者。其实,报告什么以及如何报告也是一种确认。会计的确认、计量和报告这几个过程将在本书后面的内容中得以详细介绍。

第二节　会计信息使用者

会计信息使用者因其身份的不同和所作的决策不同,对信息的需求也不同。就一个企业或组织来说,会计信息的使用者可分内部和外部两类。下面以企业为例进行讨论。

一、内部使用者

企业内部的使用者是指企业的管理者。企业的管理者包括公司董事会成员、企业的行政长官(如总经理)、企业的战略规划、财务、供应、营销、人事、研发、技术、物流等部门的管理人员。管理者在实施管理时,需要很多会计信息。比如,一个公司经理可能会问:

现金是否足够支付公司的借款?

客户是否能及时支付货款?

每一单位产品的制造成本是多少?

成本有没有超过预算?

今年公司能否负担得起员工工资的上涨?

哪一种产品最赚钱?

为扩大业务需要借多少钱?

为了帮助管理者回答这些问题,会计就要提供内部报告。内部报告的内容可涉及内部的决策、计划和控制等管理的不同过程。

1. 决策过程

从决策过程看,会计提供的信息涉及多个方面:

(1) 生产决策:在生产什么、生产多少以及如何组织生产等问题上,会计可从各产品对企业利润的贡献、零部件外购和自制的不同成本、产品或作业的成本构成以及降低成本的途径等方面提供信息。

(2) 营销决策:在确定销售价格、销售策略等方面,会计可提供的信息有:从企业的成本、利润等角度评价产品价格的合理性、说明不同营销方式下的销售费用、分析不同信用条件下的销售额以及坏账和收账费用等。

（3）投资决策：会计可从投资所需的资金额、未来能带来的利润或现金流量、资本成本等因素说明投资是否合算。

（4）筹资决策：会计可从企业扩大经营、增加新业务等所需资金的量、不同筹资方式的融资成本和它们对企业未来现金流量的影响等方面分析筹资的金额以及筹资方式的合理性等。

2. 计划与控制过程

从计划和控制过程看，会计的一个重要作用体现在编制预算上，预算是计划的重要形式，是用货币量化的行动指南。而且，通过预算可使各部门在企业目标下得以沟通和协调，预算也为业绩评价提供了一个标准。它包括销售、生产、原材料、人工费用、制造费用、销售和管理费用等预算以及现金预算、资本预算等。预算覆盖了某一特定时期（通常是一年）整个企业的经营和财务活动。控制就是使事情按计划进行。会计信息在控制过程中的作用也是明显的，会计信息可反映企业各部门的工作业绩和预算执行情况，会计可通过实际结果与预算标准的比较找出两者的差异，通过差异分析找出产生差异的原因，从而才能提出改进工作或计划的措施。另外，会计的这些信息也为企业确定职工工资水平、岗位和采取其他奖惩措施提供了依据。

二、外部使用者

企业会计信息的外部使用者，是相对于企业管理层作为企业内部使用者而言的。主要的外部信息使用者有：

1. 投资者

投资者就是指企业的所有者。企业的所有者之所以属于企业"外部"信息使用者，是由于现代企业使所有权和管理权相分离，所有者可不直接参与企业的管理。这不但使所有者了解企业情况的途径不同于企业管理层，而且导致了在会计上将企业视为独立于所有者的实体。在市场经济和资本市场不断发展的今天，投资者包括个人、机构等，且其身份日益复杂。投资者，包括潜在的投资者，主要关心的是企业过去的经营是否成功以及将来可能获利的情况。他们需要会计信息，在投资之前，要判断自己投资的获利前景和风险因素，将投资对象进行比较，以决定是否投资；在资本投入企业后，他们还要继续关注企业的盈利能力、利润分配和财务状况，以决定是否再投资或撤资。在资本市场，投资者需要会计信息帮助决定是否应当买进、持有或者卖出企业的股票或者股权，他们还需要信息来帮助其评估企业支付股利的能力等。

2. 债权人

债权人包括贷款人、企业债券的持有者、供应商以及被企业欠钱的其他单位和个人。债权人主要关心的是企业的偿债能力和财务风险，他们需要会计信息来评估企业能否按期支付利息、租金或其他形式的投资回报以及归还所欠本金等。所以，债权人通常根据会计信息考察企业资产的流动性和现金流量，评估信用风险，作出是否成为企业的债权人和如何保证资金安全的决策。

3. 政府及其有关部门

政府及其有关部门,其中包括税务部门、财政部门、证券监督管理委员会等,作为经济管理和经济监管部门,通常关心经济资源分配的公平、合理,市场经济秩序的公正、有序,宏观决策所依据信息的真实可靠等,他们需要会计信息来监管企业的有关活动(尤其是经济活动)、制定相关的法规、政策和国民经济统计等。在政府部门中,税务部门是一个重要的会计信息使用者,税务部门需要会计信息制定税收政策、进行税收征管,比如依法要求会计提供各种税务专用报表,而且还要对相关的会计信息进行审计,以确定企业应纳税额和企业依法纳税的情况。

4. 社会公众

社会公众是国家经济的重要参与者,他们也关心企业的生产经营活动,包括企业对所在地经济做出的贡献,如节约资源、增加就业、刺激消费、提供社区服务等。因此,会计提供有关企业发展前景及其能力、经营效益及其效率等方面的信息,可以满足社会公众的信息需要。

为满足企业外部使用者的需要,会计定期提供具有规定格式和内容的财务报告,并且需要对这些会计信息进行规范,这些规范需要明确会计信息使用者和会计目标以及信息质量要求、信息主要内容及其确认和计量的原则等。有关会计对外信息的使用者,我国《企业会计准则——基本准则》指出:"财务会计报告使用者包括投资者、债权人、政府及其有关部门和社会公众等。"国际会计准则理事会(IASB)在财务报告的"概念框架"(2010年)中,明确了财务报告的主要使用者,为"现有和潜在的投资者、贷款人和其他债权人"。

第三节　财务会计与管理会计

会计按其信息使用者不同或服务对象的不同,可分为财务会计和管理会计。

财务会计是为企业外部信息使用者服务的会计。它定期向外提供以财务报表为主要内容的财务报告。

管理会计是为企业内部管理服务的会计。它根据需要为管理者提供内部报告。

一、财务会计与管理会计的区别

财务会计与管理会计的根本区别就是服务对象的不同,由此还产生了其他很多不同,主要有以下几个方面:

(一) 信息处理和报告的限制

1. 财务会计

从上一节可知,会计信息的外部使用者涉及很多方面,他们分别都有自己关心的问题,但财务会计往往不是一对一提供报告的。在大多数情况下,使用者一般得不到专门针对自己解决具体问题的信息,只能接受企业提供给外部的同一财务报告。所以,外部使用者如果不掌握报告编制的基本规则就很难理解这些信息的含义。而如果每一企业都有自己编制报告的规则,那么,当信息使用者进行决策需要将不同企业进行比较时,他必须掌握各企业的不同规则,否则,就无法比较。比如,某个公司告诉你它今年赚了 1 000 万元利润,如果你不知道它把什么称为利润、今年这 1 000 万元又是怎么确定的,这一信息对你的用处就不大。如果另一公司说它今年的利润是 2 000 万元,当你不知道这两家公司确定利润的口径是否一致时,你又怎么能判断这 2 000 万的利润就一定比那 1 000 万多呢?而且,还有最重要的一点,就是为保证会计信息的公允性,需要有统一的标准来规范会计信息的处理和报告。

因此,财务会计为满足外部使用者的一般性需要,其信息的处理与报告应遵循权威机构制定的原则或统一的制度,以保证信息的公允、可比和便于使用。

对财务会计的这种限制严格而周到,可涉及会计的处理程序、会计账证表的格式与保管、会计确认与计量的原则、会计方法的选择原则、财务报告的具体内容和形式等。这些原则或制度将在本章的"会计规范"一节以及以后相关章节中再具体讨论。

2. 管理会计

由于管理会计信息是企业自己内部使用的,管理者需要什么信息就可让会计部门提供,而且各企业都有自身特有的管理问题,所以,管理会计没有权威机构制定的强制性的信息处理和报告原则。会计处理程序、内部报告的形式和内容等可以灵活多样。当然,管理会计也要受成本效益等原则的约束。

(二)信息的类型

1. 财务会计

财务会计为保障企业外部使用者的权利,其信息是客观的,亦即是以可验证的事实为基础的。从时间上看,为了保证客观或可验证,财务会计信息往往只反映企业已经发生的事项,是对过去的总结。财务会计信息基本都是以货币表述的财务信息,如我国财务报表中的各项目就是以"元"为单位的。

2. 管理会计

管理会计不但提供客观信息,而且也有必要提供主观信息,如对将来发生事情及其影响因素和可能性的推测。从时间上看,管理会计尽管也有过去信息,但它强调的是控制现在和预测未来,这与管理会计紧随各管理环节提供服务有关。管理会计除了财务信息之外,也有一些非财务信息,如以实物量、工时等计量的信息。

总之,财务会计信息基本是客观可验证的、过去的、财务性的,而管理会计信息主客观兼容、注重未来、财务与非财务并存。

(三)信息的空间范围

1. 财务会计

财务会计信息的内容往往是将企业作为一个整体,综合反映一个企业的整体财务状况、现金流量和经营成果。

2. 管理会计

管理会计信息既反映整体又反映局部,在局部方面可详细提供企业内部各部门、产品、作业、个人等情况,局部信息不但能帮助某一具体决策问题的解决,也有助于落实计划、评价业绩与考核等。

（四）信息的时期跨度

1. 财务会计

财务会计的报告期是固定的，报告时间有严格规定。财务会计通常以一年为报告期，也可以按月、季、半年提供中期报告。财务会计按报告期分隔各项连续的经营活动，按报告期提供一个企业全部活动在该期内引起的经营成果的信息。

2. 管理会计

管理会计可灵活地根据管理要求提供不同时间跨度的信息，比如可按周、按日甚至按小时落实预算、反映资金调度情况、报告某方面的工作进展等，也可以按 5 年、10 年、20 年反映某一项活动从开始到结束的整个过程及其影响。

二、财务会计与管理会计的联系

尽管财务会计与管理会计有上述这些区别，但是两者之间的联系也是十分明显的：

（1）财务会计和管理会计是会计的两个部分，在企业的管理信息系统中它们同属于会计信息系统。它们的最终目标都是为决策者提供信息。信息描述的对象都是与一个企业的经营活动及其价值方面有关；

（2）管理会计信息常常是在财务会计信息基础上生成的。也就是说，财务会计和管理会计的数据基础是基本相同的，很多会计记录是为最终编制财务会计报告而准备的，经过进一步加工处理，就成了内部管理需要的信息；

（3）有时企业内部与外部决策者所需的会计信息是一样的。所以，企业管理者可以直接利用财务会计信息。而由于"内外有别"，使得外部使用者不能获得属于管理会计的信息。

本书从第二章至第九章主要讨论财务会计，第十章介绍管理会计。

第四节 会 计 规 范

会计规范从广义来说，是指人们在从事与会计有关的活动时，所应遵循的约束性或指导性的行为准则。而且会计规范可以从多种角度看，比如：从规范的内容分，有会计技术规范、会计道德规范等；从规范的形式分，有会计行业规则或会计惯例、会计法律和制度规范等。我们通常所说的会计规范，往往是指会计法律和制度规范。如前所述，会计信息是很多人进行经济决策的重要依据，会对信息使用者的利益产生重大影响。所以，为保障信息使用者的权利，保证会计工作的有效性，并使会计信息能够公允、可比、符合使用者的需要，建立相应的会计规范十分必要。

一、我国会计规范概述

在我国有很多法律、法规、规章等都会涉及会计的内容。例如，我国证券市场实现证券信息持续公开制度，中国证券监督管理委员会根据《公司法》、《证券法》发布关于信息披露的部门规章，主要有：《公开发行证券的公司信息披露编报规则》、《公开发行证券的公司信息披露内容与格式准则》等，它们对会计信息的披露做出了详细的规定。另外，如《审计法》、《证券法》、《票据法》、《税收征收管理法》、各种税法、各种企业以及银行、保险法等相关法律法规、部门规章都有关于会计方面的规定。而专门有关会计方面的规范,依次就有:《会计法》、《注册会计师法》等国家法律;《企业财务会计报告条例》、《总会计师条例》等行政法规;《企业会计基本准则》、《会计从业资格管理办法》、《财政部门实施会计监督办法》、《代理记账管理办法》等部门规章;《企业会计具体准则》、《会计基础工作规范》、《企业会计信息化工作规范》、《会计档案管理办法》等规范性文件。除此之外,还有会计的地方性法规和企业、机构或单位的内部会计制度等。由此可见,我国现行的会计规范已经形成一个由国家法律、行政法规、地方法规、部门规章、规范性文件和企业内部制度等有机组成的体系。

下面仅介绍一下会计的法规体系。

(一)会计法律

国家法律是由国家最高权力机构——全国人民代表大会制定,具体经全国人大的常务委员会通过,由国家主席签发。属于这一层次的会计法律是《中华人民共和国会计法》(以下简称《会计法》),它是会计工作的基本法,是其他层次会计法规的依据。在会计规范体系中《会计法》居于最高层次。

《会计法》由全国人大于 1985 年颁布,并经 1993 年和 1999 年两次修订。《会计法》共分七章、五十二条,主要在会计核算、会计监督、会计机构、会计人员、法律责任等方面作出了规定。《会计法》划分了会计工作的管理权限,确定了会计工作的地位和作用,规定了会计机构和会计人员的主要职责,明确了会计人员的职权和行政职权的法律保障。同时还明确了单位负责人和会计人员履行职责的法律责任。另外,《会计法》还专门对公司、企业的会计核算作了特别规定。

此外,我国还有专门针对注册会计师及其执业的法律:《注册会计师法》(1993 年 10 月 31 日公布,自 1994 年 1 月 1 日起施行)。

(二)会计行政法规

行政法规是由国家最高行政机关——国务院制定的,具体由国务院常务委员会通过,由国务院总理签发。会计行政法规是会计法律的具体化和某个方面的补充。在我国现行会计规范中,属于会计行政法规的主要有《总会计师条例》、《企业财务会计报告条例》等。

《总会计师条例》由国务院于 1990 年 12 月 31 日发布,并于同日施行。该条例共五章、二十三条,适用于国有大中型企业和事业单位。该条例规定了总会计师的设置、职责、权限、任免和奖惩等内容。总会计师属于行政职位,条例规定:总会计师协助企业或事业单位的主要行政领导人工作、直接对他们负责;总会计师组织领导本企业或事业单位的财务管理、成本管理、预算管理、会计核算和会计监督等方面的工作,参与本单位重要经济问题的分析和决策。

《企业财务会计报告条例》由国务院发布于 2000 年 6 月 21 日,自 2001 年 1 月 1 日起施行。该条例依据《会计法》制定,共分六章、四十六条,对企业(包括公司)编制和对外提供财务会计报告作了规定,主要涉及财务会计报告的构成、编制、对外提供、法律责任等几个方面的内容。该条例严禁提供虚假或隐瞒重要事实的财务会计报告,明确了应由企业负责人对本企业财务报告的真实性和完整性负责,还规定了注册会计师审计财务报告的法律依据。该条例具体规定了财务报告的期间和构成内容、基本财务报表的项目分类、定义及列示、附表附注和财务情况说明书的具体内容,还规定了报告的编制基础、编制依据、编制原则和方法等,而且还对财务报告的封面、签章、报告的提供对象、报告的审计等作了规定。

(三)会计部门规章

部门规章是由国务院的各部委制定的,会计的部门规章主要由国家主管会计工作的行政部门——财政部制定,作为财政部令由部长签发。会计的部门规章依据会计法律和会计法规而制定,其内容具体可包括会计核算、会计监督、会计机构和会计人员管理、会计工作管理等方面。

(1) 会计核算方面的部门规章:到目前为止,主要有《企业会计准则——基本会计准则》、《小企业会计准则》、《事业单位会计准则》等。

《企业会计准则——基本会计准则》,是我国财政部于 2006 年对 1992 年发布的《企业会计准则》进行修订后公布的,并于 2014 年进行了修改。基本准则共有十一章、五十条,主要内容有:总则、会计信息质量要求、资产、负债、所有者权益、收入、费用、利润、会计计量、财务报告等,是会计准则制定的出发点,是制定具体准则的基础。

《小企业会计准则》,是财政部在 2011 年 10 月 18 日发布,于 2013 年 1 月 1 日施行的规章,是为了规范小企业会计确认、计量和报告的行为。该准则分十章共九十条,从资产、负债、所有者权益、收入、费用、利润和利润分配、外币业务、财务报表等方面进行了规范。

《事业单位会计准则》,是财政部在 2012 年 12 月 6 日发布,于 2013 年 1 月 1 日施行的规章,该准则分九章、共四十九条,从会计信息质量要求、资产、负债、净资产、收入、支出或者费用、财务会计报告等几个方面对各类事业单位的会计核算和会计信息质量进行了规范。

(2) 会计监督方面的规章:有《财政部门实施会计监督办法》等。

(3) 会计机构和会计人员管理方面的规章:有《会计从业资格管理办法》等。

(4) 会计工作管理方面的规章:有《代理记账管理办法》等。

(四)会计规范性文件

会计规范性文件是指:财政部等根据法律、行政法规、部门规章制定的,具有约束力的非立法性文件。

以下介绍几个重要的会计规范性文件:

《会计基础工作规范》,由财政部于 1996 年 6 月 17 日发布实施。该规范是依据《会计法》的有关规定而制定的,为了加强会计基础工作、建立规范的会计工作秩序。规范适用于各种组织机构,如国家机关、社会团体、企业、事业单位、个体工商户等。规范共有六章、一百零一条,主要从四个方面进行了规范:一是会计机构与会计人员,具体包括会计机构设置、会计人员配备、职业道德等;二是会计核算,对会计核算一般要求、填制会计凭证、登记会计账簿、编制财务报告等进行了规范;三是会计监督;四是内部会计管理制度。

《企业会计信息化工作规范》,由财政部于 2013 年 12 月 6 日发布,2014 年 1 月 6 日起施行。该规范所称"会计信息化",是指企业利用计算机、网络通信等现代信息技术手段开展会计核算,以及利用上述技术手段将会计核算与其他经营管理活动有机结合的过程。规范制定的目的是为了提高会计软件和相关服务质量,规范信息化环境下的会计工作。该规范共五章、四十九条,包括会计软件和服务、企业会计信息化、监督等内容。

《会计档案管理办法》,由财政部于1998年8月21日发布,1999年1月1日起施行。该办法共有二十一条,是根据《会计法》和《档案法》的规定而制定的,适用于企业和其他各种组织。会计档案是指会计凭证、会计账簿和财务报告等会计核算专业材料,会计档案是记录和反映单位经济业务的重要史料和证据。该办法规定了会计档案的立卷、归档、保管、查阅和销毁等管理要求。

《企业会计准则》第1号到第41号以及《〈企业会计准则〉应用》、《〈企业会计准则〉解释》等,它们也属于会计规范性文件。它们是在《企业会计准则——基本准则》指导下制定的,与基本准则共同组成了企业会计准则体系。

二、企业会计准则

企业会计准则属于企业的重要管理制度以及资本市场和市场经济的重要市场规则。财政部有关会计准则的讲解,认为会计准则的内涵至少有三点:第一,会计准则是反映经济活动、确认产权关系、规范收益分配的会计技术标准,是生成和提供会计信息的重要依据;第二,会计准则是资本市场的一种重要游戏规则,是实现社会资源优化配置的重要依据;第三,会计准则是国家社会规范乃至强制性规范的重要组成部分,是政府干预经济活动、规范经济秩序和从事国际经济交往等的重要手段。

我国企业会计准则体系由基本准则、具体准则、应用指南和解释等部分构成。基本准则作为概念框架,明确会计确认、计量和报告的基本要求,指导具体准则的制定。具体准则主要规范企业发生的各类交易事项会计确认、计量和报告的具体要求。应用指南主要对具体准则涉及的有关重点与难点问题提供释例和操作性指引。解释是针对会计准则执行中出现的问题和国际会计准则的新动向而作出的补充说明和会计处理的规定。

企业会计准则是会计规范体系、特别是企业财务会计规范体系中的重要组成部分,见图1-1。

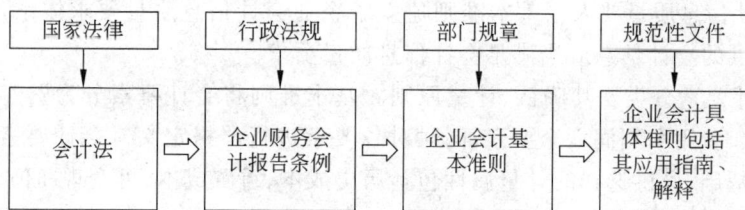

图 1-1　我国企业财务会计规范体系框架示意

（一）企业会计基本准则

《企业会计准则——基本准则》是企业会计准则体系的概念基础,是制定具体准则、应用指南和解释等的依据。基本准则类似于国际或美国等会计准则中的"财务会计概念框架",在企业会计准则体系中是第一层次的。

1. 基本准则的作用

根据财政部对会计准则的讲解,基本准则的主要作用如下:

(1) 统驭具体准则的制定。基本准则规范了包括财务报告目标、会计基本假设、会计信息质量要求、会计要素的定义及其确认、计量原则、财务报告等在内的基本问题,是制定具体准则的基础,对各具体准则的制定起着统驭作用,可以确保各具体准则的内在一致性。我国基本准则第三条明确规定,"企业会计准则包括基本准则和具体准则,具体准则的制定应当遵循本准则(即基本准则)"。在企业会计准则体系的建设中,各项具体准则也都明确规定按照基本准则的要求进行制定和完善。

(2) 为会计实务中出现的新问题提供会计处理依据。在会计实务中,由于经济交易事项的不断发展、创新,一些新的交易或者事项在具体准则中尚未规范但又急需处理,这时,企业不仅应当对这些新的交易或者事项及时进行会计处理,而且在处理时应当严格遵循基本准则的要求,尤其是基本准则关于会计要素的定义及其确认与计量等方面的规定。因此,基本准则不仅扮演着具体准则制定依据的角色,也为会计实务中出现的、具体准则尚未做出规范的新问题提供了会计处理依据,从而确保了企业会计准则体系对所有会计实务问题的规范作用。

2. 基本准则的内容

基本准则的制定吸收了当代财务会计理论研究的最新成果,反映了当前会计实务发展的内在需要,体现了国际上财务会计概念框架的发展动态,构建起了完整、统一的财务会计概念体系,从不同角度明确了整个会计准则需要解决的基本问题,内容包括以下方面:

(1) 财务报告目标。基本准则明确了我国财务报告的目标是向财务报告使用者提供决策有用的信息,并反映企业管理层受托责任的履行情况。

(2) 会计基本假设。基本准则强调了企业会计确认、计量和报告应当以会计主体、持续经营、会计分期和货币计量为会计基本假设。

(3) 会计基础。基本准则坚持了企业会计确认、计量和报告应当以权责发生制为基础。

(4) 会计信息质量要求。基本准则建立了企业会计信息质量要求体系,规定企业财务报告中提供的会计信息应当满足会计信息质量要求。

(5) 会计要素分类及其确认、计量原则。基本准则将会计要素分为资产、负债、所有者权益、收入、费用和利润六个要素,同时对各要素进行严格定义。会计要素在计量时以历史成本为基础,可供选择的计量属性包括历史成本、重置成本、可变现净值、现值和公允价值等。

(6) 财务报告。基本准则为了实现财务报告目标,明确了财务报告的基本概念、应当包括的主要内容和应反映信息的基本要求等。

基本准则的上述内容,我们会在本章、第二章以及以后各章中进一步进行阐述。

（二）企业会计具体准则

企业会计具体准则是根据《会计法》和《企业会计准则——基本准则》以及其他相关法律法规而制定的。它具体规范了企业会计确认、计量和报告行为，以保证会计信息质量。

我国目前的企业会计具体准则共有41项，分别是：

第1号——存货；	第17号——借款费用；	第29号——资产负债表日
第2号——长期股权投资；	第18号——所得税；	后事项；
第3号——投资性房地产；	第19号——外币折算；	第30号——财务报表列报；
第4号——固定资产；	第20号——企业合并；	第31号——现金流量表；
第5号——生物资产；	第21号——租赁；	第32号——中期财务报告；
第6号——无形资产；	第22号——金融工具确认	第33号——合并财务报表；
第7号——非货币性资产交换；	和计量；	第34号——每股收益；
第8号——资产减值；	第23号——金融资产转移；	第35号——分部报告；
第9号——职工薪酬；	第24号——套期保值；	第36号——关联方披露；
第10号——企业年金基金；	第25号——原保险合同；	第37号——金融工具列报；
第11号——股份支付；	第26号——再保险合同；	第38号——首次执行企业
第12号——债务重组；	第27号——石油天然气开	会计准则；
第13号——或有事项；	采；	第39号——公允价值计量；
第14号——收入；	第28号——会计政策、会计	第40号——合营安排；
第15号——建造合同；	估计变更和差	第41号——在其他主体中
第16号——政府补助；	错更正；	权益的披露。

企业会计具体准则虽然有几十个，但可以分为几类：一是从资产的确认和计量角度进行规范的，第1号至第6号、第22号（第22号中的金融工具既包括资产，也包括负债或权益），都应属此类；二是对一些专门业务的会计处理进行规范，第7号、第9号至第21号、第23号至第27号、第40号，都应属此类；三是专门有关计量问题的，有第8号、第39号；四是从报告或信息披露角度进行的规范，第28号至第37号、第41号，应属此类。

企业会计具体准则在我国有一个逐步完善的过程：

（1）1997年至2006年，具体准则从无到有。我国最早的会计准则是财政部于1992年12月发布的《企业会计准则》，其内容类似于后来的基本准则，但当时还没有具体准则，只有《企业会计制度》。第一个具体会计准则《关联方关系及其交易的披露》于1997年5月发布，2006年之前共陆续发布了16项具体会计准则，但还没有形成会计准则体系。

（2）2006年发布了一套完整的新企业会计准则，这是为了更好适应我国经济的市场化程度和国际经济的全球化的要求。当年我国财政部发布了企业会计的基本准则和38项具体准则，使企业会计准则形成了一个完整的体系，并与国际会计准则趋同。

（3）2014年又新增了3项具体准则，即第39号——公允价值计量，第40号——合营安排，第41号——在其他主体中权益的披露，并对基本准则和几项具体准则进行了修订。这是为了适应我国市场经济的发展和国际会计准则新一轮改革的深入，以提高财务报表列报质量和会计信息透明度，保持我国企业会计准则与国际财务报告准则的持续趋同。

（三）企业会计准则应用指南和解释

《企业会计准则应用指南》，是企业会计准则体系的重要组成部分。每项应用指南往往针对某一个具体准则而提出，如《〈企业会计准则——第1号存货〉应用指南》等，所以应用指南是与具体准则配套的。财政部在2006年发布了新的基本准则和38项具体准则时，同年发布了32项应用指南。如前所述，应用指南主要是对企业会计准则中的重点、难点和关键点作出解释性规定和说明。应用指南还有附录《会计科目和主要账务处理》，根据具体准则中涉及确认和计量的要求，规定了会计科目及其主要账务处理。今后，也许会改变《应用指南》单独发布的情况，而是将其包括在具体准则中，即具体准则由正文、应用指南、说明三个部分组成。

《企业会计准则解释》，是由财政部发布的公告，它是除了与具体会计准则配套发布的应用指南之外的企业财务会计规范性文件。《企业会计准则解释》主要是为了对会计准则执行中出现的问题或者新情况而作出的补充说明和针对性规定；或者，为了与国际会计准则趋同，当国际会计准则进行改革并作出增加或修订时，我国在不修订具体准则的情况下，相应作出的在会计计量、确认和报告等方面的调整。至今，财政部共发布了6项解释，其中《会计准则解释第1号》（2007年11月16日）是有关首次执行新准则的首份年报问题，以及有关境外子公司、经营租赁、金融工具、固定资产、长期股权投资、合并报表、企业改制等方面中的问题；《会计准则解释第2号》（2008年8月7日）是有关A股与H股的财务报告、合并报表、可转换公司债券、BOT业务、经营租赁等方面中的问题；《会计准则解释第3号》（2009年6月11日）是有关长期股权投资、金融工具、政府补助、股份支付、建造合同、利润表、分部报告等方面中的问题；《会计准则解释第4号》（2010年7月14日）是有关企业合并、合并报表、融资性担保公司、金融工具等方面中的问题；《会计准则解释第5号》（2012年11月5日）主要是有关企业合并、金融工具、金融资产转移中的问题；《会计准则解释第6号》（2014年1月17日）主要是有关固定资产和企业合并中的问题。从中可以看出，会计实务的发展和会计准则解释在其中的作用。

需要指出的是：一直以来，世界各国基本都有自己的会计规范，但随着全球经济的发展和对国际间财务会计信息可比性的要求，会计准则越来越趋于国际化。目前，世界上最具影响力的会计准则应是两个：一是美国的公认会计原则（Generally Accepted Accounting Principles，US GAAP），它是由美国财务会计准则委员会（FASB）、会计师协会（APB）和证券交易委员会（SEC）在《意见书》和《公报》中所规定的会计准则、方法和程序所组成的，它有200多条条款，内容繁多，主要侧重于具体的规则，它受到全球最大资本市场的管理者——美国证券交易委员会的承认，在世界上很有影响；二是《国际财务报告准则》（International Financial Reporting Standards，IFRS），它是由国际会计准则理事会（IASB）发布的，内容较为简略，偏重于原则的遵守，它被欧盟指定为欧洲普遍适用的会计准则，中国的会计准则已与之趋同，其影响力越来越大。这两者有不断融合的趋势，国际会计准则理事会和美国财务会计准则委员会正在进行和计划进行多个项目的合作。

第五节 会计目标和会计信息质量要求

会计目标和会计信息质量要求是企业会计基本准则中的两大内容。

一、会计目标

满足人们对会计信息的需求是会计存在的意义,因此会计目标是会计准则中首先需要解决的问题。我国的《企业会计准则——基本准则》中对会计目标是这么规定的:"向财务会计报告使用者提供与企业财务状况、经营成果和现金流量等有关的会计信息,反映企业管理层受托责任履行情况,有助于财务会计报告使用者作出经济决策。""会计目标"通常指的就是"财务会计报告目标",其中,"财务会计报告"(即财务报告)就是会计对外提供信息的形式。

从基本准则规定可知,会计目标有两个方面:

1. 反映企业管理层受托责任履行情况

受托责任是企业管理层作为受托方在接受企业所有者(即投资者)的委托而经管企业经济资源时所承担的一种义务。这种受托责任产生于企业的所有权与经营权分离之时。企业管理层的受托责任应是能合理有效地使用企业的资源,保全并增加价值,给投资者带来回报。因此,会计应能反映管理层的经营业绩,向委托方交出一份受托方的"成绩汇报单",从而使投资者可以通过财务报告评价管理层受托责任的履行情况。

2. 有助于财务会计报告使用者作出经济决策

借助会计信息作出经济决策的内容,取决于会计对外信息使用者(特别是主要使用者)的构成情况。如前所述,我国企业会计基本准则指出:"财务会计报告使用者包括投资者、债权人、政府及其有关部门和社会公众等。"可见,满足投资者的信息需要是企业财务报告编制的首要出发点。随着我国企业产权日益多元化、资本市场快速发展,投资者身份也趋于复杂,导致投资者对会计信息的内容与质量的要求日益提高。因此,把投资者作为企业财务报告的首要使用者,说明了投资者的重要地位,体现了保护投资者利益的要求,是市场经济发展的必然。尽管投资者构成复杂,但他们使用会计信息主要是决定是否需要进行或者调整投资,是否需要更换管理层等。为了投资者的决策需要,财务报告所提供的信息应当如实反映企业所拥有或者控制的经济资源、对经济资源的要求权以及经济资源及其要求权的变化情况;如实反映企业的各项收入、费用、利得和损失的金额及其变动情况;如实反映企业各项经营活动、投资活动和筹资活动等所形成的现金流入和现金流出情况等,从而有助于现在的或者潜在的投资者正确、合理地评价企业的资产质量、偿债能力、盈利能力和营运效率等;有助于投资者根据相关会计信息作出理性的投资决策;有助于投资者评估与投资有关的未来现金流量的金额、时间和风险等。

除了投资者之外,企业财务报告的使用者还有债权人、政府及有关部门、社会公众等。如前所述,企业的债权人需要会计信息评价企业的偿债能力和财务风险,及时作出保证其资金安全和获得应有回报的相应决策;政府及其有关部门需要从企业会计信息中了解和评价经济资源分配是否公平合理以及市场经济秩序是否公正有序,以作出相应的宏观决策;社会公众也需要会计信息了解企业对社会和经济所作的贡献并作出各自的决策。

需要指出的是:投资者和其他会计信息使用者,他们对财务会计信息的许多需求都是共同的。多数情况下,财务报告如果能够满足投资者的信息需求,也就可以满足其他使用者的大部分信息需求。

总之,会计目标,一方面是会计信息客观需求的反映;另一方面是基于人们多年来对会计目标研究的结果。会计目标的以上两个方面,从研究角度看,分别代表了"受托责任观"和"决策有用观"。从会计历史看,应是从"受托责任观"发展到"决策有用观";而从两者的关系看,目前会计准则将两者都列为会计目标,说明是将它们看成是有机统一的,因为反映管理层的受托责任履行情况,最终也是为了企业投资者作为委托方作出自己的决策,并且也可以为潜在的投资者和其他方面对管理层的业绩进行评价、作出他们的决策。因此,国际会计准则理事会(IASB)于 2010 年发布的财务报告概念框架中,认为:通用财务报告的目标,是向现有和潜在投资者、贷款人和其他债权人提供报告主体的财务信息,以利于他们作出有关为主体提供资源的决策。

二、会计信息的质量要求

会计信息质量对于实现会计目标、满足信息使用者需求的重要性是毋庸置疑的。会计信息质量要求是使会计信息对使用者决策有用应具备的基本特征。在《企业会计准则——基本准则》的第二章"会计信息质量要求"中,有如下具体规定:

(一) 可靠性

可靠性要求,是指企业应当以实际发生的交易或事项为依据进行会计确认、计量和报告,如实反映符合确认和计量要求的各项会计要素及其他相关信息,保证会计信息真实可靠、内容完整。

"可靠性"主要有三层意思:一是会计信息应以实际发生的事实为根据,不能虚构、歪曲或隐瞒事实;二是在符合重要性和成本效益原则的前提下,保证会计信息的完整性,不能随意遗漏或者减少应予披露的信息,与使用者决策相关的有用信息都应当充分披露;三是提供的会计信息应当是中立的、无偏的。如果企业在财务报告中为了达到事先设定的结果或效果,通过选择或列示有关会计信息以影响决策和判断的,这样的财务报告信息就不是中立的。

(二) 相关性

相关性要求,是指企业提供的会计信息应当与财务会计报告使用者的经济决策需要相关,有助于财务会计报告使用者对企业过去、现在或者未来的情况作出评价或者预测。

相关性就是会计信息应与使用者的决策相关,具有影响决策的能力。相关性是会计信息是否有用和是否具有价值的关键。相关的会计信息应具有反馈价值,即应当能够有助于使用者评价企业过去的决策,证实或者修正过去的有关预测;相关的会计信息还应具有预测价值,即应当有助于使用者根据财务报告所提供的会计信息预测企业未来的财务状况、经营成果和现金流量。

相关性与可靠性是两个主要的会计信息质量要求,两者都是保证会计信息有用性的条件。相关性是以可靠性为基础的,即会计信息在可靠性前提下,尽可能地做到相关性,以满足投资者等财务报告使用者的决策需要。

（三）可理解性

可理解性要求,是指企业提供的会计信息应当清晰明了,便于财务会计报告使用者理解和使用。

要求中所谓的"清晰明了",就是从信息使用者看来信息是清楚的、容易理解的。可理解性是为了保证财务报告所提供的信息能够被使用者有效利用。这涉及两个方面:一是会计记录与报告的表达方式;二是会计信息使用者本身所具备的理解力和知识。对于某些复杂的信息,如交易本身较为复杂或者会计处理较为复杂,但其与使用者的经济决策相关的,企业就应当在财务报告中予以充分披露,以便于理解。会计信息是一种专业性较强的信息产品,因此可理解性是建立在假定使用者具有一定的有关企业经营活动和会计方面的知识,并且愿意付出努力去研究这些信息的基础上的。

（四）可比性

可比性要求,是指企业提供的会计信息应当具有可比性。同一企业不同时期发生的相同或者相似的交易或者事项,应当采用一致的会计政策,不得随意变更。确需变更,应当在附注中说明。不同企业发生的相同或者相似的交易或者事项,应当采用规定的会计政策,确保会计信息口径一致、相互可比。

可比性包括不同企业的同期会计信息的可比性,这是一种横向可比性;也包括同一企业不同期间会计信息的可比性,即一个企业所选定的方法在各个时期延续使用,这是会计信息在不同时期的纵向可比性,也称一致性。实际上,可比性往往是所有定量信息的质量要求。

（五）实质重于形式

实质重于形式的要求,是指企业应当按照交易或者事项的经济实质进行会计确认、计量和报告,不应仅以交易或者事项的法律形式为依据。

"实质重于形式"是企业反映其经济活动时贯彻始终的一个重要原则。企业发生的交易或事项在多数情况下其经济实质和法律形式是一致的,但在有些情况下也会出现不一致。在这一原则下,当法律形式与经济实质不一致时,会计应按经济实质反映。比如,企业按照销售合同将商品出售给买方,商品的所有权凭证已转移给买方,企业同时又签订了售后回购协议。这一交易从法律形式看,商品所有权已转移,实现了销售收入,但若回购协议导致了企业没有将商品所有权上的主要风险和报酬转移给购货方,实质上企业没有真正赚取收入,就不应当确认销售收入。由此可见,实质重于形式是为了能"透过现象看本质",更加合理地反映企业的经济活动情况。

（六）重要性

重要性要求,是指企业提供的会计信息应当反映与企业财务状况、经营成果和现金流量有关的所有重要交易或者事项。

如果省略或者错报会影响使用者据此做出错误决策的会计信息就具有重要性。为了能够提供所有反映相关的重要交易或事项的信息,对信息是否重要的确定是关键,而这需要依赖职业判断。企业应当根据其所处环境和实际情况,从项目的性质和金额大小两方面加以判断。重要性要求的提出体现了在信息所产生的成本与效益之间的权衡,为了使效益大于成本,次要的交易或者事项就可适当简化。

(七)谨慎性

谨慎性要求,是指企业对交易或者事项进行会计确认、计量和报告应当保持应有的谨慎,不应高估资产或者收益、低估负债或者费用。

谨慎性要求的提出是由于企业的生产经营活动面临着许多风险和不确定性。所以,需要当企业面临不确定性因素时做出职业判断,这种判断应当保持应有的谨慎,充分估计各种风险和损失,既不高估资产或者收益,也不低估负债或者费用。比如,企业购入存货,在存货的持有期间,若存货价格下跌使其可变现净值低于购买成本之时,企业就将这一跌价损失反映出来,这就是谨慎性要求的体现。需要强调的是,谨慎性的应用不允许企业设置秘密准备,如果企业故意低估资产或者收入,或者故意高估负债或者费用,就会与会计信息的可靠性和相关性要求相抵触,损害会计信息质量,扭曲企业实际的财务状况和经营成果,从而对使用者的决策产生误导,这就不符合会计准则要求了。

(八)及时性

及时性要求,是指企业对于已经发生的交易或者事项,应当及时进行会计确认、计量和报告,不得提前或者延后。

及时性要求就是应在交易或事项发生后及时收集、整理原始单据或凭证;及时对经济交易或者事项进行确认或者计量,并按规定时间编制财务报告;及时将编制的财务报告传递给财务报告使用者,便于其及时使用。时效性是信息质量最重要的特征,因为即使是原本可靠的和相关的会计信息,如果不及时提供,就失去了时效性,对于使用者的效用就大大降低,甚至不再具有实际意义。

综上所述,在会计信息质量要求中,可靠性、相关性、可理解性和可比性是会计信息的首要质量要求,是财务会计信息应具备的基本质量特征;实质重于形式、重要性、谨慎性和及时性是会计信息的次级质量要求,是对首要质量要求的补充和完善,尤其是在对某些特殊交易或者事项进行处理时,需要根据这些质量要求来把握其会计处理原则,另外,及时性还是会计信息相关性和可靠性的制约因素,企业需要在相关性和可靠性之间寻求一种平衡,以确定信息及时披露的时间。

国际会计准则理事会(IASB)和美国财务会计准则委员会(FASB)于2010年各自发布了他们的合作成果,即财务会计的概念框架。其中,将"有用财务信息质量特征"分为三个层次:基本的质量特征、增进的质量特征和信息约束条件。基本质量特征,是指相关性、重要性与如实反映;增进质量特征,有可比性、可稽核性、及时性与可理解性;信息约束条件则是指成本与效益约束条件。

第六节 会 计 职 业

现代会计职业在19世纪中期的英国兴起,如今它已成为社会经济生活中不可缺少的、在世界上拥有庞大从业人员的职业。

一、会计职业的分类

如前所述,会计可分为财务会计和管理会计,而这两方面还是会计专业人员的主要工作领域。但会计从业人员还可以运用他们的会计专业知识和技能从事审计、咨询等方面的工作。会计职业常常按会计人员所工作的不同社会部门分类,一般可分为向公众提供服务的"公共会计"和为某一组织服务的"企业会计"、"非营利组织会计"。

(一)公共会计

公共会计是为不同的客户服务的会计师,称他们为"公共会计",是因为他们为公众提供服务,自己执业,不受雇于别的企业或单位。就如自己开业的律师事务所或诊所的律师和医生。

在我国,公共会计就是注册会计师,根据我国《注册会计师法》(1993年颁布,2014年8月修订)的规定,注册会计师的业务范围有:

1. 审计业务

注册会计师进行的是独立的社会审计,审计业务是注册会计师最基本的业务,就是接受客户委托进行查账和验证,主要内容是:审查企业财务报表,出具审计报告,提出审计意见,证明企业财务报表和财务报告的编制是否符合会计准则或制度、是否客观真实;验证企业投入资本,出具验资报告;办理企业合并、分立、清算事宜中的审计业务,出具有关报告等;办理企业的经济纠纷,协助鉴别经济案件证据等。

2. 会计咨询、服务业务

为企业设计会计制度,担任会计顾问,提供会计、财务、税务或经济管理方面的咨询等;为企业代理纳税审报;代办申请注册,协助拟订合同、章程和其他经济文件等。

我国有注册会计师团体——"注册会计师协会",分为全国和省级两级组织,在国家和省级财政部门监督、指导下实行行业的自律管理。

在世界各国基本都有公共会计,如美国的注册会计师(certified public accountant,CPA);英国、加拿大等国的特许会计师(chartered accountant,CA)等。

(二)企业会计

企业会计是受雇于某个企业或公司的会计人员。每个企业都需要会计,除了规模很小的企业,大多数企业都设有会计部门和专职会计人员。企业会计的工作范围大体上可分为:

(1)记录日常交易或事项、编制财务报表和提供其他企业内外所需信息;

(2)成本会计:确定生产过程中的各项费用、计算产品成本等。成本会计的很多信息为内部管理所用,但也有部分内容向外提供;

(3)预算与控制:协助管理者以货币量化企业目标、编制预算,记录、分析和报告内部各部门的预算执行情况;

(4)税务会计:税务部门是会计信息的外部使用者之一,但由于财务会计与税法所遵循的原则和规范的对象不同,所以企业会计准则与税法对会计要素的确认、计量的方法也不尽相同。我国目前的会计准则制定的原则是:能与税法保持一致的尽量保持一致,不能一致的就适当分离。这就使得企业会计人员对两者不一致的地方需要进行纳税调整,除向税务机关提交通用的财务报表外,还需提供专门的税务资料。另外,会计还可为企业制定税务计划;

(5) 内部审计:考察企业的财务状况和经营业绩、评价企业管理者履行职责的情况,旨在加强内部管理和监督、改善经营管理、提高经济效益。我国《审计法》规定,国有企业应设置独立的内部审计机构(审计业务少,可只设专职内部审计人员)。

(三)非营利组织会计

非营利组织会计是指受雇于政府机关、事业单位、社会团体等组织的会计人员。由于这些组织的经费主要由财政预算拨给,所以这些组织的会计一般可统称为"预算会计"。预算会计的工作范围主要是对预算经费的收入和使用进行记账和报账,反映这些单位的预算执行情况。而由于现在事业单位已打破了"供给制"模式,事业单位的所有制形式已不仅仅只有"国有"一种、其筹资渠道也不仅仅只有单一的财政拨款,所以事业单位会计信息的外部使用者增多、内部管理因讲求经济效益也提高了对会计信息的要求。因此,事业单位会计工作的内容除记录和报告预算资金收支情况之外,还需要核算经营收入、成本等。

二、会计的从业资格

(一)职业道德

职业道德是指导人们执业的行为规范,人们从事任何工作都需要职业道德。会计提供的是信息服务,会计人员应当诚实、公平、负责的为客户或雇主提供优质服务。

《会计基础工作规范》规定了会计人员职业道德:会计人员在会计工作中应当树立良好的职业品质、严谨的工作作风,严守工作纪律,努力提高工作效率和工作质量。会计人员应当热爱本职工作,努力钻研业务,使自己的知识和技能适应所从事工作的要求;应当熟悉财政法律、法规、规章和国家统一会计制度,并结合会计工作进行广泛宣传;应当按照会计法律、法规和国家统一会计制度规定程序和要求进行会计工作,保证所提供的会计信息合法、真实、准确、及时、完整;会计人员办理会计事务应当实事求是、客观公正;应当熟悉本单位的生产经营和业务管理情况,运用掌握的会计信息和会计方法,为改善单位内部管理、提高经济效益服务;应当保守本单位的商业秘密,除法律规定和单位领导人同意外,不能私自向外界提供或者泄露单位的会计信息。

《注册会计师法》所规定的注册会计师工作规则,实际上也涉及职业道德:注册会计师在执行业务时,应当遵守国家法律、行政法规,以有关协议、合同、章程为依据;恪守公正、客观、实事求是的原则,对所出具报告书内容的正确性、合法性负责;对在执行业务中知悉的商业秘密,应当保密;在执行业务中,发现委托人其会计处理与国家有关规定相抵触、损害报告使用人等他人的利益、报表不实等应在报告书中明确指出;对委托人示意作不实或者不当作的证明以及其他不合理要求和行为应予以拒绝。

（二）从业资格的取得

1. 注册会计师

我国《注册会计师法》规定,取得注册会计师资格应当参加全国统一的考试。具有高等专科以上学校毕业的学历,或者具有会计或者相关专业中级以上技术职称的中国公民,都可以申请参加注册会计师全国统一考试;具有会计或者相关专业高级职称的人员可免予部分科目的考试。考试合格,并具备从事独立审计业务工作2年以上、年龄在国家规定的职龄以内等条件的,可向省级注册会计师协会申请注册。准予注册的申请人,由注册会计师协会发给财政部门统一制定的注册会计师证书。注册会计师要执行业务,就必须加入会计师事务所。会计师事务所可以分为负有限责任的法人和负无限责任的合伙制两种。另外,国家机关现职工作人员不得担任注册会计师。

2. 企业和非营利组织会计

我国《会计从业资格管理办法》(2005年1月颁布,2012年12月修订)规定,在国家机关、社会团体、企业、事业单位和其他组织从事会计工作的人员,必须取得会计从业资格,持有会计从业资格证书。

遵守会计和其他财经法律、法规,具备良好的道德品质,具备会计专业基础知识和技能的,并具备教育部门认可的中专(含中专)以上会计类专业学历(或学位),自毕业之日起2年内(含2年),只要通过“财经法规与会计职业道德”科目的考试,就可申请取得会计从业资格证书;不具备以上条件的,必须参加会计从业资格考试,从业考试由各省级财政部门统一组织,成绩合格方可申请取得从业资格证书。会计从业资格实行注册登记制度并定期年检资格证书。

取得从业资格是从事会计职业的起点。只有取得会计从业资格的人员,才可根据学历和工作时间等条件,通过考试或评审,取得专业技术资格。取得专业技术资格后,就可参加相应会计专业技术职务的聘任。会计专业技术资格分为:初级资格、中级资格和高级资格。会计专业技术职务分四级:会计员、助理会计师、会计师、高级会计师。

会计专业技术资格考试从1992年开始实行全国统考,由财政部、人事部共同负责。目前,考试分为两个级别:初级资格考试(是会计员和助理会计师资格考试)和中级资格考试(是会计师资格考试)。

取得初级资格,并且大专毕业担任会计员职务满2年,或者中专毕业担任会计员职务满4年,或者不具备规定学历、担任会计员职务满5年,单位就可根据有关规定,聘任其为助理会计师。取得初级资格,但不符合上述条件的人员,只可聘任会计员职务。

取得中级资格,并且取得大学专科学历、从事会计工作满5年,或者取得大学本科学历、从事会计工作满4年,或者取得双学士学位或研究生班毕业、从事会计工作满2年,或者取得硕士学位、从事会计工作满1年,或者取得博士学位,单位就可根据有关规定,聘任其为会计师职务。

高级资格(高级会计师资格)没有全国统一的资格考试,实行考试与评审结合的评价制度。

此外,所有取得从业资格的人员都必须接受继续教育,继续教育的主要内容包括会计理论与实务、财务与会计法规制度、会计职业道德规范等。继续教育分级别进行,形式多样。

综上所述，会计人员从取得从业资格到获得专业职务的过程大体是：

取得从业资格→取得专业技术资格→受聘专业职务。

除了技术职务，我国在一些单位实行总会计师制度，《会计法》规定："国有的和国有资产占控股地位或者主导地位的大、中型企业必须设置总会计师。"总会计师不是技术职称而是行政职务，是主管本单位的会计机构进行会计核算、会计监督工作的负责人。

第七节　小　　结

本章主要介绍了会计是什么？谁需要会计信息？以及为满足会计信息的需求，应有怎样的规范。讨论了企业会计准则及其规定的会计目标和会计信息质量要求。通过本章的学习，可以对会计有一个大致的了解。

会计是一种商业语言，会计提供的信息是现代经济生活中人们进行经济决策的重要依据。从一个企业的角度看，会计信息的使用者有企业内部的管理者和企业外部的投资者、债权人、政府及其有关部门、社会公众，从而使会计分成为外部提供信息的财务会计和为内部管理服务的管理会计，并造成了财务会计与管理会计的不同特点。财务会计信息要求公允和可比，需要统一的信息处理和报告原则或制度，受到严格规范；而管理会计信息为企业内部使用，就无须受外部的统一原则或制度的限制，但会受到企业管理者及其所制定的规章制度的制约。财务会计信息必须客观、便于验证，内容上主要反映过去；而管理会计提供大量的预测或主观的信息来满足内部管理的需要。

本章还介绍了我国现行的会计规范体系，并着重介绍了企业会计准则及其构成。会计规范的建立是为了指导会计实务，保证会计工作有效性和会计信息的质量，其中的企业会计准则是企业提供会计信息的重要规则。本章还专门就会计准则所规定的会计目标和会计信息质量要求作了说明：会计目标是财务会计的概念基础中需要确定的首要问题，我国企业会计准则规定的会计目标是反映企业管理层的受托责任履行情况和为信息使用者提供决策有用信息；为了达到会计目标，我国会计准则规定了对会计信息的质量要求（或质量特征）共 8 项，包括可靠性、相关性、可理解性、可比性、实质重于形式、重要性、谨慎性和及时性，它们的层次是：前 4 项是首要质量要求和基本质量特征，后 4 项是次级质量要求。

会计职业按会计人员的服务部门分两大类：为公众服务的注册会计师以及为某一组织服务的企业会计和非营利组织会计。任何会计人员都需要具备会计职业道德，并取得规定的从业资格。

思　考　题

1. 会计是什么？
2. 财务会计与管理会计的联系与区别是什么？

3. 为什么需要会计规范,本章提到的会计规范内容有哪些?

4. 会计准则是什么? 一个完整的会计准则体系一般应包括哪些内容?

5. 会计目标应是什么? 为什么?

6. 会计信息质量要求具体有哪些内容? 各质量要求之间存在怎样的关系(或层次如何)?

第二章

会 计 要 素

学习目标

1. 理解会计基本假设的意义与内容；

2. 理解资产、负债和所有者权益的定义和确认条件；

3. 理解会计等式所表达的资产、负债和所有者权益之间的关系，理解会计事项及其类型，了解资产负债表的意义、结构和内容；

4. 理解收入和费用的定义和确认条件，理解扩展的会计等式所表达的各要素之间的关系，了解利润表的意义、结构和内容；

5. 了解现金流量的概念与现金流量表的意义和内容，了解会计要素与财务报表之间的联系，了解财务会计信息的基本内容和报告形式。

第一节　会计的基本假设

会计要素是财务会计对其确认、计量和报告的对象的分类，确定了财务报表的基本结构，构成了财务报表的内容。因此掌握会计要素的概念和各要素之间的关系是读懂财务报表、理解会计信息的基础。

在讨论会计要素之前有必要先说明会计的基本假设，因为会计的基本假设是会计确认、计量和报告的前提，是对会计核算所处时间、空间环境等所作的合理设定。反映了会计信息内容的基本特征。会计基本假设包括会计主体、持续经营、会计分期、货币计量。我国的会计准则对这四个基本假设作了规定。

一、会计主体

会计主体，是指会计确认、计量和报告的空间范围。为了向财务报告使用者提供与其决策有用的信息，会计核算和财务报告的编制应当集中于反映特定对象的经济活动，并将其与其他经济实体区别开来，才能实现财务报告的目标。

在会计主体假设下，企业应当对其本身发生的交易或者事项进行会计处理。明确界定会计主体是进行会计确认、计量和报告的基本前提。首先，会计主体划定了会计核算的范围，即会计进行确认、计量和报告的交易或事项是以一个特定的企业或单位为范围的，那些不影响会计主体本身经济利益的交易或事项不进行会计核算；其次，会计主体区分了会计主体自身的交易或事项与其所有者、其他会计主体的交易或事项，即某会计主体的所有者或其他主体所发生的交易或事项不纳入该主体的会计核算范围。

例如，当一个企业对外赊购商品，会计的记录就是这个企业（作为会计主体）增加了商品和负债,既不是以供货方的角度进行记录,更不对市场上其他与该企业无关的商品交易进行记录。又如,这个企业的一位所有者投入一台设备作企业的资本,会计就记为设备增加和资本增加,而这位所有者投在这个企业以外的其他财产就不记为该企业的资产和资本、他在企业之外的其他业务也不纳入企业的会计事项中。试想:如果不这么严格确定会计主体,把企业和其所有者、其他单位的事务搅在一起,会计又如何为投资者、债权人等提供一个评价企业财务状况、经营成果和现金流量的有用信息?

要注意会计主体与法律主体的区别:(1)一个法律主体一般情况下必然是会计主体。因为作为一个法律主体就应当建立财务会计系统,用以独立反映其财务状况、经营成果和现金流量。例如,一个企业是一个法律主体,就必须是一个会计主体、进行独立会计核算。(2)一个会计主体可以不是法律主体。例如,一个企业集团由母公司与其所控制的若干个子公司组成,尽管母公司与各个子公司都是不同的法律主体,但为反映整个企业集团的情况,就有必要将企业集团作为一个会计主体。又如,在一些企业或组织管理下的投资基金、企业年金基金等,虽然它们不属于法律主体,但应当作为会计主体,独立进行会计的确认、计量和报告。总之,会计主体不同于法律主体,会计主体的设立主要不是依据法律关系而是依据实质上的经济和管理关系。

此外,会计主体不但可以是企业,也可以是非营利组织,比如政府机关、事业单位、社会团体等。本书主要以企业为例。

二、持续经营

持续经营,是指在可以预见的将来,企业将会按当前的规模和状态继续经营下去,不会停业,也不会大规模削减业务。在这一假设下,会计确认、计量和报告应当以企业持续、正常的生产经营活动为前提。

会计人员是在这一假设下选择会计原则和方法的。在这一假设下,就意味着会计主体按照既定用途使用资产,按照既定的合约条件清偿债务。就资产计价来说,持续经营下采用的方法与在清算时的方法是不同的。比如,正在生产线上加工的产品,如果企业持续经营,最终能够完工、出售,所以它们可以按其在加工过程中花费的实际成本(料、工、费)计价。但是,如果企业现在就停业、清算,这些没完工的产品就只能按当前的清算价值计量,其成本多少就没有意义了。因此,有了持续经营假设,就可以对这些资产采用实际成本计价。由此可见,持续经营假设为会计核算提供了一个正常的基础,保持了会计信息的连续性。当然,如果企业不能持续经营了,会计就要放弃这一假设,不再采用正常经营时的程序和方法。

持续经营假设不仅是采用实际成本(即历史成本)计价的前提,还为考虑未来预期价值的其他计价方法提供了依据。另外,这一假设也有助于会计信息的相关性,因为许多有关企业的决策都是预期企业会继续存在的。

值得注意的是,只要没有特别注明,企业提供的财务报告都是建立在持续经营假设下的。财务报表所反映的情况在持续经营假设下往往会与在清算状态下有所不同。

三、会计分期

会计分期,是指将一个企业持续经营的生产经营活动划分为一个个连续的、长短相同的期间。会计分期的目的,在于通过会计期间的划分,将持续经营的生产经营活动划分成连续、相等的期间,据以结算盈亏,按期编报财务报告,从而及时向财务报告使用者提供有关企业财务状况、经营成果和现金流量的信息。

当一个会计主体清算时,会计可以比较容易和准确地确定其从开业到停止营业的整个存在期间的全部情况和业绩。但由于绝大多数企业的存在时间往往都是好多年,会计不能只在企业结束营业时才一次性地"总算账"。会计需要为人们及时提供企业经营的信息,以便及时进行利益分配、明确责任、进行决策。所以,就有了定期提供财务报告的必要。

每一期的财务报告反映的都是企业在当期的财务状况、现金流量和经营业绩等,各期财务报告应有明确的时间界限。但是,企业的各项实际活动都有自己的起讫时间,它们往往与会计分期的时间不相一致。因此,对于那些跨期的活动,会计就必须分清其对各会计期间的影响。由于有一些交易或事项在某个会计期间结束时还没有全部完成或实现,为了及时提供信息,各期的财务报告是在无法确知完整的未来情况下提出的,这会在一定程度上影响财务报告的客观性和准确性。当然,有了持续经营假设,各会计期间对未来情况的预期是建立在持续经营假设基础上的。

例如,企业销售产品,从与客户订立购销合同、并按合同将产品交付给客户、客户接受,直到从客户处收到货款并清账,整个过程也许并不能在一个会计期间完成。如果当客户接受企业的货物后,一个会计期间就结束了,客户付款时间已在下一个会计期间。此时,会计就要确定产品销售所带来的收入应作为哪一期的收入、列入哪一期的财务报告中。而且,在采用某些确认方法下,在前一会计期间结束时,虽然还不能确定企业能否从客户处收回货款或者能收回多少,该期的财务报告中却应列示企业的这笔债权的确定数额。

会计分期是会计核算的时间基础,它当然不会影响客观活动的连续进程,但是,它使会计信息在反映客观活动时带有了明显的时间特征。会计要素的确认与计量的一些原则,如权责发生制原则,是在会计分期的基础上产生的。

会计期间通常为一年,也可称"会计年度"或"财政年度"。会计年度一般是日历年度,但也有以企业的自然营业年度为会计年度的,常常从营业量最少的时间为会计年度的起点。我国是以日历年度为会计年度。为及时提供会计信息,还可以将会计年度再划分为半年度、季度和月度。半年度、季度和月度这些短于一个会计年度的报告期间,均称为"会计中期"。

四、货币计量

货币计量,是指会计主体在财务会计确认、计量和报告时以货币计量,反映会计主体的生产经营活动。

可以作为计量尺度的单位有很多。就企业所拥有的各种资源来说,可以采用的计量单位就有重量、长度、面积等多种。比如,某企业拥有1 000公斤原材料、两幢20 000平方米的厂房、三辆20吨运输用的汽车等。但是,采用这些计量单位无法体现上述资源的共性,无法在量上将它们进行比较和汇总。货币是商品的一般等价物,是衡量一般商品价值的共同尺度。采用货币计量就可将企业所拥有资源的价值用一个共同的标准表现出来,并使它们有了比较和汇总的基础。不过货币计量使会计无法直接记录和报告诸如企业员工的健康和工作经验、人际关系、设备的性能和效率、企业组织结构等情况。也就是说,货币计量的范围是受到明显的限制的。

以货币作为计量尺度,正是会计信息的重要特征。在这一特征下,还需要有一个重要的条件或设定,这就是币值稳定。作为计量单位自身应保持不变,比如一米的长度、一公斤的重量都是始终不变的,否则就无法以此衡量和比较物体的长度和重量。因此,会计在采用货币计量时,往往要忽略货币自身的价值——购买力(可用一般物价指数表示)的变动,也就是说,一般情况下会计并不区分不同时期货币购买力的变化、不考虑通货膨胀(币值下降)等的影响。比如,企业分别在一般物价指数为100和150时同样用20 000元购买了资产,这两次购买的资产价值并不相等,因为货币的购买力不同。但是会计上却将在不同购买力下的这两笔20 000元一视同仁,加总后以40 000元资产予以记录和报告,似乎两者的币值没有变动。所以,如果币值发生重大变动,比如发生持续时间长、严重通货膨胀,可能导致资产价值的严重失实等问题。此时,就要考虑通货膨胀等带来的计量问题。

采用货币计量还有一个实际的操作问题:世界上作为流通手段的币种很多,如人民币、美元、日元、欧元等。实务中,会计究竟用哪一种货币进行日常记账呢? 也就是用什么货币作为"记账本位币"呢? 我国企业一般以人民币为记账本位币。以人民币为记账本位币时,企业如果发生外币业务,就应将外币换算为人民币。我国《企业会计准则第19号——外币折算》规定:"企业通常应选择人民币作为记账本位币。业务收支以人民币以外的货币为主的企业,可以按照本准则第五条规定选定其中一种货币作为记账本位币。但是,编报的财务报表应当折算为人民币。"

第二节　资产、负债和所有者权益

会计基本假设为会计要素的确认、计量和报告提供了前提条件。会计要素是根据交易或者事项的经济特征所确定的财务会计对象的基本分类,它既是会计确认和计量的依据,也是确定财务报表结构和内容的基础。会计要素的界定和分类可以使财务会计系统更加科学严密,为投资者等财务报告使用者提供更加有用的信息。

我国企业会计准则规定,会计要素按照其性质分为资产、负债、所有者权益、收入、费用和利润,其中,资产、负债和所有者权益要素侧重于反映企业的财务状况,收入、费用和利润要素侧重于反映企业的经营成果。

在会计上能够被确认为会计要素的,不但需要符合某个会计要素的定义,而且还应同时满足确认的相关条件。

一、资产

（一）资产的定义

资产是指企业过去的交易或者事项形成的、由企业拥有或者控制的、预期会给企业带来经济利益的资源。

从以上定义可知，资产是一种经济资源，这种经济资源必须同时具备以下基本特征。

1. 预期会给企业带来经济利益

这是经济资源的必备条件。"预期会给企业带来经济利益"，是指直接或间接导致现金或现金等价物流入企业的潜力。这就是说资产能够使企业在将来有现金流入。而能在将来带来现金流入的资源的条件是：

（1）它们本身就是现金，企业可用它们获得其他资源；

（2）它们可以转化为现金，如债权或股权，企业将来可以通过向被投资方收回本金和取得利息或红利而得到现金；

（3）它们是最终准备出售的存货，企业将来可以通过出售它们而收取现金；

（4）它们可以用于未来的经营活动，如企业的经营场所、经营设施和其他经营条件，企业可通过使用它们而在未来获得现金流入。

由此可见，已报废的生产设备、收不回来的货款、库存的已毁损的商品等，由于它们未来不能再给企业带来现金流入，即不会再提供经济利益，而不能作为企业的资产。

2. 由企业所拥有或控制

作为资产的经济资源必须是由企业（即一个会计主体）所拥有或控制的。所谓"由企业拥有或者控制"，是指企业享有某项资源的所有权，或者虽然不享有某项资源的所有权，但该项资源被企业所控制。资产的这一特征表明了两点：第一，为企业所利用的经济资源并不都是企业的资产；第二，企业的资产其所有权有可能不属于企业。例如，企业有一只游船，经营假日水上旅馆。该船所经过的江河，尽管是很有价值的资源，但那不是企业的资产，因为江河不由企业所拥有或控制。至于那只船，如果企业已获得其所有权，就是企业的资产；如果是企业租入的，这就要视具体的租赁合同而定。假设租赁合同规定租期很长，与游船未来的使用寿命相当，或者租金总额折算起来又与船的价格接近等，总之能够表明游船在其使用寿命期所带来的收益基本都归企业所有，而船的贬值、毁损等所带来的损失实际上也由企业负担。那么，这只船尽管只是租的，法律上的所有权不属于企业，但是这船实质上在租赁期间已由企业所控制，这船也应作为企业的资产。

3. 由过去的交易和事项形成

资产应该是由过去的交易或事项形成的。所谓"交易或者事项"，包括购买、生产、建造行为或其他交易或者事项。预期在未来发生的交易或者事项是不会形成资产的。例如，前面提到的那只游船，它是企业过去已经购入或融资租入的，这才成为该企业的资产；假如企业只是有购买游船的打算，或者已经与游船制造商进行了谈判，由于企业还没有现实地持有那只船，船就不是该企业的资产。

从资产的定义和特征，可以说明企业资产的过去、现在和未来之间的关系。企业现在所持有的资产，是企业过去通过交易或事项、付出一定的代价取得的，它在未来有经济利益作为回报。所以,资产是一个会计主体"过去的付出和未来的回报"。

(二)资产的确认条件

一项资源被确认为资产,需要符合资产的定义,同时还应满足以下两个条件。

1. 与该资源有关的经济利益很可能流入企业

既然资产是资源,那么预期带来经济利益就是资产的一个本质特征,但是经济利益在多大程度上能够流入企业实际上带有不确定性。因此,资产的确认,首先要判断该项资源所带来的经济利益流入的不确定性程度。如果根据编制财务报表时所取得的证据表明,与资源有关的经济利益很可能流入企业,那么就应当将其作为资产予以确认;反之,则不能确认为资产。例如,一个企业向客户赊销商品,商品出售后将来可以收取货款,即有经济利益流入,为此该企业在商品出售时就形成了一项资产,只是该项资产的形态不是现金而是债权,这个债权(应收账款)也符合资产的定义,但是由于收款是在未来,因此带有一定的不确定性,如果企业在销售时判断未来能够确定收到货款或者很可能收到货款,企业就可以将该项应收账款确认为一项资产;如果企业判断在通常情况下该笔货款很可能部分或者全部无法收回,那么该部分或者全部应收账款就不符合资产的确认条件而不能确认为资产。

2. 该资源的成本或者价值能够可靠地计量

货币计量是财务会计基本假设之一,因此可计量性是所有会计要素确认的重要前提,资产的确认也是如此。而且,资产的可计量性体现在其成本或者价值的计量,只有当有关资源的成本或者价值能够可靠计量时,资产才能予以确认。具体地说,资产在取得时发生了实际成本,只要这些实际成本能够可靠计量,就满足了资产确认的可计量条件。例如,企业生产产品就会发生生产成本,企业购买设备就会发生购买成本,那么只要这些资产的生产成本或购买成本能够可靠计量,就视为符合了这一确认条件;在某些情况下,资产在取得时没有发生实际成本或者发生的实际成本很小,那么只要其价值能够可靠计量的,也可以看作是符合了资产确认的可计量条件,例如,企业持有一个期货合约:在三个月后以一定价格和数量买入某种商品,在企业持有这个期货合约期间,由于这种商品的公允价值的变动导致期货合约公允价值的产生,从而形成了一项资产,虽然开始持有合约时没有实际成本、公允价值为零,但是当后来期货合约的公允价值产生并且能够可靠计量时,企业就可确认为资产。

二、负债

(一)负债的定义

负债是指企业过去的交易或者事项形成的、预期会导致经济利益流出企业的现时义务。负债有以下几个基本特征。

1. 企业承担的现时义务

负债是企业的现时义务,所谓"现时义务"是指企业在现行条件下已承担的义务。未来发生的交易或者事项形成的义务,不属于现时义务,不应当确认为负债。例如,企业赊购货物时未付的账款,企业向银行贷入的借款,企业按税法规定应交纳的税款等,都形成了负债,因为这些购货、借贷和应税事项都已实际发生,因此而产生的义务企业已经承担。如果企业只是计划向银行贷款,就不形成一项负债。需要注意的是,会计上的负债不仅仅是指法律上的负债。除了这些具有约束力的合同或者法律法规规定的"法定义务"之外,负债还包括"推定义务"。推定义务是指企业多年来的习惯做法、公开的承诺或者公开宣布的政策而导致企业将承担的责任,这些责任使有关各方形成了企业将履行义务的合理预期。例如,企业对自己出售的商品作出了产品质量保证,产品有质量问题时企业承担产品的维修、退换,这种承诺就形成了企业的推定义务。

2. 预期会导致经济利益流出企业

与资产相对,预期导致经济利益流出企业是负债的本质特征。负债在将来某一时日偿还时,会使企业流出经济利益。经济利益是由资产带来的或者是由提供劳务获得的,所以,经济利益的流出就是放弃资产或提供劳务。也就是说,企业在未来履行义务时,将支付现金、转让其他资产或提供劳务。当然,还可以用一项负债替代另一项负债,或者负债转为资本,不过这只是义务或责任的向后延期。

3. 由企业过去的交易或者事项形成的

负债作为企业现时承担的义务,是由企业过去的交易或者事项所形成。这就是说,企业将在未来发生的承诺、准备签订的合同等交易或者事项,由于还没有发生、还不是现时的义务,因此不形成负债。

(二) 负债的确认条件

一项现时义务被确认为负债,不但需要符合负债的定义,还应当同时满足以下两个条件。

1. 与该义务有关的经济利益很可能流出企业

负债在将来某一时日偿还时,会使企业流出经济利益。负债所导致的未来经济利益流出,是带有不确定性的,而且与履行推定义务相关的经济利益通常需要依赖于大量的估计,其不确定性程度往往更大。因此,负债的确认也应当与经济利益流出的不确定性程度的判断结合起来。如果有确凿证据表明,与现时义务有关的经济利益很可能流出企业,就应当将其作为负债予以确认;反之,如果企业承担了现时义务,但是导致经济利益流出企业的可能性很小,就不符合负债的确认条件,不应将其作为负债予以确认。例如,企业对自己出售的商品作出了产品质量保证,为此预期会有经济利益流出企业,但是如果企业根据产品质量情况而判断这种保证所带来的义务在未来偿付的可能性很小时,就可以不确认为一项负债。

2. 未来流出的经济利益的金额能够可靠地计量

负债的确认,除了满足未来经济利益流出可能性的条件,还必须同时满足流出的经济利益的金额能够可靠计量的条件。对于法定义务和推定义务,与其有关的经济利益流出金额,可以用不同的方法进行计量。

对于法定义务的经济利益流出金额,通常可以根据合同或者法律规定的金额予以确定,有时对于预期未来期间较长的经济利益流出,有关金额的计量需要考虑货币时间价值等因素的影响。法定义务一般都有一个确定的偿付金额,而且往往有一个确定的债权人(债主)和偿付日期。例如,某企业向甲公司赊购商品而形成了一项负债,负债金额就可以按合同规定未来应向甲公司支付的货款金额来确定;如果该企业与一家租赁公司签订了5年期的设备租赁合同,未来 5 年每年支付租金 20 000 元,由于租期比较长,那么该项负债就不是以 100 000 元金额来确定,而必须考虑未来支付的 100 000 元租金中的货币时间价值、考虑其中所包含的利息,因此该项负债确认时的金额就会少于 100 000 元。

对于推定义务的经济利益流出金额,由于其不确定性程度更大,计量时应根据履行相关义务所需支出的最佳估计数进行估计,并综合考虑有关货币时间价值、风险等因素的影响。

三、所有者权益

(一)所有者权益的定义

所有者权益是指企业资产扣除负债后,由所有者享有的剩余权益。股份有限公司的所有者权益,又称股东权益。

所有者权益也可以被看成是对企业净资产的一种要求权,这种要求权一般是指持有者对企业资源的处置权利。所有者权益也仅仅是在持续经营假设下的会计概念,并不表示企业在实际清算时所有者在法律上的要求权。因为在持续经营下所有者权益主要是以成本而不是按清算价值计量,所以不能体现实际的权利。

所有者权益的来源包括所有者投入企业的资本(如"实收资本")、直接计入所有者权益的利得和损失、留存收益(也称"留存利润")等。

(二)所有者权益的确认条件

所有者权益在金额上是企业资产总额中扣除负债后的净额,因此,所有者权益的确认主要取决于资产和负债的确认,也依赖于其他会计要素的确认;所有者权益金额的确定也主要取决于资产和负债的计量。例如,企业接受所有者投入的资产,在该资产满足确认条件时,也就满足了所有者权益的确认条件;当该资产的价值能够可靠计量时,所有者权益的金额也就可以确定。

第三节 会 计 等 式

一、会计等式

在资产、负债和所有者权益这三者中,负债和所有者权益都是权益的体现,权益是指资产的所有者对资产所提出的要求权,其中负债反映的是企业债权人对企业资产的索取权,所有者权益反映的是投资者对企业净资产的要求权。从一个会计主体的角度看,权益是会计主体承担的未来应向资产所有者提供经济利益的一种责任或义务。权益也反映了一个会计主体的资金来源。资产和权益,实际上是同一个事物的两个不同方面的表现。资产是经济资源,而权益表明了企业因掌握这些经济资源而承担的经济责任;权益是企业的资金来源,而资产反映了资金运用。

比如,某个会计主体有如下资源:

现金:1 元;

商品：4 元；

设备：5 元。总共 10 元。

这 10 元,从另一角度看,分别属于：

负债：3 元；

所有者权益：7 元。

由此可见,资产和权益是从货币计量角度反映的同一事物的两面而已。因此,资产和权益存在这样一种数量关系：

$$资产 = 权益$$

或者,

$$资产 = 负债 + 所有者权益$$

以上等式称为"会计等式"或"会计方程式"。无论资产和权益如何变化,等式总是成立的。如果企业要取得资产,就必须筹集与这些资产金额相等的资金；反过来,企业筹集的资金总是同时体现为各种形态的资产。所以,有多少金额的资产就有多少金额的权益,有多少金额的权益就有多少金额的资产,两者的总额必然相等。会计等式是财务报表的基础,也是复式记账的基础。

上述等式是会计的基本等式,基本等式可以变化和扩展。先看变化,比如,可以用基本等式反映所有者权益是资产减去负债后的余额,是所有者对企业净资产的索偿权：

$$资产 - 负债 = 所有者权益$$

或者,

$$净资产 = 所有者权益$$

会计等式的扩展是在收入和费用概念引入之后,见本章后文。

二、会计事项

尽管一个会计主体的资产和权益是衡等的,但是资产和权益又是处在不断的变化之中的。资产和权益的变化是由企业的经济活动引起的。因此,会计上把引起资产和权益变化的企业经济活动称为"会计事项"或"经济业务"(即前文提到的"交易或事项"),会计事项是会计确认和计量的直接对象。

(一)会计事项分析

有了会计等式概念,我们会发现：一个会计主体的每一笔会计事项都会对会计记录产生双重影响,或者说,会计对每一笔金额变动都看两面。下面以例 2-1 对此进行分析。

例 2-1 张三于 20×0 年 12 月 20 日注册了一家商店。张三以 10 000 元现金做资本。商店于 20×1 年 1 月份开始营业。以下是 1 月份的会计事项及其分析。

(1)商店用现金向甲企业购入 4 000 元商品。在此项业务之前,商店已有开业时张三投入的 10 000 元；是所有者权益(实收资本)和资产(现金)同时增加。从 1 月份的这第一笔会计事项看：采购业务在使商品增加的同时,又使现金减少。这一会计事项没有影响资产和权益的总额,但使资产形态或结构发生了变化,见表 2-1。

表 2-1 　　　　　张三商店会计事项（1）对会计要素的影响及其结果　　　　　单位：元

	资产				=	负债		+	所有者权益	
	现金	商品	用具	应收账款		应付账款	银行借款		实收资本	留存利润
原余额	10 000								10 000	
（1）	−4 000	+4 000								
余额	6 000	+4 000			=			+	10 000	

（2）张三将自己的物品 2 000 元投资给商店作为营业用具。这一会计事项是张三将会计主体之外的物品投入，使商店在增加所有者权益的同时，又增加了资产，使会计等式两边同时增加了 2 000 元，见表 2-2。

表 2-2 　　　　　张三商店会计事项（2）对会计要素的影响及其结果　　　　　单位：元

	资产				=	负债		+	所有者权益	
	现金	商品	用具	应收账款		应付账款	银行借款		实收资本	留存利润
原余额	6 000	4 000							10 000	
（2）			+2 000						+2 000	
余额	6 000	+4 000	+2 000		=			+	12 000	

（3）商店向乙企业赊购 7 000 元商品。赊购使商品增加的同时，又增加了负债，见表 2-3。

表 2-3 　　　　　张三商店会计事项（3）对会计要素的影响及其结果　　　　　单位：元

	资产				=	负债		+	所有者权益	
	现金	商品	用具	应收账款		应付账款	银行借款		实收资本	留存利润
原余额	6 000	4 000	2 000						12 000	
（3）		+7 000				+7 000				
余额	6 000	+11 000	+2 000		=	7 000		+	12 000	

（4）商店用现金归还前欠乙企业货款 1 500 元。（4）与（3）正好相反，是资产（现金）与权益（负债）同时减少，见表 2-4。

表 2-4 　　　　　张三商店会计事项（4）对会计要素的影响及其结果　　　　　单位：元

	资产				=	负债		+	所有者权益	
	现金	商品	用具	应收账款		应付账款	银行借款		实收资本	留存利润
原余额	6 000	11 000	2 000			7 000			12 000	
（4）	−1 500					−1 500				
余额	4 500	+11 000	+2 000		=	5 500		+	12 000	

（5）张三从商店提取 800 元现金用于自己个人开支。这一会计事项因张三提款而使商店减少了实收资本和现金，使等式两边同时减少 800 元，见表 2-5。

表 2-5　　　　　　　　张三商店会计事项(5)对会计要素的影响及其结果　　　　单位：元

	资产				=	负债		+	所有者权益	
	现金	商品	用具	应收账款		应付账款	银行借款		实收资本	留存利润
原余额	4 500	11 000	2 000			5 500			12 000	
(5)	−800								−800	
余额	3 700	+11 000	+2 000		=	5 500		+	11 200	

　　(6) 商店向银行借款直接偿还乙企业货款 1 000 元。此会计事项说明,商店负债的结构发生了变化,从原来欠乙企业的变成了现在欠银行的。负债的一增一减,不影响等式两边的总额,见表 2-6。

表 2-6　　　　　　　　张三商店会计事项(6)对会计要素的影响及其结果　　　　单位：元

	资产				=	负债		+	所有者权益	
	现金	商品	用具	应收账款		应付账款	银行借款		实收资本	留存利润
原余额	3 700	11 000	2 000			5 500			11 200	
(6)						−1 000	+1 000			
余额	3 700	+11 000	+2 000		=	4 500	+1 000	+	11 200	

　　(7) 张三将自己欠银行的贷款 1 200 元转给商店,今后由商店归还,作为张三投资减少。这一会计事项使商店的负债增加,同时又使所有者权益减少。这是等式右边权益结构的变化,不影响总额,见表 2-7。会计主体假设使张三个人事务与商店业务能够严格区分。

表 2-7　　　　　　　　张三商店会计事项(7)对会计要素的影响及其结果　　　　单位：元

	资产				=	负债		+	所有者权益	
	现金	商品	用具	应收账款		应付账款	银行借款		实收资本	留存利润
原余额	3 700	11 000	2 000			4 500	1 000		11 200	
(7)							+1 200		−1 200	
余额	3 700	+11 000	+2 000		=	4 500	+2 200	+	10 000	

　　(8) 张三准备与李四合伙经营商店,李四先替商店偿还乙企业货款 2 000 元,作为投资。与(7)相反,此业务使商店权益结构发生了另一种变化:商店在负债减少的同时增加了所有者权益,见表 2-8。商店由独资企业变为合伙企业。

表 2-8　　　　　　　　张三商店会计事项(8)对会计要素的影响及其结果　　　　单位：元

	资产				=	负债		+	所有者权益	
	现金	商品	用具	应收账款		应付账款	银行借款		实收资本	留存利润
原余额	3 700	11 000	2 000			4 500	2 200		10 000	
(8)						−2 000			+2 000	
余额	3 700	+11 000	+2 000		=	2 500	+2 200	+	12 000	

　　(9) 张三将投资中的 4 000 元转让给李四。此业务仅仅使商店的所有者权益结构发

生变化,即实收资本一增一减,见表2-9。

表 2-9　　　　　张三商店会计事项(9)对会计要素的影响及其结果　　　　　单位:元

	资产				=	负债		+	所有者权益	
	现金	商品	用具	应收账款		应付账款	银行借款		实收资本	留存利润
原余额	3 700	11 000	2 000			2 500	2 200		12 000	
(9)									−4 000	
									+4 000	
余额	3 700	+11 000	+2 000		=	2 500	+2 200	+	12 000	

(10) 商店零售6 000元商品,售价共7 800元,已收到现金。从此业务看:一方面,商店减少了商品6 000元,同时又增加现金7 800元,资产净增加1 800元;另一方面,这净增的1 800元是商店赚来的,属于所有者权益。但这不是所有者的直接投入而是"留存利润"。本项业务对会计等式的影响可见表2-10。

表 2-10　　　　　张三商店会计事项(10)对会计要素的影响及其结果　　　　　单位:元

	资产				=	负债		+	所有者权益	
	现金	商品	用具	应收账款		应付账款	银行借款		实收资本	留存利润
原余额	3 700	11 000	2 000			2 500	2 200		12 000	
(10)	+7 800	−6 000								+1 800
余额	11 500	+5 000	+2 000		=	2 500	+2 200	+	12 000	+1 800

(11) 商店向丙单位销售4 000元商品,售价为5 200元,尚未收到现金。这一会计事项与(10)相似,但这次是赊销。所以,没有增加现金,而是增加了"应收账款"。本项业务对会计等式的影响可见表2-11。

表 2-11　　　　　张三商店会计事项(11)对会计要素的影响及其结果　　　　　单位:元

	资产				=	负债		+	所有者权益	
	现金	商品	用具	应收账款		应付账款	银行借款		实收资本	留存利润
原余额	11 500	5 000	2 000			2 500	2 200		12 000	1 800
(11)		−4 000		+5 200						+1 200
余额	11 500	+1 000	+2 000	+5 200	=	2 500	+2 200	+	12 000	+3 000

(12) 商店支付1月份营业用房的房租700元。此业务使现金减少了,同时房租是为销售商品取得收入而必须的花费,所以另一方面又减少了所有者权益(留存利润),见表2-12。

表 2-12　　　　　张三商店会计事项(12)对会计要素的影响及其结果　　　　　单位:元

	资产				=	负债		+	所有者权益	
	现金	商品	用具	应收账款		应付账款	银行借款		实收资本	留存利润
原余额	11 500	1 000	2 000	5 200		2 500	2 200		12 000	3 000
(12)	−700									−700
余额	10 800	+1 000	+2 000	+5 200	=	2 500	+2 200	+	12 000	+2 300

（13）商店支付店员当月工资 600 元。与（12）一样，本业务也使商店在减少现金的同时减少了留存利润，见表 2-13。

表 2-13　　　　　　　　张三商店会计事项（13）对会计要素的影响及其结果　　　　　单位：元

	资产				=	负债		+	所有者权益	
	现金	商品	用具	应收账款		应付账款	银行借款		实收资本	留存利润
原余额	10 800	1 000	2 000	5 200		2 500	2 200		12 000	2 300
（13）	−600									−600
余额	10 200	+1 000	+2 000	+5 200	=	2 500	+2 200	+	12 000	+1 700

（二）会计事项类型

从以上对会计事项的分析可知：每一笔会计事项都涉及两个方面。而且，资产和权益总额始终保持相等。会计事项引起资产和权益的变动共有表 2-14 所列的几种类型。

表 2-14　　　　　　　　　　　　　　会计事项的类型

会计事项	(1)	(2)(10)(11)	(3)	(4)	(5)(12)(13)	(6)	(7)	(8)	(9)
资产	减少增加	增加	增加	减少	减少				
负债			增加	减少		增加减少	增加	减少	
所有者权益		增加			减少		减少	增加	增加减少

三、资产负债表

资产负债表实际上就是会计等式的表格化。表 2-15 是张三商店在第 13 笔会计事项完成后的资产负债表。

表 2-15　　　　　　　　　　　　　　资产负债表

20×1 年 1 月 31 日　　　　　　　　　　　　　　　　单位：元

资　　产		负债和所有者权益	
现金	10 200	负债：	
应收账款	5 200	应付账款	2 500
商品	1 000	银行借款	2 200
用具	2 000	所有者权益：	
		实收资本	12 000
		留存利润	1 700
总计	18 400	总计	18 400

资产负债表反映的是资产和权益的存量，它是一系列会计事项影响在某一时点的结果，是反映一个会计主体财务状况的时点报表。表 2-15 是张三商店 20×1 年 1 月份的

13 个会计事项影响的结果。从技术上说,每一笔会计事项后,会计等式就有了一个新的结果,就可以编制一张新的资产负债表。例 2-1 张三商店发生了 13 笔会计事项,就可编制 13 张资产负债表,每个会计等式可编制一张。但是,实际上没有这个必要。会计一般只在一个会计年度末、最后一笔会计事项完成后,编制一张资产负债表。或者可以在会计中期末编制一张,如月末、季末、半年末等。表 2-15 资产负债表就是一张月末报表。如果将相邻两个时点的资产负债表联系起来,就可看到资产和权益从一个时点到另一个时点的变化。资产负债表是一张静态报表,它是连续的经济活动在某个瞬间的展现或"定格",有人把它形容为一张"快照"。

第四节　收入、费用和利润

一、收入

（一）收入的定义

收入是指企业在日常活动中所形成的、会导致所有者权益增加的、与所有者投入资本无关的经济利益的总流入。

从收入的定义可知,收入具有以下特征。

1. 企业在日常活动中形成的

收入是源于企业的日常活动。日常活动是指企业为完成其经营目标所从事的经常性活动以及与之相关的活动。例如,工业企业制造并销售产品、商业企业销售商品、保险公司签发保单、咨询公司提供咨询服务、软件企业为客户开发软件、安装公司提供安装服务、商业银行对外贷款、租赁公司出租资产等,均属于企业的日常活动。

源于日常活动是收入的重要特征,凡是日常活动所形成的经济利益的流入应当确认为收入,但是如果是非日常活动所形成的经济利益的流入就不能确认为收入。非日常活动所形成的经济利益的净流入应确认为利得。因此,是否源于日常活动是区分收入与利得的重要标准。例如,企业出售商品属于日常活动,所形成的经济利益总流入(可收取的货款)应确认为收入;企业出售生产设备属于非日常活动,所形成的经济利益净流入就应当确认为利得。必须指出,收入是经济利益的"总"流入,即收入不是净额,而是尚未扣除费用的总额;而利得是指净额。

2. 会导致所有者权益的增加

收入不但形成了经济利益的流入,而且会导致所有者权益的增加。不会导致所有者权益增加的经济利益的流入就不符合收入的定义,不应确认为收入。例如,企业向银行借入款项,尽管也导致了企业经济利益的流入,但该项流入并不导致所有者权益的增加,而使企业承担了一项现时义务。不应将其确认为收入,应当确认为一项负债。

3. 与所有者投入资本无关

经济利益流入导致所有者权益增加的,还不一定是收入。比如,所有者用银行存款作为资本投入企业,尽管这一项投入形成了经济利益的流入企业,也使所有者权益增加,但这不是收入。

（二）收入的确认条件

企业收入的来源渠道多种多样，如销售商品、提供劳务、让渡资产使用权等，不同收入来源的特征有所不同，其收入确认条件也往往存在一些差别。但是，一般来说，收入除符合定义之外，其确认至少应当符合以下条件。

1. 与收入相关的经济利益应当很可能流入企业

收入的确认也必须符合其经济利益流入的可能性条件，例如，某企业销售商品给甲公司，商品以及有关的发票账单都已交付给甲公司，根据合同甲公司也已承诺付款，通常情况下，此时企业可以判断将来收到该笔货款是比较确定的，可以确认为收入；如果该企业得知甲公司信誉较差或者支付货款发生了比较严重的困难，该项货款不能收回或收回的可能性很小，此时就不能确认收入。

2. 经济利益流入企业的结果会导致资产的增加或者负债的减少

收入既是经济利益的流入，也是所有者权益的增加。从会计等式可知，所有者权益的增加，可以表现为资产的增加，或者表现为负债的减少，所以收入确认条件可以按经济利益的流入是否会导致资产的增加或负债的减少为标准，例如，某企业因为销售商品，无论是直接取得了现款还是暂时只取得债权（应收账款）都增加了资产，都可以确认为收入；又如，该企业通过销售商品给某客户来抵偿所欠该客户的债务，因为减少了负债，也可以确认为收入。如果企业是为第三方或客户代收款项，尽管暂时也有现金流入企业，但是由于企业在增加资产（收取的款项）的同时还增加了负债（债权人是委托收款的第三方或客户），因此该项收款并不会增加企业的所有者权益，不符合收入定义、没有满足收入确认的条件，就不能确认为收入，如企业代国家税务部门收取的增值税、代客户收取的货款等。

3. 经济利益的流入额能够可靠计量

作为会计要素之一，与收入相关的经济利益流入的金额同样必须能够可靠计量。通常情况下，企业销售商品、提供劳务的价款是确定的，导致经济利益流入的金额能够可靠计量。但是，也有不能可靠计量的情况，例如，有些销货合同附有退货条款，如果企业对于出售的商品将被退货的可能性有多大不能合理估计，那么对于经济利益流入的金额也就不能可靠计量了。

二、费用

（一）费用的定义

费用是指企业在日常活动所发生的、会导致所有者权益减少的、与向所有者分配利润无关的经济利益的总流出。

根据费用的定义，费用具有以下特征。

1. 企业在日常活动中形成的

费用也是企业在其日常活动中所形成的。因日常活动所产生的耗费有多种，例如，出售商品的成本、职工薪酬、广告费、差旅费、折旧费等。是否因日常活动而发生是区别费用与损失的重要特征,企业非日常活动所形成的经济利益的流出不能确认为费用,而应当计入损失,例如,企业因处置生产设备而导致经济利益的净流出,就是损失而不是费用。

2. 会导致所有者权益的减少

费用是企业在赚取收入过程中资产的减少,或者负债的增加,从而导致了所有者权益的减少。费用实质上是企业为了取得收入而付出的代价。

3. 与向所有者分配利润无关

企业向所有者分配利润也会导致经济利益的流出、也会减少所有者权益,但是利润分配不是费用,因为分配利润所导致的经济利益流出属于投资者投资回报的分配,与费用的本质不符,应当将其排除在费用的定义之外。

(二) 费用的确认条件

费用的确认除了应当符合定义外,也应当满足严格的确认条件。费用的确认至少应当符合以下条件。

1. 相关的经济利益应当很可能流出企业

与费用相关的经济利益流出与否或者流出多少也同样存在不确定性,也必须以可能性作为确认条件。例如,企业为支付会计人员的工资,导致经济利益的实际流出,该项流出就满足了确认费用这一条件;又如,企业承诺在一定期间内对出售商品予以保修,企业根据以往销售情况,可以判断一定期间出售的商品其保修支出发生的可能性,若保修支出发生的可能性很大就可确认为费用,若可能性很小就不应确认为费用。

2. 经济利益流出企业的结果会导致资产的减少或者负债的增加

企业发生费用、经济利益流出企业,其结果只能导致两种情况。一是资产的减少,也可以说,费用是资产的消耗,在企业日常活动中资产通过耗用最终转化为费用。例如,企业支付广告费会导致银行存款的减少,此时广告费就满足了导致资产减少的确认条件,又如,企业在商品销售时将商品转移给了购买方,该商品的减少就可确认为一项费用。二是负债的增加,有时费用的发生直接导致负债的增加,但是负债的偿付最终仍会减少资产,例如,企业使用了人工,在工资尚未支付时使负债增加,这项人工费用也符合了确认条件。反过来说,如果其结果不导致资产减少或负债增加的经济利益流出企业,就不能确认为费用。例如,企业偿债的支出会使经济利益流出企业,但在偿付时,在资产减少的同时还减少了负债,不影响所有者权益,不是费用。

3. 经济利益的流出额能够可靠计量

与之相关的经济利益流入或流出的金额必须能够可靠计量是所有会计要素的确认条件之一。具体地说,可靠计量就是能够按所要求的计量属性得到确定的金额或者可以合理地估计。很多情况下,企业与费用相关的经济利益流出额有确定的金额,如工资、利息、商品成本、广告费等;有些情况下,经济利益流出额可以合理估计,如企业办公楼在使用期间的折旧额、赊销可能导致的坏账金额等。

三、利润

（一）利润的定义

利润是指企业在一定会计期间的经营成果。利润包括收入减去费用后的净额、直接计入当期利润的利得和损失等。

从利润定义可知，利润既包括在日常活动中取得的，即收入减去费用的净额；也包括非日常活动中取得的，即利得和损失。这就是说，我国会计准则将利得和损失归为"利润"要素中，而不是像收入、费用那样作为单独的会计要素。

利润是企业在某个期间取得的经营成果，在通常情况下，如果企业实现了利润（即利润为正），表明企业的所有者权益或净资产的增加，业绩得到了提升；反之，如果企业发生了亏损（即利润为负数），表明企业的所有者权益或净资产的减少，业绩下降。因此，利润是评价企业管理层业绩的一项综合性指标。

（二）利润的确认条件

利润的确认主要依赖于收入和费用以及利得和损失的确认，其金额的确定也主要取决于收入、费用、利得、损失金额的计量。因此，相关会计要素的确认条件也是利润的确认条件。

四、会计等式的扩展

收入和费用的关系是一种因果关系，正所谓"有所得就有所失"，两者的配比结果就是利润。三者的数量关系是：

$$收入 - 费用 = 利润$$

如果利润是负的，即为亏损。

从以上对收入、费用和利润的分析可以说明，这三个会计要素实际上是一种派生概念，是从所有者权益这一会计要素中派生出来的。它们是用来反映所有者权益的某一部分的变动，即所有者权益因日常活动而发生的增加或减少。所以我们可以把会计等式扩展为：

$$资产 = 负债 + 所有者权益 + （收入 - 费用）$$
$$资产 = 负债 + 所有者权益 + 利润$$

以上等式还可以变为：

$$资产 + 费用 = 负债 + 所有者权益 + 收入$$

应注意：收入、费用和利润是流量概念，而所有者权益是存量概念。上面的等式是通过两者的结合，以表明它们的联系。

引入了收入和费用概念，例 2-1 中的（10）、（11）、（12）、（13）这 4 笔会计事项对会计等式的影响可重新分析。其中（10）、（11）实际上可分别看成两笔会计事项：一笔（用 A 表示）与收入有关，另一笔（用 B 表示）与费用有关。它们对会计等式的影响见表 2-16。

表 2-16　　张三商店涉及收入费用的会计事项对会计要素和等式的影响及其结果　　单位：元

	资产				=	负债		+	所有者权益		
	现金	商品	用具	应收账款		应付账款	银行借款		实收资本	留存利润	
										收　入	费　用
原余额	3 700	11 000	2 000			2 500	2 200		12 000		
(10)A	+7 800									+7 800	
B		-6 000									-6 000
(11)A				+5 200						+5 200	
B		-4 000									-4 000
(12)	-700										-700
(13)	-600										-600
余额	10 200	+1 000	+2 000	+5 200	=	2 500	+2 200	+	12 000	+13 000	-11 300

以上例子表明：增加了收入、费用、利润概念，并没有破坏会计的基本等式，只是能更好地描述一个会计主体的"赚钱"过程，或资本的"滋生"过程，使会计信息内容得到扩展。

五、利润表

利润表，也可称为"损益表"。利润表是"收入－费用＝利润"等式的具体化。表 2-17 是张三商店 20×1 年 1 月份的利润表。

表 2-17

利 润 表

20×1 年 1 月　　　　　　　　　　　　　　单位：元

项　　　目	金额
收入：	
商品销售收入	13 000
费用：	
商品销售成本	10 000
房租费用	700
工资费用	600
费用合计	11 300
利润	1 700

在表 2-17 的利润表中已对收入和费用进行了分类，就如我们在前面分析会计事项时将资产、负债和所有者权益分类一样。

利润表列示的是一个时期内累计的收入、费用和利润，反映了一个会计主体在某个期间取得的经营成果。表 2-17 是张三商店 1 个月累计的全部收入、费用和利润，反映张三商店一个月的经营成果。利润表涉及的时间跨度可长可短，一般为一个会计年度，也可以是一个月度、季度、半年度。利润表反映的是企业一个时期的利润赚取过程。它用来说明期初、期末两个时点的所有者权益的差额是如何造成的（所有者直接投入和抽回资本、分红等引起的变动除外）。利润表是一张动态报表。表 2-17 利润表中的利润是 1 700 元，正与表 2-15 资产负债表中的留存利润从开业时的零元到 1 月 31 日的 1 700 元（净增 1 700 元）

相对应。如果利润用于分红,则留存利润会变少。

第五节　会计要素与财务报表

综上所述,会计要素可按照其性质具体分为资产、负债、所有者权益、收入、费用和利润。其中,资产、负债和所有者权益这三个会计要素侧重于反映企业的财务状况,收入、费用和利润这三个会计要素侧重于反映企业的经营成果。会计的基本等式及其扩展式反映了这六个会计要素之间的数量关系,是会计要素内在经济联系的体现。会计就是通过财务报表形式对会计要素及其关系进行具体表述并提供给信息使用者。

一、现金流量表

本章的前几节已介绍了资产负债表和利润表,本节还要介绍另一张财务报表——现金流量表。现金流量,是指一个会计主体的现金收入(流入)和付出(流出)。狭义的现金是指库存现金,就是企业的出纳保管的纸币、硬币。现金流量概念中的现金往往是广义的,是指库存现金、银行存款以及其他通用的交换媒介,比如:企业的银行本票、银行汇票、旅行支票、个人支票、邮政汇票、信用卡提款单等。现金流量与收入、费用从两个不同的方面说明了资产和权益的变化。现金流量是资产中现金的变化。

现金流量表是反映企业在一定会计期间现金流入和流出的报表。表2-18是张三商店20×1年1月份的现金流量表。

表 2-18

现金流量表
20×1年1月

单位:元

项　目	金　额
现金流入:	
销售商品收到的现金	7 800
现金流出:	
购买商品支付的现金	5 500
支付店员工资的现金	600
支付房租的现金	700
所有者抽回资本支付的现金	800
现金流出合计	7 600
现金流量净额	200

与利润表一样,现金流量表也可以按一个会计年度编制,或者按一个月度、季度、半年度编制。现金流量表反映的是企业在一个时期的现金的来源和运用过程。它用来说明期初、期末两个时点的现金的差额是如何造成的。与利润表一样,现金流量表也是一张动态报表。表2-18现金流量表中的现金流量净额是200元,正与表2-15资产负债表中的现金从开业时的10 000元到1月31日的10 200元(净增200元)相对应。

现金流量表所反映的流量不但包括广义现金的流量,而且往往还包括现金等价物的流量。有关现金等价物在后文再介绍。

二、主要财务报表之间的联系

上述 3 张财务报表概括地向其使用者提供有关企业在一个特定时点企业的财务状况（资产负债表）、一个特定时期企业现金流动情况（现金流量表）和经营活动导致的财富增加或产生利润的情况（利润表）。有人以水池和水量来比喻这几张财务报表，是很贴切的。资产负债表用来反映某一时点水池中所蓄的水量（存量）；而利润表和现金流量表用来反映水池在一段时间内流入和流出的水量（流量）。当然，利润表和现金流量表只是分别反映某一部分而不是全部的流量。

财务报表的编制是以会计基本假设为前提的。比如，根据例 2-1 编制的报表（见表 2-15、表 2-17、表 2-18），有明确的期间（20×1 年 1 月份）；并以商店为会计主体，而不是以张三或李四为会计主体，所以，它们不反映张三、李四在商店以外的其他业务和财产；这些报表也是建立在持续经营假设下，所以资产是以实际成本计价的。

上述 3 张财务报表之间存在的联系，可见表 2-19。根据例 2-1，商店在 20×0 年 12 月除了张三投入资本 10 000 元以外，没有其他会计事项，所以 20×0 年 12 月末的资产负债表很简单。

表 2-19　　　　　　　　　　张三商店的财务报表及其数字钩稽关系　　　　　　　　　　单位：元

资产负债表		利润表		资产负债表	
20×0 年 12 月 31 日		20×1 年 1 月		20×1 年 1 月 31 日	
资产：		收入：		资产：	
现金	10 000	商品销售收入	13 000	现金	10 200
应收账款	0	费用：		应收账款	5 200
商品	0	商品销售成本	10 000	商品	1 000
用具	0	房租费用	700	用具	2 000
资产总计	10 000	工资费用	600	资产总计	18 400
负债和所有者权益：		利润	1 700	负债和所有者权益：	
负债：		**现金流量表**		负债：	
应付账款	0	20×1 年 1 月		应付账款	2 500
银行借款	0	现金流入：		银行借款	2 200
所有者权益：		销售商品收到的现金	7 800	所有者权益：	
实收资本	10 000	现金流出：		实收资本	12 000
留存利润	0	购买商品支付的现金	5 500	留存利润	1 700
负债和所有者权益总计	10 000	支付店员工资的现金	600	负债和所有者权益总计	18 400
		支付房租的现金	700		
		所有者抽回资本的现金	800		
		现金流量净额	200		

表 2-19 中展现的报表之间的数字关系比较简单。比如，20×1 年 1 月初和 1 月末留存利润的差额 1 700 元全部是由当月的利润引起的，而实际上，留存利润的变动有时不仅仅受到当期利润的影响，还受到企业支付红利（如公司支付现金股利）、用利润转作资本（如公司分配股票股利）等因素的影响。我国将这些情况在"所有者权益变动表"中反映。

本章只介绍 3 张基本财务报表，而且所举例子简单，是为了清晰地表述会计要素、财务报表及其相互关系，便于理解。有关的详细内容将在本书后文介绍。

财务报表与会计等式的关系、财务报表之间的关系还可见图 2-1。

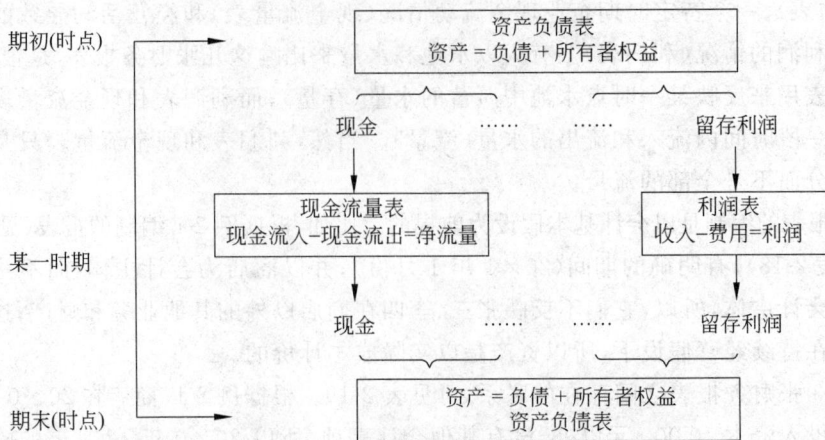

图 2-1　财务报表的时间与要素

第六节　小　　结

本章介绍了两大内容：会计的基本假设和会计要素。会计假设是会计确认、计量和报告的前提和基础，而会计要素是对会计确认、计量和报告对象的基本分类，确定了财务报表的结构和内容。

在会计的基本假设中，会计主体明确了会计核算的空间范围；持续经营为会计计量提供了基础；会计分期是及时分清责任与利益的需要；货币计量为会计核算确定了计量单位。这四个会计基本假设是互相联系的，会计主体为财务会计及其报告确定了边界和立足点，它是会计假设的基石，其他三个假设都是以会计主体假设为前提的；持续经营和会计分期都是对会计主体的经营时间长度的确定，而且会计分期又是建立在持续经营基础上的；货币是价值尺度的必然选择，它表明了会计的量化信息的特征。

会计要素建立在会计基本假设的基础之上。六个会计要素归根到底就是资产和权益两大概念。可以说，资产和权益是会计对其描述的经济现象的高度概括和抽象。就如同古人把世界万象归纳为阴与阳两极一样。资产和权益也是一个事物的两面，既可将它们看成是一个会计主体的经济资源与资源提供者的要求权（所以称"权益"，对会计主体来说也是义务或责任），也可看成是会计主体的资金运用与资金来源。在资产和权益中，权益又可分为负债和所有者权益两类，它们表明了资本提供者不同性质的要求权。资产和权益构成的会计等式是基本等式，是财务会计最基本的关系式。收入和费用是因企业的日常活动引起的所有者权益的增加和减少，是用来表述权益的某一部分的流量。收入和费用体现的是一种因果关系，即反映了"得"与"失"。收入与费用的差额是利润，它反映了得失比较的结果，影响了两个时点所有者权益的变化。收入、费用和利润是对权益概念的扩展。现金流量虽然不属于会计要素,但是现金流量与资产中现金的关系就像收入、费用和利润与所有者权益的关系一样,是流量与存量的关系。在会计要素确认时,均应满足如下确认条件:(1)符合会计要素的定义;(2)相关的经济利益很可能流入或者流出企业;(3)该经济利益流入或者流出的金额能够可靠计量。

本章对资产负债表、利润表和现金流量表的介绍还只是从会计要素及其数量关系角度出发的。资产负债表是资产和权益基本等式的表现,是时点报表或静态报表;利润表反映了收入、费用和利润这三个会计要素,是时期报表或动态报表;现金流量表是反映现金流入和流出的报表,是时期报表或动态报表。有关这三张报表的意义、编制、内容和分析将在以后各章讨论。

思　考　题

1. 如何理解会计主体假设为会计的计量、确认和报告所作的设定?

2. 持续经营假设是否说明企业的经营是无限期的?

3. 会计信息的报告为什么要分期进行,会计分期假设与持续经营假设有什么联系?

4. 会计为什么选择货币作为定量化的尺度,为什么需要假设币值是稳定的?

5. 应如何理解资产的基本特征?

6. 如何理解资产和权益的关系?

7. 为什么所有者投入资本不是收入、企业向所有者支付红利不是费用?

8. 资产负债表、利润表和现金流量表是如何反映会计要素及其关系的?

练　习　题

习　题　一

练习目的:理解资产的定义和确认条件。

一、资料

甲企业有下列业务:

(1) 客户欠甲企业 1 000 元货款,客户已破产,企业已无法收到货款了。

(2) 甲企业从乙企业处获得将来允许其生产乙企业设计的产品的权利,有效期 3 年。预期甲企业生产的这种新产品能增加企业的利润。

(3) 甲企业招聘了一个市场部经理,管理层预计在以后的 3 年中,由于这个经理的市场策划,可给企业增加至少 30% 的利润。

(4) 甲企业购入一台设备,该设备预计每年可生产 10 000 元产品供应市场。设备款是甲企业向银行借款支付的。

二、要求

请说明判别上述各项中哪些是甲企业的资产,为什么?

习　题　二

练习目的: 理解基本会计等式所建立的三个会计要素之间的数量关系。

一、资料

某企业创办于 20×1 年 12 月 10 日,至 20×1 年 12 月 31 日共发生了 5 笔会计事项。

(1) 所有者投入 3 600 元现金;

(2) 用现金购入物品 2 600 元;

(3) 企业向客户提供劳务,收到应得的全部现金 2 300 元;

(4) 用现金支付职工工资 3 100 元;

(5) 从银行借入 3 000 元现金。

二、要求

分别计算这些业务发生后,企业的资产、负债和所有者权益的金额。

习　题　三

练习目的: 理解会计事项及其对会计要素的影响、会计要素与财务报表的关系。

一、资料

有一企业在某日的会计记录如下(单位:元)。

(1) 在仓库中的商品	26 000
(2) 顾客所欠的货款	33 000
(3) 所有者权益	207 000
(4) 银行存款	5 000
(5) 出纳保险柜中的现金	1 000
(6) 欠客户的货款	23 000
(7) 设备	63 000
(8) 厂房	145 000
(9) 银行借款	43 000

在随后的一个星期,该企业发生了如下会计事项:

(1) 出售 8 000 元商品,售价 11 000 元,已收到货款,全部存入银行。

(2) 赊销 17 000 元商品,售价 23 000 元。

(3) 收到客户原欠的货款 18 000 元,存入银行。

(4) 用银行存款支付电费 5 000 元。

(5) 赊购商品 14 000 元。

(6) 用银行存款支付所欠货款 13 000 元。

二、要求

编制在上述所有会计事项完成后的资产负债表,并计算这一星期的利润和现金净流量。

习 题 四

练习目的：理解会计主体假设、会计等式的意义。

一、资料

有一个企业的老板在看会计交给他的报表时有些困惑："企业曾经向银行借了10万元贷款，企业现在的资产中哪些是用这10万元购置的？我的投资是企业最主要的资产，为什么报表上没有专门列示我的资产？"

二、要求

请你用会计的基础知识和概念回答他的问题。

习 题 五

练习目的：通过会计事项的记录，理解有关会计假设、会计要素、财务报表的基本知识。

一、资料

李明经批准在自己所在的住宅小区卖早点。李明用200元现金作本钱，开业时正逢端午节来临：

第一天李明用200元的现金采购粽子，当天卖出了全部货物的90%，得现金220元。

第二天，李明又采购了210元的粽子，除了第一天卖剩的存货全部卖出之外，还卖出了当天购入的50%，共得现金140元。

第三天，李明又进货120元，卖出了第二天所剩全部存货和当天进货的75%，得现金250元。

二、要求

请根据李明的营业情况，以早点摊为会计主体编制为期3天的利润表、现金流量表和期初、期末资产负债表。

案例分析题

一、资料

王燕是一个在校的大学生，利用暑假在网上开了一家出售时尚手表、太阳眼镜、太阳帽等夏季饰品的商店。假设开店是免费的，但要进货、交易等，王燕要先有资金。她向父亲借了现金1 000元，自己还有存款1 500元。这2 500元存入一个新开的专用存款户头中。经过一番忙碌，7月16日正式开业。王燕觉得网店营业挺顺利的。转眼学校要开学了，王燕于8月31日关掉了自己的商店。她平时没有对商店的营业情况进行记录，现在清理后发现：

（1）王燕专用存款余额是4 250元。

（2）还欠父亲600元没还。

（3）还有一些货没卖出，根据事先约定，以进货成本的 75％ 退还了供货方。供货方说好 9 月份会把 875 元的退货款归还她。

（4）曾经从专用存款中取款 500 元，买了一辆准备到学校用的自行车。

二、要求

（1）请你编制 7 月 16 日和 8 月 31 日的资产负债表。

（2）请你评估一下王燕的经营业绩，她的网上商店在暑假的一个半月中利润（或亏损）是多少？

（3）如果王燕想在下个暑假继续开网店的话，为了能够知道自己营业成绩，至少需要记录哪些信息？

会 计 循 环

1. 理解会计循环的含义及其流程；
2. 理解账户的含义及其与会计科目的关系；
3. 理解会计凭证的含义、种类及其要素；
4. 掌握借贷记账法的基本原理及其记账规则；
5. 掌握会计分录的基本内容和编制要求；
6. 掌握过账与试算的原理及其操作方法；
7. 掌握总分类账与明细分类账的关系及其平行登记的要点；
8. 理解会计期间确认的基本原则；
9. 掌握账项调整、对账和结账的具体内容与方法；
10. 了解财务报表的含义、组成内容及其编制过程。

第一节　会计循环概述

一、会计循环的概念及流程

会计人员按照会计准则要求，采取专门的会计核算程序和方法，将企业日常经济业务所形成的零散、复杂的会计资料，加工成满足会计信息使用者需要的信息，这一处理过程称为会计循环。

企业在一个会计期间内，其会计工作从收集原始凭证开始，到编制会计报告结束，需要经过一系列的会计处理程序，这些会计处理程序从会计期初到会计期末，循环往复，周而复始，因此，通常称之为会计循环。会计循环的流程可见图 3-1。

如果企业以 1 年为一个会计期，则会计循环周期为 1 年，若按月结账和编表，则会计循环周期为 1 个月。

以上各流程的概述如下：

（1）编审原始凭证。经济业务发生后，会计人员首先要取得或编制原始凭证，同时对原始凭证的真实性、合规性、合法性进行审核。

（2）编制记账凭证。原始凭证审核后，会计人员要根据原始凭证反映的经济业务内容判断确认其所属的应借应贷的账户，并将账户名称及其金额（即会计分录）填入记账凭证。

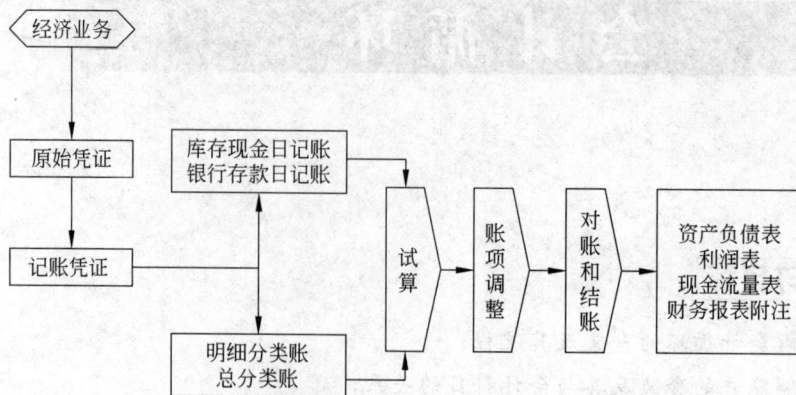

图 3-1   会计循环的流程

(3) 登记账簿。又称过账,即根据记账凭证确定的应借应贷账户和金额分别在日记账和分类账中进行记录。

(4) 试算平衡。记账完毕,将分类账中各账户的借方发生总额、贷方发生总额和期末余额汇总列表,以验证所做的会计分录及过账是否有误。

(5) 账项调整。根据会计确认原则,期末需要对有些账户的记录进行修正,使账户余额能更正确反映实际情况。如企业的一些应计收入、应计费用,因没有发生现款的收付,平时账上也就没有做完整的记录,需要在月末对应计收入和应计费用作调整。

(6) 对账和结账。会计期末,要对企业的各项资产进行财产清查和核对,在账证相符、账账相符、账实相符的情况下,结清本期收入、费用类账户,以确定当期损益;结出资产、负债、所有者权益的账户余额,以便结转到下期连续记录。

(7) 编制报表。会计期末,将会计期内所有经济业务及其结果汇总编制成财务报表。财务报表一般包括资产负债表、利润表、现金流量表、所有者权益变动表及报表附注等。

二、会计循环的意义

明确会计循环流程,规范会计核算程序的意义在于:

(1) 保证会计信息的完整可靠。将企业发生的诸多且复杂的经济业务,按照会计循环流程进行收集、记录、分类、汇总并编制报表,能形成完整、规范、有用的会计信息。

(2) 有利于会计工作的科学管理。按照会计循环所规定的先后顺序进行会计核算,可合理安排会计人员,便于分工协作,使会计工作有条有理,保证按时、按质提供会计信息。

(3) 有利于会计核算方法的科学化、规范化。在当今财务软件得到普通应用情况下,会计人员大多借助计算机来收集、记录、分类、汇总企业的经济业务及编制财务报表,统一的会计核算流程便于会计电算化的进一步推广和应用。

第二节　账户与复式记账

一、设置账户

任何一项经济业务的发生都会引起会计要素有关项目的增减变动,为了全面、序时、连续、系统地记录和反映会计要素的增减变动,就必须设置账户。

(一)账户的含义

所谓"账户",就是对会计要素各具体项目的增减变动进行分类核算的载体,它根据会计科目设置,具有一定的格式和结构,能反映会计要素各项目的增减变动情况及其结果。

(二)账户的基本结构

账户的基本结构是由会计事项所引起的增减变动情况决定的。企业会计事项所引起的变化虽然错综复杂,但从数量上看,总不外乎是增加和减少两种情况,因而用来登记企业在某一会计期间内各种有关数据的账户也应分成左方和右方两个部分:一方登记增加额,另一方登记减少额。

至于哪一方登记增加额,哪一方登记减少额,要看采用的记账方法、账户的性质及其所记录的经济业务内容。多年来习惯上所形成的规则是:资产的增加数记入左边,减少数记入右边;负债和所有者权益的增加数记入右边,减少数记入左边。这是因为,在资产负债表中,资产是列在左边,负债和所有者权益列在右边,为便于编制资产负债表,资产的余额应表现在账户的左边,负债和所有者权益的余额应表现在账户的右边,只有在资产的增加数也是记在账户左边的条件下,资产的余额才能表现在账户的左边。同理,也只有在负债及所有者权益的增加数记在账户右边的条件下,负债及所有者权益的余额才能表现在账户的右边。

其中本期的增加额称为本期增加发生额,本期的减少额称为本期减少发生额,增减相抵后的金额称为余额。余额按表示的时间不同,又可分为期初余额和期末余额。本期的期末余额转入下期,就成为下期的期初余额。

期末余额 ＝ 期初余额 ＋ 本期增加发生额 － 本期减少发生额

账户的基本结构见图 3-2。

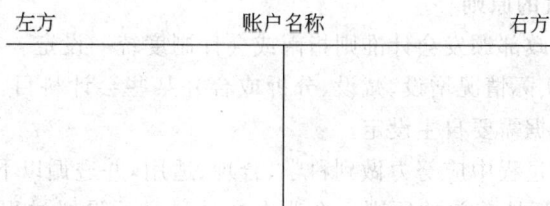

左方	账户名称	右方

图 3-2　账户的基本结构

根据账户基本结构图的形状,会计人员习惯上称之为"T"形账户或"丁"字形账户。具体地说,账户的基本结构应包括以下内容:

（1）账户的名称；

（2）记录经济业务的日期和经济业务的内容摘要；

（3）记账凭证的编号；

（4）增减金额及余额。

实务中，手工记账经常采用的账户（或账页）格式见表3-1。

表 3-1 账户的格式

年		凭证编号	摘要	借方	贷方	借或贷	余额
月	日						

（三）会计科目

1. 会计科目的含义

会计科目是对会计要素作进一步分类的项目名称，它同时也是账户的名称。会计科目与账户之间既有联系，又有区别。由于会计科目名称与账户名称一致，因此，会计科目的内容、分类与账户的内容、分类完全一致。账户是根据会计科目开设的，但账户除了名称之外，还应具有一定的格式和结构，用以反映会计要素的增减变动及其结果；而会计科目仅仅是会计核算要素项目的名称，仅反映会计要素的具体内容。

2. 会计科目的分类

会计科目按级次可分为总分类科目和明细分类科目。总分类科目即为一级科目，明细分类科目又可分为二级科目、三级科目……，二级或三级科目的设置应视企业自身的生产经营特点和管理需要而定。总分类科目与明细分类科目在性质上是从属的关系，在数量上是相等的关系。

会计科目按内容可为资产类、负债类、所有者权益类、成本类、损益类（或收入、费用类）五大类。

3. 会计科目设置的原则

总分类科目由财政部颁发会计准则指南或会计制度统一设定。在不违反会计准则的前提下，企业可根据实际情况增设、减设、分拆或合并某些会计科目。明细分类科目在总分类科目下由企业根据需要自主设定。

会计科目在设置过程中应努力做到科学、合理、适用，并遵循以下三个原则：

（1）合法性及灵活性兼并的原则。企业在会计科目的设置过程中，既要符合会计准则指南的规定，又可结合企业自身的具体情况和特点，自行增设、减少或合并某些会计科目，以保证会计信息的可比性。

（2）相关性原则。即企业在设置会计科目时，要充分考虑会计信息使用者对本企业会计信息的要求，会计核算所提供的会计信息能满足相关各方的需求。

（3）实用性原则。即在合法性的基础上，根据企业自身特点，设置符合企业需要的会计科目。例如：对于工业企业，由于其主要的经营活动是制造产品，因而需要设置反映生产耗费的科目，如"生产成本"；还需要设置反映生产成果的科目，如"库存商品"等。而对于商品流通企业而言，由于其主要的经营活动是购进和销售商品，不进行产品生产，因而一般不需要设置"生产成本"科目，但需要设置反映商品采购、商品销售以及在购、销、存等环节发生各项费用的会计科目。

参照我国《企业会计准则》的规定，企业常用会计科目表见表3-2。

表 3-2 企业常用会计科目表

顺序	编号	会计科目名称	顺序	编号	会计科目名称
		一、资产类	32	1602	累计折旧
1	1001	库存现金	33	1603	固定资产减值准备
2	1002	银行存款	34	1604	在建工程
3	1012	其他货币资金	35	1605	工程物资
4	1101	交易性金融资产	36	1606	固定资产清理
5	1121	应收票据	37	1701	无形资产
6	1122	应收账款	38	1702	累计摊销
7	1123	预付账款	39	1703	无形资产减值准备
8	1131	应收股利	40	1711	商誉
9	1132	应收利息	41	1801	长期待摊费用
10	1231	其他应收款	42	1811	递延所得税资产
11	1231	坏账准备	43	1901	待处理财产损溢
12	1161	应收补贴款			二、负债类
13	1401	材料采购	44	2001	短期借款
14	1402	在途物资	45	2101	交易性金融负债
15	1403	原材料	46	2201	应付票据
16	1404	材料成本差异	47	2202	应付账款
17	1405	库存商品	48	2203	预收账款
18	1406	发出商品	49	2211	应付职工薪酬
19	1407	商品进销差价	50	2221	应交税费
20	1408	委托加工物资	51	2231	应付利息
21	1411	周转材料	52	2232	应付股利
22	1471	存货跌价准备	53	2241	其他应付款
23	1501	持有至到期投资	54	2401	递延收益
24	1502	持有至到期投资减值准备	55	2501	长期借款
25	1503	可供出售金融资产	56	2502	应付债券
26	1511	长期股权投资	57	2701	长期应付款
27	1512	长期股权投资减值准备	58	2702	未确认融资费用
28	1521	投资性房地产	59	2711	专项应付款
29	1531	长期应收款	60	2801	预计负债
30	1532	未实现融资收益	61	2901	递延所得税负债
31	1601	固定资产			

续表

顺序	编号	会计科目名称	顺序	编号	会计科目名称
	三、所有者权益类		73	6051	其他业务收入
62	4001	实收资本	74	6101	公允价值变动损益
63	4002	资本公积	75	6111	投资收益
64	4101	盈余公积	76	6301	营业外收入
65	4103	本年利润	77	6401	主营业务成本
66	4104	利润分配	78	6402	其他业务成本
67	4201	库存股	79	6403	营业税金及附加
	四、成本类		80	6601	销售费用
68	5001	生产成本	81	6602	管理费用
69	5101	制造费用	82	6603	财务费用
70	5201	劳务成本	83	6701	资产减值损失
71	5301	研发支出	84	6711	营业外支出
	五、损益类		85	6801	所得税费用
72	6001	主营业务收入	86	5801	以前年度损益调整

二、复式记账

企业发生的各类经济业务中,有些会同时引起会计等式两边会计要素发生增减变动,要么同时增加,要么同时减少;有些则只引起资产项目或负债、所有者权益项目内部之间发生变动,其中一个项目增加,而另一个项目减少。但不管是什么类型的经济业务,都会引起两个或两个以上的会计要素有关项目发生增减变动。为了全面、系统地反映各会计要素有关项目的增减变动情况及其结果,就必须采用复式记账。

(一)复式记账的含义

所谓复式记账,是指对一项经济业务需要用相等的金额,在两个或两个以上相互联系的账户中进行记录的一种记账方法。

在复式记账法下,由于对于每一项经济业务都要在两个或两个以上相互联系的账户中进行登记,这就可以通过账户的对应关系,全面、清晰地反映经济业务的来龙去脉,了解经济业务的具体内容。此外,复式记账法以会计等式为基础,都以相等金额在有关账户登记,这就可以对账户记录的结果进行试算平衡,便于核对、检查账目。

在复式记账方法产生前,曾有一种简单的记账方法,叫单式记账法。单式记账法是对经济业务只作单方登记,而不反映其来龙去脉的一种记账方法。这种方法除了对有关人欠(应收款)、欠人(应付款)的现金和银行存款在两个或两个以上的有关账户中进行登记以外,对于其他经济业务都只在一个账户中登记或不予登记的记账方法。其特点是平时只登记现金、银行存款的收付业务和各种往来账项,而对于固定资产折旧、材料物资的耗用等不涉及款项收付的业务,则不予登记。

单式记账法在运用中虽然手续简便,但它存在反映经济活动不全面、不完整,账户记录的数字之间缺乏对应关系等缺陷,因而被复式记账法所取代。

（二）借贷记账法

复式记账法按其记账符号、记账规则不同可分借贷记账法、收付记账法、增减记账法等。借贷记账法是以"借"、"贷"作为记账符号的一种复式记账法，它是目前世界各国通用的一种记账方法。根据我国《会计法》规定，目前我国企业会计的记账方法必须采用借贷记账法。

1. 借贷记账法的账户结构

将所有账户的左方定为"借"方，右方定为"贷"方，并用一方登记增加数，一方登记减少数。在会计语言上，借方表示：资产的增加、负债的减少、所有者权益的减少；贷方表示：资产的减少、负债的增加、所有者权益的增加。

（1）资产账户的结构。反映各资产的账户称为资产账户。由于资产负债表的左方一般反映资产项目，所以习惯上以资产账户的借方来登记期初余额和本期发生额，而以资产账户的贷方登记本期减少额，期末余额在借方。计算资产类账户期末借方余额的等式如下：

资产类账户期末借方余额 ＝ 期初借方余额 ＋ 本期借方发生额 － 本期贷方发生额

资产账户的结构见图 3-3。

借方	资产账户	贷方
期初余额 本期增加额	本期减少额	
本期借方发生额 期末余额	本期贷方发生额	

图 3-3　资产账户的结构

（2）负债和所有者权益账户的结构。反映各负债和所有者权益的账户称为负债和所有者权益账户。由于负债和所有者权益账户一般在资产负债表的右方，习惯上在负债和所有者权益的贷方登记期初余额和本期增加额，而在账户的借方登记本期减少额，期末余额一般在贷方。计算负债、所有者权益类账户期末贷方余额的等式如下：

负债、所有者权益类账户期末贷方余额 ＝期初贷方余额 ＋ 本期贷方发生额 －
本期借方发生额

负债和所有者权益账户的结构见图 3-4。

借方	负债和所有者权益账户	贷方
	期初余额 本期增加额	
本期减少额		
本期借方发生额	本期贷方发生额 期末余额	

图 3-4　负债和所有者权益账户的结构

（3）收入、费用、利润账户的结构。根据会计等式可知，收入、费用的变动会导致所有者权益的变动,即取得收入会导致所有者权益增加,支付或发生费用会导致所有者权益减少。因此,会计上的处理是,所有者权益的贷方反映取得的收入,借方反映发生的费用,但是当经济业务很多时,就不能清楚地反映企业一定期间的收入和发生的费用了,所以要专门设置收入、费用和利润账户。

一方面,取得收入可以理解为所有者权益的增加,那么收入的增加额就记在账户的贷方,减少额记入借方,期末时,将贷方发生额减去借方发生额的差额转入利润账户的贷方,收入账户一般无期末余额。另一方面,费用可理解为所有者权益的减少,所以费用的增加额记在账户的借方,减少额记入贷方,期末时,将借方发生额减去贷方发生额的差额转入利润账户的借方,费用账户一般也无期末余额。这样通过收入和费用的对比,即可求得当期的经营成果。当收入大于费用时,表示企业实现了利润;当收入小于费用时,表示企业亏损。

收入、费用、利润账户的结构见图 3-5。

借方	收入账户	贷方
本期减少额或转销额	本期增加额	
本期借方发生额	本期贷方发生额	

借方	费用账户	贷方
本期增加额	本期减少额或转销额	
本期借方发生额	本期贷方发生额	

借方	利润账户	贷方
	期初余额	
费用转入额	收入转入额	
本期借方发生额	本期贷方发生额 期末余额	

图 3-5　收入、费用、利润账户的结构

因利润归属所有者,因此,会计年度后,通常将利润账户的年末余额转入所有者权益,这样,利润账户的年末也无余额。

综上所述,资产类、费用类账户借方登记增加数,贷方登记减少数,期末余额一般在借方;负债类、所有者权益类和收入类账户贷方登记增加数,借方登记减少数,期末余额一般在贷方。

2. 借贷记账法的记账规则

借贷记账法的记账规则可归纳为"有借必有贷,借贷必相等"。即:在借贷记账法下,根据复式记账的原理,对任何一笔经济业务都要按照其内容一方面记入一个或几个有关账户的借方,另一方面记入一个或几个有关账户的贷方,且记入借方的金额必须与记入贷方的金额相等。

运用借贷记账法记账时,要按以下三个步骤:(1)确定经济业务发生后所影响的账户名称、类别;(2)确定这些账户的变动方向,是增加还是减少;(3)根据账户的性质确定应记入借方还是贷方。

现以龙华公司 20×1 年 2 月发生的经济业务为例,说明怎样运用借贷记账法在有关账户中进行记录。

(1) 2 月 3 日,收到投资者甲投入的资本金 500 000 元,存入银行。

这笔业务的分析见表 3-3:

表 3-3 　　　　　　　　　　　　　　 **业务(1)的分析** 　　　　　　　　　　　　 单位:元

受影响的账户	账户类别	金额的变化	借　方	贷　方
银行存款	资产	增加	500 000	
实收资本	所有者权益	增加		500 000

这笔业务在账户中的登记如下(见图 3-6):

```
            资产账户                               所有者权益账户
          银行存款                                  实收资本
借方                    贷方              借方                     贷方

期初余额 330 000                         期初余额 200 000

①500 000                                 ①500 000
```

图 3-6　业务(1)的登账

(2) 2 月 5 日向 A 单位购入原材料一批,金额共计 100 000 元,款项尚未支付。

这笔业务的分析见表 3-4:

表 3-4 　　　　　　　　　　　　　　 **业务(2)的分析** 　　　　　　　　　　　　 单位:元

受影响的账户	账户类别	金额的变化	借　方	贷　方
原材料	资产	增加	100 000	
应付账款	负债	增加		100 000

这笔业务在账户中的登记如下(见图 3-7):

```
            资产账户                               负债账户
          原材料                                  应付账款
借方                    贷方              借方                     贷方

期初余额 300 000                         期初余额 300 000

②100 000                                 ②100 000
```

图 3-7　业务(2)的登账

(3) 2 月 20 日以银行存款支付前欠 A 单位的购货款 100 000 元。

这笔业务的分析见表 3-5:

这笔业务在账户中的登记见图 3-8:

表 3-5　　　　　　　　　　　　　　业务（3）的分析　　　　　　　　　　　　　　单位：元

受影响的账户	账户类别	金额的变化	借　方	贷　方
应付账款	负债	减少	100 000	
银行存款	资产	减少		100 000

	资产账户			负债账户	
借方	银行存款	贷方	借方	应付账款	贷方
期初余额 330 000	③100 000				期初余额 300 000
①500 000				③100 000	②100 000

图 3-8　业务（3）的登账

（4）2 月 21 日，购买设备一台，价款 150 000 元用银行存款付讫。

这笔业务的分析见表 3-6：

表 3-6　　　　　　　　　　　　　　业务（4）的分析　　　　　　　　　　　　　　单位：元

受影响的账户	账户类别	金额的变化	借　方	贷　方
固定资产	资产	增加	150 000	
银行存款	资产	减少		150 000

这笔业务在账户中的登记见图 3-9：

	资产账户			负债账户	
借方	银行存款	贷方	借方	固定资产	贷方
期初余额 330 000	③100 000		期初余额 50 000		
①500 000	④150 000		④150 000		

图 3-9　业务（4）的登账

（5）2 月 23 日，投资者乙投入龙华公司一批机器设备，评估确认价为 300 000 元。

这笔业务的分析见表 3-7：

表 3-7　　　　　　　　　　　　　　业务（5）的分析　　　　　　　　　　　　　　单位：元

受影响的账户	账户类别	金额的变化	借　方	贷　方
固定资产	资产	增加	300 000	
实收资本	所有者权益	增加		300 000

这笔业务在账户中的登记见图 3-10：

（6）2 月 25 日，龙华公司宣布分配现金股利 50 000 元。

这笔业务的分析见表 3-8：

	资产账户			所有者权益账户	
借方	固定资产	贷方	借方	实收资本	贷方
期初余额 50 000				期初余额 200 000	
④150 000				①500 000	
⑤300 000				⑤300 000	

图 3-10 业务(5)的登账

表 3-8   业务(6)的分析   单位：元

受影响的账户	账户类别	金额的变化	借　方	贷　方
利润分配	所有者权益	减少	50 000	
应付股利	负债	增加		50 000

这笔业务在账户中的登记见图 3-11：

	所有者权益账户			负债账户	
借方	利润分配	贷方	借方	应付股利	贷方
	期初余额 150 000			期初余额 0	
⑥50 000				⑥50 000	

图 3-11 业务(6)的登账

（7）2 月 28 日，当所有经济业务登记入账后，可计算出各账户的发生额和余额。
如下：

借方		原材料	贷方
期初余额	300 000		
②100 000			
本期借方发生额	100 000	本期贷方发生额	0
期末余额	400 000		

借方		应付账款	贷方
		期初余额	300 000
③100 000		②100 000	
本期借方发生额	100 000	本期贷方发生额	100 000
		期末余额	300 000

借方	银行存款		贷方
期初余额	330 000		③100 000
①500 000			④150 000
本期借方发生额	500 000	本期贷方发生额	250 000
期末余额	580 000		

借方	实收资本		贷方
		期初余额	200 000
		①500 000	
		⑤300 000	
本期借方发生额	0	本期贷方发生额	800 000
		期末余额	1 000 000

借方	固定资产		贷方
期初余额	50 000		
④150 000			
⑤300 000			
本期借方发生额	450 000	本期贷方发生额	0
期末余额	500 000		

借方	应付股利		贷方
		期初余额	0
		⑥50 000	
本期借方发生额	0	本期贷方发生额	50 000
		期末余额	50 000

借方	利润分配		贷方
		期初余额	150 000
⑥50 000			
本期借方发生额	50 000	本期贷方发生额	0
		期末余额	100 000

第三节 审核与填制会计凭证

一、会计凭证的意义

会计凭证是记录经济业务发生,明确经济责任,并据以登记账簿的书面证明。如:购买商品时要获取供货单位的销货发票,支付款项时要取得收款单位的收据,商品收进时要填制收货单或入库单,存货发出时要填制发货单等。填制或取得会计凭证是会计工作的初始阶段和基本环节,它是保证会计核算按照交易的实际发生情况如实记录的基础,也是确保财务报表如实反映企业真实情况的前提条件。

会计凭证按其填制的程序和用途,可分为原始凭证和记账凭证。

原始凭证俗称单据,是在经济业务发生或完成时由经办人直接取得或填制的,用以记录、证明经济业务已经发生或完成情况,明确经济责任的书面证明,是记账的原始凭据。

记账凭证,俗称传票,是会计人员根据审核无误的原始凭证所编制的、用以记载每笔经济业务应借记和应贷记账户及其金额的一种单据,它是直接登记账簿的依据。

二、原始凭证

由于原始凭证是证明经济业务发生情况的初始文件,具有较强的法律效力,因此,它一般在经济业务发生时直接取得或填制。

(一)原始凭证的要素

原始凭证必须具备以下要素:(1)凭证的名称;(2)填写凭证的日期;(3)凭证的编号;(4)接受单位的名称(俗称"抬头");(5)经济业务的内容(如所涉及的商品名称、数量、单价、金额等);(6)制证单位的名称或盖章;(7)经办人员的签名或盖章。

(二)原始凭证的种类

会计工作中应用的原始凭证种类很多,一般有以下几种分类方法:

1. 原始凭证按其形成来源不同分类

原始凭证按其形成来源不同,可分为外来原始凭证和自制原始凭证。

(1)外来原始凭证。外来原始凭证是指同外部单位发生经济往来关系时,从外部单位取得的原始凭证。如购货时取得的销货发票、付款时所取得的收据等。

图3-12列示的是销货单位销货时开具的增值税专用发票的样式。

(2)自制原始凭证。自制原始凭证是指由本单位经办人员在执行或完成内部经济业务时所填制的凭证。如商品、材料入库时,由仓库保管人员填制的入库单,生产部门领用材料的领料单,职工因公出差填制的差旅费报销单,固定资产折旧计算表,工资费用分配表等。

表3-9列示的是某公司材料入库单的样式。

自制原始凭证大多由会计人员进行归类、整理编制而成。表3-10列示的是某公司会计人员编制的职工工资汇总分配表的样式。

1100022230   **ＸＸ增值税专用发票**   **No 06995200**

开票日期：2008年12月2

响货单位	名　称：某公司 纳税人识别号：21001999432101X 地址、电话：某市某区某路X号6712345X 开户行及账号：XX银行000022336235312X	密码区	2<>30-+3<11/5<18++8*4　加密版本号： 44*09/>>297<5>+5960/34 61 3<11/5<18+9<+6-22028　1100022230 5>5<22>>2216-/-+/9>　06995200

货物或应税劳务名称	规格型号	单位	数量	单价	金额	税单	税额
A材料		千克	5000	10.00	50000.00	17	8500.00
合　计					￥60000.00		￥8500.00

价税合计(大写)	⊕伍万捌任伍佰圆	(小写)￥58500.00

销售单位	名　称：胜利工厂 纳税人识别号：21001923563127× 地址、电话：某市某区某路×号　6822210× 开户行及账号：××银行　000023654235312×	备注	

核款人： 复核： 开票人：×× 销售单位(章)：

第二联 发票联 购货方记账凭证

图 3-12　增值税专用发票样式

表 3-9   **××股份有限公司材料入库单**

年　月　日   No.15481

材料 名称	规格	计量 单位	数量	单价	金额	运杂费	金额 合计	发货单位

财务主管： 供应科长： 仓库验收： 采购员：

表 3-10   **××股份有限公司工资费用分配表**

20×1 年 12 月 30 日   单位：元

构成部门	工资	基本工资	津贴奖金	养老保险	住房公积金	应发工资
基本车间	A5 生产工人	50 000	9 771	11 954	6 575	78 300
	B3 生产工人	27 000	3 916	6 184	3 400	40 500
车间管理人员		6 000	1 328	1 466	806	9 600
行政部门人员		17 000	2 466	3 893	2 141	25 500
销售部门人员		4 200	762	992	546	6 500
合　计		104 200	18 243	24 489	13 468	160 400

会计主管：何志明   复核：张敏   制单：李达

2. 原始凭证按其完成手续不同分类

原始凭证按其完成手续不同,可分为累计凭证和汇总原始凭证:

(1) 累计凭证。在一些特定单位,为了连续反映某一时期内不断重复发生而分次进行的特定业务,需要在一张凭证中连续、累计填列该项特定业务的具体情况,这种凭证称为累计凭证。比较典型的累计凭证是限额领料单。限额领料单中标明了某种材料在规定期限内的领用额度,用料单位每次申请领料及核发的数量,直接在限额领料单上填列,由经办人员签章,并随时结出限额结余。使用这种凭证,可减少凭证填制的手续,但因其要反复使用,因而必须严格凭证的保管制度和材料收发手续。

(2) 汇总原始凭证。为了集中反映某项经济业务的总括情况,并简化记账凭证的填制工作,往往将一定时期内若干记录同类性质经济业务的原始凭证汇总编制成一张原始凭证,这种凭证称为汇总原始凭证。汇总原始凭证也属于原始凭证的范畴,如发料凭证汇总表。

3. 原始凭证按照凭证格式不同分类

原始凭证按照凭证格式不同,可分为通用凭证和专用凭证:

(1) 通用凭证。通用凭证是指由有关部门统一印制,在一定范围内使用的具有统一格式和使用方法的原始凭证。例如,税务部门统一制定的增值税发票,由人民银行统一制定的支票、商业汇票等结算凭证等。

(2) 专用凭证。专用凭证由单位自行印制,仅在本单位内部使用的原始凭证。专用凭证相对通用凭证而言,只在本单位内部使用。这种凭证一般在凭证名称之前写上企业单位名称,如某单位的材料入库单、差旅费报销单等。

(三) 原始凭证的填制要求

原始凭证反映的情况和数据是进行会计核算的最原始资料,必须符合一定的规范,才能保证会计核算资料的真实、正确和及时。因此,应按以下要求填制原始凭证。

1. 记录要真实

原始凭证所填列的经济业务内容和数据,必须真实可靠,符合实际情况,不能歪曲经济业务真相,弄虚作假。对实物的数量和金额的计算,要准确无误,不能以匡算或估算数填入。

2. 内容要完整

原始凭证上各项内容要逐项填制齐全,不得遗漏和简略。需要填写一式数联的原始凭证,必须用复写纸套写,各联内容必须完全一致,联次不得缺少。

3. 手续要完备

单位自制的原始凭证必须有经办单位领导人的签名或盖章;对外开具的原始凭证必须加盖本单位公章。

4. 书写要规范

填写原始凭证要字迹清晰,易于辨认,大小写金额填写要符合规定,发生差错要按规定的方法更正,不得涂改、刮擦、挖补。涉及现金、银行存款收付的原始凭证,例如发票、收据、支票等,如有填写错误,应予以作废并重填。

（四）原始凭证的审核

原始凭证的审核包括以下几方面：

1. 审核原始凭证的真实性

原始凭证真实性的审核包括凭证日期是否真实、业务内容是否真实、数据是否真实等内容的审核。对外来原始凭证，必须有填制单位公章和填制人员签章，并审核凭证本身的真实性；对自制原始凭证，必须有经办部门和经办人员的签名或盖章。

2. 审核原始凭证的合法性

主要是审核原始凭证所记录的经济业务是否有违反国家法律法规的内容，是否履行了规定的凭证传递和审核程序，是否有贪污腐化等行为。

3. 审核原始凭证的完整性

主要审核原始凭证各项基本要素是否齐全，是否有漏记情况，日期是否完整，数字是否清晰，有关人员签章是否齐全，凭证联次是否正确。

4. 审核原始凭证的正确性

主要审核原始凭证内各项数字计算是否正确，大小写金额的填写是否正确合规，大写金额与小写金额是否相符。

三、记账凭证

原始凭证经过审核后，即可据以编制记账凭证。记账凭证是对每笔经济业务列示其应借记和应贷记账户及其金额的一种记录，这种记录习惯上也称为编制会计分录。

（一）记账凭证的作用

由于原始凭证来自各个不同方面，其种类繁多，格式不一，又不能清楚地表明其归类的账户和记账方向，难以达到记账的要求，所以记账前必须按会计核算方法的要求，进行必要的归纳和整理，将原始凭证编制成记账凭证。

会计人员将原始凭证所记录的经济业务，通过应借记和应贷记账户的名称与金额（即会计分录）加以反映，可以更加完整、全面地反映经济业务的来龙去脉，为登记账簿明确方向，减少差错，从而保证账簿记录的正确性和完整性。

（二）记账凭证的种类

1. 记账凭证按内容分类

记账凭证按其反映的经济业务的内容不同，可以分为收款凭证、付款凭证和转账凭证。

1）收款凭证

收款凭证是用以记录现金、银行存款收入业务的记账凭证。它是根据库存现金收入业务和银行存款收入业务的原始凭证填制的，据以作为登记现金、银行存款日记账和其他有关账户的依据。

收款凭证具体又可分为现金收款凭证、银行存款收款凭证。现金收款凭证是根据现金收入业务的原始凭证编制的，银行存款收款凭证是根据银行存款收入业务的原始凭证编制的。

图 3-13 列示的是收款凭证样式。

收款凭证

总号：262

分号：现收 160

借方科目：库存现金　　　　　20×1 年 12 月 24 日

摘要	贷方科目		记账	金额									
	总账科目	二级或明细科目		百	十	万	千	百	十	元	角	分	
职工李晓波偿还借款	其他应收款	李晓波	√					5	0	0	0	0	附件1张
合计							¥	5	0	0	0	0	

会计主管：于浩然　　记账：文钢　　出纳：李真　　复核：陈佳静　　制单：张映

图 3-13　收款凭证样式

2）付款凭证

付款凭证是用以记录现金、银行存款支付业务的记账凭证。它是根据库存现金付出业务和银行存款付出业务的原始凭证填制的，既是出纳付款的依据，也是企业据以登记现金、银行存款日记账和其他有关账户的依据。

付款凭证具体又可分为现金付款凭证、银行存款付款凭证。现金付款凭证是根据现金付出业务的原始凭证填制的，银行存款是根据银行存款付出业务的原始凭证编制的。

图 3-14 列示的是付款凭证样式。

3）转账凭证

转账凭证用以记录不涉及现金和银行存款收付的其他经济业务，即转账业务，它是根据有关转账业务的原始凭证编制而成的记账凭证。

图 3-15 列示的是转账凭证样式。

会计实务中，某些经济业务可能会涉及现金和银行存款之间的相互划转，为了避免记账重复，对于这类业务，习惯上一般只编制付款凭证，不编制收款凭证。即将现金存入银行时，编制现金付款凭证；从银行存款提取现金时，编制银行存款付款凭证。

收款、付款和转账凭证按照经济业务与现金和银行存款的关系分别编制不同的凭证，因而它们又称专用记账凭证。会计实务中，有的企业因其经济业务比较简单，收付款业务比较少，所采用的记账凭证往往不区分为收款、付款和转账凭证，而采用一种通用的格式来记录各种经济业务，这种记账凭证称为通用记账凭证。

图 3-16 列示的是通用记账凭证样式。

付款凭证

总号：260

分号：银付 74

贷方科目：银行存款　　　　20×1 年 12 月 25 日

摘要	借方科目		记账	金额								
	总账科目	二级或明细科目		百	十	万	千	百	十	元	角	分
偿还东升公司上月购货款	应付账款	东升公司	√		3	0	6	0	0	0	0	0
合计				¥	3	0	6	0	0	0	0	0

附件 1 张

会计主管：于浩然　　　记账：文钢　　　出纳：李真　　　复核：陈佳静　　　制单：张映

图 3-14　付款凭证样式

转账凭证

总号：263

分号：转字 21

20×1 年 12 月 10 日

摘要	总账科目	二级或明细科目	记账	借方金额									贷方金额								
				百	十	万	千	百	十	元	角	分	百	十	万	千	百	十	元	角	分
购设备一台入库，款未付	固定资产	机床	√		1	8	0	0	0	0	0	0									
	应付账款	滨江机床厂	√											1	8	0	0	0	0	0	0
合计				¥	1	8	0	0	0	0	0	0	¥	1	8	0	0	0	0	0	0

附件 3 张

会计主管：于浩然　　　记账：文钢　　　出纳：李真　　　复核：陈佳静　　　制单：张映

图 3-15　转账凭证样式

记账凭证

编号：235

20×1 年 12 月 12 日

摘要	总账科目	二级或明细科目	记账	借方金额									贷方金额								
				百	十	万	千	百	十	元	角	分	百	十	万	千	百	十	元	角	分
用银行存款购入商品	库存商品		√			6	0	0	0	0	0	0									
	银行存款		√												6	0	0	0	0	0	0
合计				¥		6	0	0	0	0	0	0	¥		6	0	0	0	0	0	0

附件 3 张

会计主管：于浩然　　　记账：文钢　　　出纳：李真　　　复核：陈佳静　　　制单：张映

图 3-16　通用记账凭证样式

2. 记账凭证按填制方式分类

记账凭证按其填制方式不同,可分为单式记账凭证和复式记账凭证。

(1) 单式记账凭证

单式记账凭证是将一项经济业务所涉及的每个会计科目都单独编制一个记账凭证,即一张记账凭证中只填列经济业务所涉及的一个会计科目及其金额。填列借方科目的称为借项凭证,填列贷方科目的称为贷项凭证。

采用单式记账凭证,便于同时汇总计算每一会计科目的发生额,也便于分工记账,但在同一张凭证上不能反映一项完整的经济业务,不利于利用账户间的对应关系对所作账务处理进行检查,而且制证工作量也大。一般适用于业务量较大,会计部门内部分工较细的会计主体。

(2) 复式记账凭证

复式记账凭证又叫多科目记账凭证,简称复式凭证,是将一项经济业务所涉及的会计科目及其发生额都集中在一张凭证上反映的一种记账凭证。前面所述的收款凭证、付款凭证和转账凭证都是复式记账凭证。复式记账凭证由于在一张记账凭证上集中反映一项经济业务的科目对应关系,有利于反映经济业务的全貌,全面了解资金运动的来龙去脉,便于查账,同时还可以减少记账凭证的数量。但采用复式记账凭证,不便于同时汇总计算每一账户的发生额,在登记每一会计科目的发生额时,不利于会计人员分工记账。

实际工作中,广泛使用的是复式记账凭证。

(三)记账凭证的要素

记账凭证必须具备以下基本要素:

(1) 记账凭证的名称;

(2) 记账凭证的日期;

(3) 记账凭证的编号;

(4) 经济业务的内容摘要;

(5) 经济业务所涉及的应借应贷的账户名称和金额;

(6) 所附原始凭证的张数;

(7) 记账标记;

(8) 制单、复核、记账、会计主管等有关人员的签名或盖章,收付款凭证还要有出纳人员的签名或盖章。

(四)记账凭证的填制要求

各种记账凭证必须按规定及时、准确、完整地填制,其基本填制要求如下:

1. 内容要真实完整

记账凭证的内容、金额必须与所附原始凭证的内容、金额相一致。记账凭证可以根据每一张原始凭证填制,也可根据原始凭证汇总表填制,但不得将不同内容和类别的原始凭证汇总填制在一张记账凭证上。

2. 分录要正确

记账凭证的应借、应贷科目必须正确,并符合有关会计制度的规定;账户的对应关系要明确,能完整反映经济业务的来龙去脉。

3. 编号要连续

凭证应由主管该项业务的会计人员,按业务发生顺序并按不同种类的记账凭证连续编号。如果一笔经济业务需要填列多张记账凭证,可采用"分数编号法"编号。

4. 书写要规范

其相关要求与原始凭证的书写要求相同。如文字工整、数字清晰、摘要简明,按规定使用蓝黑墨水或碳素墨水;填制记账凭证时若发生错误,应当重新填制,如发现错误时已经登记入账的,应按规定方法更正;记账凭证填制完经济业务事项后,如有空行,应当自金额栏最后一笔金额数字下的空行处至合计数上的空行处划线注销。

5. 附件要标明

除结账和更正错误的记账凭证可以不附原始凭证外,其他记账凭证必须附有原始凭证。所附原始凭证必须完整无缺,并在记账凭证上注明原始凭证张数,以便核对摘要及所编会计分录的正确性。如一张原始凭证需填制两张记账凭证,应在未附原始凭证的记账凭证上注明其原始凭证在哪张记账凭证下,以便查阅。

(五) 会计分录举例

记账凭证所记载的每笔经济业务应借记和应贷记的科目及其金额,称为"会计分录"。完整的会计分录,应具备借记和贷记的记账符号、账户名称及其金额,并附有经济业务的简要说明。贷记符号一般不能写在借记符号的同一行上,贷记符号、贷记账户及其金额应写在借方记录的下面一行,行首向右缩进一格或两格。

会计分录分为简单分录和复合分录。只有一借一贷对应关系的分录叫简单分录;而复合分录是一借多贷、一贷多借或多借多贷的分录。以下是会计分录的式样:

简单分录:

如"龙华公司以银行存款偿还上月欠 A 单位的购货款 50 000 元",这一会计事项的会计分录为一借一贷:

借:应付账款	50 000	
贷:银行存款		50 000

复合分录 1:

如"投资者甲投入龙华公司资本金 500 000 元,其中货币资金投入 300 000 元,已存入银行;机器设备投入 300 000 元(评估确认价)",这一会计事项的会计分录为一贷多借:

借:银行存款	300 000	
固定资产	200 000	
贷:实收资本		500 000

复合分录 2:

如"龙华公司购入商品一批,价款 180 000 元,当即用银行存款支付 100 000 元,余款80 000 元暂欠",这一会计事项的会计分录为一借多贷:

借:库存商品	180 000	
贷:银行存款		100 000
应付账款		80 000

例 3-1 以下以龙华公司 20×1 年 6 月份发生的部分经济业务为例,说明会计分录的编制方法。

（1）6 月 5 日,收到投资者甲投入资本金 200 000 元,公司将此笔款存入开户银行。此笔经济业务的会计分录为:

借:银行存款   200 000
 贷:实收资本   200 000

（2）6 月 10 日,从银行借入流动资金 300 000 元,并存入银行。此笔经济业务的会计分录为:

借:银行存款   300 000
 贷:短期借款   300 000

（3）6 月 3 日,购入生产设备一台,价款及运费等共计 93 600 元,其中 50 000 元以银行存款支付,余款 43 600 元暂欠。此笔经济业务的会计分录为:

借:固定资产   93 600
 贷:银行存款   50 000
   应付账款   43 600

（4）6 月 5 日,开出转账支票一张,支付广告费 5 000 元。此笔经济业务的会计分录为:

借:销售费用   5 000
 贷:银行存款   5 000

（5）6 月 6 日,预收新华公司购 A 商品货款 50 000 元,该商品尚未发出。此笔经济业务的会计分录为:

借:银行存款   50 000
 贷:预收账款   50 000

（6）6 月 7 日,发放上月职工工资 84 000 元,已打入职工银行卡内。此笔经济业务的会计分录为:

借:应付职工薪酬   84 000
 贷:银行存款   84 000

（7）6 月 10 日,购入商品一批,价款计 117 000 元(暂不考虑增值税),开出转账支票用银行存款支付。此笔经济业务的会计分录为:

借:库存商品   117 000
 贷:银行存款   117 000

（8）6 月 15 日,收到光大公司上月所欠的货款 200 000 元,存入银行。此笔经济业务的会计分录为:

借:银行存款   200 000
 贷:应收账款   200 000

（9）6 月 16 日,收到银行存款利息 10 000 元。此笔经济业务的会计分录为:

借:银行存款   10 000
 贷:财务费用   10 000

（10）6 月 18 日，销售商品一批，取得收入 351 000 元（不考虑增值税），当日收到全部货款存入银行。此笔经济业务的会计分录为：

借：银行存款　　　　　　　　　　　　351 000

　　贷：主营业务收入　　　　　　　　　　　351 000

（11）6 月 20 日，以银行存款支付办公费 1 200 元。此笔经济业务的会计分录为：

借：管理费用　　　　　　　　　　　　1 200

　　贷：银行存款　　　　　　　　　　　　　1 200

（12）6 月 22 日，开户银行扣除本季度短期借款利息 5 250 元。此笔经济业务的会计分录为：

借：财务费用　　　　　　　　　　　　5 250

　　贷：银行存款　　　　　　　　　　　　　5 250

（13）6 月 25 日，以银行存款支付前欠设备购置款 43 600 元。此笔经济业务的会计分录为：

借：应付账款　　　　　　　　　　　　43 600

　　贷：银行存款　　　　　　　　　　　　　43 600

（14）6 月 30 日，计算分配本月应支付的工资费用 130 000 元，其中生产工人工资 105 000 元，销售部门人员工资 15 000 元，管理部门人员工资 10 000 元。此笔经济业务的会计分录为：

借：生产成本　　　　　　　　　　　　105 000

　　销售费用　　　　　　　　　　　　15 000

　　管理费用　　　　　　　　　　　　10 000

　　贷：应付职工薪酬　　　　　　　　　　　130 000

第四节　登记会计账簿

一、会计账簿的作用与种类

　　会计账簿，是由具有一定格式、互有联系的若干账页所组成，它以会计凭证为登记依据，用以连续、系统、分类地记录各项经济业务的簿籍。从原始凭证到记账凭证，实现了从经济信息向会计信息的转化，但是，记录在会计凭证上的信息还是分散的、不系统的。为了把这些分散的核算资料加以集中归类反映，为经营管理提供系统、完整的核算资料，并为编制账务报表提供依据，就必须设置和登记账簿。因此，《会计基础工作规范》中规定，各单位应当按照国家统一会计制度的规定和会计业务的需要设置会计账簿。

（一）会计账簿的意义

　　会计账簿的作用主要有以下几方面：

　　（1）通过设置和登记账簿，可以提供比较全面、系统的会计信息。

　　记账凭证反映的经济业务是大量的、分散的，只有通过账簿的设置与登记，才能把会计凭证所提供的分散核算资料，归类到各种账簿中，以系统地反映各项会计信息的具体情况。

（2）通过设置和登记账簿，可以及时了解企业财产物资的增减变动情况，有利于企业加强经营管理。

账簿记录提供的明细核算资料，反映了各项财产物资的增减变动及其结存情况。根据这些记录，就可以对计划的执行情况进行考核，发现经营过程中存在的问题，及时解决，从而起到控制作用，确保财产物资的安全完整。

（3）通过账簿的设置与登记，可以为编制财务报告提供完整的、详细的资料。

会计期末，编制财务报告是会计工作提供会计信息的主要手段，作为财务报告组成部分的财务报表数据，主要依赖于账簿记录。通过资产、负债、所有者权益类账户记录的数据，为资产负债表的编制提供依据；通过收入、费用、利润类账户记录的核算资料，为利润表的编制提供依据。财务状况说明书中对生产经营状况、利润分配、资金周转、税金交纳等情况的说明，也需要借助账簿才能完成。

（4）通过设置和登记账簿，为会计分析、会计监督提供了依据。

通过对账簿所提供的各项会计核算资料进行会计分析，可以检查会计主体经济活动的合法性、合规性和效益性，以便对企业实施会计监督和审计监督。

（二）账簿的分类

1. 账簿按用途，一般可分为序时账簿、分类账簿和备查账簿

序时账簿，实际中一般称为日记账，它是对各个经济业务按照时间顺序进行登记的账簿。早期的日记账又称分录薄，它根据发生的每笔会计事项，将应编制的会计分录按日期顺序分别记入。每页页底可汇总借贷两方的金额，以检查各笔记录是否正确。目前的日记账仅指库存现金日记账、银行存款日记账。

分类账簿按照会计科目分类设置，以分类归总每个会计科目的本期增加、本期减少以及本期结余。所谓记账，就是根据记账凭证中的分录，按其对各科目的影响转记有关分类账的处理过程。所有业务经过记账后，便按各科目分类汇总列示，分类账由此得名。随着交易的增加，同一性质的项目除应用一个分类账户归类外，还可按子目或细目分设账户，以反映核算信息的详细情况，因此，分类账一般可分为总分类账和明细分类账两种。

备查账是对某些未能在日记账和分类账中记录的各项经济业务事项进行补充登记的账簿，例如，租入固定资产登记簿、受托加工材料登记簿等。由于经营性租入的固定资产、受托加工材料等财产的所有权不属于企业，就不能记入企业的有关财产账户，但管理上有时又需要了解掌握这些财产的有关变动情况，故需要设置备查账簿。

2. 账簿按账页格式，可分为三栏式、多栏式和数量金额式

三栏式账簿在账页内只设"借方"、"贷方"、"余额"三个金额栏，它适用于只要求提供价值核算信息，不提供实物数量等信息的账户，如应收账款、银行存款、长期股权投资、应付账款、实收资本等账户，该种账页格式应用于所有总账、大部分分类明细账、现金和银行存款日记账。

多栏式账簿是根据经济业务的特点和经营管理的需要，在借方发生额栏或贷方发生额栏下设置若干个栏目，用以分栏记录某一会计科目所属的各明细科目的数额。一般适用于收入、成本、费用类的明细账，如管理费用、生产成本、制造费用等账户的明细分类账。

数量金额式账簿的特点是在"借方"、"贷方"、"结存"三栏下，分别设置数量、单价、金额。对发生的每一经济业务，除须登记金额外，还须登记数量。这种格式适用于财产物资的明细分类核算，如原材料、库存商品明细账等。此外，在这种格式的上端，还可以根据实际需要，设置和登记一些附加项目，如商品、材料物资的类别、名称、计量单位、计划单价、储备定额、最高和最低储备量等。

3. 账簿按外表形式，可分为订本式账簿、活页式账簿和卡页式账簿

订本式账簿是将企业所设置的各类账户装订成册，其优点是固定安全，可避免账页抽换；但缺点是同一本账簿在同一时间只能由一人记账，不便于分工记账。主要应用于一些会计信息重要、明细账户数量不多的账户，如总分类账和现金、银行存款日记账等。

活页式账簿是将企业所设置的各类账户装置在活页夹内，其特点是账页不固定，可根据经济业务的多少随时增减或抽换，有利于记账分工，但对防止会计造假不利。因此，它适用于除货币性账户外的各类明细分类账。

卡片式账簿也属于活页式账簿，但它并不装置在活页夹内，而是挂在所记录的财产物资前，可连续跨年度使用，无须更换。主要应用于固定资产明细账。

二、日记账的格式和登记

库存现金、银行存款等货币资金业务在企业中发生比较频繁，又容易出现偷盗、挪用等现象，为加强对货币资金的日常核算、管理和控制，企业通常对库存现金、银行存款账户的设置采用日记账方式。

（一）库存现金日记账的设置和登记

库存现金日记账的账本采用订本式，账页设置为"收入"、"支出"、"结余"三栏。由出纳人员根据审核后的现金收、付款凭证，逐日逐笔顺序登记。其中，"收入"栏根据收入凭证登记，"支出"栏根据付款凭证登记。对于从银行提取现金的业务，只填制银行存款付款凭证，不填制现金收款凭证。每日收付款项逐笔登记完毕后，应分别计算现金收入和支出的合计数及账面的结余额，并将现金日记账的账面余额与库存现金实存数相核对，借以检查每日现金收支和结存情况。

表 3-11 列示的是库存现金日记账的基本格式。

表 3-11　　　　　　　　　　　　库存现金日记账

第 12 页

20×1年		凭证号	摘　要	对应科目	收　入	支　出	结　余
月	日						
2	1		期初余额				1 800.00
	4	银付3	提现（发工资）	银行存款	20 000.00		21 800.00
	5	现付1	发工资	应付职工薪酬		20 000.00	1 800.00
	9	银付5	提现（备用金）	银行存款	5 000.00		6 800.00
	14	现付2	王某暂借差旅费	其他应收款		2 000.00	4 800.00
	19	现付3	代垫运杂费	应收账款		800.00	4 000.00

20×1年		凭证号	摘　要	对应科目	收　入	付　出	结　余
月	日						
	23	现付4	支付办公费	管理费用		500.00	3 500.00
	26	现收1	王某退回差旅费	其他应收款	800.00		4 300.00
	28		本月合计		25 800.00	23 300.00	4 300.00

（二）银行存款日记账的设置和登记

银行存款日记账通常也采用订本式,其账页也设置为"收入"、"支出"、"结余"三栏,由出纳员根据审核后的有关银行存款收、付款凭证,逐日逐笔顺序登记的。对于现金存入银行的业务,由于只填制现金付款凭证,不填制银行存款收款凭证,因而这种业务的存款收入数,应根据有关现金付款凭证登记。每日终了,应分别计算出当日银行存款收入、付出的合计数和本日账面结余额,以便检查、监督各项收支情况,便于定期同银行对账单逐笔核对。银行存款日记账应按各种存款类别分别设置。

表3-12列示的是银行存款日记账的基本格式。

表 3-12　　　　　　　　　　银行存款日记账

第1页

20×1年		凭证号码	摘　要	对应科目	收　入	支　出	结　余
月	日						
1	1		期初余额				90 000.00
	3	3	支付广告费	销售费用		8 000.00	82 000.00
	8	38	提现支付工资	库存现金		13 000.00	69 000.00
	10	126	向盛达公司购入甲商品1吨	库存商品		60 000.00	9 000.00
	17	927	向宏威公司销售乙商品20件	主营业务收入	10 400.00		19 400.00
	23	1423	向吉利公司销售甲商品8吨	主营业务收入	59 000.00		78 400.00
	28		本月合计		69 400.00	81 000.00	78 400.00

三、分类账的格式与登记

分类账一般可根据其详细程度或级次,分为总分类账和明细分类账。总分类账又称总账,是对经济业务进行总括反映的账簿,它是按各总分类科目(一级科目)设置的。明细分类账又称明细账,是指对经济业务进行详细反映的账簿,它是按各级明细分类科目设置的。由于总分类账和明细分类账核算内容的详细程度不同,因而它们的账簿设置的格式和要求也各不相同。

（一）总分类账簿的设置与登记

总分类账只要求提供金额指标,无需数量方面的反映,所以总分类账一般采用三栏式的订本式账簿,其账页的格式一般设借方、贷方、余额三个主要栏目,只作金额的登记,无数量的登记。

总分类账的登记方法取决于账务处理程序,它是随账务处理程序的不同而不同,如企业采用记账凭证账务处理程序的,则总账可根据记账凭证直接登记;如企业采用汇总记账凭证账务处理程序的,则总账根据汇总记账凭证登记;如企业采用科目汇总表账务处理程序的,则总账根据科目汇总表登记。总分类账能够全面、总括地反映经济活动情况及其结果,对明细账起着统驭控制作用,为编制财务报表提供总括资料。因此,任何单位都要设置总分类账。

表 3-13 列示的是总分类账的基本格式。

表 3-13　　　　　　　　　　　　总　　　账

账户名称:生产成本　　　　　　　　　　　　　　　　　　　　　　第 12 页

20×1年		凭证号	摘　要	借　方	贷　方	借／贷	余　额
月	日						
2	1		期初余额			借	103 500.00
	28	银付汇 1		6 000.00			
	28	汇转 2		30 000.00			
	28	汇转 4		100 000.00			
	28	汇转 5		35 000.00			
	28	汇转 9			158 000.00		
	28		本月合计	171 000.00	158 000.00	借	116 500.00

(二)明细分类账的设置和登记

由于明细分类账是详细反映经济业务内容的,因此一般要根据账户核算需要采用活页式账簿,其格式主要有三栏式、多栏式和数量金额式。

1. 三栏式明细分类账

三栏式明细分类账是在账页内只设"借方"、"贷方"、"余额"三个金额栏,它适用于应收账款、银行存款、长期股权投资、应付账款、实收资本等只要求提供金额数据资料的明细账。三栏式明细账一般是根据有关原始凭证和记账凭证逐笔登记,每笔登记后结出余额。每月终了时,计算出全月借方发生额合计和贷方发生额合计,并结算出月末余额。其格式与总分类账相同。

2. 多栏式明细分类账

多栏式明细账账页的特点,在借方栏或贷方栏下设置多个栏目用以记录某一会计科目所属的各明细科目的内容。

表 3-14 列示的是销售费用明细分类账的格式。

3. 数量金额式明细分类账

数量金额式明细分类账是在账页的"收入"、"支出"、"结余"各栏中再分别设置"数量"、"单价"、"金额"栏目的明细账。它适用于既要提供价值指标又要提供数量指标的账户。

表 3-15 列示的原材料明细分类账的格式。

表 3-14　　　　　　　　　　　　　　　销售费用明细账

第 5 页

20×1年		凭证号数	摘　要	借　方						
月	日			工资	广告	租金	运费	水电	其他	合计
2	1	003	支付广告费		8 000					8 000
	10	058	支付工资	13 000						13 000
	28	202	摊销房租和水电			10 000		5 000		15 000
	28	254	摊销展厅装修费						7 000	7 000
	28		结转本月费用	(13 000)	(8 000)	(10 000)		(5 000)	(7 000)	(43 000)

表 3-15　　　　　　　　　　　　　　　原材料明细账

类别：金属　　　　　　　　　　　　　　　　　　　　　　名称：角铁

计量单位：公斤　　　　　　　　　　　　　　　　　　　　材料编号：104607

计划单价：3 元　　　　　　　　　　　　　　　　　　　　最高储备量：45 000 公斤

存放地点：第四号仓库　　　　　　　　　　　　　　　　　最低储备量：30 000 公斤

20×1年		凭证号数	摘要	收入			发出			结存		
月	日			数量	单价	金额	数量	单价	金额	数量	单价	金额
2	1		月初结存							40 000	3	120 000
	3	收料#245	向金星厂购入	2 000	3	6 000				42 000	3	126 000
	4	领料#136	第一车间领用				5 000	3	15 000	37 000	3	111 000
	5	退料#136	第一车间退还	1 000	3	3 000				38 000	3	114 000
	28		本月合计	3 000	3	9 000	5 000	3	15 000	38 000	3	114 000

明细分类账的登记一般有三种方法：一是根据原始凭证直接登记；二是根据汇总原始凭证登记；三是根据记账凭证登记。总体上说，不同类型经济业务的明细分类账，可以根据各单位业务量的大小和管理需要，依据记账凭证、原始凭证或汇总原始凭证逐日逐笔或定期汇总登记。固定资产、债权、债务的明细分类账一般应逐日逐笔登记；库存商品、原材料、产成品以及收入、费用等明细分类账，既可以逐笔登记，也可以定期汇总登记。

（三）总分类账与明细分类账的平行登记

总分类账是根据总分类科目设置的，用以提供总括核算资料的账户。明细分类账是根据明细分类科目设置用以提供详细核算资料的账户。总分类账与明细分类账的关系是：总分类账反映经济业务的总括情况，对所属明细分类账户起着控制和统驭作用，明细分类账提供总分类核算中所缺少的详细资料，对总分类账起着补充说明作用。二者所反映的经济业务内容相同，登记账簿的原始依据也相同，但二者反映经济内容的详略程度不一样，因而所起的作用也不完全相同。

总分类账与所属明细分类账实行平行登记。所谓平行登记，是指对发生的每一项经济业务，根据会计凭证，一方面要在有关总分类账中进行总括登记，另一方面要在其所属的有关明细分类账中进行明细登记。平行登记的基本要点如下：

1. 同依据登记

所谓同依据登记,是指二者应根据同一会计凭证和同一会计分录进行登记,相互间不能转记录。即总分类账不能根据明细分类账登记,明细分类账也不能根据总分类账登记。

2. 同时期登记

即登记同一笔经济业务时,总分类账和明细分类账的会计期间必须一致。

3. 同方向登记

是指两者在登记同一笔经济业务时,记账方向必须一致。总分类账登记为借方的,明细账也必须登记为借方,反之,亦然。

4. 同金额登记

即登记同一笔经济业务时,总分类账登记的金额必须与所属的明细分类账户登记的金额之和相等。

由于登记总分类账和明细分类账的依据相同,会计期间一致,借贷方向一致,且金额相等,因而使总分类账与其所属明细分类账之间形成了可相互核对的钩稽数量关系。二者之间的钩稽数量关系为:

$$总分类账账户本期发生额 = \sum 所属明细账账户本期发生额;$$

$$总分类账账户期末余额 = \sum 所属明细分类账账户期末余额。$$

四、过账与试算

过账就是将记账凭证上的每一笔分录,按原来的借贷方向,分别转记到分类账中的各有关账户的一种会计处理程序。试算则是查验过账有无差错的一种方法。

(一)过账程序

兹以例 3-1 中龙华公司 20×1 年 6 月发生的第(1)笔经济业务为例,分示其过账的步骤。

(1) 6 月 5 日,收到投资者甲投入资本金 500 000 元,公司将此笔款存入其开户银行。

根据此笔业务,首先在记账凭证上所做相应的会计分录,然后根据分录中所涉及的账户,分别按原来的借贷方向和金额,转记到分类账中。

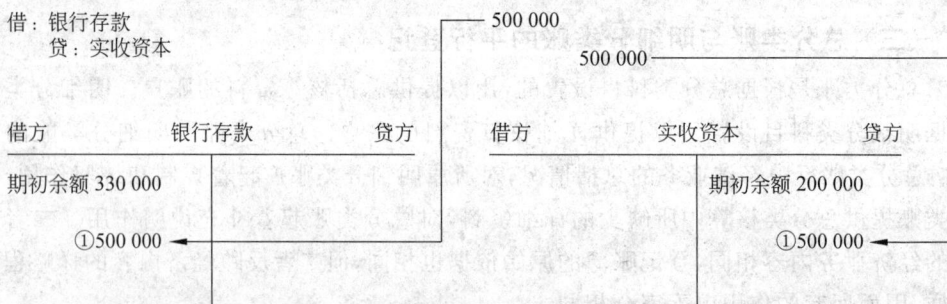

借:银行存款　　　　　　　　　　　　　500 000
　　贷:实收资本
　　　　　　　　　　　　　　　　500 000

借方	银行存款	贷方		借方	实收资本	贷方
期初余额 330 000					期初余额 200 000	
①500 000					①500 000	

每一记账凭证都要作编号,在过账时,将凭证编号记入分类账"凭证编号"栏内,这样,在过账工作全部完成后,"凭证编号"可以供记账凭证和分类账之间相互备查之用,这在以后的审计、税务查账中尤为需要。

在记账凭证中有一栏表示已记账的戳记"√",这是为了避免因事停笔(或分工记账)造成漏记或重复记账的问题。

(二)过账的基本要求

依据《会计基础工作规范》第六十条规定,登记会计账簿的基本要求是:

1. 清晰准确

登记会计账簿时,应当将会计凭证日期、编号、业务内容摘要、金额和其他有关资料逐项记入账内,做到数字准确、摘要清楚、登记及时、字迹工整。账簿记录中的日期,应该填写记账凭证上的日期。

2. 注明记账符号

登记完毕后,要在记账凭证上签名或者盖章,并注明已经登账的符号,以免发生重记或漏记。

3. 书写规范

登记账簿要用蓝黑墨水或者碳素墨水书写,不得使用圆珠笔或者铅笔书写。特殊记账可使用红墨水,如冲销错误记录、在不设借贷等栏的多栏式账页中登记减少数等。

4. 顺序连续登记

各种账簿按页次顺序连续登记,不得跳行、隔页。如果发生跳行、隔页,应当将空行、空页划线注销,或者注明"此行空白"、"此页空白"字样,并由记账人员签名或者盖章。作废的账页也要留在账簿中。

5. 结出余额

凡需要结出余额的账户,结出余额后,应当在"借或贷"等栏内写明"借"或者"贷"等字样。没有余额的账户,应当在"借或贷"等栏内写"平"字,并在余额栏内用"0"表示。

6. 过次承前

每一账页登记完毕结转下页时,应当结出本页合计数及余额,写在本页最后一行和下页第一行有关栏内,并在摘要栏内注明"过次页"和"承前页"字样。

7. 更正要规范

登记发生错误时,必须按规定方法更正,严禁刮、擦、挖、补,或使用化学药物清除字迹。发现差错必须根据差错的具体情况采用划线更正、红字更正、补充登记等方法更正。

(三)试算

1. 试算的原理和方法

根据记账凭证中的分录登记账簿,虽然可以减少错误或易于发现问题,但在过账过程中仍可发生过错了金额、过错了方向、重过或漏过账项等错误,因此,为了尽可能使分类账提供正确可靠的核算数据,需要在一定时期终了时,根据会计等式的基本原理,对账户记录进行试算。

我们知道,在借贷记账法下,每笔会计事项的入账都是有借必有贷,而且借贷双方的金额必定相等。每笔会计事项的借贷金额既然相等,则根据数学上"等量加等量其和必等,等量减等量其差必等"的定理,当一定会计期间全部经济业务的会计分录都记入相关账户后,所有账户的借方发生额合计数与贷方发生额的合计数必然相等,所有账户的借方余额合计数与贷方余额合计数也必然相等;如果不等,就一定有了错误。这种查验账户记录的程序,在会计上称为"试算"。为进行试算所编制和使用的表式,则称为"试算平衡表"。

试算平衡可用如下公式表达:

(1) 发生额试算平衡公式:

$$全部账户借方发生额合计 = 全部账户贷方发生额合计$$

(2) 余额试算平衡公式:

$$全部账户借方余额合计 = 全部账户贷方余额合计$$

2. 试算平衡表的编制

总分类账户本期发生额和期末余额的试算平衡,是在每一会计期间结束,把全部经济业务登记入账并结出各个账户的本月发生额和月末余额后,通过编制试算平衡表来进行的。试算平衡表的格式分两种:一种是将本期发生额和期末余额的试算平衡分别列表编制;另一种是将本期发生额和期末余额合并在一张表上进行试算平衡。

现以本章第三节中例 3-1 龙华公司总分类账的资料为依据,编制该公司 20×1 年 1 月 31 日账户余额的试算平衡表(见表 3-16)。

表 3-16　　　　　　　　　龙华公司试算平衡表

20×1 年 1 月 31 日　　　　　　　　　单位:元

账 户 名 称	借方余额	贷方余额
库存现金	4 800	
银行存款	741 200	
应收账款	200 000	
应收票据	84 000	
库存商品	354 000	
生产成本	75 000	
固定资产	180 000	
长期待摊费用	60 000	
应付账款		37 000
预收账款		214 800
应付票据		100 000
应付职工薪酬		80 000
应付利息		6 000
应交税费		54 400
长期借款		200 000
实收资本		500 000
主营业务收入		600 000
销售费用	26 000	
管理费用	61 200	
财务费用	6 000	
合　计	1 792 200	1 792 200

3. 试算平衡表的局限性

当试算平衡表平衡时,可以基本确定过账金额无误,但并不表示账户处理完全正确,因为有些错误不会破坏平衡关系,如:

(1) 借贷双方同时遗漏。当会计事项发生后分录编错,漏记账,或编制试算表时借贷双方漏记了相等的金额,使试算表的借贷发生额金额同时少计,这就不会破坏借贷双方的平衡关系。

(2) 借贷双方同时重复记账。在过账时,借贷双方同时重复登记,使试算表的借贷金额同步增加,试算表也就难以发现此类错误。

(3) 借贷双方相同数额错误。分录、记账、编表时,一方多记或少记,而另一方正巧也多记或少记,两种错误正好抵消,借贷总额的平衡未受影响,试算表就难以发现此错误。

由于以上三种错误情况并不影响试算平衡,故通过试算表上难以发现问题,这是利用试算表查验账户记录正确性存在的不足。当然,会计记录上的很多错误往往会使试算表失衡,因此试算表在验证会计处理的正确性上具有重要作用,并且确实为一种比较简便有效的验证工具。

(四) 错账的查找与更正

1. 错账的查找

引起试算表出错的原因有很多,比如会计原则运用错误、记账错误(漏记、重记、错记)以及计算错误等,而发现错误的途径也有很多,可通过查账途径发现错误,或通过试算表查错,几乎没有一种方法每次都能得到最佳的效果,但按以下方法查错,可节省很多时间,提高工作效率。

(1) 顺查法。即先从凭证开始查找,其次查账簿,最后检查报表是否正确。用简图表示为:凭证→账簿→试算表。

(2) 逆查法。如果按上述方法未找到错误,可按原账务处理相反的次序查找错误,即先查试算表,再查账簿和凭证。用简图表示为:试算表→账簿→凭证。

(3) 与原来加总的相反方向加总各栏,验证试算表的加总。

(4) 若错误与加总无关,则计算确定试算表借贷总额间的差异数,此项差异通常是找错的重要线索。

2. 错账的更正

如果发现记账错误,必须依据《会计基础工作规范》第六十条规定的划线更正、红字更正和补充登记等方法更正。

1) 划线更正法

记账凭证不错,账簿登记有错,则用划线更正法。更正时,先用红线注销错误的文字或数字,然后用蓝字将正确的文字或数字写在划线的上端,并在画线处盖上记账员的私章,表示负责。但错数要整笔划掉,不能只划去一个或几个错误的数字。

例 3-2 8 月 1 日,龙华公司销售 A 产品一批,取得货款 5 800 元(不考虑增值税),公司将其存入银行。

该笔经济业务如果记账凭证编制正确,会计人员根据记账凭证将银行存款增加登记到账簿后,发现金额 5 800 元误记为 8 500 元。用划线更正法更正如下(见表 3-17):

表 3-17 **银行存款日记账**

20×9年		凭证号数	摘　要	借方	贷方	借或贷	余　额
月	日						
7	13	银收字 10 号	销售产品	5 800 ~~8 500~~		借	5 800 ~~8 500~~

2）红字更正法

（1）记账后发现凭证中科目或金额有错，更正时，要先按原错做一张借贷科目及金额相同的红字凭证据以入账，再用蓝字做一张正确的凭证据以入账。

例 3-3 8 月 2 日，龙华公司第一生产车间领用一批原材料用于制造 A 产品，计 5 000 元。填制记账凭证时，错将借方记为管理费用，如以下会计分录，并已登记入账。

借：管理费用　　　　　　　　　　　　　5 000
　　贷：原材料　　　　　　　　　　　　　　5 000

当发现这种错误时，应先填制一张冲销原记录的记账凭证，其会计记录如下：

借：管理费用　　　　　　　　　　　　　（5 000）
　　贷：原材料　　　　　　　　　　　　　　（5 000）

（注：括号内金额表示红字。）

与此同时，再用蓝字填制一张正确的记账凭证，其会计分录如下：

借：生产成本　　　　　　　　　　　　　5 000
　　贷：原材料　　　　　　　　　　　　　　5 000

根据以上两张记账凭证记入有关账户后，错误即可更正。

（2）记账后发现凭证中金额大于应记金额，更正时，只需做一张红字凭证冲销多余的数额，并据以入账。

例 3-4 8 月 4 日，龙华公司以银行存款支付前欠 A 公司货款 10 000 元。

原记账凭证为：

借：应付账款　　　　　　　　　　　　　100 000
　　贷：银行存款　　　　　　　　　　　　　100 000

后发现金额多记 90 000 元。更正时，按差额编制一张红字凭证。

借：应付账款　　　　　　　　　　　　　（90 000）
　　贷：银行存款　　　　　　　　　　　　　（90 000）

3）补充登记法

记账后发现凭证中金额小于应记金额。更正时，只需按差额作一张蓝字与原分录一致的凭证登记入账即可。

例 3-5 8 月 5 日，龙华公司向银行取得短期借款 200 000 元。

原记账凭证为：

借：银行存款　　　　　　　　　　　　　20 000
　　贷：短期借款　　　　　　　　　　　　　2 000

按差额编制一张蓝字凭证，如下：

借：银行存款　　　　　　　　　　　　　　　180 000
　　贷：短期借款　　　　　　　　　　　　　　　　 18 000

第五节　调整与结账程序

企业一般是在假设持续经营下去的基础上，按正常的程序和方法进行会计核算的，否则，就必须按破产清算原则来处理。企业的生产经营活动是不断地循环往复的，相应地不断产生利润或亏损，又不断引起资产、负债、所有者权益的增减变动。会计作为一种管理活动，要使其提供的会计信息及时、有用，必须要对连续不断的生产经营期间做一分割，以便定期地总结账簿记录，编制财务报表，于是就产生了会计分期。会计期间一般为一年，称为一个会计年度，在一个会计年度中再分为月份和季度。确定会计期间是进行会计结账的重要条件，也是确认企业收入、费用、利润，计算应缴税金的前提。

一、会计确认的基础

会计确认，是指将某一会计事项确定为资产、负债、收入、费用等会计要素，记入或列入财务报表的过程。其特征有二：(1)记账，即什么时间、什么金额和以什么会计科目进行记账；(2)结账和编表，即什么时间、什么金额和以什么要素项目列入财务报表。根据《企业会计准则——基本准则》规定，企业会计确认应遵循以下几条基本原则：

（一）权责发生制

我们知道，收入和费用的收支期间与应归属期间有时是不一致的，如本期内收到的现金为本期尚未实现的收入，本期已支付的费用为不应当由本期负担的费用；或本期内已实现的收入但款项尚未收到，本期内应负担的费用但尚未支付。对于收入和费用收支期间与应归属期间不一致的情况，《企业会计准则》中规定采用权责发生制方法来处理。

所谓权责发生制又称应计制，它是以应收应付为标准来处理经济业务，确定本期收入和费用，以计算本期盈亏的会计处理方法。在应计制下，凡属本期已实现的收入，不管是否已收到现款均作为本期的收入处理；凡属本期应负担的费用，不管是否付出了现款都作为本期的费用处理。反之，凡不应归属于本期的收入，即使现款已经收到并且已经入账也不作为本期收入处理；凡不属于本期的费用，即使已付了现款并且已登记入账也不作为本期费用处理。

例如，龙华公司20×1年1月份一次发放职工笔记本电脑，价值480 000元，笔记本电脑的使用期限为4年。该例中，尽管笔记本电脑已经购买并发放，即费用已经支付，但因为该笔记本电脑的受益期为4年，所以其费用应该在4年中平均分摊，本期(1月份)只应该分摊10 000元，而决不能将480 000元的笔记本电脑费用全部计入本期。在本期分摊10 000元后，其余470 000元的笔记本电脑费用应分别由以后47个月分摊负担。这种作法尽管比较麻烦，但因为它能正确计算盈亏，所以，《企业会计准则》规定企业单位应采用权责发生制。

在权责发生制下，归属本期的收入和费用不仅包括本期内已收到并已实现的收入和本期内已支付并应当负担的费用，还包括以前会计期内收到而在本期实现的收入和以前会计期内支付而应由本期负担的费用,以及本期已实现但尚未收到的收入和应由本期负担但尚未支付的费用。所以,在会计期末,要确定本期的收入和费用,就要根据账簿记录,按照归属原则进行账项调整。

与权责发生制相对应的另一会计处理方法是收付实现制。所谓收付实现制,又称现金制,它是以实际收付的款项为标准来确定本期收入和费用,计算本期盈亏的一种会计处理方法。在现金制基础上,凡在本期实际付出的费用,不论其应否在本期收入中获得补偿,均应作为本期应计费用处理;凡在本期实际收到的现款收入,不论其是否归属于本期,均应作为本期应计的收入处理;反之,凡本期还没有以现款收到的收入和没有用现款支付的费用,即使它归属于本期,也不作为本期的收入和费用处理。

例如,龙华公司2015年3月份收到2014年应收销货款50 000元存入银行,尽管该项收入不是2015年3月份创造的,但因为该项收入是在2015年3月份收到的,所以在现金制下作为2015年3月份的收入。这种处理方法虽然比较简单,但计算的盈亏不合理,所以《企业会计准则》规定企业不予采用。

由于现金制不考虑应计收入和应计费用,会计期末也不需要进行账项调整,因此可以根据账簿记录直接确定本期的收入和费用,并加以对比以确定本期盈亏,不存在调整期末账簿记录的问题。

(二) 实现原则

在权责发生制下,具体确定本期收入还应遵循实现原则。所谓实现原则,亦称收入实现原则,是指资产在出售之后获得现金或现金的要求权时才被确认为收入实现。其理由是:(1)资产只有在销售之后,才完成了收益的整个过程,销售价格和销售成本才能全部客观地予以计量;(2)销售时的交换价格是资产价值的市场标准,它为计量提供了客观的、可以验证的依据;(3)在销售时,资产的所有权已经转移,资产已经从一种形态转化为另一种形态(现金或债权)。

如甲企业将某商品按市场价卖给乙公司,甲企业只有将商品发送给乙公司,实现物权转移,并取得货款;或者虽然没有取得现款但办妥向对方索取货款的手续,才能确认本期收入的实现。

遵循实现原则,使得营业收入的确认和计量更加真实准确。因此,实现原则是权责发生制原则的延伸。

(三) 配比原则

配比原则,又称配合或对应原则,是指企业应将一个会计期间的收入与取得该收入所发生的有关成本和费用相配合,从而确定该期间的经营成果。配比原则的依据是受益原则,即谁受益,费用归谁负担。按照配比原则,企业发生的费用可分为有因果联系的直接费用和没有因果联系的间接费用。直接费用与收入进行直接配比,来确定本期损益;间接费用则通过按适当合理的标准,先在各个产品和各期收入之间进行分摊,然后用收入配比来确定损益。比如:(1)某产品的收入必须与该产品的耗费相匹配;(2)某会计期间的收入必须与该期间的耗费相匹配;(3)某部门的收入必须与该部门的耗费相匹配。

如:某企业20×1年2月销售电视机100台,其售价为5 000元/台,成本价为4 000元/台,那么,确认营业收入为:100×5 000＝500 000 元,确认相应的销售成本为:100×4 000＝400 000 元。在结转电视机的销售成本时,数量、商品名称、价格等必须相匹配,既不能多转少转,也不能错转。

只有遵循配比原则,才能正确计算产品成本,真实反映经营成果。因此,配比原则是权责发生制原则在核算当期收益中的具体运用。

(四)划分收益性支出与资本性支出原则

支出与费用,是相互联系的两个概念。支出从广义来说就是资产的减少,支出的目的可以是获得另一项资产,也可以是清偿某个债务;费用也是一种支出,但它与收入相关联。与当期收益有关的,属于期间费用;与当期收益没有直接关系的,则构成了某项资产的成本。

收益性支出指受益期不超过一年或一个营业周期的支出,即发生该项支出仅仅是为了取得本期收益;资本性支出是指受益期超过一年或一个营业周期的支出,即发生该项支出不仅是为了取得本期收益,而且也是为了取得以后各期收益。

划分资本性支出与收益性支出原则是指会计核算应严格区分收益性支出、资本性支出的界限,以正确计算各期损益。凡支出的效益仅及于本会计期间(或一个营业周期)的,应当作为收益性支出;凡支出的效益及于几个会计期间(或几个营业周期)的,应当作为资本性支出。

只有正确划分收益性支出与资本性支出的界限,才能真实反映企业的财务状况,正确计算企业当期的经营成果。

划分资本性支出与效益性支出原则要求在会计核算中首先将资本性支出与收益性支出加以区分,然后将收益性支出计入费用账户,作为当期损益列入损益表;将资本性支出计入资产账户,作为资产列入资产负债表。前者称为支出费用化;后者叫作支出资本化。资本化的支出随着每期对资产的耗费,按照受益原则和耗费比例通过转移、折旧和摊销等方法,逐渐转化为费用。

由此看来,与取得本期收益有关的支出,一是直接计入费用账户的收益性支出;二是本期从资产账户转入费用账户的资本性支出。可见划分资本性支出与收益性支出的目的是按照权责发生制和配比原则的要求,合理确定支出的性质,正确计算当期利润。这一原则也是权责发生制在费用、成本核算中的具体运用。

二、账项调整

按照权责发生制观点看,账簿的日常记录仍不能确切反映本期的收入和费用。因此,在会计期末结账前,必须按照收入和费用的归属期间对账簿记录进行调整。账项调整的项目一般包括以下两类:(1)应计项目,如应计收入、应计费用的调整;(2)递延项目,如预收收入、预付费用的调整。

(一)应计项目的调整

1. 应计收入的调整

应收收入是指那些在会计期间终了时已经实现但尚未收到款项和未入账的经营收

入。如应收出租包装物租金、应收长期或短期投资收益以及应收银行存款利息收入和应收出租固定资产收入。应收未收收入是企业已经提供了商品或劳务,但因尚未收到现金,因而尚未入账的本期收入。

凡属本期应得收入,虽未收取现金,但在计算本期损益时必须加以确认。所以应于期末运用会计调整方法,一方面将归属本期应收的收入先行登账并列入利润表,同时将未收款项的收账权利确认为应收款项列入资产负债表。因此应收未收入的调整,应借记"应收账款"、"应收票据"、"其他应收款"、"应收利息"、"应收股利"等债权作为资产账户的增加,贷记"主营业务收入"、"其他业务收入"、"投资收益"等收入账户,作为收入的增加,方可符合权责发生制的记账基础。

应计收入的调整分录为:

借:债权类账户

　贷:收入类账户

例 3-6　龙华公司 20×1 年 7 月 1 日出租设备一台,合同约定每月租金为 1 000 元,至年底租金尚未收到。则年末确认 6 个月租金的调整分录如下:

借:其他应收款　　　　　　　　　　　　　　　　　　6 000

　贷:其他业务收入　　　　　　　　　　　　　　　　　　6 000

2. 应计费用的调整

应计费用是指本期已经发生,按受益原则应由本期负担而尚未实际支付的费用。应计费用应归属于本期,但由于尚未实际支付,一般平时都未作本期费用登记入账,因而应于期末调整入账。属于应计费用的主要是各种预提费用,它是企业的一项负债。预提的费用是指应由本期负担,但本期尚未支付,因而须要预先提取的费用。如预提银行借款利息、预提职工福利费、预提固定资产的修理费、计算应付的各种税金等。对于这些费用,如果在会计期间终了时不予调整,就会影响成本和收入的配比以及期末所编制的利润表和资产负债表。

为了反映应计费用的情况,需设置"其他应付款"、"应付职工薪酬"、"应交税费"等账户。该类账户的贷方记录由本期负担但尚未实际支付的成本费用,待实际支付时记入借方。期末结存在贷方,反映已经从成本费用中提取但尚未支付的费用。该类账户属负债类账户。

应计费用的调整分录为:

借:费用类账户

　贷:负债类账户

例 3-7　龙华公司的 20×1 年 10 月 1 日借入短期借款 300 000 元,借款年利率为 7%,则期末应计提的应付未付利息计算如下:

$$300\,000 \times 7\% \times 3/12 = 5\,250(元)$$

调整分录如下:

借:财务费用　　　　　　　　　　　　　　　　　　5 250

　贷:应付利息　　　　　　　　　　　　　　　　　　　5 250

这种调整分录还有很多,如计提职工福利费、计提应付债券利息、计提或分配职工工资、计提固定资产折旧费、计算各种应交税费等。

（二）递延项目的调整

1. 预收收入的调整

企业收到的各种预收款项并不能全部作为当月收入确认，因为如果公司尚未提供产品或劳务，其收入就并未实现，只是一种预收性质的经营收入款项。这种预收的经营收入，在会计上称为"递延收入"或"预收收入"。预收收入应于以后各期提供产品或劳务时才能确认为各项收入，如预收销货款、预收出租包装物租金等。

预收收入或预收款项只能作为一项负债登记入账。一项预收收入的发生，表示企业承担了一项义务，该项债务到期应由企业提供一定的产品或劳务偿还。

在反映预收收入增减变动情况时，需设置"预收收入"或"预收账款"账户，该账户的贷方记录尚未提供产品或劳务，预先从购货单位收取的款项；借方记录以后各期按提供的产品或劳务比例逐渐转化为各期经营收入的款额；余额在贷方，反映期末结存预先收到尚未提供产品或劳务的货款。在实际工作中一般用"预收账款"账户代替"预收收入"账户。该账户属于负债类账户。

编制收入调整分录是指企业在提供产品和劳务时，将预收款项调整为当期的营业收入，以表明部分收入已经实现。

收入调整分录为：

借：预收账款账户

　　贷：收入类账户

例 3-8　龙华公司于 20×1 年 11 月末及 12 月初，收到新利公司购 B 产品的预付款共计 240 000 元，至年末，龙华公司已交付新利公司 B 产品 300 件。该产品售价 700 元/件（不考虑增值税），单位产品成本为 450 元。

则龙华公司年末应将已发出商品部分调整为营业收入，调整分录如下：

借：预收账款　　　　　　　　　　　　210 000

　　贷：主营业务收入　　　　　　　　　　210 000

同时确认成本，

借：主营业务成本　　　　　　　　　　135 000

　　贷：库存商品　　　　　　　　　　　　135 000

经此调整后，预收账款尚余 30 000 元，将递延至下期交付产品时再转作收入，而收入将转至"本年利润"账户中，以确定盈亏。

2. 预付费用的调整

本期负担的费用（即本期费用）与预付后期的费用（即预付费用），因受会计期间的限制，二者的性质是不同的。本期费用的受益期归属于发生费用支付的会计期间，属于由本期收入负担的费用。预付费用的受益期会延续几个会计期间，对本期而言，此费用是为下期垫付的费用。如果费用的受益期延续在一年之内的称为待摊费用，如预付全年报纸杂志费、预付保险费、领用低值易耗品和其他物料等。新会计准则已将受益期在一年以内的待摊费用改为可直接记入本期的费用。如果费用的受益期延续在一年以上的，则叫递延资产或长期待摊费用。主要有租入固定资产改良支出、开办费、需在一年以上分期摊销的设备修理费等。

在反映预付费用增减变动情况时,需设置"长期待摊费用"、"递延资产"或"预付账款"等账户。"长期待摊费用"账户的借方记录已经支付、应由本期和以后各期分摊的费用额;贷方记录按各受益期分期摊销记入成本的费用;余额在借方,反映期末结存已经支付,应由以后各期分摊记入成本的费用。"递延资产"账户的结构与"长期待摊费用"账户的结构相同,同属于资产类账户。

预付费用的调整分录为:

借:成本或费用类账户

    贷:长期待摊费用或预付账款账户

例 3-9   龙华公司 20×1 年 12 月 1 日支付办公室装修费 60 000,受益期 5 年。则支付时的分录为:

借:长期待摊费用   60 000

    贷:银行存款   60 000

按照权责发生制原则,该公司至本年年底为止应承担 1 个月的房屋装修费用 1 000 元,其余 59 000 元仍列为"长期待摊费用"资产项目。

年末调整分录如下:

借:管理费用   1 000

    贷:长期待摊费用   1 000

经此调整后,"长期待摊费用"账户的余额为 59 000 元,在以后各期再分别转作费用,而"管理费用"账户的发生额将结转到"本年利润"账户中,以确定当期盈亏。

(三)编制账项调整的工作底稿

编制账项调整工作底稿,是会计人员为了避免调账工作发生错误,而将试算和调账两项程序同编制财务报表的准备工作相结合,便于结账和编制财务报表而使用的一种计算表式。它是会计资料由账簿记录向财务报表过渡的一项重要的会计核算工作。

这种工作底稿的编制方法是:

(1)根据分类账的记录,将调账前各账户的余额,分别借贷,列入"调账前试算表"栏,并加计总数,以确定借贷双方是否相等。

(2)将所调整的账项,按有关账户,分别借贷,记入"调整"栏。每一调整分录前,要用数字序号注明分录顺序,以便观察各调整分录的账户对应关系和借贷金额。

(3)加计"调整"栏的借贷金额,以检查是否存在调账错误。

(4)将调整后各账户的余额分别记入"调整后试算表"栏,并加以加总,查验借贷总额是否平衡。

(5)根据"调整后试算表"栏各账户的余额,分别移入"利润表"栏和"资产负债表"栏,并计算出本期利润的数额。若贷方大于借方,表示盈利,应将此差额记入"利润表"栏借方,以示结平;若借方大于贷方,表示亏损,应将此差额记入"利润表"栏贷方,以示结平。同时,将本期损益数作为平衡数列入"资产负债表"栏,至此,"资产负债表"栏内的借贷总额也应相等。

根据本章第三节中例 3-1 龙华公司有关总分类账的资料及其 12 月份的账项调整资

料,编制该公司20×1年12月31日账项调整工作底稿(见表3-18)。

表3-18 龙华公司调整工作底稿

20×1年12月31日 单位:元

账户名称	调整前试算表		调整		调整后试算表	
	借　方	贷　方	借　方	贷　方	借　方	贷　方
库存现金	4 800				4 800	
银行存款	741 200				741 200	
应收账款	200 000				200 000	
应收票据	84 000				84 000	
其他应收款			(1)6 000		6 000	
库存商品	354 000			(3)135 000	219 000	
生产成本	75 000				75 000	
固定资产	180 000				180 000	
长期待摊费用	60 000			(4)1 000	59 000	
应付账款		37 000				37 000
预收账款		214 800	(3)210 000			4 800
应付票据		100 000				100 000
应付利息		6 000		(2)5 250		11 250
应付职工薪酬		80 000				80 000
应交税费		54 400				54 400
长期借款		200 000				200 000
实收资本		500 000				500 000
主营业务收入		600 000		(3)210 000		810 000
其他业务收入				(1)6 000		6 000
主营业务成本			(3)135 000		135 000	
销售费用	26 000				26 000	
管理费用	61 200		(4)1 000		62 200	
财务费用	6 000		(2)5 250		11 250	
合　　计	1 792 200	1 792 200	357 250	357 250	1 803 450	1 803 450

三、结账

结账是指会计期末将各账户余额结清或转至下期,使各账户记录告一段落的过程。为了保证账簿记录的真实、准确,结账前先要进行对账。

(一)对账

1. 对账的意义

对账就是按照一定的方法和手续核对账目,主要是对账簿记录进行核对、检查。

按照《会计基础工作规范》的要求,各单位应当定期将会计账簿记录的有关数据与库存实物、货币资金、有价证券、应收应付款项的往来单位或个人等进行相互核对,保证账证相符、账账相符和账实相符。对账工作每年至少进行一次。

2.对账的主要内容

对账的内容主要包括账证核对、账账核对、账实核对。

（1）账证相符

账证相符是会计账簿记录与会计凭证有关的内容核对相符的简称。由于会计账簿记录是根据会计凭证等资料编制的，两者之间存在逻辑联系。因此，通过账证核对，可以检查、验证会计账簿和会计凭证的内容是否正确无误，以保证会计资料真实、完整。各单位应当定期将会计账簿记录与其相应的会计凭证（包括时间、编号、内容、金额、记账方向等）逐项核对，检查是否一致。如不一致，应及时查明原因，并按照规定予以更正。

（2）账账相符

账账相符是会计账簿之间相对应记录核对相符的简称。由于会计账簿之间，包括总账各账户之间，总账与明细账之间，总账与日记账之间，会计机构的财产物资明细账与保管部门、使用部门的有关财产物资明细账之间等，相对应的记录存在着内在联系，通过定期核对，可以检查、验证会计账簿记录的正确性，便于发现问题，纠正错误，保证会计资料的真实、完整和准确无误。

（3）账实相符

账实相符是账簿记录与实物、款项实有数核对相符的简称。由于会计账簿记录是实物款项增减变化情况的价值反映，会计账簿记录是否真实准确，只有通过账实核对才能得到检验。通过账实核对，可以发现财产物资和现金管理中存在的问题，有利于查明原因、明确责任，改进管理、提高效益。

（二）结账

企业使用的账户一般可分为虚账户和实账户两类。虚账户是指收入及费用两类账户，即列示在利润表中的账户。每一会计期终了，将这类账户的借、贷方发生额汇总，并结转至"本年利润"账户，其余额复归为零。这一方面可以计算本期盈亏，另一方面便于下期从头开始归集收入和费用。经过结账程序后，收入和费用账户就尽了它们的功能，只存在一个名义，而不代表什么实际价值。故这类账户在会计上称为"虚账户"。

实账户是指资产、负债及所有者权益账户，即列示在资产负债表中的账户。这类账户的借贷余额，在一个会计期末，仍代表着这些资产、负债和所有者权益的实存数额，还须继续表示在下期的账簿中，所以不用结清，只需将它们的余额逐期递转延续。所以，实账户的结账是指结算出余额，并转记下期，而其账户本身并未结束。

1.虚账户的结清

在会计技术上，虚账户的结账可分两步进行：一是转账，即将各收入和费用账户的期末余额分别转入"本年利润"账户的借方或贷方；二是结清，其方法是在借贷双方的金额下面划一条横线，结计总数，再通过各栏加划双线，以表示本期记录的结束。

收入账户为贷方余额，结账时应借记各项收入账户，贷记"本年利润"账户；费用账户为借方余额，结账时应借记"本年利润"账户，贷记各类费用账户。

根据本章例3-1龙华公司20×1年12月份虚账户的资料，编制结账分录如下：

（1）费用、成本账户结转到"本年利润"账户的借方：

借：本年利润　　　　　　　　　　　　　332 110

贷：主营业务成本	294 600
管理费用	31 160
销售费用	1 100
财务费用	5 250

（2）收入类账户结转到"本年利润"账户的贷方：

借：主营业务收入	408 000
其他业务收入	6 000
贷：本年利润	414 000

如果"本年利润"贷方总额大于借方总额，表示本期盈利。对于企业盈利，一般情况下应先计算应缴纳的企业所得税，然后将所得税费用从"本年利润"中扣除，扣除所得税后的利润称为净利润。净利润结转到企业留存收益账户，由企业自主分配。

根据龙华公司20×1年度虚账户结账分录，可以得出企业"本年利润"总额为81 890 元，假若所得税税率为25％，则可计算出该公司应交企业所得税为20 472.50 元。编制如下分录：

借：所得税费用	20 472.50
贷：应交税费——应交所得税	20 472.50

上述"所得税费用"账户也应结账，其结账分录如下：

借：本年利润	20 472.50
贷：所得税费用	20 472.50

将本期所有损益类账户金额都结转至"本年利润"账户后，"本年利润"账户若为贷方余额则是当年累积净利润额；若是借方余额则是当年累计净亏损额。至年末再将"本年利润"账户金额结转至"利润分配"账户，以确认利润分配和确定留存利润。本年净利润的结转分录如下：

借：本年利润	61 417.50
贷：利润分配——未分配利润	61 417.50

如果"本年利润"账户借方总额大贷方总额，则表示亏损，上述最后一笔结账分录应为：

借：利润分配——未分配利润	×××
贷：本年利润	×××

2. 实账户的结转

实账户的结账，在会计技术上也包括两个步骤：一是加计每一账户的借贷双方总额，算出它的借方余额或贷方余额，并将这项余额记入"余额"栏内；二是在最后加算的总数上加划双线，以示双方的平衡，并在"日期"栏写明下期开始日期，"摘要"栏内写明"上期余额"或"期初余额"字样。

实账户结转的具体方法如表3-19。

表 3-19　　　　　　　　　　**总 分 类 账**

会计科目：银行存款　　　　　　　　　　　　　　　　　　　　　　　　　第 1 页

2011 年		凭证编号	摘　要	借　方	贷　方	借或贷	余　额
月	日						
1	1		上年余额			借	70 000
			…	…	…	…	…
1	31		本月合计	60 000	85 000	借	45 000
			…	…	…	…	…
3	31		本月合计	45 000	33 000	借	57 000
3	31		本季度合计	159 000	172 000	借	57 000
			…	…	…	…	…
12	31		本月合计	54 000	61 000	借	50 000
12	31		本季度合计	176 000	183 000	借	50 000
12	31		本年合计	660 000	680 000	借	50 000

根据《会计基础工作规范》的规定，会计结账工作要按以下要求进行：

（1）将本期内所发生的经济业务全部记入有关账簿，既不能提前结账，也不能将本期发生的业务延至下期登账。

（2）按照权责发生制的要求进行账项调整。包括应计收入的调整、应计费用的调整、预收收入的调整和预付费用的调整。

（3）编制结账分录。结转本期收入、费用类账户的金额，并将结转分录过账，计算本期的经营成果并进行利润分配。

（4）计算、登记各账户的借、贷方本期发生额和期末余额。

（5）划红线确认并结转余额至下期。月结和季结时，在"月结"和"季结"行上下均划通栏单红线；年结时，在"年结"行上划通栏单红线，在"年结"行下划通栏双红线，并结转余额至下年。

四、会计循环流程的运用

以下通过南方公司 20×1 年 12 月发生的有关会计事项和数据资料，分别说明会计账户设置、登记、账项调整和结账的具体应用。

例 3-10　南方公司 20×1 年 12 月资料如下：

1. 南方公司 20×1 年 12 月 1 日各有关账户的期初余额如下（单位：元）

库存现金	10 088	短期借款	300 000
银行存款	120 180	应付账款	58 000
交易性金融资产	500 170	应付职工薪酬	104 000
应收账款	358 000	应交税费	54 400

其他应收款	10 000	预收账款	120 000
长期待摊费用	60 000	其他应付款	9 300
原材料	192 822	实收资本	1 200 000
库存商品	309 940	盈余公积	89 000
固定资产	456 460	利润分配——未分配利润	20 930
累计折旧	−62 030		

2. 该公司12月份发生下列经济业务：

(1) 12月1日,收到新华公司上月所欠的货款150 000元,存入银行。

(2) 12月3日,以银行存款归还上月欠光大公司购货款58 000元。

(3) 12月5日,以银行存款支付上月应交税金54 400元。

(4) 12月8日,预收吉利公司购B产品的货款120 000元,存入银行。

(5) 12月10日,从银行提出现金,支付上月职工工资84 000元。

(6) 12月11日,从仓库领出材料120 000元,其中,用于A产品生产的为41 000元,用于B产品生产的为79 000元。

(7) 12月12日,行政科职工李明因公出差,预支现金5 000元。

(8) 12月14日,向光大公司购入甲材料一批,价款14 000元,发生的运杂费800元,材料已验收入库,货款、运费均以银行存款支付。

(9) 12月16日,用银行存款支付办公室水电、通信、印刷等费用11 500元。

(10) 12月17日,出售给新华公司计A产品3 800件,每件售价60元,价款228 000元,货款尚未收到。A产品单件生产成本42元,计159 600元。

(11) 12月18日,用现金支付销售产品包装费、装卸费等销售费用1 100元。

(12) 12月25日,行政科职工李明报销差旅费4200元,余款以现金归还。

(13) 12月28日,购入生产设备一台,价款112 000元,用银行存款支付。

3. 该公司月底调整事项如下：

(1) 本月应计人工费用82 000元,其中:A产品生产工人工资32 000元;B产品生产工人工资38 000元;管理人员工资12 000元。

(2) 按职工工资总额的14%计提职工福利费。

(3) 计提本月固定资产折旧3 160元,其中属于A产品的折旧费为1380元,属于B产品折旧费为1 000元;属于管理部门的折旧费为780元。

(4) 至本月末,A、B产品已全部完工入库,A产品完工2 000件,B产品完工280件,按其实际生产成本转账。

(5) 7月份出租设备,至本月末尚未收到租金,应确认租金收入6 000元。

(6) 10月1日从银行借入的流动资金贷款300 000元,年末按银行规定的年利率7%计提三个月利息5 250元。

(7) 上月末及本月8日,预收吉利公司B产品的购货款共计240 000元,至本月末已交付该公司B产品300件。B产品售价600元/件,单位产品成本为450元。

(8) 摊销本月应负担的办公室装修费1 000元。

4．月末结账业务如下：

（1）根据虚账户资料进行结账。

（2）根据"本年利润"总额的 25％计算应交所得税。

（3）根据净利润 10％提取盈余公积金。

（4）将本年利润及利润分配各明细账的余额转入"未分配利润"明细账。

根据南方公司上述会计事项，会计循环的流程如下：

1．设置账户（为简化起见，账户设置为"T"字式），并登记期初余额

借方	库存现金	贷方
期初余额 10 088		

借方	短期借款	贷方
		期初余额 300 000

借方	银行存款	贷方
期初余额 120 180		

借方	应付账款	贷方
		期初余额 58 000

借方	交易性金融资产	贷方
期初余额 500 170		

借方	应付职工薪酬	贷方
		期初余额 104 000

借方	应收账款	贷方
期初余额 358 000		

借方	应交税费	贷方
		期初余额 54 400

借方	其他应收款	贷方
期初余额 10 000		

借方	预收账款	贷方
		期初余额 120 000

借方	长期待摊费用	贷方
期初余额 60 000		

借方	其他应付款	贷方
		期初余额 9 300

借方	原材料	贷方
期初余额 192 822		

借方	实收资本	贷方
		期初余额 1 200 000

借方	库存商品	贷方		借方	盈余公积	贷方
期初余额	309 940				期初余额	89 000

借方	固定资产	贷方		借方	利润分配——未分配利润	贷方
期初余额	456 460				期初余额	20 930

借方	累计折旧	贷方
	期初余额	62 030

2. 编制 12 月份所发生经济业务的会计分录,并记入各分类账户

编制业务(1)的会计分录如下:

借:银行存款　　　　　　　　　　　150 000

　贷:应收账款　　　　　　　　　　　　150 000

编制业务(2)的会计分录如下:

借:应付账款　　　　　　　　　　　58 000

　贷:银行存款　　　　　　　　　　　　58 000

编制业务(3)的会计分录如下:

借:应交税费　　　　　　　　　　　54 400

　贷:银行存款　　　　　　　　　　　　54 400

编制业务(4)的会计分录如下:

借:银行存款　　　　　　　　　　　120 000

　贷:预收账款　　　　　　　　　　　　120 000

编制业务(5)的会计分录如下:

借:库存现金　　　　　　　　　　　84 000

　贷:银行存款　　　　　　　　　　　　84 000

借:应付职工薪酬　　　　　　　　　84 000

　贷:库存现金　　　　　　　　　　　　84 000

编制业务(6)的会计分录如下:

借:生产成本——A 产品　　　　　　41 000

　　　　　——B 产品　　　　　　79 000

　贷:原材料　　　　　　　　　　　　120 000

编制业务(7)的会计分录如下:

借:其他应收款　　　　　　　　　　5 000

　贷:库存现金　　　　　　　　　　　　5 000

编制业务(8)的会计分录如下：

借：原材料 14 800
　　贷：银行存款 14 800

编制业务(9)的会计分录如下：

借：管理费用 11 500
　　贷：银行存款 11 500

编制业务(10)的会计分录如下：

借：应收账款 228 000
　　贷：主营业务收入 228 000

同时结转销售产品成本：

借：主营业务成本 159 600
　　贷：库存商品 159 600

编制业务(11)的会计分录如下：

借：销售费用 1 100
　　贷：库存现金 1 100

编制业务(12)的会计分录如下：

借：管理费用 4 200
　　库存现金 800
　　贷：其他应收款 5 000

编制业务(13)的会计分录如下：

借：固定资产 112 000
　　贷：银行存款 112 000

将上述 13 笔分录记入相关分类账户中,如下所示：

借方	库存现金		贷方
期初余额	10 088	(5)	84 000
(5)	84 000	(7)	5 000
(12)	8000	(11)	1 100

借方	应付账款		贷方
(2)	58 000	期初余额	58 000

借方	银行存款		贷方
期初余额	120 180	(2)	58 000
(1)	150 000	(3)	54 400
(4)	120 000	(5)	84 000
		(8)	14 800
		(9)	11 500
		(13)	112 000

借方	应付职工薪酬		贷方
(5)	84 000	期初余额	104 000

借方	应收账款		贷方
期初余额	358 000		
(10)	228 000	(1)	150 000

借方	应交税费		贷方
(3)	54 400	期初余额	54 400

借方	其他应收款	贷方
期初余额 10 000	(12)	5 000
(7) 5 000		

借方	预收账款	贷方
	期初余额	120 000
	(4)	120 000

借方	原材料	贷方
期初余额 192 822	(6)	120 000
(8) 14 800		

借方	实收资本	贷方
	期初余额	120 000

借方	库存商品	贷方
期初余额 309 940	(10)	159 600

借方	盈余公积	贷方
	期初余额	89 000

借方	固定资产	贷方
期初余额 456 460		
(13) 112 000		

借方	主营业务收入	贷方
	期初余额	0
	(10)	228 000

借方	生产成本	贷方
期初余额 0		
(6) 120 000		

借方	主营业务成本	贷方
(10) 159 600		

借方	管理费用	贷方
期初余额 0		
(9) 11 500		
(12) 4 200		

借方	销售费用	贷方
期初余额 0		
(11) 1 100		

3. 编制调账分录,记入有关分类账户,并编制调账工作底稿

编制调整业务(1)的会计分录如下:

借：生产成本——A 产品　　　　　　　　　32 000

　　　　　　——B 产品　　　　　　　　　38 000

　　管理费用　　　　　　　　　　　　　　12 000

　　　贷：应付职工薪酬　　　　　　　　　　　　　82 000

编制调整业务(2)的会计分录如下:

借：生产成本——A 产品　　　　　　　　　4 480

　　　　　　——B 产品　　　　　　　　　5 320

　　管理费用　　　　　　　　　　　　　　1 680

　　　贷：应付职工薪酬　　　　　　　　　　　　　11 480

编制调整业务(3)的会计分录如下:

借：生产成本——A 产品	1 380
——B 产品	1 000
管理费用	780
贷：累计折旧	3 160

编制调整业务(4)的会计分录如下：

借：库存商品——A 产品	78 860
——B 产品	123 320
贷：生产成本——A 产品	78 860
——B 产品	123 320

编制调整业务(5)的会计分录如下：

| 借：其他应收款 | 6 000 |
| 贷：其他业务收入 | 6 000 |

编制调整业务(6)的会计分录如下：

| 借：财务费用 | 5 250 |
| 贷：应付利息 | 5 250 |

编制调整业务(7)的会计分录如下：

| 借：预收账款 | 180 000 |
| 贷：主营业务收入 | 180 000 |

同时结转销售成本：

| 借：主营业务成本 | 135 000 |
| 贷：库存商品 | 135 000 |

编制调整业务(8)的会计分录如下：

| 借：管理费用 | 1 000 |
| 贷：长期待摊费用 | 1 000 |

将上述调整分录记入相关分类账户中，如下所示：

借方	管理费用		贷方
期初余额	0		
(9)	11 500		
(12)	4 200		
调(1)	12 000		
调(2)	1 680		
调(3)	780		
调(8)	1 000		

借方	应付职工薪酬		贷方
(5)	84 000	期初余额	104 000
		调(1)	82 000
		调(2)	11 480

借方	财务费用		贷方
期初余额	0		
调(6)	5 250		

借方	应付利息		贷方
		期初余额	0
		调(6)	5 250

借方	生产成本	贷方	
期初余额	0	调(4)	202 180
(6)	120 000		
调(1)	70 000		
调(2)	9 800		
调(3)	3 380		

借方	累计折旧	贷方	
		期初余额	62 030
		调(3)	3 160

借方	主营业务成本	贷方
(10)	159 600	
调(7)	135 000	

借方	主营业务收入	贷方	
		(10)	228 000
		调(3)	180 000

借方	库存商品	贷方	
期初余额	309 940	(10)	159 600
调(4)	202 180	调(7)	135 000

借方	预收账款	贷方	
调(7)	180 000	期初余额	120 000
		(4)	120 000

借方	其他应收款	贷方	
期初余额	10 000	(12)	5 000
(7)	5 000		
调(5)	6 000		

借方	其他业务收入	贷方	
		期初余额	0
		调(5)	6 000

借方	长期待摊费用	贷方	
期初余额	60 000	调(8)	1 000

根据调账记录,编制调账工作底稿,以检查调账中有无出现差错(见表 3-20)。

4. 编制有关结账分录,记入分类账户,并对各分类账进行结账

龙华公司 20×1 年年末结账业务有:

(1) 根据虚账户资料进行结账。

(2) 根据"本年利润"总额的 25% 计算应交所得税。

(3) 根据净利润 10% 提取盈余公积金。

(4) 将本年利润及利润分配各明细账的余额转入"未分配利润"明细账。

根据结账业务作如下账务处理:

(1) 编制虚账户的结账分录

将本期的成本费结转:

表3-20

南方公司工作底稿
20×1年12月31日

单位:元

账户名称	调整前试算表 借方	调整前试算表 贷方	调整 借方	调整 贷方	调整后试算表 借方	调整后试算表 贷方	利润表 借方	利润表 贷方	资产负债表 借方	资产负债表 贷方
库存现金	4 788				4 788				4 788	
银行存款	55 480				55 480				55 480	
交易性金融资产	500 170				500 170				500 170	
应收账款	436 000				436 000				436 000	
其他应收款	10 000		(5)6 000		16 000				16 000	
原材料	87 622				87 622				87 622	
生产成本	120 000		(1)70 000 (2)9 800 (3)2 380	(4)202 180	0				0	
库存商品	150 340		(4)202 180	(7)135 000	217 520				217 520	
长期待摊费用	60 000			(8)1 000	59 000				59 000	
固定资产	568 460				568 460				568 460	
累计折旧	−62 030			(3)3 160	−65 190				−65 190	
短期借款		300 000				300 000				300 000
应付账款		0				0				0
预收账款		240 000	(7)180 000			60 000				60 000
应付职工薪酬		20 000		(1)82 000 (2)11 480		113 480				113 480

形成资产负债表 ⇧

续表

账户名称	调整前试算表 借方	调整前试算表 贷方	调整 借方	调整 贷方	调整后试算表 借方	调整后试算表 贷方	利润表 借方	利润表 贷方	资产负债表 借方	资产负债表 贷方
应交税费		0				0				0
应付利息		0		(6)5 250		5 250				5 250
其他应付款		93 000				9 300				9 300
实收资本		1 200 000				1 200 000				1 200 000
盈余公积		89 000				89 000				89 000
未分配利润		20 930				20 930				20 930
主营业务收入		228 000	(7)135 000	(7)180 000		408 000		408 000		
其他业务收入				(5) 6 000		6 000		6 000		
主营业务成本	159 600				294 600		294 600			
管理费用	15 700		(1)12 000 (2) 1 680 (3) 780 (8) 1 000		31 160		31 160			
销售费用	1 100				1 100		1 100			
财务费用			(6) 5 250		5 250		5 250			
合计	2 107 230	2 107 230	626 070	626 070	2 278 940	2 278 940	332 110	414 000	1 879 850	81 890
本年利润							81 890			
合计							414 000	414 000	1 879 850	1 879 850

转成利润表 →

借：本年利润	332 110
贷：主营业务成本	294 600
管理费用	31 160
销售费用	1 100
财务费用	5 250

将本期的收入结转：

借：主营业务收入	408 000
其他业务收入	6 000
贷：本年利润	414 000

（2）计算应交所得税，并编制相应的会计分录

计算如下：利润总额＝414 000－332 110＝81 890 元；应交所得税＝81 890×25％＝20 472.50 元。相应的会计分录为：

借：所得税费用	20 472.50
贷：应交税费——应交所得税	20 472.50

将所得税费用结转"本年利润"账户，

借：本年利润	20 472.50
贷：所得税费用	20 472.50

（3）计提盈余公积并编制相应的会计分录

计算如下：净利润＝81 890－20 472.50＝61 417.50 元；应计提盈余公积＝61 417.50×10％＝6 141.75 元。编制如下分录：

借：利润分配——提取盈余公积	6 141.75
贷：盈余公积	6 141.75

（4）最后编制净利润和利润分配的结转分录

净利润结转的会计分录为：

借：本年利润	61 417.50
贷：利润分配——未分配利润	61 417.50

利润分配结转的会计分录为：

借：利润分配——未分配利润	6 141.75
贷：利润分配——提取盈余公积	6 141.75

至此，所有账户已全部结清。将上述结账分录记入相关分类账户中，并对所有分类进行结账

（1）虚账户

借方	主营业务成本	贷方		借方	主营业务收入	贷方
期初余额　0					期初余额　0	
调(10)　159 600	结(1)　294 6000		结(1)　408 000		调(10)　228 000	
调(7)　135 000					调(7)　180 000	
本期发生额　294 600	本期发生额　294 600		本期发生额　408 000		本期发生额　408 000	
期末余额　0					期末余额　0	

借方	管理费用		贷方
期初余额	0	结(1)	31 160
(9)	11 500		
(12)	4 200		
调(1)	12 000		
调(2)	1 680		
调(3)	780		
调(8)	1 000		
本期发生额	31 160	本期发生额	31 160
期末余额	0		

借方	其他业务收入		贷方
结(1)	6 000	期初余额	0
		调(5)	6 000
本期发生额	6 000	本期发生额	6 000
		期末余额	0

借方	销售费用		贷方
期初余额	0	结(1)	1 100
(11)	1 100		
本期发生额	1 100	本期发生额	1 100
期末余额	0		

借方	本年利润		贷方
结(1)	332 110	期初余额	0
结(2)	20 472.50	结(1)	414 000
结(4)	61 417.50		
本期发生额	414 000	本期发生额	414 000
		期末余额	0

借方	财务费用		贷方
期初余额	0	结(1)	5 250
调(6)	5 250		
本期发生额	5 250	本期发生额	5 250
期末余额	0		

借方	所得税费用		贷方
期初余额	0	结(2)	20 472.50
结(2)	20 472.50		
本期发生额	20 472.50	本期发生额	20 472.50
期末余额	0		

（2）实账户

借方	库存现金		贷方
期初余额	10 088	(5)	84 000
(5)	84 000	(7)	5 000
(12)	800	(11)	1 100
本期发生额	84 800	本期发生额	90 100
期末余额	4 788		

借方	应付账款		贷方
(2)	58 000	期初余额	58 000
本期发生额	58 000	本期发生额	0
		期末余额	0

借方	银行存款		贷方
期初余额	120 180	(2)	58 000
(1)	150 000	(3)	54 400
(4)	120 000	(5)	84 000
		(8)	14 800
		(9)	11 500
		(13)	112 000
本期发生额	270 000	本期发生额	334 700
期末余额	55 480		

借方	应付职工薪酬		贷方
(5)	84 000	期初余额	104 000
		调(1)	82 000
		调(2)	11 480
本期发生额	84 000	本期发生额	93 480
		期末余额	113 480

借方	应收账款		贷方
期初余额	358 000		
(10)	228 000	(1)	150 000
本期发生额	228 000	本期发生额	150 000
期末余额	436 000		

借方	应交税费		贷方
(3)	54 400	期初余额	54 400
		结(2)	20 472.50
本期发生额	0	本期发生额	20 472.50
		期末余额	20 472.50

借方	其他应收款		贷方
期初余额	10 000	(12)	5 000
(7)	5 000		
调(7)	6 000		
本期发生额	11 000	本期发生额	5 000
期末余额	16 000		

借方	短期借款		贷方
		期初余额	300 000
本期发生额	0	本期发生额	0
		期末余额	300 000

借方	原材料		贷方
期初余额	192 822	(6)	120 000
(8)	14 800		
本期发生额	14 800	本期发生额	120 000
期末余额	87 622		

借方	应付利息		贷方
		期初余额	0
		调(6)	5 250
本期发生额	0	本期发生额	5 250
		期末余额	5 250

借方	库存商品		贷方
期初余额	309 940	(10)	159 600
调(4)	202 180	调(7)	135 000
本期发生额	202 180	本期发生额	294 600
期末余额	217 520		

借方	其他应付款		贷方
		期初余额	9 300
本期发生额	0	本期发生额	0
		期末余额	9 300

借方	生产成本		贷方
期初余额	0		
(6)	120 000	调(4)	202 180
调(1)	70 000		
调(2)	9 800		
调(3)	2 380		
本期发生额	202 180	本期发生额	202 180
期末余额	0		

借方	预收账款		贷方
调(7)	180 000	期初余额	120 000
		(4)	120 000
本期发生额	180 000	本期发生额	120 000
		期末余额	60 000

借方	长期待摊费用		贷方
期初余额	60 000	调(8)	1 000
本期发生额	0	本期发生额	1 000
期末余额	59 000		

借方	实收资本		贷方
		期初余额	1 200 000
本期发生额	0	本期发生额	0
		期末余额	1 200 000

借方	固定资产		贷方
期初余额	456 460		
(13)	112 000		
本期发生额	112 000	本期发生额	0
期末余额	568 460		

借方	累计折旧		贷方
		期初余额	62 030
		结(3)	3 160
本期发生额	0	本期发生额	3 160
		期末余额	65 190

借方	利润分配——提取盈余公积		贷方
结(3)	6 141.75	期初余额	0
		结(4)	6 141.75
本期发生额	6 141.75	本期发生额	6 141.75
		期末余额	0

借方	盈余公积		贷方
		期初余额	89 000
		结(3)	6 141.75
本期发生额	0	本期发生额	6 141.75
		期末余额	95 141.75

借方	利润分配——未分配利润		贷方
结(4)	6 141.75	期初余额	20 930
		结(4)	61 417.50
本期发生额	6 141.75	本期发生额	61 417.50
		期末余额	76 205.75

第六节　编制财务报表

财务报表是总括账簿资料、提供财务信息的主要文件。企业在某一会计期间的会计记录,经过必要的账项调整并查验了过账程序的正确性以后,便可根据试算表或调整后的试算表,编制财务报表。我国现行会计准则和会计制度规定,财务报告包括财务报表主表、财务报表附表、财务报表附注。财务报表主表是财务报表的主体,包括资产负债表、利润表、现金流量表和所有者权益变动表。

一、编制资产负债表

资产负债表是综合反映企业某一特定日期财务状况的报表。它所列示的各资产、负债和所有者权益项目的数额,都是各项目的账面余额,所以,资产负债表常被称为"静态表"。它反映企业的资产、负债、所有者权益结余状况以及相互关系,表明企业在某一特定日期所拥有或控制的经济资源、所承担的现有债务和所有者对净资产的要求权。

(一)资产负债表的基本结构

资产负债表的基本结构为:左方列示各项资产项目,并按资产的流动性大小逐一排列;右方列示所有的负债和所有者权益项目。负债项目一般列于右上方,按偿还期长短排列;所有者权益列在右下方,按权益的永久性从高到低排列。根据资产、负债与所有者权益的平衡关系,左右两方的数额应该相等。资产负债表的格式由财政部颁发的企业会计制度统一规定,具体可见表 3-21。

(二)资产负债表表内项目的数据来源

资产负债表一般有表首、正表两部分。其中,表首概括地说明报表名称、编制单位、编制日期、报表编号、货币名称等。正表是资产负债表的主体,列示了用以说明企业财务状况的各个项目。在我国,资产负债表采用账户式、左右结构。左边列示的资产项目又分为"期末余额"和"年初余额"两栏分别填列。资产负债表表内项目金额的"年初余额"即是上期的年末数,可根据上期资产负债表的有关数据直接填列。"期末余额"要根据工作底稿中有关资产、负债及所有者权益项目调整后的期末数分析填列的。有些项目可直接根据工作底稿中总账科目的余额填列;有些项目根据几个总账科目的余额汇总填列;有些项目根据有关明细科目的余额计算填列;有些项目根据总账科目和明细科目的余额分析计算填列;有些项目根据总账科目与其备抵科目抵消后的净额填列。

下面根据表 3-20 南方公司 20×1 年 12 月 31 日工作底稿,结合有关账户记录,编制该公司 20×1 年 12 月 31 日的资产负债表(见表 3-21)。

表 3-21   资产负债表

编制单位:南方公司   20×1 年 12 月 31 日   单位:元

资　　产	年初数	年末数	负债和所有者权益	年初数	年末数
流动资产:			流动负债:		
货币资金		60 268	短期借款		300 000
交易性金融资产		500 170	交易性金融负债		
应收票据			应付票据		
应收账款		436 000	应付账款		0
预付款项			预收款项		60 000
应收利息			应付职工薪酬		113 480
应收股利			应交税费		20 472.5
其他应收款		16 000	应付利息		5 250
存货		305 142	应付股利		
一年内到期的非流动资产			其他应付款		9 300
其他流动资产			一年内到期的非流动负债		

资　　产	年初数	年末数	负债和所有者权益	年初数	年末数
流动资产合计		1 353 960	其他流动负债		
非流动资产：			流动负债合计		508 502.5
可供出售金融资产			非流动负债：		
持有至到期投资			长期借款		
长期应收款			应付债券		
长期股权投资			长期应付款		
投资性房地产			专项应付款		
固定资产		503 270	预计负债		
在建工程			递延所得税负债		
工程物资			其他非流动负债		
固定资产清理			非流动负债合计		
无形资产			负债合计		508 502.5
研发支出			所有者权益：		
商誉			实收资本（或股本）		1 200 000
长期待摊费用		59 000	资本公积		
递延所得税资产			盈余公积		95 141.75
其他非流动资产			未分配利润		76 205.75
非流动资产合计		562 270	所有者权益合计		1 371 347.5
资产总计		1 879 850	负债和所有者权益总计		1 879 850

二、编制利润表

利润表又称损益表，是用以反映企业在一定期间经营成果的财务报表。利润表所列示的各营业收入和费用的数额，都是各项目在该期间内逐渐累计的汇总数字，所以，它常被称为"动态报表"。我们要分析一个企业的经营好坏，既须了解它的静态状况，更须研究它的活动过程。在企业管理当局制订任何决策时，也是如此。因此，在实际工作中，资产负债表和损益表是相辅相成，缺一不可的。

（一）利润表的结构

利润表的格式主要有多步式和单式两种，我国企业的利润表一般采用多步式。多步式利润表的项目，按利润形成过程排列。先列示营业收入，然后减去营业成本、营业税金及附加、销售费用、管理费用和财务费用，加上投资收益及公允价值变动收益后，得出营业利润（或亏损）；再加减营业外收入和营业外支出后，即为利润总额（或亏损）。利润分配部分先将利润总额减去应交所得税后，得出税后净利润，然后，再对净利润进行分配。利润

会计学教程

表格式如表 3-22 所示。

（二）利润表表内项目的数据来源

利润表内项目是根据工作底稿中有关收入、费用项目调整后的发生额填列的。根据表 3-20 南方公司 12 月份工作底稿，可编制其 20×1 年 12 月的利润表（如表 3-22 所示）。

表 3-22

利 润 表

编制单位：南方公司　　　　　　　20×1 年 12 月　　　　　　　　单位：元

项　　目	上年数（略）	本期金额
一、营业收入		414 000
减：营业成本		294 600
营业税金及附加		
管理费用		31 160
销售费用		1 100
财务费用		5 250
资产减值损失		
加：公允价值变动收益（损失以"－"号填列）		
投资收益（损失以"－"号填列）		
二、营业利润（损失以"－"号填列）		81 890
加：营业外收入		
减：营业外支出		
其中：非流动资产处置损失		
三、利润总额（损失以"－"号填列）		81 890
减：所得税费用		20 472.50
四、净利润（损失以"－"号填列）		61 417.50
五、每股收益：		
（一）基本每股收益		
（二）稀释每股收益		

三、编制现金流量表

现金流量表，是指反映企业在一定会计期间内，因经营活动、投资活动和筹资活动引起的现金流入和流出的报表。这里的"现金"，包括库存现金以及可以随时用于支付的现金等价物。现金等价物是指企业所持有的流动性强、易于转换为已知金额现金、价值变动风险很小的短期性存款和票据等。

（一）现金流量表的结构

企业日常发生的各种业务活动，按其对现金增减变化的影响，可分为三类：一是现金各项目间的交易。这类交易不会引起现金流量的增减变化，如从银行提取现金，这样的业务在编制现金流量表时可不予考虑。二是非现金项目间的交易。如发生在非现金流动项目、长期资产、长短期负债以及所有者权益间的业务，也不会引起现金的增减变化。三是现金与非现金项目间的交易。这类交易会引起现金的增减变化，是现金流量表反映的主要内容。这类交易中，引起现金增加的业务，如：出售存货、收回应收款项、出售固定资产或无形资产、收到预收款、借入资金、发行股票或债券等;引起现金减少的业务,如:购入存货支付款项、归还应付款项、支付工资及其他费用、缴纳税金、购入固定资产或无形资产、对外长期投资、归还借款、退回注册资本等。

现金流量表通常按现金流量的分类列表,具体分为经营活动产生的现金流入流出、投资活动产生的现金流入流出、筹资活动产生的现金流入流出三大类,其格式见表3-23。

(二)现金流量表的数据来源

现金流量表是在期初、期末资产负债表和本期利润表的基础上,分析有关账户的发生额后编制的。根据表3-20南方公司20×1年12月份工作底稿,结合有关账户记录,可编制其20×1年度的现金流量表(见表3-23)。

表 3-23　　　　　　　　　　　现金流量表

编制单位:南方公司　　　　　　　20×1年　　　　　　　　　　单位:元

项　　　目	上期金额(略)	本期金额
一、经营活动产生的现金流量:		
销售商品、提供劳务收到的现金		270 000
收到的税费返还		
收到其他与经营活动有关的现金		800
经营活动现金流入小计		270 800
购买商品、接受劳务支付的现金		75 180
支付给职工以及为职工支付的现金		84 000
支付的各项税费		54 400
支付其他与经营活动有关的现金		17 600
经营活动现金流出小计		231 180
经营活动产生的现金流量净额		39 620
二、投资活动产生的现金流量:		
收回投资收到的现金		
取得投资收益收到的现金		
处置固定资产、无形资产和其他长期资产收回的现金净额		
处置子公司及其他营业单位收到的现金净额		
收到其他与投资活动有关的现金		
投资活动现金流入小计		
购建固定资产、无形资产和其他长期资产支付的现金		112 000
投资支付的现金		
取得子公司及其他营业单位支付的现金净额		
支付其他与投资活动有关的现金		
投资活动现金流出小计		
投资活动产生的现金流量净额		−112 000
三、筹资活动产生的现金流量:		
吸收投资收到的现金		
取得借款收到的现金		

续表

项　　目	上期金额（略）	本期金额
收到其他与筹资活动有关的现金		
筹资活动现金流入小计		
偿还债务支付的现金		
分配股利、利润或偿付利息支付的现金		
支付其他与筹资活动有关的现金		
筹资活动现金流出小计		
筹资活动产生的现金流量净额		
四、汇率变动对现金及现金等价物的影响		
五、现金及现金等价物净增加额		−72 380
加：期初现金及现金等价物余额		130 268
六、期末现金及现金等价物余额		57 888

四、编制所有者权益变动表

　　所有者权益变动表是反映企业一定时期投入资本、留存收益变动及其结余情况的报表。它根据所有者权益各账户的期初余额、本期发生额以及本期利润及利润分配情况编制。其具体内容详见第八章。

第七节　小　　结

　　会计循环是指会计人员根据企业日常经济业务，按照会计准则要求，采取专门的会计核算程序和方法，将零散、复杂的会计资料加工成为满足会计信息使用者需要的信息的处理过程。会计循环包括以下流程：(1)编审原始凭证；(2)编制记账款凭证；(3)登记账簿；(4)试算平衡；(5)账项调整；(6)对账和结账；(7)编制财务报表。

　　如何进行会计核算？复式记账是会计核算的专门方法。所谓复式记账，是指对一项经济业务需要用相等的金额，在两个或两个以上相互联系的账户进行记录的一种记账方法。复式记账法有借贷记账法、收付记账法和增减记账法之分，目前世界各国通用的复式记账方法是借贷记账法。

　　借贷记账法是以"借"、"贷"作为记账符号，它的记账规则是"有借必有贷，借贷必相等"。运用借贷记账法记账时，要按以下三个步骤：(1)确定经济业务发生后所影响的账户名称、类别；(2)确定这些账户的变动方向，是增加还是减少；(3)根据账户的性质确定应记入借方还是贷方。

　　企业发生经济业务，首先要取得或填制会计凭证。会计凭证是记录经济业务发生，明确经济责任，并作为记账依据的书面证明。会计凭证按其填制的程序和用途，可分为原始凭证和记账凭证。原始凭证是记录、证明经济业务已经发生或完成，明确经济责任，并用作记账的原始凭据。记账凭证，是会计人员根据审核后的原始凭证所编制的、用以记载每笔经济业务应借记和应贷记账户名称及其金额的一种单据，它是直接登账的依据。记账凭证按其反映的经济业务的内容不同,可分为收款凭证、付款凭证和转账凭证。

由于记账凭证上记录的经济事项零星、分散,不便于总括了解会计信息,因此,需要将凭证反映的会计事项登记到账簿。会计账簿,是由具有一定格式、互有联系的若干账页所组成,它以会计凭证为登记依据,用以连续、系统、分类地记录各项经济业务的簿籍。会计账簿可分为序时账簿、分类账簿。序时账簿,实际中一般称为日记账款,它是对各个经济业务按照时间顺序进行登记的账簿。常见的日记账款有现金日记账款、银行存款日记账。分类账可分为总分类账和明细分类账两种。总分类账反映经济业务的总括情况,对所属明细分类账户起着控制和统驭作用,明细分类账提供总分类核算中所缺少的详细资料,对总分类账起着补充说明作用。二者所反映的经济业务内容相同,登记账簿的原始依据也相同,但二者反映的经济内容的详略程度不一样,因而所起的作用也不完全相同。

为检查账簿记录是否正确,期末结账前,一般先要做试算平衡。试算平衡就是根据"资产=负债+所有者权益"的平衡关系,按照记账规则的要求,通过汇总计算和比较,来检查账簿记录的正确性和完整性。经过试算平衡检查,如发现有错账,则需要更正。错账更正常用的方法有:(1)划线更正法;(2)红字更正法;(3)补充更正法。

企业会计期间确认要遵循权责发生制原则。在权责发生制下,会计期末要确定归属本期的收入和费用,必须根据账簿记录按照归属原则对账簿记录进行调整。账项调整的内容包括:(1)有关收入的账项调整,如预收收入、应计收入的调整等;(2)有关费用的账项调整,如预付费用、应计费用的调整。

为了保证账簿记录的真实、准确,保证账证相符、账账相符、账实相符和账表相符,调账后还要进行对账。对账就是按照一定的方法和手续核对账目,主要是对账簿记录进行核对、检查。

账项调整和对账后,则编制账项调整工作底稿。编制工作底稿是会计资料由账簿记录向报表过渡的一项重要的会计核算工作。

结账是指本期内所发生的经济业务全部登记入账的基础上,于会计期末按照规定的方法结算账款数额。包括结计出本期发生额和期末余额,各收入和费用账户的余额都变成零,以便计算下一会计期间的净损益。结账过程包括编制结账分录,将结账分录记入日记账款并过账等过程。

会计人员在账簿上结账后,可以根据账簿资料编制财务报表。编制财务报表是会计循环的最后环节,财务报表是会计信息向外传递和报告的形式,具体包括资产负债表、利润表、现金流量表和所有者权益变动表以及报表附注。

思 考 题

1. 什么是会计循环?会计循环流程有哪些?
2. 什么是账户?账户与会计科目的关系怎样?
3. 什么是借贷记账法?借贷记账法的特点有哪些?
4. 会计凭证的要素有哪些?如何分类?
5. 会计分录的基本内容和编制要求是什么?

6. 简述总账与明细账的联系与区别,说明总账与明细账平行登记的要点?

7. 会计账簿登记的基本要求有哪些?

8. 什么是试算平衡? 试算平衡的原理和方法如何?

9. 权责发生制与收付实现制的区别是什么?

10. 账项调整包括哪些方面? 调整分录有哪些?

11. 对账的内容和方法是什么?

12. 结账的步骤如何?

13. 编制财务报表的意义是什么? 它与账簿的关系怎样?

练 习 题

习 题 一

练习目的:掌握借贷记账法的原理。

一、资料

龙华公司 20×1 年 2 月发生的经济业务如下(购销业务均不考虑增值税):

(1) 2 月 1 日,接受投资人甲投入公司的资本金 500 000 元存入银行。

(2) 2 月 3 日,购入材料 150 000 元,货款暂欠,材料已验收入库。

(3) 2 月 5 日,购入一台不需安装的设备 180 000 元,以银行存款支付,该设备已交付使用。

(4) 2 月 6 日,销售给宏达公司商品 300 000 元,货款收到存入银行。

(5) 2 月 7 日,收到银行通知,用银行存款偿还到期的银行短期贷款 200 000 元,并支付利息 7 000 元。

(6) 2 月 9 日,从银行提取现金,支付上月职工工资 80 000 元。

(7) 2 月 12 日,用银行存款支付 3 日所购材料款。

(8) 2 月 20 日,用银行存款支付展览费 8 000 元,广告费 50 000 元。

(9) 2 月 28 日,用银行存款支付本月水电费 14 000 元。

(10) 2 月 28 日,根据记录计算,本月应付生产工人工资 50 000 元,行政管理人员工资 30 000 元。

二、要求

根据上述资料,编制龙华会计分录。

习 题 二

练习目的:掌握账户的设置和记账。

一、资料

振华电子设备制造公司 20×1 年 5 月 31 日各分类账户的余额如下(单位:元):

库存现金	100 880	短期借款	1 300 000
银行存款	601 800	应付账款	680 000
应收账款	1 403 100	应付职工薪酬	300 000
应收利息	100 420	应付利息	80 000
长期待摊费用	500 000	预收账款	600 000
原材料	1 502 400	实收资本	3 500 000
固定资产	3 004 000	利润分配——未分配利润	252 300
累计折旧	500 300		

该公司 6 月份发生下列经济业务：

(1) 6 月 1 日，收到 A 公司上月所欠货款 1 000 000 元，存入银行。

(2) 6 月 3 日，预收 B 公司货款 600 000 元存入银行。

(3) 6 月 7 日，从银行提取现金 300 000 元，发放职工工资。

(4) 6 月 8 日，购入原材料 500 000 元，货款用银行存款付讫。

(5) 6 月 9 日，出售 B 公司产品 600 000 元，货已发运，并开出销售发票，货款用预收款结算。

(6) 6 月 10 日，职工范伟因公出差，预支现金 5 000 元。

(7) 6 月 11 日，以银行存款归还短期借款 600 000 元，并支付相应的利息 18 000 元。

(8) 6 月 12 日，购入设备一台 35 000 元，以银行存款付讫。

(9) 6 月 14 日，以银行存款支付上月所欠货款 18 000 元。

(10) 6 月 16 日，以银行存款支付本月水电费 27 000 元。

(11) 6 月 20 日，以银行存款支付下一年度房屋租金 120 000 元。

(12) 6 月 24 日，职工范伟出差归来，报销差旅费 4 350 元，余款以现金归还。

(13) 6 月 30 日，本月生产耗用材料 1 264 000 元。

二、要求

(1) 开设 T 形账户，并分别填入期初余额。

(2) 根据以上资料编制会计分录，并记入各相应账户。

习 题 三

练习目的：掌握在现金制和应计制下收入与费用的不同确认时间。

一、资料

元甲公司 20×1 年 6 月相关经济业务见表 3-24。

表 3-24　　　　元甲公司 20×1 年 6 月的收入和费用的确认

经 济 业 务	现金制		应计制	
	收入	费用	收入	费用
1. 支付本月水电费 2 700 元				
2. 预付下半年房屋租金 12 000 元				

续表

经 济 业 务	现金制		应计制	
	收入	费用	收入	费用
3. 本月负担房屋租金 10 000 元				
4. 计提本月负担下月支付的借款利息 12 00 元				
5. 支付上月负担的设备修理费 1 000 元				
6. 计提本月设备折旧费 85 000 元				
7. 本月应计劳务收入 24 000 元				
8. 收到上月提供的劳务收入 20 000 元				
9. 本月销售商品，并收到货款 50 000 元				
10. 销售商品 90 000 元，货款尚未收到				
合　　计				

二、要求

(1) 根据现金制和应计制，分别确定元甲公司 20×1 年 6 月的收入和费用，并填入表 3-23 中。

(2) 计算两种会计基础下的利润。

习　题　四

练习目的：掌握记账错误的更正方法。

一、资料

美林公司会计主管张红在审核 20×1 年 6 月份公司会计记录时，发现下列错误：

(1) 赊销商品 11 700 元给宏伟公司，货已发出，并向银行办妥委托收款手续。在填制记账凭证时，误记的会计分录为：

借：应付账款　　　　　　　　　　　　　　　　11 700

　　贷：主营业务收入　　　　　　　　　　　　　　　11 700

(2) 收到 A 公司上月所欠货款 20 000 元，在填制记账凭证时，误记的会计分录为：

借：银行存款　　　　　　　　　　　　　　　　200 000

　　贷：应收账款　　　　　　　　　　　　　　　　200 000

(3) 赊购原材料一批，金额为 90 000 元，在填制记账凭证时，误记的会计分录为：

借：原材料　　　　　　　　　　　　　　　　　9 000

　　贷：应付账款　　　　　　　　　　　　　　　　9 000

(4) 以银行存款支付广告费 8 000 元，在填制记账凭证时，误记的会计分录为：

借：管理费用　　　　　　　　　　　　　　　　8 000

　　贷：银行存款　　　　　　　　　　　　　　　　8 000

二、要求

对上述记账错误采用适当的更正方法予以更正。

习 题 五

练习目的：掌握会计循环的整个过程。

一、资料

大兴公司于 20×1 年 10 月 31 日开业，其 11 月 30 日账户余额见表 3-25。

表 3-25 　　　　　　　大兴公司 20×1 年 11 月 30 日账户余额　　　　　　　　单位：元

账 户 名 称	借方余额	账 户 名 称	贷方余额
库存现金	88 450	短期借款	150 000
银行存款	1 004 500	应付账款	300 000
应收账款	1 562 700	预收账款	2 581 700
其他应收款	0	应付职工薪酬	83 200
库存商品	610 000	应交税费	70 000
固定资产	3 600 000	应付利息	750
主营业务成本	0	实收资本	3 100 000
销售费用	0	本年利润	280 000
管理费用	0	主营业务收入	0
财务费用	0	累计折旧	300 000
所得税费用	0		
利润分配	0		
合　　计	6 865 650	合　　计	6 865 650

大兴公司 20×1 年 12 月份发生的经济业务如下：

(1) 12 月 1 日，用银行存款支付上月所欠 B 公司的货款 250 000 元。

(2) 12 月 3 日，将上月库存的商品全部销售给 A 公司，货款 793 000 元，其中 500 000 元货款已收到并存入银行，其余货款尚未收到。

(3) 12 月 4 日，收到 C 公司 740 000 元货款存入银行，其中 680 000 元系偿还上月所欠货款，余款作为下次购货之用。

(4) 12 月 5 日，从银行提取现金 83 200 元，支付上月职工工资，其中行政管理人员工资 31 000 元，销售人员工资 52 200 元。

(5) 12 月 6 日，供应部门赵五出差，预支现金 3 000 元。

(6) 12 月 7 日，向 B 公司购入商品，货款与运杂费共 3 214 400 元(不考虑相关的税费)，商品已入库，货款尚未支付。

(7) 12 月 9 日，用现金购买办公用品 1 400 元。

(8) 12 月 11 日，赵五出差归来，报销差旅费 3 210 元，原预支不足部分用现金支付。

(9) 12 月 15 日，向 D 公司销售本月购入的商品，货款 2 580 000 元，商品成本 2 038 200 元。D 公司已预付过货款。

(10) 12 月 21 日，用银行存款支付上月和本月应负担的利息各 7 500 元，作为财务费用。

(11) 12 月 29 日，用银行存款支付本月的水电费 2 670 元，作为管理费用。

（12）12月30日，本月应负担的职工工资为88 100元，其中行政管理人员工资31 000元，销售人员工资57 100元。

（13）12月30日，企业的固定资产平均使用年限为10年（受益期），各期费用按平均确认计量，无残值。根据"固定资产"上月余额，计提本月应负担的折旧费，作为管理费用（固定资产因折旧而减少，通过"累计折旧"账户）。

（14）12月30日，计提本月应负担的所得税（所得税税率为25%）。

（15）12月30日，将本月的损益类账户金额结转至"本年利润"账户。

（16）12月30日，将"本年利润"账户金额全部结转至"利润分配"账户，假设本年没有进行利润分配。

二、要求

（1）根据资料中所给的账户及其期初余额开设三栏式的总分类账户（T形账户）。

（2）根据资料所提供的会计事项（经济业务）做会计分录。（仅作会计分录，不用画正式的记账凭证）

（3）根据要求（2）的会计分录登记总分类账并结账。

（4）编制12月份的资产负债表、利润表和现金流量表。（尽可能按正式的报表格式编制，因简化等原因而没有金额的报表项目可略去）

案例分析题

一、资料

张美是华丰公司的会计主管，20×1年12月末结账前，她在审核该公司会计人员本年度所做的账簿记录时，发现了下列情况：

（1）该公司在年初和东方公司签订一项租赁合同，租用东方公司150平方米的营业用房用于产品销售，租赁期为5年，每月租金18 000元。由于该营业用房闲置较久，且需要装修，故签约时双方约定，第一年免交租金，第二年开始交付租金。因此，华丰公司会计在20×1年对该租赁事项不作任何账务处理，在下一年度支付租金时才记入租赁费用。

（2）公司销售明细账所记录的甲产品全年销售数量为15 000件，甲产品售价为20元，单位成本18元（售价和成本中均剔除了增值税因素）；甲产品明细账记录其年初账面结存数为1 500件，本年增加数为14 500件，期末结存数为2 500件。期末已对甲产品进行盘点，盘点数与账面结存数一致。

二、要求

请回答：

（1）该公司会计人员对租房事项的会计处理是否正确？为什么？如不正确，应如何正确处理？

（2）该公司产品销售成本的计算是否正确？为什么？

（3）计算甲产品销售成本多计或少计对本年利润的影响额。

第四章

资　产

学习目标

1. 理解资产的定义、确认条件、计量属性和类别的划分；

2. 掌握库存现金、银行存款和其他货币资金的区分以及货币资金的日常处理及清查；

3. 理解交易性金融资产确认和公允价值计量原理，掌握公允价值变动的会计处理方法；

4. 掌握应收款项的确认与计量原理，理解和掌握坏账及其损失的会计处理方法；

5. 了解存货的分类和确认原理，掌握存货实际成本的组成以及存货收发存的会计处理方法，理解和掌握存货跌价及其损失的会计处理方法；

6. 理解长期股权投资的确认以及成本法与权益法的原理，掌握长期股权投资初始计量、后续计量、期末计量以及处置等的会计处理方法；

7. 理解固定资产的确认以及折旧的原理，掌握固定资产初始计量、后续计量、期末计量以及处置的会计处理方法，掌握固定资产清查方法；

8. 理解无形资产的确认以及摊销的原理，掌握无形资产初始计量、后续计量、期末计量以及处置的会计处理方法。

第一节　资产概述

一、资产的定义与确认条件

资产是指企业过去的交易或者事项形成的，由企业拥有或者控制的，预期会给企业带来经济利益的资源。正如第二章所述，资产的定义反映了资产应该具有的重要特征。

将一项资源确认为资产，需要符合资产的定义，还应同时满足以下两个确认条件：

(1) 与该资源有关的经济利益很可能流入企业；

(2) 该资源的成本或者价值能够可靠地计量。

从上述两个确认条件可知，由于未来经济利益的流入存在不确定性，从而在确认时需要判断其可能性程度；对于资产的计量一般是依据取得资源的成本或者资源能带来的价值，因此成本和价值的可靠计量也是资产确认的重要条件。

二、资产的分类

为了更好地了解资产在企业的财务状况、经营成果和现金流量中的作用，资产可以按照不同的标准进行分类。

（一）流动资产和非流动资产

资产可以按照其变为现金（广义）的能力，即流动性，分为流动资产与非流动资产。流动资产是指将在1年或超过1年的一个营业周期内变现或耗用的资产。符合下列条件之一的资产，可归类为流动资产：

（1）预计在一个正常营业周期中变现、出售或耗用；营业周期是指从购买用于加工的资产到其收回现金或现金等价物的这段时间；

（2）主要为交易目的而持有；

（3）预期在自资产负债表日起1年内变现；

（4）在自资产负债表日起1年内，交换其他资产或清偿负债的能力不受限制的现金或现金等价物。

流动资产一般包括货币资金、交易性金融资产、应收票据、应收账款、预付账款、其他应收款、存货等。

流动资产以外的资产，应当归类为非流动资产。非流动资产一般包括长期股权投资、固定资产、无形资产等。

（二）金融资产和非金融资产

资产可以按照是否能在未来直接作为获取现金的一种权利而划分为金融资产与非金融资产。

金融资产是一种为其所有者索取货币收入的合同权利。比如应收账款，实际上是企业据此直接收回货币资金的一种权利；比如企业持有的股票可以直接凭此获得货币收入，它们都是金融资产。而存货不能直接作为收取货币资金的权利，只有通过出售，在交易成立后才能收取货币资金，就属于非金融资产。

金融资产主要包括：库存现金、银行存款、应收账款、应收票据、其他应收款、股权投资、债权投资和衍生金融工具形成的资产等。金融资产可分为现金与现金等价物和其他金融资产两类，而其他金融资产又可以分为交易性金融资产、持有至到期投资、贷款和应收款项、可供出售金融资产四类。

非金融资产是指除金融资产以外的资产，主要是企业用于经营活动的资产，主要包括：存货、固定资产、无形资产等。

（三）货币性资产与非货币性资产

资产可以按照其在将来为企业带来的经济利益即货币金额是否固定划分为货币资产与非货币性资产。

货币性资产，指持有的现金及将以固定或可确定金额的货币收取的资产，包括现金、应收账款和应收票据以及准备持有至到期的债券投资等。这里的现金包括库存现金、银行存款和其他货币资金。

非货币性资产，指货币性资产以外的资产，包括存货、固定资产、无形资产、股权投资以及不准备持有至到期的债券投资等。非货币性资产有别于货币性资产的最基本特征是，其在将来为企业带来的经济利益，即货币金额是不固定的或不可确定的。

三、资产的计量

（一）资产的计量属性

计量属性是指所予计量的某一要素的特性方面，如桌子的长度、铁矿砂的重量、楼房的面积等。从会计角度看，计量属性反映的是会计要素金额的确定基础。会计准则规定了各会计要素在不同情况下应采用的计量属性。资产的计量属性主要包括历史成本、重置成本、可变现净值、现值和公允价值等。

1. 历史成本

历史成本，又称为实际成本，就是取得或制造某项财产物资时所实际支付的现金或者其他等价物。在历史成本计量下，资产按照其购置时支付的现金或者现金等价物的金额计量。

2. 重置成本

重置成本又称现行成本，是指按照当前市场条件，重新取得同样一项资产所需支付的现金或现金等价物金额。在重置成本计量下，资产按照现在购买相同或者相似资产所需支付的现金或者现金等价物的金额计量。

3. 可变现净值

可变现净值，是指在正常生产经营过程中以预计售价减去进一步加工成本和销售所必须的预计税金、费用后的净值。在可变现净值计量下，资产按其正常对外销售所能收到现金或者现金等价物的金额扣减该资产至完工时估计将要发生的成本、估计的销售费用以及相关税金后的金额计量。

4. 现值

现值是指对未来现金流量以恰当的折现率进行折现后的价值，是考虑货币时间价值因素的一种计量属性。在现值计量下，资产按照预计从其持续使用和最终处置中所产生的未来净现金流入量的折现金额计量。

5. 公允价值

公允价值，是指市场参与者在计量日发生的有序交易中，出售一项资产所能收到或者转移一项负债所需支付的价格。

（二）计量属性的应用情况

企业在对资产进行计量时，一般应当采用历史成本。

尽管资产有多种计量属性，但目前财务会计主要采用历史成本作为资产的计量模式，也就是以历史成本为资产的入账金额或初始计量金额，并在持有期间保持历史成本计量，只有在持有资产期间情况发生了变化或者有特殊需要时才改为其他计量属性，并且其他计量属性应当保证所确定的资产金额能够取得并可靠计量时才能采用。因此，一般来说，目前其他计量属性只是对历史成本计量下的资产金额进行修正或补充。

值得注意的是，现在已有一些资产采用了公允价值计量模式，也就是资产从初始计量开始，始终以公允价值计量。但现在会计上采用公允价值是适度、谨慎和有条件的。因为资产的交易价格符合公允价值的较少，如果不加限制地引入公允价值，有可能出现资产计量的不可靠。我国会计准则规定,可以用公允价值计量的资产主要有:交易性金融资产、可供出售的金融资产,主要因为这类金融资产的交易已经形成了较为活跃的市场,其公允价值可以较为合理地确定,并能够持续、可靠地取得。

第二节 货币资金

货币资金是指企业生产经营过程中以货币形态表现的那一部分资产。作为交易的媒介物,它在企业日常经营活动中扮演着重要的角色,大量的经营事项都是通过货币资金的收付来实现的。譬如,用现金支付职工工资,向职工出借差旅费;通过银行收取销货款、支付采购款、缴纳税金等。

货币资金指的是广义的现金,主要包括库存现金、银行存款和其他货币资金。

一、库存现金

(一)库存现金的管理

库存现金是指企业为了满足日常经营过程中零星支付需要而由出纳保管的现钞,包括纸币、硬币。在企业所有资产中,它的流动性最强,可以随时用于各种经济业务的结算。为保证库存现金的安全、完整和有效使用,企业就需要对库存现金的收入、支出和结存进行合理的管理。

根据《现金管理暂行条例》等相关规定,我国企业现金管理的主要内容有:

1. 明确现金使用范围

开户单位之间的经济往来,除按有关规定可以使用现金外,都应该通过开户银行进行转账结算。企业可用现金支付的业务包括:职工工资、津贴;个人劳动报酬;根据国家规定颁发给个人的科学技术、文化艺术、体育等各种奖金;各种劳动保护、福利费用以及国家规定的对个人的其他支出;向个人收购农副产品和其他物资的价款;出差人员随身携带的差旅费;支付各单位间在转账结算起点以下的零星支出;按规定的其他支出。企业可用现金收入的业务包括:单位及个人交回剩余差旅费和备用金等;收取不能转账的单位或个人的销售收入;不足转账起点的小额收入等。

2. 实行现金限额管理

库存现金限额由开户银行核定,一般以企业 3～5 天的日常零星开支所需现金量为依据。边远地区和交通不便地区的开户单位,可以适当放宽,但不得超过 15 天的日常零星开支。当企业实际库存现金数额超过最高限额时,超过部分应及时送存银行,以保证现金管理安全;当企业实际库存现金数额低于最高限额时,不足部分可向银行提取现金,以避免现金不足。限额确定后,必须严格执行管理。如需要增加或减少限额的,应当向开户银行提出申请,以重新核定。

3. 严格日常现金收支管理

企业在日常经营过程中收取的现金,应于当日送存开户银行。当日送存确有困难的,由开户银行确定送存时间。企业支付现金,可以从本单位库存现金限额中支付或者从开户银行提取,但不得从本单位的现金收入中直接提取,即不准坐支现金。因特殊情况需要坐支的,应事先报经开户银行审查批准,由开户银行核定。企业从开户银行提取现金,应当写明用途,由本单位财会部门负责人签字盖章,经开户银行审核后,予以支付。

(二)库存现金收支的会计处理

1. 库存现金日常收支的处理

企业库存现金的收入、支出和保管,是由出纳人员专门负责办理的。企业每天都发生大量的现金收支业务,为了详细反映现金的收入、支出和结余情况,保护现金完整,避免差错,企业需要对库存现金进行序时和总分类核算。

对库存现金进行序时核算,要求设置"库存现金日记账"。库存现金日记账由出纳人员根据审核后的凭证,按照业务发生顺序逐笔登记。每日终了,应当结出余额,并核对库存现金日记账的账面余额与实际库存余额,保证账实相符。实际库存余额必须是实有的现款,严禁以"白条"抵充库存现金。企业应按币种设置现金日记账,进行明细分类核算。在实际工作中,企业大多采用"三栏式"账页格式,其格式见表4-1。

表 4-1 　　　　　　　　　　　库存现金日记账 　　　　　　　　　　单位:元

20×1年		凭证		摘　　要	对应科目	收　入	支　出	余　额
月	日	字	号					
10	1			期初余额				800
	3	银付	1	从银行提取现金	银行存款	3 000		3 800
	12	现付	2	王航借差旅费	其他应收款		1 500	2 300
	15	现收	1	王航退回余款	其他应收款	300		2 600
	25	现收	2	销售商品收入	主营业务收入	23 400		26 000
	31	现付	3	向银行存入现金	银行存款		23 400	2 600
	31			本月合计		26 700	24 900	2 600

对库存现金的收入、支出和结余情况进行总分类核算,是通过设置"库存现金"账户进行的。该账户借方登记库存现金的增加数,贷方登记库存现金的减少数,期末余额在借方,表示企业持有的库存现金余额。企业收入现金时,借记"库存现金"账户,贷记有关账户;付出现金时,借记有关账户,贷记"库存现金"账户。企业内部周转有使用备用金的,可以通过"其他应收款"账户进行核算。

例 4-1 东风公司 20×1 年 10 月份有关现金日常收支业务以及应编制的会计分录如下:

10 月 3 日,会计员张成签发现金支票,从银行提取现金 3 000 元,零星备用。

借:库存现金 　　　　　　　　　　　　　　　　　　3 000

　　贷:银行存款 　　　　　　　　　　　　　　　　　　　3 000

10 月 25 日,销售给个体经营者商品,收到商品销售款 23 400 元现金。

借:库存现金 　　　　　　　　　　　　　　　　　　23 400

　　贷:主营业务收入 　　　　　　　　　　　　　　　　　20 000

　　　　应交税费——应交增值税(销项税额) 　　　　　　3 400

10 月 25 日,将上述 23 400 元现金送存银行。

借：银行存款 23 400
　　贷：库存现金 23 400

2. 备用金的会计处理

企业事先拨付给非独立核算的内部单位或工作人员一笔款项，供其零星开支使用，称之为备用金。备用金分为定额和非定额两种。

定额备用金指的是企业根据用款单位的实际需要，核定备用金定额并按定额拨付现金。当用款单位支用备用金后，应根据有关支出凭证定期报销，同时补足原核定金额的差额。企业可以在"其他应收款"账户核算备用金，也可单独设置"备用金"账户核算定额备用金，并根据用款单位设明细分类账户。建立备用金时，借记该账户，贷记"库存现金"账户。业务发生以后补足差额，借记有关账户，贷记"库存现金"账户。减少或收回备用金时，做与建立时相反的分录。

例 4-2　东风公司有关定额备用金业务以及应编制的会计分录如下：

东风公司为销售部门建立了 3 000 元的备用金：

借：其他应收款——备用金（销售部） 3 000
　　贷：库存现金 3 000

销售部门报销零星费用 1 000 元，财会部门补足其定额差额 1 000 元：

借：销售费用 1 000
　　贷：库存现金 1 000

非定额备用金是指用款单位根据实际需要向财会部门领取款项。备用金使用后，根据相关费用凭证在规定的时间内一次报销，多退少补。非定额备用金一般通过"其他应收款"账户核算。

例 4-3　东风公司 20×1 年 10 月份有关非定额备用金业务以及应编制的会计分录如下：

10 月 12 日，采购部职工王航因公出差，借差旅费 1 500 元：

借：其他应收款——王航 1 500
　　贷：库存现金 1 500

10 月 15 日，王航出差共花费 1 200 元，经批准予以报销，提供相关的发票和交回现金余款 300 元。

借：管理费用 1 200
　　库存现金 300
　　贷：其他应收款——王航 1 500

（三）库存现金的清查

企业应当按规定定期进行库存现金的清查，一般采用实地盘点法。盘点时，出纳人员必须在场，对于清查的结果应当编制库存现金盘点报告单。通过清查，确定库存现金的实际余额，再与现金日记账的账面余额进行核对，以确保账实相符。此外，如果发现有违反现金管理制度的情况，如以"白条"冲抵现金、坐支现金等，应予以纠正；发现库存现金余额超过银行核定的限额，应及时送存银行。

若账实不符，应通过"待处理财产损溢——待处理流动资产损溢"账户核算库存现金的短缺或溢余。企业应查明损溢原因,在期末结账前处理完毕,处理后该账户无余额。对于库存现金盘亏的情况,应由相关责任人或保险公司赔偿的,计入其他应收款;无法查明原因的,应作为管理费用处理。对于库存现金盘盈的情况,应支付给有关人员或单位的,计入其他应付款;无法查明原因的,计入营业外收入。

例4-4 东风公司有关现金清查业务以及应编制的会计分录如下:

(1) 现金盘缺

11月末盘点时,发现短缺现金800元。

借:待处理财产损溢——待处理流动资产损溢　　　　　　　　800

　　贷:库存现金　　　　　　　　　　　　　　　　　　　　　　　800

经查明,应向采购部职工李一阳追回其个人借款600元,其余200元无法查明原因。

借:其他应收款——李一阳　　　　　　　　　　　　　　　　600

　　管理费用　　　　　　　　　　　　　　　　　　　　　　200

　　贷:待处理财产损溢——待处理流动资产损溢　　　　　　　800

(2) 现金盘盈

12月末盘点时,发现溢余现金500元。

借:库存现金　　　　　　　　　　　　　　　　　　　　　　500

　　贷:待处理财产损溢——待处理流动资产损溢　　　　　　　500

无法查明原因,经批准计入营业外收入。

借:待处理财产损溢——待处理流动资产损溢　　　　　　　500

　　贷:营业外收入　　　　　　　　　　　　　　　　　　　　　500

二、银行存款

银行存款是指企业存入银行或其他金融机构的货币资金。如前所述,我国现金管理相关法规规定,企业除在核定限额内可以留存少量库存现金外,其余货币资金必须全部存入银行。为确保资金安全,企业在经营过程中发生的各项经济往来,除在规定范围内可以使用现金结算外,都必须通过银行办理转账结算。

(一) 银行转账结算的方式

根据中国人民银行的《支付结算办法》和国际结算有关规定,我国企业目前可选择使用的转账结算工具主要有银行汇票、商业汇票、银行本票和支票;结算方式主要有汇兑、托收承付、委托收款和信用卡结算,以及国际间采用的信用证结算方式。企业应根据实际情况选择适用的转账结算方式。

1. 银行汇票

银行汇票是指汇款人将款项交存出票银行,由银行签发汇票给汇款人,允许其持往异地办理转账结算或支取现金,银行在见票时按照实际结算金额无条件支付给收款人或持票人的票据。银行汇票的付款期为一个月,逾期不予受理;汇票一律采用记名方式,允许背书转让。

2. 商业汇票

商业汇票是指出票人(或承兑申请人)签发,由承兑人承兑并在指定日期无条件支付确定的金额给收款人或持票人的票据。与银行汇票相比,商业汇票的使用对象较为狭隘,适用于在银行开立账户的法人。根据承兑人的不同,商业汇票分为商业承兑汇票和银行承兑汇票。顾名思义,商业承兑汇票是由银行以外的付款人承兑的。商业承兑汇票可以由付款人或收款人签发,但必须由付款人承兑。商业汇票一律采用记名方式,允许背书转让;同城、异地都可使用;承兑时间最长不超过6个月;汇票一经承兑,承兑人即负有到期无条件支付票款的责任。对于商业承兑汇票,若汇票到期日付款人存款账户余额不足支付,其开户银行应将汇票退还收款人,并将付款人按票面金额处以一定的罚金;对于银行承兑汇票,承兑申请人在到期日仍没有交存足额票款,承兑银行应无条件支付款项,但应根据承兑契约规定,对承兑申请人执行扣款,并对尚未收回的承兑金额计收利息。

3. 银行本票

银行本票是指申请人将款项交存银行,由银行签发、承诺自己在见票时无条件支付确定的金额给收款人或持票人的票据。银行本票分为定额本票和不定额本票两种。银行本票一律采用记名方式,允许背书转让;可以用于转账,注明"现金"字样的银行本票可以用于支取现金;适用于同城结算;信用期限最长不超过2个月。

4. 支票

支票是指由出票人签发的,委托办理支票存款业务的银行或者其他金融机构在见票时无条件支付确定的金额给收款人或持票人的票据。支票分为现金支票和转账支票两种。现金支票只能用于支取现金,不得背书转让;转账支票只能用于转账,可以背书转让。单位和个人均可以使用支票进行结算,并在全国范围内通用;付款期限为10日。出票人不得签发空头支票,不得签发与其预留银行签章不符的支票,使用支付密码的,不得签发密码错误的支票,否则银行将予以退票并处以相应罚款,甚至停止其签发支票。

5. 汇兑

汇兑是指汇款人委托银行将其款项支付给异地收款人的一种结算方式。根据委托函传递方式的不同,汇兑分为信汇和电汇两种,由汇款人自行选择使用。信汇费用较低,但速度相对慢;电汇速度很快,但汇款人需支付较高的电报或电传费用。汇兑结算适用范围广泛,单位和个人均可办理;手续简便易行,无金额起点限制。

6. 托收承付

所谓托收,指收款人委托其开户银行收取款项的行为,办理托收时,必须提交商品发运证明;所谓承付,指付款人在承付期限内,向银行承认付款的行为,付款人可验单承付,亦可验货承付。简单的说,托收承付就是根据购销合同,由收款人发货后委托银行向异地付款人收取款项,付款人向银行承认付款的一种结算方式。托收承付对收、付款双方提出了较为严格的限制,要求必须是国有企业、供销合作社,以及经营管理较好、并经开户银行审查同意的城乡集体所有制工业企业。商品交易以及因商品交易而产生的劳务供应的款项,允许使用托收承付结算方式,代销、寄销、赊销不得使用。

7. 委托收款

委托收款是指收款人提供收款依据,委托银行向付款人收取款项的一种结算方式。委托收款结算方式以商业信用为基础,银行不参与监督。委托收款适用范围广泛,单位和个人均可使用;不受地点限制,同城、异地均可办理;不受金额起点限制;但采用这种方式,只允许全额付款或全部拒绝付款。

8. 信用卡

信用卡是指由银行或其他金融机构向社会发行的,具有消费信用、转账结算和存取现金等全部或部分功能的特制载体卡片。信用卡允许用户透支消费,一般情况下在规定期限内还款不收任何费用。在我国,通常所指的信用卡包括贷记卡和准贷记卡两种类型。贷记卡是指持有人不需要在账户内预先存款,就可以在透支额度内先消费后还款的信用卡;而准贷记卡则要求持有人先存入一定资金作为备用金,当备用金不足以支付时,可以在有限额度内透支消费的信用卡。

9. 信用证

信用证是国际间贸易结算的主要工具,指的是进口方向开证银行提出申请,由银行开出的,承诺自己在见到符合信用证条款规定的单据时支付货款的一种结算方式。信用证结算以银行信用为保证,开出后,开证银行负第一付款责任;开证银行仅对信用证负责,凡见到完全符合信用证条款所规定的单据时,履行付款承诺,而不管购销合同的实质履行程度。

(二) 银行存款收付的会计处理

为了监督和反映企业银行存款的收入、支出和结余情况,明确资金周转,提高资金使用效益,企业应设置“银行存款”账户,以对银行存款进行序时和总分类核算。

对银行存款进行序时核算,要求企业按照银行名称和存款种类进行明细核算,设置“银行存款日记账”。同现金日记账,银行存款日记账也是由出纳人员根据审核后的凭证,按照业务发生顺序逐笔登记。每日终了,应当结出余额。“银行存款日记账”一般采用三栏式,其格式见表4-2。

表4-2　　　　　　　　　　　　　　　　银行存款日记账　　　　　　　　　　　单位:元

20×1年		凭证		摘要	对应科目	收入	支出	余额
月	日	字	号					
10	1			期初余额				242 000
	3	银付	1	开出现金支票	库存现金		8 000	234 000
	18	银付	2	购买材料	原材料		10 000	224 000
					应交税费		1 700	222 300
	23	银付	3	开出现金支票	库存现金		5 000	217 300
	25	现付	4	向银行存入现金	库存现金	23 400		240 700
	27	银收	4	收到销货欠款	应收账款	30 000		270 700
10	31			本月合计		53 400	24 700	270 700

对银行存款的收入、付出和结余情况进行总分类核算,通过设置“银行存款”账户进行。该账户借方登记银行存款的增加数,贷方登记银行存款的减少数,期末结存数在借方,表示银行存款的余额。银行账户中存入或转入现金时,借记“银行存款”账户,贷记有关账户;支取或转出现金时,借记有关账户,贷记“银行存款”账户。

前述各种结算方式涉及的银行存款并不全是在“银行存款”账户中进行核算的,一些特定的银行存款在"其他货币资金"账户中进行核算。具体见本节的"三、其他货币资金"。

例 4-5 东风公司 20×1 年 10 月份银行存款转账业务以及应编制的会计分录如下:

10 月 18 日,购买一批原材料,增值税专用发票上注明价款 10 000 元,增值税 1 700 元。开出转账支票一张,材料已验收入库。应编制会计分录如下:

借:原材料 10 000
　　应交税费——应交增值税(进项税额) 1 700
　贷:银行存款 11 700

10 月 27 日,东风公司收到 T 公司的转账支票一张,归还所欠货款,金额 30 000 元。公司收到后,将支票和填制的进账单送交开户银行。应编制会计分录如下:

借:银行存款 30 000
　贷:应收账款——T 公司 30 000

(三)银行存款的期末核对

为了检查和反映企业与银行往来的资金流动与结余情况,确保银行存款核算资料正确无误,企业的银行存款日记账应定期与银行对账单进行核对,要求至少每月核对一次。在核对时,常常发生企业银行存款日记账账面余额与银行对账单余额不一致的情况,产生不一致的原因有两个:一是企业或银行任何一方发生记账错误;二是存在未达账项。由企业记账错误造成的余额不一致,应及时查明原因进行更正,并编制正确的会计分录;由未达账项造成的不一致,应通过编制银行存款余额调节表使之调节相符。

所谓未达账项,指的是企业与银行之间,对同一经济业务由于凭证传递上的时间差导致一方已经登记入账,另一方因未收到凭证而尚未登记入账的款项。未达账项有四种情况:一是企业已经收款入账,银行尚未入账的款项;二是企业已经付款入账,银行尚未入账的款项;三是银行已经收款入账,企业尚未入账的款项;四是银行已经付款入账,企业尚未入账的款项。

企业在编制银行存款余额调节表时,常用横向排列的格式,即分为左右两部分,以各自的账面余额为起点,加减需要调整的项目,并结出最终余额。银行存款日余额调节表格式见表 4-3。

例 4-6 假定东风公司 20×1 年 10 月 31 日,银行存款日记账余额 270 700 元,其开户银行对账单余额为 280 000 元。经核对,发现以下情况:

(1)东风公司 10 月 3 日开出一张金额为 5 000 元的现金支票,东风公司误记为 8 000 元。

(2)10 月 22 日东风公司委托开户银行收取 A 公司货款 35 100 元,银行已经收款入账,但东风公司尚未收到收款通知而未入账。

(3)10 月 23 日东风公司开出一张金额为 5 000 元的现金支票,银行尚未兑付。

(4)银行按规定已支付电话费 2 100 元,并登记入账,但企业尚未收到付款通知而未入账。

(5)银行误将 Y 公司 1 700 元现金支票支出记入东风公司账户。

(6)10 月 27 日,东风公司收到 T 公司转账支票 30 000 元,已登记入账并送存银行,但银行尚未收到而未入账。

根据上述业务,东风公司 20×1 年 10 月 31 日编制银行余额调节表,见表 4-3。

表 4-3

银行存款余额调节表

20×1 年 10 月 31 日

单位:元

项　　目	金　额	项　　目	金　额
企业银行存款日记账余额	270 700	银行对账单余额	280 000
加:银行已收企业未收款项		加:企业已收银行未收款项	
未入账的 A 公司货款	35 100	未入账的 T 公司转账支票	30 000
减:银行已付企业未付款项		减:企业已付银行未付款项	
未入账的电话费	2 100	未兑付的企业现金支票	5 000
记账错误更正		记账错误更正	
加:多记的现金支票金额	3 000	加:误记的 Y 公司存款支出	1 700
调节后余额	306 700	调节后余额	306 700

上述 6 项问题中,第 1 项与第 5 项是属于企业或银行记账错误,其他各项是未达账项。对于企业的记账错误,企业应该按照错账更正法进行更正,编制错账更正分录如下:

　　借:库存现金　　　　　　　　　　　　　　(3 000)
　　　　贷:银行存款　　　　　　　　　　　　　　　　(3 000)

再根据更正分录过账,以修改"银行存款"的总分类账和表 4-2 的"银行存款"日记账的金额。

需要指出的是,我国现行会计准则规定,企业不能以银行存款余额调节表作为原始凭证对未达账项做账面调整,只有在收到结算凭证后,才能做相应的会计处理。因此,企业暂时不需要对上述未达账项做会计处理。

三、其他货币资金

(一)其他货币资金的内容

其他货币资金实质也是一种银行存款,但由于其具有专门的用途,故单独设置账户进行会计处理,包括银行汇票存款、银行本票存款、信用卡存款、信用证保证金存款、存出投资款、外埠存款等款项,统称为"其他货币资金"。

银行汇票存款,是指企业为取得银行汇票,按规定存入银行的款项。银行本票存款,是指企业为取得银行本票,按规定存入银行的款项。信用卡存款,是指企业为取得信用卡,按规定存入银行信用卡专户的款项。信用证保证金存款,是指采用信用证结算方式的企业,为开具信用证,按规定存入银行信用证保证金专户的款项。存出投资款,是指企业已存入证券公司但尚未进行短期投资的款项。外埠存款,是指企业到外地进行临时或零星采购时,汇往采购地银行开立采购专户的款项。

(二)其他货币资金收支的会计处理

为了及时反映企业其他货币资金的留存情况,企业应设置"其他货币资金"账户对其进行核算。该账户借方登记其他货币资金增加数,贷方登记减少数,期末余额在借方,表示企业持有的其他货币资金余额。企业应按照其他货币资金的种类设置明细账户,进行明细核算。

其他货币资金收付业务的会计处理见以下各例。

例 4-7　东风公司向银行申请开出银行汇票用于异地采购。将 100 000 元现金支票送交银行，取得银行汇票。应编制的会计分录如下：

借：其他货币资金——银行汇票　　　　　　　　　100 000
　　贷：银行存款　　　　　　　　　　　　　　　　　　100 000

使用银行汇票购买原材料，增值税专用发票上注明价款 50 000 元，增值税 8500 元，材料尚未入库。应编制的会计分录如下：

借：在途物资　　　　　　　　　　　　　　　　　50 000
　　应交税费——应交增值税（进项税额）　　　　　8500
　　贷：其他货币资金——银行汇票　　　　　　　　　　58 500

收到银行退回余款 41 500 元的收账通知。应编制的会计分录如下：

借：银行存款　　　　　　　　　　　　　　　　　41 500
　　贷：其他货币资金——银行汇票　　　　　　　　　　41 500

例 4-8　东风公司拟进行证券投资。从其银行存款基本账户向证券公司划出 100 000 元资金。应编制的会计分录如下：

借：其他货币资金——存出投资款　　　　　　　　100 000
　　贷：银行存款　　　　　　　　　　　　　　　　　　100 000

公司决定购入某股票若干，共计 48 600 元，列为交易性金融资产。应编制的会计分录如下：

借：交易性金融资产——股本　　　　　　　　　　48 600
　　贷：其他货币资金——存出投资款　　　　　　　　　48 600

例 4-9　东风公司拟前往 B 市采购一批原材料。通过开户银行往 B 市某银行汇入 80 000 元，开立采购专户。应编制的会计分录如下：

借：其他货币资金——外埠存款　　　　　　　　　80 000
　　贷：银行存款　　　　　　　　　　　　　　　　　　80 000

收到采购员寄来的采购发票和运输凭证，注明材料价款 63 000 元，增值税 10 710 元，材料尚未收到。应编制的会计分录如下：

借：在途物资　　　　　　　　　　　　　　　　　63 000
　　应交税费——应交增值税（进项税额）　　　　　10 710
　　贷：其他货币资金——外埠存款　　　　　　　　　　73 710

采购结束，将多余的外埠存款款项 6 290 元转回本地开户银行。应编制的会计分录如下：

借：银行存款　　　　　　　　　　　　　　　　　6 290
　　贷：其他货币资金——银行汇票　　　　　　　　　　6 290

第三节　交易性金融资产

交易性金融资产主要是指企业为了近期内出售而持有的金融资产。如：企业以赚取价差为目的从二级市场购入的股票、债券和基金等。企业拥有的交易性金融资产是其利用暂时闲置的资金进行短期对外投资的结果，其目的是在保持资产较高流动性和较低风险的同时，从所买卖的有价证券或衍生资产的价格变动中获益。

为核算企业以交易为目的所持有的债券投资、股票投资、基金投资等交易性金融资产，设置"交易性金融资产"账户。该账户按照交易性金融资产的类别和品种，分别设置"成本""公允价值变动"等明细账户进行核算。该账户借方主要登记取得的交易性金融资产的成本，贷方主要登记出售交易性金融资产时结转的成本。在资产负债表日，若出现交易性金融资产的公允价值高于账面余额，按其差额记入该账户（公允价值变动明细账）的借方；若出现交易性金融资产的公允价值低于账面余额，按其差额记入该账户（公允价值变动明细账）的贷方。出售交易性金融资产时，需要在借方转销原登记在贷方的该交易性金融资产的公允价值变动，或需要在贷方转销原登记在借方的该交易性金融资产的公允价值变动。该账户余额在借方，表示期末交易性金融资产的公允价值。"交易性金融资产"账户一般按投资的种类进行明细核算。

一、交易性金融资产的初始计量

按企业会计准则规定，交易性金融资产应按公允价值计量，因此企业取得交易性金融资产时应按公允价值作为初始确认金额，即按当时的交易价格入账。初始计量的公允价值不包括：（1）相关交易费用。交易费用是指可直接归属于购买、发行或处置金融工具新增的外部费用。这部分费用是企业不购买、发行或处置金融工具就不会发生的。交易费用包括支付给代理机构、券商等的手续费和佣金及其他必要支出。交易性金融资产取得时的相关交易费用应当直接计入当期损益。（2）企业取得交易性金融资产所支付的价款中包含的已宣告但尚未发放的现金股利或已到付息期但尚未领取的债券利息。支付价款中所包含的这部分股利或利息应当单独确认为应收项目。

企业取得交易性金融资产时，应当按照该金融资产取得时支付的价款，作为公允价值，借记"交易性金融资产——成本"账户；按发生的交易费用，借记"投资收益"账户；若支付的价款中包含已到付息期但尚未领取的利息或已宣告发放但尚未发放的现金股利，则将包含的利息或股利借记"应收利息"或"应收股利"账户；按实际支付的金额，贷记"银行存款"等账户。

例 4-10　20×1 年 5 月 20 日，东风公司从深圳证券交易所购入甲公司股票 1 000 000 股，占甲公司有表决权股份的 5%，支付价款合计 5 080 000 元，其中，证券交易税等交易费用 8 000 元，已宣告发放现金股利 72 000 元。甲公司没有在甲公司董事会中派出代表，甲公司将其划分为交易性金融资产。

5 月 20 日，购入甲公司股票时应编制的会计分录如下：

借：交易性金融资产——甲公司股票（成本）　　　　5 000 000

应收股利——甲公司	72 000	
投资收益	8 000	
贷：银行存款		5 080 000

例 4-11　20×1 年 1 月 1 日,东风公司从二级市场购入丙公司债券,支付价款合计 1 060 000 元,其中,已到付息期但尚未领取的利息 40 000 元,交易费用 20 000 元。该债券面值 1 000 000 元,剩余期限为 3 年,票面年利率为 4%。甲公司将其划分为交易性金融资产。

1 月 1 日,购入丙公司债券时应编制的会计分录如下:

借：交易性金融资产——丙公司债券(成本)	1 000 000	
应收利息——丙公司	40 000	
投资收益	20 000	
贷：银行存款		1 060 000

二、交易性金融资产持有期间的收益处理

交易性金融资产持有期间被投资单位宣告发放的现金股利,或在资产负债表日按分期付息、一次还本债券投资的票面利率计算的利息,借记"应收股利"或"应收利息"账户,贷记"投资收益"账户。

例 4-12　承例 4-10,20×1 年 6 月 20 日,东风公司收到甲公司发放的 20×0 年现金股利 72 000 元。20×2 年 4 月 20 日,甲公司宣告发放 20×1 年现金股利 2 000 000 元。

20×1 年 6 月 20 日,收到股利时应编制的会计分录如下:

借：银行存款	72 000	
贷：应收股利——甲公司		72 000

20×2 年 4 月 20 日,确认甲公司发放的 20×1 年现金股利中应享有的份额:

$$2\ 000\ 000 \times 5\% = 100\ 000(元)$$

甲公司宣告股利、企业确认投资收益时应编制的会计分录为:

借：应收股利——甲公司	100 000	
贷：投资收益		100 000

例 4-13　承例 4-11,20×1 年 1 月 10 日,收到丙公司债券 20×0 年利息 40 000 元。20×2 年 1 月 10 日,收到丙公司债券 20×1 年利息。

1 月 10 日,收到去年下半年利息时的会计分录如下:

借：银行存款	40 000	
贷：应收利息——丙公司		40 000

企业需要在期末进行账项调整,将虽然在本期没有收付但属于本期损益的款项记入账中。因此,期末应计提本年的利息收入。那么:

12 月 31 日,应编制的会计分录如下:

借：应收利息——丙公司	40 000	
贷：投资收益		40 000

1 月 10 日,收到利息时的会计分录如下:

借：银行存款   40 000
　　贷：应收利息——丙公司   40 000

三、交易性金融资产的期末计量

资产的公允价值是在不断变动的,因此交易性金融资产在按公允价值进行计量时,就需要将账面记录及时调整为为最新的公允价值,在期末报告时以当日公允价值反映。企业会计准则规定,资产负债表日(期末),交易性金融资产应当按照当日的公允价值计量。当日的公允价值大于其原账面余额(也就是最近一次记录的公允价值)时,应当调增资产与损益,即借记"交易性金融资产——公允价值变动";贷记"公允价值变动损益"账户。反之,当交易性金融资产的公允价值小于其账面余额时,应当调减资产与损益,即借记"公允价值变动损益"账户,贷记"交易性金融资产——公允价值变动";"公允价值变动损益"账户属于损益类账户,它的期末余额转入"本年利润"账户。

例4-14 承例4-10,20×1年12月31日,东风公司仍持有甲公司股票;当日,甲公司股票收盘价为每股5.20元。

甲公司股票的单位成本 = (5 080 000 - 72 000 - 8 000) ÷ 1 000 000 = 5.00(元/股)
公允价值变动额 = (5.20 - 5.00) × 1 000 000 = 200 000(元)

12月31日,按公允价值的变动编制会计分录如下:
借：交易性金融资产——甲公司股票(公允价值变动)   200 000
　　贷：公允价值变动损益——甲公司股票   200 000

四、交易性金融资产的出售处理

交易性金融资产进行处置的主要途径是出售。出售交易性金融资产时,应当将该金融资产出售时的公允价值与其初始入账金额之间的差额确认为投资收益,同时调整公允价值变动损益。

企业应按实际收到的金额,借记"银行存款"等账户,按该金融资产的成本,贷记"交易性金融资产——成本"账户,按该项交易性金融资产的公允价值变动,贷记或借记"交易性金融资产——公允价值变动"账户,按其差额,借记或贷记"投资收益"账户。同时,按该金融资产的公允价值变动损益,贷记或借记"公允价值变动损益"账户,借记或贷记"投资收益"账户,即将交易性金融资产的未实现损益"公允价值变动损益"转化为实现了的损益"投资收益"。

例4-15 承例4-10,20×2年5月17日,东风公司以每股4.50元的价格将股票全部转让,同时支付证券交易税等交易费用7 200元。应编制的会计分录如下:

5月17日,出售甲公司股票时:
借：银行存款   4 492 800
　　投资收益   707 200
　　贷：交易性金融资产——甲公司股票——成本   5 000 000
　　　　交易性金融资产——甲公司股票——公允价值变动   200 000
同时,将因出售而已实现的公允价值变动损益转为投资收益:

借：公允价值变动损益——甲公司股票　　　　　　　200 000

　　贷：投资收益　　　　　　　　　　　　　　　　　200 000

第四节　应收款项

应收款项是企业在日常经营过程中与其他单位或个人在经济往来活动中形成的债权，主要包括应收票据、应收账款、预付账款和其他应收款等。应收款项属于金融资产，它直接影响企业的资金流通，为了保证企业资金快速周转，保证企业经营活动的顺利进行，企业应当对应收款项进行分类核算和管理，尽量缩短应收款项占用的时间，同时减少坏账损失的发生。

一、应收账款

应收账款是企业在正常经营活动中因销售产品、商品或提供劳务等，应向购货单位或接受劳务方收取的款项，主要包括企业销售商品或提供劳务应向有关债务人收取的价款及代购货单位垫付的包装费、运杂费等。它不包括应收职工欠款、支出的各类保证金等其他应收款。

为了反映和监督应收账款的增减变动及其结存情况，企业应设置"应收账款"账户，该账户借方登记应收账款的增加，贷方登记应收账款的收回及确认的坏账，期末余额一般在借方，反映企业尚未收回的应收账款；如果期末余额在贷方，则反映企业预收的账款。"应收账款"账户一般按赊账的债务人进行明细核算。

（一）应收账款的初始计量

企业一般应根据实际发生额确认应收账款的入账金额，它包括发票金额和代购货单位垫付的运杂费两部分。应收账款作为一种在未来能够收回的债权，应该按照未来可得现金的现值入账，但是，由于应收账款转化为现金的期限一般不会超过一年，其现值与交易发生日确定的金额不会有很大的差别，所以在实际工作中，对应收账款都是以其成交价格加以计量，即按交易日的实际发生额确认应收账款的入账价格。

需要指出的是：企业在赊销时，为了尽快收回货款、回笼资金，有时会给予买方一定的"现金折扣"。有关应收账款中现金折扣的会计处理，请详见本书第七章的相关内容。

例 4-16　东风公司销售一批货物给甲公司，售价 9 000 元，增值税率为 17%。以银行存款代垫运杂费 300 元，款项尚未收到。应编制会计分录如下：

借：应收账款　　　　　　　　　　　　　　10 830

　　贷：主营业务收入　　　　　　　　　　　　9 000

　　　应交税费——应交增值税（销项税额）　1 530

　　　银行存款　　　　　　　　　　　　　　　300

（二）应收账款的收回和坏账处理

1. 应收账款的收回

如前所述，应收账款按交易发生日确定的金额入账，在收到账款时，该笔金额就从应收账款中减少。

例 4-17 承例 4-16,东风公司从甲公司处收到了货款和代垫运杂费,共 10 830 元。应编制会计分录如下:

借:银行存款　　　　　　　　　　　　　　　　　10 830

　　贷:应收账款　　　　　　　　　　　　　　　　　　　　10 830

2. 坏账的会计处理

企业的应收账款有时收不回来了,也就是发生了"坏账",坏账会给企业造成损失。一般来说,账款收回的可能性很小时,就可作为坏账进行处理。现行企业会计准则规定,企业有以下情况时应收账款就可以作为实际发生坏账处理:(1)债务人发生严重财务困难;(2)债务人违反合同条款,如偿付利息或本金发生违约或逾期等;(3)债权人出于经济或法律等方面因素的考虑,对发生财务困难的债务人作出让步;(4)债务人很可能倒闭或进行其他债务重组;(5)因债务人较长时期内未履行偿债义务并有足够的证据表明无法收回或收回可能性极小。

对于坏账损失的核算,存在两种会计处理方法,即直接转销法和备抵法。

1) 直接转销法

直接转销法是在实际发生坏账时,直接冲销应收账款,并确认坏账损失,借记"资产减值损失"账户,贷记"应收账款"账户。日常核算中应收账款可能发生的坏账损失不予考虑。

在直接转销法下,若已经确认为坏账的应收账款因债务人经济状况好转或由于其他原因,又全部或部分收回时,为了通过"应收账款"的账簿记录反映债务人的偿债信誉,应首先按收回的金额冲销原确认坏账的会计分录,然后再反映应收账款的收回,即借记"应收账款"账户,贷记"资产减值损失"账户。同时,反映应收账款的收回,即借记"银行存款"账户,贷记"应收账款"账户。

例 4-18 东风公司的购货单位 A 公司破产,所欠公司货款 80 000 元已无法收回,确认为坏账。编制会计分录如下:

借:资产减值损失　　　　　　　　　　　　　　　80 000

　　贷:应收账款——A 公司　　　　　　　　　　　　　　80 000

直接转销法虽处理比较简便,但它不符合确认损益的权责发生制基础和收入与费用的配比原则。一方面,坏账损失与赊销业务密切相关,在赊销的同时就已隐含着发生坏账损失的可能。而直接转销法是在坏账实际发生时才将其列作所在期间的费用,这样,收入和与之相关的费用往往不是在同一期间确认,显然不符合配比原则,导致各期损益不实;另一方面,直接转销法下,资产负债表上列示的应收账款也是应予收回的金额而不是真正可望收回的净额,这在一定程度上歪曲了企业的财务状况。因此,除非发生坏账的数额很小,一般不宜采用直接转销法。

2) 备抵法

备抵法是事先估计可能发生的坏账损失,同时形成坏账准备作为应收账款的备抵。当某一应收账款全部或部分被确认为坏账时,再将坏账准备转为对相应的应收账款的直接冲减。

为了反映坏账准备的计提、转销等情况，企业应设置"坏账准备"账户。它属于资产类账户，也是"应收账款"账户的备抵调整账户。提取坏账准备时，记入该账户的贷方，实际发生坏账损失或冲回多提的坏账准备金时，记入该账户的借方，期末贷方余额反映企业已提取尚未转销的坏账准备数额。该账户可按应收款项的类别进行明细核算。

采用备抵法核算坏账损失避免了直接转销法的缺点。企业可以将预计未来不能收回的应收账款作为坏账损失计入费用，既体现了谨慎原则，又符合收入和费用的配比要求。避免了企业虚盈实亏，又在一定程度上消除或减少了坏账损失给企业带来的风险，在财务报表上列示应收账款的净额，可以及时反映企业应收账款可能发生的坏账损失，从而能更加清楚地反映企业真实的财务状况。

按照我国现行会计准则的要求，企业应采用备抵法核算坏账损失。

（三）应收账款的期末计量

应收账款的期末计量，实际上是在备抵法下，期末计提坏账准备，并使应收账款以可收回的净额反映。

企业采用备抵法进行坏账核算时，预先估计坏账损失的方法有应收账款余额百分比法和账龄分析法等。坏账准备方法一经确定，不得随意变更；如需变更，应当在财务报表附注中予以说明。

1. 应收账款余额百分比法

应收账款余额百分比法是根据会计期末应收账款的余额和估计的坏账率，估计坏账损失和计提坏账准备的方法。采用这种方法时，每期所估计的坏账损失应根据坏账损失占应收账款余额的经验比例和该期应收账款余额确定。

期末应计提的坏账准备可按下列公式计算：

坏账准备账户应保留余额 ＝ 应收账款期末余额 × 估计的坏账准备金比例

当期应提取的坏账准备 ＝ 坏账准备账户应保留余额 －（＋）"坏账准备"

账户计提前的贷方（借方）余额

按上述计算公式，如果应保留的余额大于期末计提前的贷方余额，应按其差额补提坏账准备；如果应保留的余额小于期末计提前的贷方余额，应按其差额冲回多提的坏账准备；此外，当期末计提前"坏账准备"账户出现借方余额时，则按应保留的余额与"坏账准备"账户借方余额之和提取坏账准备。

例 4-19　20×0 年年末，东风公司"坏账准备"账户的贷方余额为 50 000 元。应收账款余额为 1 800 000 元，东风公司决定按 10% 计提坏账准备。

应编制的会计分录如下：

借：资产减值损失　　　　　　　　　　　　　　130 000

　　贷：坏账准备　　　　　　　　　　　　　　　　130 000

20×0 年年末计提坏账准备：

20×0 年年末按应收账款的 10% 确定的坏账准备应为 180 000 元（即 1 800 000 × 10%），而"坏账准备"账户的贷方余额已为 50 000 元，因此本年年末应补提的坏账准备金额为 130 000 元（即 180 000－50 000）。

东风公司 20×1 年度有关坏账的情况如下：

（1）4月20日收到开户银行的收账通知，上年已转销的一笔坏账60 000元又收回，已存入银行。

首先恢复已经转销的应收账账款：

借：应收账款   60 000

  贷：坏账准备   60 000

同时，实际收回时：

借：银行存款   60 000

  贷：应收账款   60 000

（2）7月3日，发生坏账损失50 000元。

借：坏账准备   50 000

  贷：应收账款   50 000

（3）20×1年年末，东风公司应收账款余额为1 000 000元，根据应收账款的质量情况，东风公司决定仍按10%计提坏账准备。

应编制的会计分录为：

借：坏账准备   90 000

  贷：资产减值损失   90 000

20×1年年末计提坏账准备：

应收账款的10%确定的坏账准备应为100 000元（即1 000 000×10%），而此时"坏账准备"账户的贷方余额为190 000元（即180 000＋60 000－50 000），因此本年年末应冲销多提的坏账准备金额为90 000元（即190 000－100 000）。

2. 账龄分析法

账龄分析法，是根据应收账款入账时间的长短，并结合以往的经验来估计坏账损失、计提坏账准备的一种方法。虽然应收账款能否收回及其回收的程度与应收账款的过期长短并无直接联系，但一般来说，账款拖欠的时间越长，则发生坏账的可能性越大。因此，将全部应收款按账龄分成若干组别，分别估计各组发生坏账的概率，进而求得应计提的坏账准备金账龄组的划分，可通过编制账龄分析表进行。

在采用账龄分析法时，期末估计的坏账损失应同账面上原有的坏账准备进行比较，并调整"坏账准备"账户余额，其核算原理与应收账款余额百分比法相同，两者的区别仅在于估计坏账的方法有所不同。

二、应收票据

应收票据是指企业在采用商业汇票结算方式下，因销售商品、提供劳务等而收到的商业汇票，包括银行承兑汇票和商业承兑汇票。在银行开立存款账户的法人及其他组织之间须具有真实的交易关系或债权、债务关系，才能使用商业汇票。商业汇票按是否计息，可分为带息商业汇票和不带息商业汇票两种。商业汇票是一种延迟结清销货的票据，故与应收账款一样，均属企业由于赊销产品、提供劳务形成的债权。但和应收账款相比，应收票据具有以下特点：首先，应收票据是具有合法凭证的债权，因而比应收账款更具有法律上的约束力；其次，商业汇票的流动性较强，持票人可将持有的商业汇票提前贴现。

为了反映应收票据的增减变动及其结存情况,企业应设置"应收票据"账户,该账户借方登记因销售商品、提供劳务等收到的商业汇票的票面金额;贷方登记到期收回、到期承兑人拒付及未到期向银行贴现的商业汇票票面金额。期末借方余额表明企业持有的商业汇票的票据金额。"应收票据"账户一般按开出、承兑商业汇票的单位进行明细核算。

(一)应收票据的初始计量

应收票据入账价值的确定有两种方法:一种是按照票据的面值入账;另一种是按照票据未来现金流量的现值入账。按票据面值入账比较简单、实用,按票据到期值的现值入账比较科学、合理。由于我国目前使用的商业汇票的期限一般较短,最长为 6 个月,商业汇票利息金额相对来说不大,因此,根据重要性原则,为了简化核算手续,应收票据以其面值作为入账价值。

企业因销售商品、提供劳务等而收到的、开出承兑的商业汇票,无论是带息票据还是不带息票据,均按商业汇票的票面金额,借记"应收票据"账户,按确认的营业收入,贷记"主营业务收入"等账户,涉及增值税销项税额的,贷记"应交税费——应收增值税(销项税额)"等账户。

例 4-20 东风公司 20×1 年 7 月 1 日销售库存商品一批,价款 50 000 元,增值税 8 500 元,收到购货方 B 公司签发并承兑的期限为 60 天、金额为 58 500 元商业汇票一张。

借:应收票据   58 500

  贷:主营业务收入   50 000

    应交税费——应交增值税(销项税额)   8 500

(二)应收票据的期末计量

1. 应收票据的坏账问题

应收票据有明确的票据到期日,除非发生特殊情况,一般在到期日前都不认为票据会发生坏账,所以应收票据期末一般不计提坏账准备。若有确凿证据证明不能收回或收回的可能性不大时,应将其账面余额转入应收账款,并对应收账款计提相应的坏账准备。

2. 带息票据期末计提利息的问题

对于带息票据来说,在票据到期之前,尽管利息尚未实际收到,但企业已经取得收取票据利息的权利。对于带息商业汇票持有期间的利息,企业应按照权责发生制原则于会计期末反映这部分利息收入,并将应收未收的利息作为应收利息的增加额予以记录。会计期末应计提应收票据利息时,借记"应收利息"账户,贷记"财务费用"账户。至于企业是于月末、季末还是于年末对企业持有的应收票据计提票据利息,应根据企业采取的会计政策而定。

例 4-21 东风公司于 20×1 年 9 月 1 日销售商品一批,价款 1 000 000 元,增值税 170 000 元。收到金额为 1 170 000 元商业汇票一张,年利率为 6%,期限为 5 个月。应编制的会计分录如下:

(1)9 月 1 日收到票据时:

借:应收票据   1 170 000

  贷:主营业务收入   1 000 000

应交税费——应交增值税（销项税额）	170 000

（2）12 月 31 日计算应收票据利息时：

借：应收利息	23 400
贷：财务费用	23 400

上述会计分录中的金额计算：1 170 000×6‰×4÷12＝23 400（元）

（三）应收票据到期的处理

商业汇票的持票人在票据到期日可向承兑人收取票据款。

1. 不带息应收票据

不带息应收票据到期值就是票据的面值。应收票据到期收回票款时,应按票面金额,借记"银行存款"账户,贷记"应收票据"账户。商业承兑汇票到期,承兑人无力偿付或违约拒付,收款企业应将到期票据的票面金额转入"应收账款"账户。

例 4-22　东风公司于 20×1 年 4 月 1 日销售一批商品给 A 企业,货款 10 000 元,增值税税率为 17％,当即收到 A 企业开出的 6 个月期、面值为 11 700 元的商业承兑汇票。应编制的会计分录如下：

（1）4 月 1 日甲公司收到票据时：

借：应收票据	11 700
贷：主营业务收入	10 000
应交税费——应交增值税（销项税额）	1 700

（2）9 月 30 日到期收到票据款时：

借：银行存款	11 700
贷：应收票据	11 700

例 4-23　承例 4-22,若票据到期,对方拒付或无力付款。9 月 30 日票据到期时,将应收票据转为应收账款的会计分录为：

借：应收账款——A 企业	11 700
贷：应收票据	11 700

2. 带息应收票据

带息应收票据的到期值为面值加上利息,按到期款项实际收到的金额借记"银行存款"账户,按票据的票面金额贷记"应收票据"账户,按已计提的利息贷记"应收利息"账户,按其差额（即未计提利息部分）贷记"财务费用"账户。到期值与利息的计算公式为：

$$带息应收票据到期值＝应收票据面值＋应收票据利息$$

$$应收票据利息＝应收票据面值×票面利率×票据期限$$

该公式中,票据期限是指票据签发日到到期日的时间间隔。票据到期按月表示的,以到期月份中与出票日相同的那一天为到期日;月末签发的票据,以到期月份的月末那一天为到期日。票据期限按日表示的,应从出票日起按实际经历天数计算。在实际工作中,为了计算方便,通常把一年定为 360 天。通常出票日和到期日只能算其中的一天。如 3 月 2 日签发承兑的期限为 180 天的商业汇票,其到期日为 8 月 29 日;1 月 31 日（当年 2 月份为 28 日）签发承兑的期限为 30 天、60 天、90 天的商业汇票,其到期日分别为 3 月 2 日、4 月 1 日、5 月 1 日。由于应收票据的票面利率一般为年利率,因此计算利息时要对年利率进行转换,转换成月利率(年利率/12)或日利率(年利率/360)。

例 4-24 东风公司持有一张面值为 50 000 元的商业汇票,年利率为 9%,票据出票日为 20×1 年 7 月 20 日,票据期限为 3 个月。商业汇票到期,如数收回本息。

$$商业汇票利息 = 50\,000 \times 9\% \times 3 \div 12 = 1\,125(元)$$

10 月 20 日票据到期日,收回款项时应编制会计分录如下(假设在持有期间没有计提过利息收入):

借:银行存款　　　　　　　　　　　　　　　　　51 125
　贷:应收票据　　　　　　　　　　　　　　　　　　50 000
　　财务费用　　　　　　　　　　　　　　　　　　　1 125

例 4-25 东风公司持有一张面值为 10 000 元的商业承兑汇票,年利率为 6%,票据出票日为 20×0 年 10 月 31 日,票据期限为 3 个月。票据到期,收到全部票款。应编制的会计分录为:

(1) 20×0 年年末计提应收利息:

借:应收利息　　　　　　　　　　　　　　　　　　100
　贷:财务费用　　　　　　　　　　　　　　　　　　　100

分录中,当年应计利息=$10\,000 \times 6\% \times 2 \div 12 = 100$(元)。

(2) 20×1 年 1 月 31 日票据到期:

借:银行存款　　　　　　　　　　　　　　　　　10 150
　贷:应收票据　　　　　　　　　　　　　　　　　　10 000
　　财务费用　　　　　　　　　　　　　　　　　　　　50
　　应收利息　　　　　　　　　　　　　　　　　　　100

分录中,当年利息=$10\,000 \times 6\% \times 1 \div 12 = 50$(元)

例 4-26 承例 4-25,如果该票据到期时,付款人账户资金不足,由银行退票。则应编制的会计分录如下:

借:应收账款　　　　　　　　　　　　　　　　　10 150
　贷:应收票据　　　　　　　　　　　　　　　　　　10 000
　　财务费用　　　　　　　　　　　　　　　　　　　　50
　　应收利息　　　　　　　　　　　　　　　　　　　100

到期不能收回的应收票据,转入"应收账款"账户核算后,期末不再计提利息,其所包含的利息,在有关备查簿中进行登记,待实际收到时再冲减当期的财务费用。

(四) 应收票据贴现的处理

企业持有的商业汇票,在到期前,如急需现金,可持未到期的商业汇票向银行申请贴现。贴现实际上是持票人以商业汇票向银行转让票据并贴付一定利息以兑取现金的行为。贴现对持票人来说是出让票据,提前收回垫支于商业信用的资金;对银行来说,是与商业信用相结合的一种银行授信业务。

持未到期的商业汇票向银行贴现,应按实际收到的金额(即减去贴现息后的净额),借记"银行存款"等账户,按商业汇票的票面金额,贷记"应收票据"账户,两者差额计入"财务费用"账户。在此,由于票据贴现净额与票面面值之间产生差额的情况,故财务费用可能出现在借方,也可能出现在贷方。

例 4-27　东风公司一张面值 20 000 元,利率为 9‰,90 天后到期的银行承兑汇票,公司已持有 30 天,现向银行贴现,贴现率为 12‰。

应编制的会计分录如下:

借:银行存款　　　　　　　　　　　　　　　　20 041
　　贷:应收票据　　　　　　　　　　　　　　　　　20 000
　　　　财务费用　　　　　　　　　　　　　　　　　　　41

分录中贴现额计算如下:

$$票据到期价值 = 20\,000 \times (1 + 9‰ \times 90/360) = 20\,450(元)$$
$$应贴付给银行的贴现息 = 20\,450 \times 12‰ \times 60/360 = 409(元)$$
$$贴现额 = 20\,450 - 409 = 20\,041(元)$$

上例中银行承兑汇票贴现基本上不存在到期不能收回票款的风险,可视为不带追索权的商业汇票贴现,符合资产终止确认的条件。但企业将商业承兑汇票贴现时,企业并未转嫁票据到期不能收回票据款的风险,在法律上负有连带偿还责任,属于带有追索权的票据贴现。由于不符合资产的终止确认条件,会计上不应冲销应收票据账户,一般根据实际收到的贴现款借记"银行存款",贷记"短期借款"。

三、预付账款

预付账款,是指企业按照购货合同或劳务合同规定,预先以货币资金或货币等价物支付给供货方或提供劳务方的款项,是企业的债权。

"预付账款"账户用来核算企业按合同规定预付的款项。该账户借方登记预付和补付的款项;贷方登记实际支付和退回多付的款项;期末如为借方余额,反映企业预付的款项,期末如为贷方余额,反映企业尚未补付的款项。本账户可按供货单位进行明细核算。

企业预付账款时,应借记"预付账款"账户,贷记"银行存款"账户。企业收到预购的材料或商品时,应根据发票账单等列明的应计入购入货物成本的金额,借记"原材料"等账户,按专用发票上注明的增值税,借记"应交税费——应交增值税(进项税额)"账户,按发票账单注明的应付金额,贷记"预付账款"账户。当预付货款小于采购货物所需支付的款项时,应将不足的部分补付,借记"预付账款"账户,贷记"银行存款"账户;当预付货款大于采购货物所需支付的款项时,对收回的多余款项应借记"银行存款"账户,贷记"预付账款"账户。

例 4-28　根据双方签订的合同,东风公司向 B 企业预付了 10 000 元购货款,10 天后,东风公司收到所购货物和结算凭证,货物价款 10 000 元,增值税 1 700 元,东风公司通过银行补付余款。

应编制的会计分录如下:

(1)预付货款时:

借:预付账款　　　　　　　　　　　　　　　　10 000
　　贷:银行存款　　　　　　　　　　　　　　　　　10 000

（2）收到货物时：

借：原材料 10 000

应交税费——应交增值税（进项税额） 1 700

贷：预付账款 11 700

（3）通过银行补付货款时：

借：预付账款 1 700

贷：银行存款 1 700

（4）如果 B 企业只发运来 5 000 元材料，余款通过银行退回，则编制如下会计分录：

借：原材料 5 000

应交税费——应交增值税（进项税额） 850

贷：预付账款——B 企业 5 850

借：银行存款 4 150

贷：预付账款——B 企业 4 150

在会计实务中，对预付账款业务不多的企业，为了简化核算，可以不单独设置"预付账款"账户，可以通过"应付账款"账户核算预付账款业务。预付货款时，借记"应付账款"账户，贷记"银行存款"账户，收到材料或商品时再予以转销。会计期末，"应付账款"所属明细账户有借方余额的，应将这部分借方余额在资产负债表的"预付账款"列示。

企业的预付账款作为一种债权，同应收账款、其他应收款一样，也存在发生坏账的可能，当有确凿证据表明其难以收回，或者因供货单位破产、撤销等原因已无望再收到所购货物的，应比照应收账款和其他应收款的坏账处理方法进行会计处理。

四、其他应收款

其他应收款项属于短期性债权。它是指除应收账款、应收票据、预付账款以外的各种应收及暂付款项，主要有以下内容：

（1）应收的各种赔款、罚款，包括应向责任者个人和保险公司收取的财产物资等损失的赔偿款项；

（2）应收出租包装物的租金；

（3）应向职工个人收取的各种垫付款项，如为员工垫付的水电费、应由职工负担的医药费和房租费等；

（4）备用金；

（5）存出的保证金，如包装物押金等；

（6）应收、暂付上级单位和下属单位的款项；

（7）其他应收、暂付款项。

企业发生的拨出用于投资、购买物资的各种款项，在尚未进行投资或购买物资之前，属于企业的其他货币资金，该类款项应通过"其他货币资金"账户进行核算，不属于其他应收款的范围。

"其他应收款"借方登记企业发生的各项其他应收款；贷方登记企业收到和结算的其他应收款；期末余额一般在借方，反映企业尚未收回的其他应收款项。"其他应收款"账户应按项目分类,并按不同的债务人设置明细账,进行明细核算。

例 4-29　东风公司租入包装物一批,以银行存款向出租方支付押金 5 000 元。之后,租入包装物按期如数退回,公司收到出租方退还的押金 5 000 元,已存入银行。

应编制的会计分录如下:

(1)支付押金时:

借:其他应收款　　　　　　　　　　　　　　　　　　　5 000

　　贷:银行存款　　　　　　　　　　　　　　　　　　　　　5 000

(2)收到退还的押金时:

借:银行存款　　　　　　　　　　　　　　　　　　　　5 000

　　贷:其他应收款　　　　　　　　　　　　　　　　　　　　5 000

例 4-30　东风公司以银行存款替副总经理垫付应由其个人负担的医疗费用 4 000 元,拟从其工资中扣除。

应编制的会计分录如下:

(1)垫支时:

借:其他应收款　　　　　　　　　　　　　　　　　　　4 000

　　贷:银行存款　　　　　　　　　　　　　　　　　　　　　4 000

(2)扣款时:

借:应付职工薪酬　　　　　　　　　　　　　　　　　　4 000

　　贷:其他应收款　　　　　　　　　　　　　　　　　　　　4 000

企业发生的其他应收款业务,同企业的应收账款业务一样,存在着难以收回的可能性。企业应当定期或者至少每年年度终了时,对其他应收款项进行检查,预计其可能发生的坏账损失,计提坏账准备。

第五节　存　　货

存货是企业维持正常经营运转需求的必要保障,是企业持有的用于出售或继续生产的产成品、半成品或生产过程中的原材料、辅料、耗材等。

企业的存货通常包括以下内容:

(1)原材料,指直接或间接用于产品生产的各种物资。它们或者形成产品实体的一部分,或者有助于产品的形成。一般包括原料及主材料、辅助材料、外购半成品、修理用备件、燃料等。

(2)在产品,指正在生产各阶段进行加工或装配的尚未完工的产成品。

(3)半成品,指经过一定生产过程并已检验合格交付半成品仓库保管,但尚未制造完工成为产成品,仍需进一步加工的中间产品。

(4)产成品,指已经完成全部生产过程,并已验收入库,可以对外销售的产品。

(5)商品,指商品流通企业外购或委托加工完成验收入库用于销售的各种商品。

(6)周转材料,指企业能够多次使用、但不符合固定资产定义的材料,如为了包装本企业商品而储备的各种包装物,各种工具、管理用具、玻璃器皿、劳动保护用品以及在经营过程中周转使用的容器等低值易耗品。

一、存货的初始计量

存货采用实际成本进行计价。存货的取得主要有两种途径，一是外购，二是自制。下面就按这两种情况介绍存货的入账价值的确定和会计处理方法。

（一）外购存货的计价及会计处理

1. 采购成本的构成

外购存货的实际成本涉及企业从采购到入库前所发生的全部支出，包括购买价款、相关税费、运输费、装卸费、保险费等与存货采购相关的费用支出。税费主要指购买存货发生的消费税、进口关税等。按照相关税法的规定，一般纳税人采购材料取得增值税专用发票时，发票上的税款可以抵扣，因此，存货的采购成本中不包括可以抵扣的增值税。

2. 外购存货账账户的设置

（1）"原材料"账户。为了反映外购材料的增减变动，需要设置"原材料"账户，该账户借方登记已经入库的外购材料的实际成本，贷方登记生产产品或其他用途领用的原材料成本，余额在借方，表示企业库存的材料余额。

（2）"库存商品"账户。外购商品设置"库存商品"账户，反映外购库存商品的增减变动，该账户借方登记外购商品的实际成本，贷方登记销售商品的成本，余额在借方，表示企业库存的商品余额。

（3）"在途物资"账户。为了反映已经采购但尚未入库的存货增减变动，需要设置"在途物资"账户，其借方登记外购但尚未入库存货的实际成本，贷方结转已经入库的存货成本，期末余额反映尚在运输途中的各种存货。

3. 外购存货的会计处理

根据企业存货与发票到达时间，可以分为三种情况：

1）存货与发票账单同时到达

例 4-31 东风公司于 20×2 年 3 月 1 日外购甲材料，原材料价款 1 000 000 元，增值税专用发票上的税款为 170 000 元；运费 500 元；装卸费 200 元。全部用银行存款支付。

（1）3 月 1 日外购甲材料，应编制会计分录：

借：原材料——甲材料	1 000 700	
应交税费——应交增值税（进项税额）	170 000	
贷：银行存款		1 170 700

（2）若商品流通企业发生外购商品的业务，金额与例 4-31 相同，则会计分录为：

借：库存商品——甲商品	1 000 700	
应交税费——应交增值税（进项税额）	170 000	
贷：银行存款		1 170 700

2）存货已到，发票未到

存货已到、发票未到的情况是指存货已经验收入库，但发票账单尚未到达，企业无法准确计量存货成本。平时可暂不作处理，于月末按暂估价入账，下月初用红字冲回，等账单到达后再入账。

例 4-32 东风公司于 20×2 年 3 月 20 日外购乙材料 100kg,3 月 22 日材料运达。4 月 7 日结算凭证方到达,增值税专用发票注明货款及税费共计 936 元,凭证收到后以银行存款付讫。上月同期所购乙材料 100kg,材料价格为 800 元。

3 月 22 日可暂不入账。

(1) 3 月 31 日,按暂估价 800 元入账,应编制的会计分录如下:

借:原材料——乙　　　　　　　　　　　　　　　　800
　　贷:应付账款　　　　　　　　　　　　　　　　　　800

(2) 4 月 1 日,作红字分录:

借:原材料——乙　　　　　　　　　　　　　　　　(800)
　　贷:应付账款　　　　　　　　　　　　　　　　　　(800)

(3) 4 月 7 日,结算凭证到达,按照发票金额入账,应编制的会计分录如下:

借:原材料——乙　　　　　　　　　　　　　　　　800
　　应交税费——应交增值税(进项税额)　　　　　136
　　贷:银行存款　　　　　　　　　　　　　　　　　　936

3) 发票已到,存货未到

发票已到、存货未到的情况是指发票账单已经到达,但货物尚在运输途中或货物已到但尚未验收入库。此时,我们采用"在途物资"账户核算尚未验收入库的存货,等验收入库后再转入"原材料"账户。"在途物资"属于资产类账户,借方登记购入但尚未入库的存货。

例 4-33 东风公司于 20×2 年 4 月 25 日外购丙材料,4 月 27 日收到通知丙材料已发出,同时收到账单,增值税专用发票注明材料货款 1 000 元,税款 170 元,以银行存款支付。5 月 2 日,收到丙材料并验收入库。

应编制的会计分录如下:

(1) 4 月 27 日,收到账单时:

借:在途物资　　　　　　　　　　　　　　　　　1 000
　　应交税费——应交增值税(进项税额)　　　　　170
　　贷:银行存款　　　　　　　　　　　　　　　　　1 170

(2) 5 月 2 日,收到丙材料并验收入库时:

借:原材料——丙　　　　　　　　　　　　　　　1 000
　　贷:在途物资　　　　　　　　　　　　　　　　　1 000

(二) 自制存货的计价及会计处理

1. 生产成本的构成

自制存货主要是企业在产品生产过程中支付的材料费用、人工成本及其他相关的车间费用等,简言之,就是"料""费""工",即生产产品的实际生产成本。生产成本由三大成本项目构成,包括直接材料费、直接人工费及制造费用。直接材料是指生产产品直接构成产品实体而领用的原材料,直接人工是为生产产品而直接发生的生产工人的工资薪酬,制造费用是生产产品发生的间接生产费用,如车间设备的折旧费、维修费等。

2. 自制存货账户的设置

自制存货成本通过"生产成本"与"制造费用"账户核算。"生产成本"账户的借方登记生产产品发生的直接生产费用,贷方登记已经完工入库产品转出的生产成本,余额表示尚在加工的产品生产成本。"制造费用"账户的借方登记生产产品发生的间接生产费用,期末将制造费用从"制造费用"账户的贷方分配转入各种产品的"生产成本"账户的借方。自制存货也要运用"库存商品"账户,生产产品完工入库的产品从"生产成本"账户的贷方转入到"库存商品"的借方。

例 4-34　东风公司为生产甲产品发生的经济业务以及相应的会计分录如下:

(1) 20×2 年 3 月 10 日为生产甲产品领用原材料 100kg,成本 500 元。

借:生产成本——甲	500
贷:原材料	500

(2) 3 月份发生甲产品的直接人工费用为 3 500 元。

借:生产成本——甲	3 500
贷:应付职工薪酬	3 500

(3) 3 月份发生车间管理人员工资为 2 000 元。

借:制造费用	2 000
贷:应付职工薪酬	2 000

(4) 生产设备计提折旧 200 元。

借:制造费用	200
贷:累计折旧	200

(5) 月末将制造费用转入生产成本(假设本月只生产一种甲产品)。

借:生产成本	2 200
贷:制造费用	2 200

(6) 本月生产的产品已经全部完工入库。

借:库存商品	6 200
贷:生产成本	6 200

二、存货发出的计量

(一) 存货数量的确定

企业对存货的管理可以采用实地盘存制或永续盘存制,不同制度下存货数量的确定规则存在差异。

1. 实地盘存制

实地盘存制,又称定期盘存制。通过对期末库存存货的实物盘点,确定期末存货并推算当期销货成本的方法。实地盘存制无须通过账面连续记录得出期末存货,并假定除期末库存以外的存货均已出售,从而倒轧出销货成本,因此,在实地盘存制下,日常经营中因销售而减少的存货不予记录,只登记增加的存货。计算公式为:

期末存货成本 = 期末存货实地盘点数量 × 存货单价

发出存货成本 = 期初存货成本 + 本期购货成本 - 期末存货成本

实地盘存制的优点是核算工作比较简单,工作量较小。缺点是手续不够严密,不能通过账簿随时反映和监督各项财产物资的收、发、结存情况,反映的数字不精确,仓库管理中尚有多发少发、物资毁损、盗窃、丢失等情况,在账面上均无反映,而全部隐藏在本期的发出数内,不利于存货的管理,也不利于监督检查。因此,实地盘存制只适应数量大、价值低、收发频繁的存货。

在实务中,一般只是用于核算那些价值低和数量不稳定、损耗大的鲜活商品。

2. 永续盘存制

永续盘存制,又称账面结存制。对存货的日常记录既登记收入数,又登记发出数,通过结账,能随时反映账面结存数的一种存货核算方法。采用永续盘存制,会计期末通常也要进行实地盘点,但盘点目的不同,通过盘点确定存货的实存数,与账面数核对。如果发现盘盈盘亏,要通过"待处理财产损溢"账户进行账面调整,以保证账实相符。永续盘存制的计算公式为:

存货账面期末余额 = 存货账面期初余额 + 本期存货增加数 - 本期存货减少数

永续盘存制相对于定期存制而言,永续盘存制下存货明细账的会计核算工作量较大,尤其是月末一次结转销售成本或耗用成本时,存货结存成本及销售或耗用成本的计算工作比较集中;采用这种方法还需要将财产清查的结果同账面结存进行核对,在账实不符的情况下还需要对账面记录进行调整。但永续盘存制可以通过存货的明细账记录随时反映某一存货在一定会计期间内收入、发出及结存的详细情况,有利于加强对存货的管理与控制,而且发出数量的确定也比较准确。

从加强存货的管理,提供管理所需会计信息的角度出发,除特殊情况采用实地盘存制外,应尽量采用永续盘存制。

(二)发出存货的计价方法

对于存货发出成本的计量,会计上有个别认定法、加权平均法、移动加权平均法、先进先出法和后进先出法等多种计价方法。根据我国会计准则规定,企业可以选用个别认定法、加权平均法和先进先出法三种计价方法进行存货发出的计量核算。

1. 个别认定法

个别认定法主要应用于价值较大的产品,如珠宝、玉器或名贵字画等,是对产品成本逐一进行确认的计价方法。一般适用于不进行批量化生产、产品单价较高、不具有同质性的产品生产企业。

2. 加权平均法

加权平均法通常是以月份为计量周期,以月初存货成本与当月进货成本之和除以月初存货与当月进货总量来计算当月产品平均成本的方法。加权平均法以公式表示如下:

$$存货单位成本 = \frac{月初库存存货实际成本 + \sum \left(\begin{array}{c} 本月某批进货实际单位成本 \\ \times 本月某批进货数量 \end{array} \right)}{月初库存存货数量 + 本月各批进货数量之和}$$

本月发出存货的成本 = 存货单位成本 × 本月发出存货数量

本月月末存货的成本 = 存货单位成本 × 月末存货数量

加权平均法只需每月计价一次,各月存货成本变化不大,相对于其他方法较为便捷。但加权平均法只有在月末才能知道当月存货单位成本,不利于及时控制存货成本。

3. 移动加权平均法

移动加权平均法是在加权平均法的基础上，以每次进货为节点计算产品成本的计价方法。移动加权平均法下，企业每次进货都要以进货前成本与当次进货成本做一次加权平均，并将新的加权平均后的成本作为存货的成本进行核算。

移动加权平均法克服了加权平均法下企业只能在月末获知当月产品成本的缺点，计量较为准确，但同时加大了企业日常成本核算工作量。

4. 先进先出法

先进先出法是指先发出的存货按先入库存货的单位成本进行计价的一种方法。这种方法的成本流动假设是先入库的存货先发出，如果发出的批量超过最先收进的那一批量时，超过部分要按下一批收进的单价计算。期末存货按最近的单位成本计价。

5. 后进先出法

后进先出法是指发出存货按最近入库存货的单位成本进行计价的一种方法。这种方法的成本流动假设刚好与先进先出法相反，即假定后入库的存货先发出，如果发货量超过当时最后入库的批量时，超过部分依次按上一批入库存货的单位成本计算。期末存货则按较早入库存货的单位成本计价。

（三）发出存货的会计处理

存货的发出根据领用存货目的进行相应会计处理，或为进一步生产需要，或销售商品等。因生产发出原材料时，将原材料转入"生产成本"账户予以核算；因销售发出库存商品时，需要通过"库存商品"账户进行会计处理，借方登记外购商品的实际成本，当生产完工时也将完工产品的实际生产成本从"生产成本"账户的贷方转入"库存商品"的借方，当库存商品销售实现时，将销售商品的实际成本从"库存商品"贷方转为"主营业务成本"的借方。

生产领用原材料及生产产品完工入库的会计分录见例 4-34。

若本月销售商品的实际成本为 20 320 元，会计分录为：

借：主营业务成本　　　　　　　　　　　　　　　　20 320
　　贷：库存商品　　　　　　　　　　　　　　　　　　20 320

例 4-35 东风公司 20×2 年 8 月甲商品购进、销售、结存的有关数据如下：

8 月 1 日	期初结存	300 件	单价	10 元
8 月 7 日	购进	900 件	单价	12 元
8 月 12 日	销售	800 件		
8 月 15 日	购进	600 件	单价	14 元
8 月 19 日	销售	800 件		
8 月 23 日	购进	200 件	单价	16 元
8 月 31 日	结存	400 件		

按各种方法计算的本期发出存货 1 600 件的成本：

（1）月末一次加权平均法：

$$加权平均成本 = \frac{300 \times 10 + 900 \times 12 + 600 \times 14 + 200 \times 16}{300 + 900 + 600 + 200} = 12.7（元）$$

本月销货成本 $= 1600 \times 12.7 = 20\ 320（元）$

期末存货成本 $= 400 \times 12.7 = 5\ 080（元）$

（2）移动加权平均法：

移动加权平均法计算甲商品的有关成本见表4-4。

各项加权平均计算如下：

$$7日购入后的加权平均成本 = \frac{300 \times 10 + 900 \times 12}{300 + 900} = 11.5(元)$$

$$15日购入后的加权平均成本 = \frac{4\,600 + 8\,400}{400 + 600} = 13(元)$$

$$23日购入后的加权平均成本 = \frac{2\,600 + 3\,200}{200 + 200} = 14.5(元)$$

表 4-4　　　　　　　　　　　　　甲商品明细账

（按移动平均法计价）　　　　　　　　　　　　　　计量单位：件

20×2年		摘　要	收　入			发　出			结　存		
月	日		数量	单价	金额	数量	单价	金额	数量	单价	金额
8	1	期初							300	10	3 000
	7	购进	900	12	10 800				1 200	11.5	13 800
	12	发出				800	11.5	9 200	400	11.5	4 600
	15	购进	600	14	8 400				1 000	13	13 000
	19	发出				800	13	10 400	200	13	2 600
	23	购进	200	16	3 200				400	14.5	5 800
		本月发生									
8	31	额及月末余额	1 700		22 400	1 600		19 600	400	14.5	5 800

（3）先进先出法：

按先进先出法计算的发出存货成本见表4-5。

表 4-5　　　　　　　　　　　　　甲商品明细账

（按先进先出法）　　　　　　　　　　　　　　计量单位：件

20×2年		摘　要	收　入			发　出			结　存		
月	日		数量	单价	金额	数量	单价	金额	数量	单价	金额
8	1	期初							300	10	3 000
	7	购进	900	12	10 800				300	10	
									900	12	138 00
	12	发出				300	10	3 000			
						500	12	6 000	400	12	4 800
	15	购进	600	14	8 400				400	12	
									600	14	13 200
	19	发出				400	12	4 800			
						400	14	5 600	200	14	2 800
	23	购进	200	16	3 200				200	14	
									200	16	6 000
		本月发生							200	14	
8	31	额及月末余额	1 700		22 400	1 600		19 400	200	16	6 000

三、存货的期末计量

（一）存货跌价准备的原则与方法

由于市场环境的变化，企业的存货很可能会出现可变现净值低于账面实际成本的情况，此时表明企业的存货发生了减值，按照谨慎性信息质量的要求，必须对可能发生的减值损失预计入账，我们采用的方法是成本与可变现净值孰低法。成本与可变现净值孰低法要求，在会计期末，存货应当按照成本与可变现净值孰低计量，即比较存货历史成本与期末可变现净值（市价），以较低者作为期末的存货价值。当历史成本低于可变现净值时，存货按历史成本计量；反之，当历史成本高于可变现净值时，说明存货价格下跌，应按可变现净值计量存货价值，而将历史成本与可变现净值差额计入存货跌价准备。

（二）存货跌价准备的计提

会计上采用备抵法核算可变现净值与存货历史成本差额。

为了反映存货跌价准备的计提、转销等情况，企业应设置"存货跌价准备"账户。它属于资产类账户，也是"原材料"等存货账户的备抵调整账户。提取跌价准备时，记入该账户的贷方，存货发出转销跌价准备及市价恢复转回多提的跌价准备金时，记入该账户的借方，期末贷方余额反映企业已提取尚未转销的跌价准备数额。该账户可按存货的类别进行明细核算。

以备抵法核算存货，应计算期末跌价准备应保留余额与本期应计提金额：

期末跌价准备应保留的余额 = 成本 - 可变现净值

本期跌价准备应计提的金额 = 应保留的余额 - 计提前贷方余额

当成本减去可变现净值小于零时，应保留余额应为零，此时应当冲销"存货跌价准备"账户的贷方余额，作计提存货跌价准备的反方向分录。

例 4-36 东风公司 20×2 年 12 月 31 日甲、乙、丙三种存货的相关资料见表 4-6：

表 4-6　　　　　　存货成本与可变现净值的比较　　　　　　单位：元

品种	成本	可变现净值	成本与可变现净值孰低法下金额
甲	300 000	280 000	280 000
乙	300 000	350 000	300 000
丙	300 000	250 000	250 000

此前，东风公司"存货跌价准备——甲产品"账户贷方余额 8 000 元，"存货跌价准备——乙产品"账户贷方余额 3 000 元，"存货跌价准备——丙产品"账户贷方余额 80 000 元。

对于甲产品来说，可变现净值低于成本，需要按可变现净值核算期末价值，并将差额部分计入"存货跌价准备"。应编制的会计分录如下：

借：资产减值损失——甲产品　　　　　　　　　　12 000

　　贷：存货跌价准备——甲产品　　　　　　　　　　12 000

分录中甲产品应计提的存货跌价准备金额计算如下：

期末跌价准备应保留余额 = 300 000 - 280 000 = 20 000（元）

本期跌价准备应计提金额 $= 20\,000 - 8000 = 12\,000$(元)

对于乙产品来说,可变现净值高于成本,直接以历史成本作为期末存货成本即可。此时,应将原有"存货跌价准备——乙产品"账户贷方余额予以冲销。作会计分录如下:

借:存货跌价准备——乙产品　　　　　　　　　　3 000
　　贷:资产减值损失——乙产品　　　　　　　　　　　　3 000

对于丙产品来说,可变现净值低于成本,需要按可变现净值核算期末价值。应编制的会计分录如下:

借:存货跌价准备——乙产品　　　　　　　　　　30 000
　　贷:资产减值损失——乙产品　　　　　　　　　　　　30 000

分录中丙产品应计提的存货跌价准备金额计算如下:

期末跌价准备应保留余额 $= 300\,000 - 250\,000 = 50\,000$ 元
本期跌价准备应计提金额 $= 50\,000 - 80\,000 = -30\,000$ 元

四、存货清查的会计处理

企业在日常经营过程中,往往由于保管不善、收发核算失误、意外事故等造成存货的毁损、遗失或盈余。因此,在永续盘存制下,企业需要在期末对存货数量进行清查,以保证账实相符。清查的方法主要是盘点。

存货盘查的结果主要有两种:账实相符与账实不符。其中账实不符又包括存货的盘盈与盘亏两种结果。存货盘盈是指盘点的实际存货数量多于账面数量,存货盘亏是指盘点的实际存货数量少于账面数量。对于存货的盘盈与盘亏,必须进行会计处理,以实现账实相符。企业一般应该设置"待处理财产损溢"账户进行会计处理,并分两步完成盘盈盘亏的处理过程。第一步,发现盘盈盘亏时,一方面调整对应的存货账户;另一方面计入"待处理财产损溢"账户,盘盈时计入"待处理财产损溢"的贷方,盘亏时计入"待处理财产损溢"的借方。第二步,报经领导或主管部门批准,在期末结账前转销"待处理财产损溢"账户。

(一)盘盈的会计处理

盘盈的存货,应按其重置成本作为入账价值,并通过"待处理财产损溢"账户进行会计处理,按管理权限报经批准后,冲减当期管理费用。

例 4-37　东风公司 20×2 年 6 月 30 日进行原材料盘点,盘查后发现甲材料盘盈 500 元。后查明原因,为原材料收发计量误差,7 月 5 日经批准后冲销管理费用。

6 月 30 日作会计分录如下:

借:原材料——甲　　　　　　　　　　　　　　　500
　　贷:待处理财产损溢　　　　　　　　　　　　　　　500

7 月 5 日作会计分录如下:

借:待处理财产损溢　　　　　　　　　　　　　　500
　　贷:管理费用　　　　　　　　　　　　　　　　　　500

(二)盘亏的会计处理

出现存货盘亏时,同样需要先转入"待处理财产损溢"账户以使账实相符。

按管理权限报经批准后，根据造成存货盘亏或毁损的原因，分别以下情况进行处理：

（1）属于计量收发差错和管理不善等原因造成的存货短缺，应先扣除残料价值、可以收回的保险赔偿和过失人赔偿，将净损失计入管理费用。

（2）属于自然灾害等非常原因造成的存货毁损，应先扣除处置收入（如残料价值）、可以收回的保险赔偿和过失人赔偿，将净损失计入营业外支出。

例 4-38 东风公司 20×2 年 6 月 30 日进行原材料盘点，盘查后发现乙材料毁损 2 000 元。后查明原因，主要系由仓储员过失造成。7 月 10 日经批准，由仓储员赔偿剩余 1 500 元，其余作为管理制度不善处理。

6 月 30 日会计分录如下：

借：待处理财产损溢 2 000

    贷：原材料——乙 2 000

7 月 10 日会计分录如下：

借：管理费用 500

    其他应收款 1 500

    贷：待处理财产损溢 2 000

第六节 长期股权投资

"投资"在财务会计上作为一种资产类型时，是一种狭义上的投资概念，主要是指企业用资金购入债券、股票或股份，以获得利息或分红等收益。前述的交易性金融资产和本节的长期股权投资都属于投资，此外，还有可供出售金融资产、持有至到期投资等资产。

一、长期股权投资的含义及账户设置

长期股权投资是指企业通过投出各种资产取得被投资企业股权，不准备随时出售的投资。长期股权投资根据投资企业对被投资单位的影响程度分为三类：投资方对被投资单位实施控制的权益性投资、具有重大影响的权益性投资以及对其合营企业的权益性投资。

（一）控制型的权益性投资

控制，是指投资方拥有对被投资方的权力，通过参与被投资方的相关活动而享有可变回报，并且有能力运用对被投资方的权力影响其回报金额。也即投资方有权决定被投资单位的财务政策和经营政策。投资方能够对被投资单位实施控制的，被投资单位为其子公司。一般当投资企业直接拥有被投资单位 50％以上的股份时，投资企业对被投资单位具有控制权。这种类型的长期股权投资往往表现为母子公司关系。

（二）重大影响型的权益性投资

重大影响，是指对一个企业的财务和经营政策有参与决策的权力，但并不能够控制或者与其他方一起共同制定这些政策，往往指对联营企业的投资。投资企业直接或通过子公司间接拥有被投资单位 20％以上但低于 50％的表决权股份时，一般认为对被投资单位具有重大影响。

（三）对合营企业的权益性投资

合营企业,是指一项由两个或两个以上的参与方共同控制的企业。任何一个参与方都不能够单独控制该企业,对该企业具有共同控制的任何一个参与方均能阻止其他参与方或参与方组合单独控制该企业。各合营方可能通过合同或协议的形式任命其中的一个合营方对合营企业的日常活动进行管理,但其必须在各合营方已经一致同意的财务和经营政策范围内行使管理权。

长期股权投资的增减变动需要设置"长期股权投资"账户核算,该账户属于资产类账户。借方登记取得长期股权投资的实际成本,贷方登记处置的长期股权投资的实际成本,余额一般在借方,表示持有的长期股权投资的实际成本。该账户可以设立"成本"与"损益调整"两个明细科目,账户的借贷方登记还会因为不同的投资类型而出现差别,具体在下面内容中介绍。

二、长期股权投资的初始计量

长期股权投资的入账价值为企业取得长期股权投资所付出的实际成本,具体包含实际支付的股权购买价款、手续费、税金、佣金等费用。企业在支付对价取得长期股权投资时,对于实际支付的价款中包含的对方已经宣告但尚未发放的现金股利或利润,不进入长期股权投资的入账价值,而应作为"应收股利"构成企业的一项债权。

长期股权投资的入账价值用公式表示如下:

$$长期股权投资成本 = 买价 + 手续费 + 税金 + 佣金等费用$$
$$- 已宣告但尚未支取的现金股利$$

三、长期股权投资的后续计量

长期股权投资的核算方法主要有两种:成本法和权益法。在取得初始投资或追加投资时,二者均按照实际成本入账,但在后续计量方面二者有所区别。成本法下,长期股权投资的入账价值始终按照投资成本计价,不反映被投资企业所有者权益的变动状况。而权益法下,长期股权投资的入账价值随被投资企业所有者权益变动情况而变动。

（一）成本法

1. 成本法的适用范围

投资方能够对被投资单位实施控制的长期股权投资应当采用成本法核算。即投资企业持有的对子公司投资,母公司个别财务报表中按成本法核算,但最终需要采用合并报表形式加以反映。

2. 成本法下的后续计量

成本法下,当被投资企业宣告发放现金股利时,投资企业应作为投资收益处理,相应股利份额计入"投资收益"账户的贷方。

例4-39 东风公司于20×0年1月1日取得甲公司60%的股权计200 000股,每股价格9.5元,另支付相关税费100 000元。20×1年2月6日,甲公司宣告分派现金股利,东风公司按照持股比例可取得 60 000 元(税后)。甲公司于 20×1 年 2 月 12 日实际分派现金股利。

由于东风公司对甲公司的权益性投资属于控制型投资。因此,东风公司对此项长期股权投资采用成本法进行的账务处理:

(1) 20×0 年 1 月 1 日取得股权、支付价款时:

借:长期股权投资　　　　　　　　　　　　　　2 000 000
　　贷:银行存款　　　　　　　　　　　　　　　　2 000 000

(2) 20×1 年 2 月 6 日甲公司宣告分派股利时:

借:应收股利　　　　　　　　　　　　　　　　60 000
　　贷:投资收益　　　　　　　　　　　　　　　　60 000

(3) 20×1 年 2 月 12 日收到现金股利时:

借:银行存款　　　　　　　　　　　　　　　　60 000
　　贷:应收股利　　　　　　　　　　　　　　　　60 000

(二)权益法

1. 权益法的适用范围

投资企业对被投资单位具有共同控制或重大影响的长期股权投资,即对合营企业投资及对联营企业投资,应当采用权益法核算。

2. 权益法下的后续计量

权益法下,如果长期股权投资的初始投资成本大于投资时应享有被投资单位可辨认净资产公允价值份额的,不需要调整长期股权投资的初始投资成本。如果长期股权投资的初始投资成本小于应享有被投资单位可辨认净资产公允价值份额的,需要调整长期股权投资的初始投资成本,根据其差额借记"长期股权投资"账户,同时贷记"营业外收入"账户,使得长期股权投资入账价值与应享有的被投资单位可辨认净资产公允价值份额保持一致。

持有投资期间,随着被投资单位所有者权益的变动相应调整增加或减少长期股权投资的入账价值。即对属于因被投资单位实现净利润或发生亏损所产生的所有者权益的变动,投资企业按照持股比例计算应享有的份额,增加或减少长期股权投资的入账价值,同时确认为当期投资损益,投资收益计入"投资收益"账户的贷方,投资损失计入"投资收益"账户的借方。

被投资单位宣告分派现金股利或利润时,投资企业按持股比例计算应分得的部分,一般应冲减长期股权投资的入账价值。

例 4-40　东风公司于 20×0 年 1 月 1 日取得上市公司乙公司 30% 的股权,价款与交易直接费用等成本共为 12 000 000 元。假定 20×0 年 1 月 1 日乙公司可辨认净资产的账面价值与公允价值相同,为 40 000 000 元。20×0 年乙公司实现净利润 10 000 000 元,20×1 年 2 月 6 日,乙公司宣告分派利润,东风公司按照持股比例可取得 600 000 元。乙公司于 20×1 年 2 月 12 日实际分派利润。

由于东风公司对乙公司有表决权股份的持股比例已达到了 30%,对其经营和财务政策就会产生重大影响。因此,东风公司对此项长期股权投资采用权益法进行的账务处理:

（1）20×0年1月1日取得股权、支付价款时：

借：长期股权投资——成本　　　　　　　　　　12 000 000

　　贷：银行存款　　　　　　　　　　　　　　　12 000 000

（2）20×0年年末确定乙公司取得利润时：

借：长期股权投资——损益调整　　　　　　　　3 000 000

　　贷：投资收益　　　　　　　　　　　　　　　3 000 000

上述分录中的金额计算：10 000 000×30％＝3 000 000（元）

（3）20×1年2月6日乙公司宣告分派股利时：

借：应收股利　　　　　　　　　　　　　　　　600 000

　　贷：长期股权投资——损益调整　　　　　　　60 000

（4）20×1年2月12日收到现金股利时：

借：银行存款　　　　　　　　　　　　　　　　600 000

　　贷：应收股利　　　　　　　　　　　　　　　600 000

四、长期股权投资的期末计量

长期股权投资在按照规定进行核算确定其入账价值的基础上，如果存在减值迹象的，应当按照相关准则的规定计提减值准备，同时确认为减值损失，计入"资产减值损失"账户的借方。长期股权投资的减值准备在提取以后，不允许转回。

例4-41　承例4-39，东风公司于20×1年12月31日对该项长期股权投资进行减值测试，预计其可收回金额为1 500 000元，则计提减值准备的会计分录为：

借：资产减值损失　　　　　　　　　　　　　　500 000

　　贷：长期股权投资减值准备　　　　　　　　　500 000

五、长期股权投资的处置

企业处置长期股权投资时，应相应结转与所售股权相对应的长期股权投资的账面价值（长期股权投资的余额－计提的减值准备），出售所得价款与处置长期股权投资账面价值之间的差额，应确认为处置损益，计入"投资收益"账户，借方表示投资损失，贷方表示处置时所获收益。

例4-42　东风公司原持有丙公司长期股权投资，并按权益法进行核算。20×1年11月30日，东风公司出售所持有丙公司股权中的5％，出售时东风公司账面上对丙公司长期股权投资的构成为：投资成本10 000 000元，损益调整为2 000 000元。出售时取得价款2 000 000元。

东风公司确认处置损益的会计分录如下：

借：银行存款　　　　　　　　　　　　　　　　2 000 000

　　贷：长期股权投资——成本　　　　　　　　　500 000

　　　　　　　　　　——损益调整　　　　　　　100 000

　　　　投资收益　　　　　　　　　　　　　　1 400 000

第七节　固定资产

企业生产经营活动,除了需要原材料等存货外,还需要房屋建筑屋、机器设备、运输车辆及工具器具等固定资产。

一、固定资产的含义及账户设置

固定资产是指企业为生产商品、提供劳务、出租或经营管理而持有的,使用寿命超过一个会计年度的有形资产。

固定资产一般具有以下几个特点:

(1) 具有实物形态。固定资产是有形资产,这一特征将固定资产与无形资产区别开来。有些无形资产可能同时符合固定资产的其他特征,例如,专利权、土地使用权等,尽管是为了生产经营目的而持有的,使用年限较长,但由于不具备实物形态,故不属于固定资产的范畴。

(2) 持有是为了用于生产商品,不是为了出售。凡不是服务于企业经营目的的任何有形资产都不是企业的固定资产。例如,企业生产的汽车是为了日后销售,而不是为生产经营活动服务,就只能列为存货,而不能作为企业的固定资产。

(3) 使用寿命超过一个会计年度。固定资产的使用寿命,是指企业使用固定资产的预计年限。对于某些机械设备或运输设备等固定资产,例如,汽车等,按其预计行驶里程估计使用寿命。

企业设置"固定资产"账户反映固定资产的增减变动,该账户属于资产类账户,借方登记增加固定资产的实际成本,贷方登记减少固定资产的实际成本,余额在借方,表示现存固定资产的实际成本。

二、固定资产的初始计量

固定资产应当按照实际成本进行初始计量。固定资产的实际成本,是指企业购建某项固定资产达到预定可使用状态前所发生的一切合理、必要的支出。这些支出主要包括直接发生的价款、相关税费、运杂费、包装费和安装成本等。

企业购建(包括购进、接受投资、自制、改扩建等)生产用固定资产发生的增值税进项税额可以从销项税额中抵扣,不计入固定资产成本。但以建筑物或者构筑物为载体的附属设备和配套设施,均应作为建筑物或者构筑物的组成部分,其进项税额不得在销项税额中抵扣。附属设备和配套设施是指:给排水、采暖、卫生、通风、照明、通信、煤气、消防、中央空调、电梯、电气、智能化楼宇设备和配套设施。

企业取得固定资产的方式一般包括购买、自行建造、融资租入等,取得方式不同,初始计量的方法也各不相同。

(一) 外购固定资产

企业外购的固定资产,应按实际支付的买价、相关税费以及使固定资产达到预定可使用状态前所发生的归属于该项资产的运输费、装卸费、安装费和专业人员服务费等之和作为入账价值,借记"固定资产"账户,贷记"银行存款"账户等。购入需要安装的固定资产,应先通过"在建工程"账户反映其实际支付的价款,同时归集所发生的安装费用于"在建工程"账户。安装完毕交付使用时,再转入"固定资产"账户。

例 4-43　东风公司购入一台不需要安装的生产用设备,取得的增值税专用发票上注明的价格 200 000 元,进项税额为 34 000 元,包装费、运输费等 3 000 元,该设备已经交付使用。会计分录如下:

借:固定资产　　　　　　　　　　　　　　　　　　203 000

　　应交税费——应交增值税(进项税额)　　　　　34 000

　　贷:银行存款　　　　　　　　　　　　　　　　　237 000

例 4-44　东风公司购入一台需要安装的设备,取得的增值税专用发票上注明的价格为 200 000 元,进项税额为 34 000 元,运杂费为 3 500 元,安装费用为 9 000 元。会计分录如下:

购入设备时:

借:在建工程　　　　　　　　　　　　　　　　　　203 500

　　应交税费——应交增值税(进项税额)　　　　　34 000

　　贷:银行存款　　　　　　　　　　　　　　　　　237 500

支付安装费用时:

借:在建工程　　　　　　　　　　　　　　　　　　9 000

　　贷:银行存款　　　　　　　　　　　　　　　　　9 000

交付使用时,按其全部成本转为固定资产原值:

借:固定资产　　　　　　　　　　　　　　　　　　212 500

　　贷:在建工程　　　　　　　　　　　　　　　　　212 500

(二) 自行建造的固定资产

企业自行建造固定资产的成本,应按建造该项资产达到预定可使用状态前所发生的必要支出来核算,其中包括工程物资、人工成本、缴纳的相关税费、应予以资本化的借款费用以及应分摊的间接费用等。

企业自营工程主要通过"工程物资"和"在建工程"账户进行核算。"工程物资"账户用于反映企业在自营工程方式下购买的各种物资。"在建工程"账户,反映自行建造的固定资产成本的归集和结转,借方归集购建固定资产发生的实际成本,贷方结转已经完工固定资产的实际成本。

例 4-45　东风公司采用自营方式建造厂房一幢,购入为工程准备的各种物资 300 000 元,全部用于建造厂房,支付工程人员工资 40 000 元,支付其他费用 5 000 元,此项工程专门借款发生的利息为 10 000 元,工程完工并验收交付使用。会计分录如下:

(1) 购入工程物资时:

借:工程物资　　　　　　　　　　　　　　　　　　300 000

　　贷:银行存款　　　　　　　　　　　　　　　　　300 000

(2) 领用工程物资时:

借:在建工程——厂房　　　　　　　　　　　　　　300 000

贷：工程物资		300 000

（3）支付工程人员工资时：

借：在建工程——厂房　　　　　　　　40 000

　　贷：应付职工薪酬——工资　　　　　　40 000

（4）支付其他费用时：

借：在建工程——厂房　　　　　　　　5 000

　　贷：银行存款　　　　　　　　　　　5 000

（5）结转工程借款的利息时：

借：在建工程——厂房　　　　　　　　10 000

　　贷：长期借款　　　　　　　　　　　10 000

（6）工程完工并验收交付使用，结转工程成本时：

借：固定资产——厂房　　　　　　　　355 000

　　贷：在建工程——厂房　　　　　　　355 000

（三）投资者投入的固定资产

企业接受投资者投入的固定资产，其成本应当按照投资合同或协议约定的价值确定，但合同或协议约定价值不公允的除外。同时按双方协议允许计入注册资本金的金额，贷记"实收资本"账户；按固定资产约定价值大于"实收资本"账户的差额，贷记"资本公积"账户。

例 4-46　东风公司接受 C 企业投入设备一台，合同约定的价值为 500 000 元，取得的增值税扣税凭证上注明的增值税 85 000 元。双方同意将固定资产价值全部作为注册资本。会计分录如下：

借：固定资产　　　　　　　　　　　　500 000

　　应交税费——应交增值税（进项税额）　85 000

　　贷：实收资本　　　　　　　　　　　585 000

三、固定资产的后续计量

固定资产持有期间，一方面其价值随着生产经营等活动将逐渐减少；另一方面为使得固定资产在较长期发挥正常作用，还要对固定资产进行维修更新，因此需要对固定资产持有期间的价值变化进行后续计量。固定资产的后续计量主要包括固定资产折旧的计提以及后续支出的计量。

（一）固定资产折旧

固定资产折旧是指固定资产在使用过程中，因逐渐磨损与损耗而减少的那部分价值。折旧的计算，是在固定资产使用寿命内，按照确定的方法对应计折旧额进行系统分摊。应计折旧额，是指应当计提折旧的固定资产的原价扣除其预计净残值后的金额。已计提减值准备的固定资产，还应当扣除已计提的固定资产减值准备累计金额。

1．影响固定资产折旧的因素

影响固定资产折旧的因素主要有固定资产原值、固定资产的预计净残值、固定资产的使用寿命和折旧方法。

1）固定资产原值

固定资产的原值是指企业取得固定资产时的入账价值。固定资产的原值会由于新增和报废等原因而发生变动。为简化折旧的计算，在实际工作中，企业一般根据月初固定资产的账面原价计提折旧，当月增加的固定资产，当月不计提折旧；当月减少的固定资产，当月照提折旧。

2）固定资产的预计净残值

固定资产的预计净残值，是指固定资产预计使用寿命已满时的残值收入扣除预计处置费用后的金额。在计算折旧时，应从固定资产原值中扣除。

3）固定资产的使用寿命

固定资产的使用寿命长短直接影响各期应计提的折旧额。固定资产的使用寿命是指固定资产预期使用的期限。固定资产的使用寿命，可根据不同固定资产的特点，分别以下方式表示：（1）使用年数或月数；（2）工作时间数；（3）工作量或产品量。

4）折旧方法

企业选择的折旧方法不同，计提的折旧额会相差很大。企业可采用的折旧方法有直线法和加速折旧法，其具体内容下文将详细介绍。

2. 计提固定资产折旧的范围

除以下情况外，企业应对所有固定资产计提折旧：

（1）经营租赁方式租入的固定资产；

（2）按规定单独估价作为固定资产入账的土地；

（3）已提足折旧，仍在使用的固定资产；

（4）未提足折旧，提前报废的固定资产；

已达到预定可使用状态，但尚未办理竣工决算的固定资产，应先按估计价值确定成本，并计提折旧；待办理竣工决算手续后，再按照实际成本调整原来的暂估价值，但原已计提的折旧额不需调整。融资租入的固定资产，应当采用与自有应计折旧资产相一致的折旧政策。能够合理确定租赁期届满时取得租赁资产所有权的，应当在租赁资产尚可使用寿命内计提折旧；无法合理确定租赁期届满时能够取得租赁资产所有权的，应当在租赁期与租赁资产尚可使用寿命两者中较短的期间内计提折旧。

3. 固定资产折旧的计算方法与会计处理

固定资产的折旧方法有直线法和加速折旧法两大类。直线法是将固定资产按时间或工作量在折旧年限内平均计提折旧的方法，包括年限平均法和工作量法。加速折旧法是指固定资产使用前期负担较多的折旧额，而在使用后期负担较少的折旧额，使固定资产的成本能够尽快得以补偿的方法。常用的加速折旧法包括年数总和法和双倍余额递减法。折旧方法一经确定，企业不得随意变更；如需变更，须在有关部门备案，并应当在财务报表附注中予以说明。

1）年限平均法

平均年限法又称使用年限法，是指将固定资产的折旧额平均地分摊到各期的一种方法。采用这种方法计算的每期折旧额均是相等的。其计算公式如下：

$$年折旧额 ＝（固定资产原值 － 预计净残值）/ 预计使用寿命(年)$$

$$年折旧率 ＝ 年折旧额 / 固定资产原值 \times 100\%$$

$$＝（1 － 预计净残值率）/ 预计使用寿命 \times 100\%$$

$$月折旧率 ＝ 年折旧率 /12 ＝ 月折旧额 / 固定资产原值 \times 100\%$$

例 4-47　东风公司的一台机器，原价为 20 000 元，预计使用寿命为 5 年，预计净残值为 650 元，折旧额的计算如下：

$$年折旧额 ＝（20\,000 － 650）/5 ＝ 3\,870(元)$$

$$月折旧额 ＝ 3\,870/12 ＝ 322.5(元)$$

$$预计净残值率 ＝ 650/20\,000 ＝ 3.25\%$$

$$年折旧率 ＝ 3\,870/20\,000 \times 100\% ＝ 19.35\%$$

或者

$$年折旧率 ＝（1 － 3.25\%）/5 \times 100\% ＝ 19.35\%$$

$$月折旧率 ＝ 19.35\%/12 ＝ 1.61\%$$

使用平均年限法的优点是计算方便，容易操作。但是，它仅强调固定资产的使用时间，而忽略了固定资产的使用程度。因此它存在一些明显的局限性。事实上，固定资产在不同使用年限提供的经济效益是不同的。一般来讲，固定资产在其使用前期工作效率相对较高，所带来的经济利益也相对较多；而在其使用的后期，工作效率一般呈现下降趋势，因而所带来的经济利益也就逐渐下降。年限平均法对此不予考虑。年限平均法适用于各期使用情况大致相同的固定资产。

2）工作量法

工作量法，是根据固定资产总工作量计算单位折旧额，再根据实际工作量计算每期应计提折旧额的一种方法。其计算公式如下：

$$单位折旧额 ＝（固定资产原值 － 预计净残值）/ 固定资产预计总工作量$$

$$各期折旧额 ＝ 单位折旧额 \times 各期实际工作量$$

工作量应视固定资产使用的具体情况而定，可用固定资产工作时数、产量和行驶里程来度量。

工作量法的计算简便易行，各期的折旧额与实际工作量挂钩，但是忽略了无形损耗和停用期间的损耗，而且固定资产的预计工作量有时很难估计。此折旧法适用于运输设备的折旧和季节性生产的企业。

3）双倍余额递减法

双倍余额递减法是在不考虑固定资产净残值的情况下，根据每期期初固定资产账面价值和双倍的直线法折旧率计算固定资产折旧的一种方法。固定资产账面价值等于固定资产的原价减累计折旧减固定资产减值准备后的金额，以下计算公式假设不存在减值准备。双倍余额递减法计算公式如下：

$$年折旧率 ＝ 2/ 预计使用寿命 \times 100\%$$

$$年折旧额 ＝ 各期期初固定资产账面价值 \times 年折旧率$$

$$＝（固定资产原价 － 累计折旧）\times 年折旧率$$

采用双倍余额递减法计算固定资产折旧时，应当在固定资产折旧年限到期以前 2 年内转用直线法,将固定资产净值(扣除净残值)平均摊销值作为最后 2 年的折旧额。否则,不可能在固定资产使用年限结束时达到账面价值与预计净残值的相符。

采用双倍余额递减法,需要注意的是:第一年的折旧基数是固定资产原值,最后两年的折旧方法需要转换,以使得最终账面价值与预计净残值相符。

4) 年数总和法

年数总和法是指用固定资产的应计折旧总额,乘以一个分数来计算折旧的方法。这个分数的分母为各年预计使用年限的年数总和,分子是折旧期初尚可使用年限。由于这个分数在逐渐减小,所以折旧额也在逐年递减。计算公式如下:

年折旧率 = 折旧期初尚可使用年限 / 各年预计使用年限的年数总和 × 100%

年折旧额 = (固定资产原值 − 预计净残值) × 年折旧率

5) 固定资产折旧的会计处理

企业设置"累计折旧"账户进行固定资产折旧的会计处理。该账户是"固定资产"的备抵调整账户,贷方登记折旧的计提,借方登记减少的固定资产已提折旧的转销,余额在贷方,表示现存固定资产已提的累计折旧。

在实际工作中,为了简化折旧的计算,可以按照以下公式计算折旧:

固定资产月折旧额 = 上月计提的固定资产折旧额 + 上月增加固定资产应计提折旧额

− 上月减少固定资产应计提折旧额

企业计提固定资产折旧时,根据固定资产使用部门,借记"制造费用""销售费用""管理费用"等账户,贷记"累计折旧"账户。

例 4-48　东风公司 20×1 年 6 月份根据"固定资产折旧计算表",确定的各车间、销售部门及厂部管理部门应分配的折旧额为:a 车间 20 000 元,b 车间 25 000 元,销售部门 7 800 元,厂部管理部门 6 500 元,企业应编制的会计分录如下:

借:制造费用——a 车间　　　　　　　　　20 000
　　　　　　——b 车间　　　　　　　　　25 000
　　销售费用　　　　　　　　　　　　　　 7 800
　　管理费用　　　　　　　　　　　　　　 6 500
　贷:累计折旧　　　　　　　　　　　　　　　　59 300

(二) 固定资产的后续支出

固定资产的后续支出,是指固定资产在使用过程中发生的更新改造支出、修理费用等。企业的固定资产投入使用后,为了适应新技术发展的需要,或者为维护、提高固定资产的使用效能,往往需要对现有固定资产进行维护、改建、扩建或者改良。

后续支出的处理原则为:符合固定资产确认条件的,应当计入固定资产成本;不符合固定资产确认条件的,应当计入当期损益。

1. 资本化支出

资本化支出是指该支出的发生不仅与本期收入的取得有关,而且与其他会计期的收入有关,或者主要是为以后会计期间的收入取得所发生的支出。

企业将固定资产进行更新改造的,如符合资本化的条件,应将固定资产的原价、已计提的累计折旧和减值准备转销,将其账面价值转入在建工程,并停止计提折旧。固定资产发生的可资本化的后续支出,计入"在建工程"账户。待更新改造等工程完工并达到预期可使用状态时,再从"在建工程"账户转入"固定资产"账户,并按重新确定的使用寿命、预计净残值和折旧方法计提折旧。如有被替换的部分,应同时将被替换部分的账面价值从该固定资产原账面价值中扣除。

例 4-49　东风公司对一台设备进行更新改造以提高生产能力,其原账面价值为300 000 元,已计提折旧 100 000 元。在改造达到预计可使用状态时共发生支出 95 000 元,全部以银行存款支付。拆除零件的账面价值为 7 000 元,并变现收到等额银行存款。改建工程已经完工,并验收后投入使用。应编制的会计分录如下:

(1) 设备转入改扩建时:

借:在建工程	200 000	
累计折旧	100 000	
贷:固定资产		300 000

(2) 更新改造中发生支出时:

借:在建工程	95 000	
贷:银行存款		95 000

(3) 拆除旧零件获得变现收入时:

借:银行存款	7 000	
贷:在建工程		7 000

(4) 完工投入使用时:

借:固定资产	288 000	
贷:在建工程		288 000

2. 费用化支出

费用化支出是为了取得本期收益而产生的支出,即该支出仅仅与本期收入有关。

一般情况下,固定资产投入使用后会产生局部损坏,企业为了维持其正常运转,会对其进行必要的维护。固定资产的日常维护支出只是为了确保其正常工作状态,通常不满足固定资产的确认条件,应在发生时计入"管理费用"或"销售费用"账户。企业生产车间(部门)和行政管理部门发生的固定资产修理费用等后续支出,计入管理费用;企业设置专设销售机构的,其发生的与专设销售机构相关的固定资产修理费用等后续支出,计入销售费用。

例 4-50　东风公司对其办公楼进行维修,维修过程中领用原材料 150 000 元,应支付维修人员薪酬为 12 000 元。应编制的会计分录如下:

借:管理费用	162 000	
贷:原材料		150 000
应付职工薪酬		12 000

四、固定资产的期末计量

固定资产发生损坏、技术陈旧或其他经济原因,导致其可回收金额低于其账面价值的情况称之为固定资产减值。

企业的固定资产在使用过程中,由于无形和有形的损耗及其他的经济原因,必然会发生资产价值的减值。对于已经发生的资产价值减值如果不予以确认,必然将导致资产价值的虚夸,不符合真实性原则,也有悖于稳健性要求。因此,企业应当在期末或者至少每年年度终了,对固定资产逐项进行检查,应当计算固定资产的可收回金额,以确定资产是否已经发生减值。

如果固定资产由于上述原因导致其可回收的金额低于账面价值的,即发生了固定资产的减值,企业应当按可收回金额低于其账面价值的差额计提固定资产减值准备,并计入当期损益。固定资产减值准备应当按单项资产计提。

企业发生固定资产减值准备时,借记"资产减值损失——计提的固定资产减值准备"账户,贷记"固定资产减值准备"账户。

例 4-51　20×1 年 12 月 31 日,东风公司的一条生产线由于技术的原因,可收回的金额为 630 万元,账面价值为 870 万元,以前年度未对其计提减值准备。东风公司应编制的会计分录如下:

借:资产减值损失——计提的固定资产减值准备　2 400 000
　贷:固定资产减值准备　　　　　　　　　　　　　　　2 400 000
　　　分录中该生产线发生的减值金额 = 870 − 630 = 240(万元)

五、固定资产处置

企业固定资产的处置,主要包括固定资产出售、转让、报废和毁损等。固定资产因处置而产生的损益。在发生时计入当期损益。

为反映固定资产的处置,应设置"固定资产清理"账户,该账户属于资产类账户,借方登记转入清理的固定资产的账面价值,清理过程中发生清理费用及税金也记在借方,贷方登记清理产生的收入。固定资产处置完毕,如果"固定资产清理"账户为贷方余额则是处置净收益,转入"营业外收入"账户的贷方;如果为借方余额则是处置净损失,转入"营业外支出"账户的借方。"固定资产清理"账户登记固定资产处置,一般包括以下几个步骤:

第一步:固定资产转入清理。将清理的固定资产的账面价值(固定资产原值扣减累计折旧和累计减值准备后的金额)转入"固定资产清理"账户。即,按账面价值借记"固定资产清理"账户,按已提折旧借记"累计折旧"账户,按已计提的减值准备借记"固定资产减值准备"账户;按固定资产原价,贷记"固定资产"账户。

第二步:清理中发生的各种支出。发生清理费用以及按清理收入应缴纳税金时,借记"固定资产清理"账户,贷记"银行存款""应交税费"等账户。

第三步:清理中取得的各项收入。因出售固定资产或残料而取得收入时,或者当发生固定资产保险内的意外毁损而获得保险赔偿时,借记"银行存款""原材料""其他应收款"等账户,贷记"固定资产清理"账户。

第四步:清理净损益的处理。固定资产清理后净收益,计入当期损益,借记"固定资产清理"账户,贷记"营业外收入"账户;固定资产清理后的净损失,分情况处理:属于生产经营期间由于自然灾害等非正常原因造成的损失,借记"营业外支出——非常损失"账户,贷记"固定资产清理"账户;属于生产经营期间正常的处理损失,借记"营业外支出——处置非流动资产损失"账户,贷记"固定资产清理"账户。

例 4-52　东风公司出售一旧设备,原价 200 000 元,已提折旧 50 000 元,用银行存款支付清理费用 5 000 元,出售收入为 180 000 元,已收存银行,增值税税率为 17%,未提取固定资产减值准备。东风公司应编制的会计分录如下:

(1) 固定资产转入清理时:

借:固定资产清理	150 000
累计折旧	50 000
贷:固定资产	200 000

(2) 支付清理费用时:

借:固定资产清理	5 000
贷:银行存款	5 000

(3) 收到出售价款时:

借:银行存款	180 000
贷:固定资产清理	153 846
应交税费——应交增值税	26 154

(4) 结转固定资产清理时:

借:营业外支出	1 154
贷:固定资产清理	1 154

由于自然灾害或者意外事故使固定资产遭受损失的,称为毁损。企业应对报废的固定资产办理报废手续,经批准后进行处置清理。报废与毁损的会计处理大致相同。如果毁损的固定资产参加过保险,则可从保险公司获得赔偿;如果是人为原因造成的意外损失,可向过失人索赔。

例 4-53　东风公司的一台机器,机器原值为 200 000 元,已计提折旧为 150 000 元,因火灾报废,保险公司同意赔款 40 000 元,收到残料变价收入 3 000 元,存入银行,另有残料作价 500 元,由仓库收做维修材料,同时以银行存款支付清理费用 2 000 元。应编制的会计分录如下:

(1) 固定资产转入清理时:

借:固定资产清理	50 000
累计折旧	150 000
贷:固定资产	200 000

(2) 支付清理费用时:

借:固定资产清理	2 000
贷:银行存款	2 000

(3) 收到赔款及残料入库并收到变价收入时:

借:原材料	500
银行存款	3000
其他应收款——保险公司	40 000
贷:固定资产清理	43 500

（4）结转固定资产清理净损失时：

借：营业外支出——非常损失   8 500
 贷：固定资产清理   8 500

六、固定资产的清查

固定资产是一种价值较高、使用期限较长的有形资产，因此，对于管理规范的企业而言，盘盈、盘亏的固定资产较为少见。企业应当健全制度，加强管理，定期或者至少于每年年末对固定资产进行清查盘点，以保证固定资产核算的真实性和完整性。如果清查中发现固定资产损溢的应及时查明原因，在期末结账前处理完毕。

（一）固定资产盘盈

企业为了加强固定资产实物管理，年末应对固定资产进行盘点。盘点中发现的账外固定资产，称为盘盈的固定资产。企业在盘盈固定资产时，作为前期差错处理，即盘盈的固定资产，应按照同类或类似固定资产的市场价格，减去该项资产的价值损耗后的余额，借记"固定资产"账户，贷记"以前年度损益调整"。

例 4-54 东风公司期末进行固定资产盘点，发现账外设备一台，同类资产的市场价格为 130 000 元，估计已计提折旧为 30 000 元。会计分录如下：

借：固定资产   100 000
 贷：以前年度损益调整   100 000

（二）固定资产盘亏

固定资产盘亏造成的损失，应当计入当期损益。企业在财产清查中盘亏的固定资产，按盘亏固定资产的账面价值借记"待处理财产损溢——待处理固定资产损溢"账户，按已计提的累计折旧，借记"累计折旧"账户，按已计提的减值准备，借记"固定资产减值准备"账户，按固定资产原价，贷记"固定资产"账户。按管理权限报经批准后处理时，按可收回的保险赔偿或过失人赔偿，借记"其他应收款"账户，按应计入营业外支出的金额，借记"营业外支出——盘亏损失"账户，贷记"待处理财产损溢"账户。

例 4-55 东风公司年末对固定资产进行清查时，发现丢失一台设备。该设备原价 65 000 元，已计提折旧 10 000 元，并已计提减值准备 15 000 元。经查，设备丢失的原因与保管员看守不当有一定关系。经批准，由保管员赔偿 10 000 元。应该编制会计分录如下：

（1）发现设备盘亏时：

借：待处理财产损溢   40 000
 累计折旧   10 000
 固定资产减值准备   15 000
 贷：固定资产   65 000

（2）报经批准后：

借：其他应收款   10 000
 营业外支出——盘亏损失   30 000

　　　　贷：待处理财产损溢　　　　　　　　　　　　　　　　40 000

第八节　无　形　资　产

　　无形资产是非流动资产,具有资产的一般特性,但与其他资产相比,无形资产具有以下特征。第一,没有实物形态。无形资产区别于固定资产和存货等其他资产的显著特征是没有实物形态,摸不着、看不见但却具有极大的潜在价值,是有助于企业取得超额收益的一种特殊权利。通常表现为某种权力、技术或获取超额利润的综合能力,如土地使用权、非专利技术等。第二,具有可辨认性。所谓可辨认性是指无形资产能够从企业中分离出来,是一个单独的存在,可用于出售或对外投资。商誉是与企业整体价值联系在一起的,无法与企业自身分离,不具有可辨认性,不属于本节所指的无形资产。

一、无形资产的含义及账户设置

　　无形资产是指企业拥有或控制的、没有实物形态的、可辨认的非货币性长期资产,包括专利权、商标权、土地使用权和非专利技术等。

　　1. 专利权

　　专利权是指国家专利主管机关依法授予发明创造专利申请人,对其发明创造在法定期限内所享有的专有权利,包括发明专利权、实用新型专利权和外观设计专利权。我国专利法规定:专利权分为发明专利和实用新型及外观设计专利两种,自申请日期计算,发明专利权的期限为 20 年,实用新型及外观设计专利权的期限为 10 年。发明者在取得专利权后,在有效期限内将享有专利的独占权。

　　2. 非专利技术

　　非专利技术,也称专有技术。它是指专利权未经申请的、没有公开的专门技术、工艺规程、经验和产品设计等。非专利技术因为未经法定机关按法律程序批准和认可,所以它不受法律保护。非专利技术没有法律上的有效年限,但事实上具有专利权的效用。

　　3. 商标权

　　商标权是商标所有者将某类指定的产品或商品上使用的特定名称或图案(即商标),依法注册登记后,取得受法律保护的独家使用权利。商标权的内容包括独占使用权和禁止使用权。商标是用来辨认特定商品和劳务的标记,代表着企业的一种信誉,从而具有相应的经济价值。根据我国《商标法》规定,注册商标的有效期限为 10 年,期满可依法延长。

　　4. 著作权

　　著作权又称版权,指作者对其创作的文学、科学和艺术作品依法享有的某些特殊权利。著作权可以转让、出售或者赠予。著作权包括发表权、署名权、修改权、保护作品完整权、使用权和获得报酬的权利等。

　　5. 土地使用权

　　土地使用权是指国家特许某一企业在一定期间内对国有土地享有开发、利用、经营的权利。土地使用权有长期固定的,也有临时的。长期以来,我国城乡企业一般都通过行政划拨的方式,从各级政府无偿取得土地使用权。根据法律规定,在我国境内的土地都属于国家或集体所有,任何单位和个人不得侵占、买卖、出租或非法转让。国家和集体可以依照法定程序对土地使用权实行有偿出让,企业也可以依照法定程序取得土地使用权,或将已取得的土地使用权依法转让。企业取得土地使用权的方式大致有：划拨取得、外购取得、投资者投入取得等。通常情况下,以缴纳土地出让金等方式外购的土地使用权、投资者投入等方式取得的土地使用权作为无形资产核算。

6. 特许权

特许权又称特许经营权、专营权,通常有两种形式：一种是由政府机构授权,准许特定企业在某一地区经营或销售某种特定商品的权利,如烟草专卖权、邮电通信等专营权；另一种是指企业间签订合同,允许一家企业使用另一家企业的商标、商号、技术秘密等专利,如建立连锁商店。会计上的专营权主要是指第二种情况。

企业设置"无形资产"账户反映无形资产的增减变动,该账户属于资产类账户,借方登记增加无形资产的实际成本,贷方登记减少无形资产的实际成本,余额在借方,表示现有无形资产的实际成本。

二、无形资产的初始计量

（一）外购无形资产

外购的无形资产应以实际成本作为入账价值,包括买价、其相关的税费以及直接归属于使该项资产达到预定用途所发生的其他支出。但不包括下列各项支出：(1)为引入新产品进行宣传发生的广告费、管理费用以及其他间接费用；(2)无形资产已经达到预定用途后发生的费用。

企业购入各项无形资产时,应按实际支出,借记"无形资产"账户,贷记"银行存款"账户。

例 4-56 东风公司从外部某单位购入一项专利权,支付的价款及相关税费合计200 000 元,用银行存款付讫。东风公司应编制的会计分录如下：

　　借：无形资产——专利权　　　　　　　　　　　200 000
　　　　贷：银行存款　　　　　　　　　　　　　　　　200 000

（二）投资者投入的无形资产

投资者投入无形资产的成本,应当按照投资合同或协议约定的价值确定；如果合同或协议约定价值不公允,则应按无形资产的公允价值入账。

企业在取得投资者投入的无形资产时,应按合同协议或公允价值,借记"无形资产"账户,贷记"实收资本"账户。

例 4-57 东风公司接受某公司投资的一项 B 专利权,该项专利权经评估后,双方确定的价值为 150 000 元。东风公司应编制的会计分录如下：

　　借：无形资产——B 专利权　　　　　　　　　　150 000
　　　　贷：实收资本　　　　　　　　　　　　　　　150 000

（三）自行开发的无形资产

从理论上讲,企业自行开发的无形资产的入账价值应当包括研究开发过程中所发生的一切支出,如参与研究和开发活动人员的工资和其他有关费用、研究和开发活动消耗的材料、用于研究和开发活动的设备和设施的折旧费、与研究开发活动有关的间接费用和其他费用等。但是,由于研究和开发活动的结果极不确定,往往不一定能够成功,因此一般将企业内部研究开发项目的支出区分为研究阶段支出与开发阶段支出。

1. 研究阶段

研究是指为获取并理解新的科学或技术知识而进行的独创性的有计划调查。研究活动包括以获取新知识为目的的活动;研究成果或其他知识的应用研究、评价和最终选择;材料、设备、产品、工序、系统或劳务替代品的研究等。

研究阶段是探索性的,是为进一步的开发活动进行所作的资料及相关方面准备,已进行的研究活动将来是否转入开发、开发后是否会形成无形资产等均具有较大的不确定性。在这一阶段不会形成阶段性成果。因此,该阶段的支出应当于发生时直接计入当期损益。

2. 开发阶段

开发是指在进行商业性生产或使用前,将研究成果或其他知识应用于某项计划或设计,以生产出新的或具有实质性改进的材料、装置、产品等的活动。例如,生产前或使用前的原型和模型的设计、建造和测试,含新技术的工具、夹具、模具和冲模的设计,不具有商业性生产经济规模的试生产设施的设计、建造和运营,新的或经改造的材料、设备、产品、工序、系统或服务所选定的替代品的设计、建造和测试等。

相对研究阶段而言,开发阶段在很大程度上基本形成了一项新产品或新技术。其特点在于具有很强的针对性,并且形成成果的可能性较大。企业如果能够证明满足无形资产的定义及相关确认条件,则所发生的支出就可以资本化,确定为无形资产。另外,申请专利发生的注册费等也予以资本化。

3. 自行开发无形资产的会计核算

为了核算企业研究与开发无形资产过程中发生的各项支出,企业应设置"研发支出"账户,该账户为费用类账户,借方登记实际发生的研发支出;贷方登记转为无形资产和管理费用的金额;借方余额反映企业正在进行中的研究开发项目中满足资本化条件的支出。企业应当按照研发开发项目,分别"费用化支出"与"资本化支出"进行明细核算。

在研究阶段的支出全部费用化,在发生时,借记"研发支出——费用化支出"进行明细核算。

在开发阶段的支出符合资本化条件的予以资本化,借记"研发支出——资本化支出"账户,贷记"银行存款""原材料""应付职工薪酬"账户等。

在开发阶段的支出不符合资本化条件的计入当期损益,借记"研发支出——费用化支出"账户,贷记"银行存款"账户等。

如果确定无法区分研究阶段的支出和开发阶段的支出,应将其所发生的研发支出全部费用化,计入当期损益,借记"研发支出——费用化支出"账户,贷记"银行存款"账户等。

研究开发项目达到预定用途形成无形资产的,应按"研发支出——资本化支出"账户的余额,借记"无形资产"账户,贷记"研发支出——资本化支出"账户。

期末,应将"研发支出——费用化支出"账户归集的金额转入"管理费用"账户,借记"管理费用"账户,贷记"研发支出——费用化支出"账户。

例 4-58 东风公司正在研究开发一项新工艺,从 1 月到 5 月,该公司在研究过程中发生材料费、人工费等共计 450 000 元,以银行存款支付。经测试,该项研发活动完成了研究阶段。6 月,该公司开始进入开发阶段,从 6 月到 9 月,又发生相关支出 320 000 元,该支出符合资本化要求。9 月 30 日,该型新工艺达到预定用途,并满足无形资产确认的条件。上述业务的会计分录如下:

(1) 1~5 月,归集研究阶段发生的支出:

借:研发支出——费用化支出	450 000
贷:银行存款	450 000

(2) 6~9 月,归集开发阶段发生的支出:

借:研发支出——资本化支出	320 000
贷:应付职工薪酬(原材料等)	320 000

(3) 9 月 30 日,该项新技术达到预定用途:

借:无形资产	320 000
贷:研发支出——资本化支出	320 000

(4) 期末,将费用化的研发支出转入管理费用:

借:管理费用	450 000
贷:研发支出——费用化支出	450 000

三、无形资产的后续计量

无形资产的后续计量主要指无形资产在使用期间的摊销。

企业应当于取得无形资产时分析判断其使用寿命。无形资产的使用寿命如果是有限的,应当估计该使用寿命的年限或者构成使用寿命的产量等类似计量单位数量,使用寿命有限的无形资产应当摊销;无法预见无形资产为企业带来经济利益期限的,应当视为使用寿命不确定的无形资产,使用寿命不确定的无形资产不应摊销,但应在期末进行减值测试。

(一)无形资产摊销的方法

无形资产的摊销方法通常采用直线法。

企业摊销无形资产,应当自无形资产提供使用时起,至不再作为无形资产确认时止。即:当月增加的无形资产,当月开始摊销;当月减少的无形资产,当月不再摊销。

无形资产的应摊销金额为其成本扣除预计残值后的金额。已计提减值准备的无形资产,还应扣除已计提的无形资产减值准备累计金额。使用寿命有限的无形资产其残值一般视为零。

(二)无形资产摊销的会计处理

无形资产的摊销金额一般应当计入当期损益(管理费用)。但如果某项无形资产是专门用于生产某种产品或者其他资产,其所包含的经济利益是通过转入到所生产的产品或其他资产中实现的,则无形资产的摊销金额应当计入相关资产的成本。例如,某项专利用于生产产品,则该专利的摊销金额应构成所生产产品成本的一部分,计入该产品的制造费用。

　　企业一般要设置"累计摊销"账户,反映无形资产的摊销情况。累计摊销是无形资产的调整(备抵)账户,其性质与固定资产中的累计折旧基本相同。贷方登记企业计提的无形资产摊销;借方登记处置无形资产转出的累计摊销,期末贷方余额反映企业无形资产的累计摊销额,按无形资产项目设置明细账。企业对无形资产摊销,应借记"管理费用"、"制造费用"等账户,贷记"累计摊销"账户。

　　例 4-59　东风公司拥有的一项专利权,成本为 360 000 元,合同规定的受益年限为 10 年,则该公司每月摊销 3 000 元,应编制会计分录如下:

```
借:管理费用等                        3 000
    贷:累计摊销——专利权                    3 000
```

　　使用寿命不确定的无形资产不需要摊销,但是应当在每个会计期末进行减值测试,其减值测试的方法应按照资产减值的原则进行处理,如表明已发生减值,则需要计提减值准备。

　　企业应当在每个会计期末对使用寿命不确定的无形资产的使用寿命进行复核。如果有证据表明无形资产的使用寿命是有限的,应当估计其使用寿命,并按照以上原则进行摊销。

四、无形资产的期末计量

　　会计期末,企业应该检查无形资产是否发生了减值,并对已经发生减值的无形资产计提减值准备。

　　如果无形资产的账面价值(无形资产的原价－无形资产减值准备－累计摊销,下同)超过其可收回金额,则应按超过部分确认无形资产减值准备。企业计提的无形资产减值准备计入当期的"资产减值损失"。借记"资产减值损失——计提的无形资产减值准备"账户,贷记"无形资产减值准备"账户。

　　企业不能将以前年度已确认的减值损失予以转回。

五、无形资产的处置

　　无形资产的处置,主要包括无形资产的出售、出租,或者是无形资产无法给企业带来经济利益,则应将其予以终止确认并转销。

(一)无形资产的出售

　　转让无形资产的所有权,也就意味着企业放弃对无形资产的占有、使用、收益、处置的权利,而将这些权利转移给购买方。所以,应注销已转让的无形资产账面上的摊余价值,即注销无形资产和累计摊销,相关的减值准备也应一并转销。所取得的价款与无形资产摊余价值的差额,应确认为营业外收入或支出。

　　当企业出售无形资产时,按实际取得的转让收入,借记"银行存款"等账户;按已计提的累计摊销额,借记"累计摊销"账户;按该项无形资产已计提的减值准备,借记"无形资产减值准备"账户;按无形资产的账面余额,贷记"无形资产"账户,按应支付的相关税费,贷记"银行存款""应交税费"等账户,按其差额,贷记"营业外收入——非流动资产处置利得"

账户或借记"营业外支出——非流动资产处置损失"账户。

例 4-60 东风公司将拥有的一项商标权出售，共获得收入 100 000 元，该项商标权的成本为 120 000 元，已摊销 30 000 元。应编制会计分录如下：

借：银行存款   100 000
  累计摊销——商标权   30 000
 贷：无形资产——商标权   120 000
   营业外收入——处置非流动资产利得 10 000

（二）无形资产的出租

如果企业只是让渡无形资产的使用权，则意味着它仍拥有该项无形资产的占有、使用、收益、处置的权利，受让方只有使用权，没有所有权。因此，这项资产仍应作为企业的无形资产，保留其账面价值，继续进行摊销。会计上只需要核算取得的租金收入及其相关的履约费用。

取得租金时，借记"银行存款"等账户，贷记"其他业务收入"等账户；摊销出租无形资产成本并发生与出租该无形资产有关的各种费用支出时，借记"其他业务成本"账户，贷记"累计摊销"等账户。

例 4-61 承例 4-60 的资料，假如东风公司只是将商标出租给其他单位，合同约定受让方每年按销售收入的 5% 支付使用费。当年，受让企业的销售收入为 600 000 元，该无形资产每月摊销额为 1 000 元。应编制会计分录如下：

（1）取得收入 30 000 元时：

借：银行存款   30 000
 贷：其他业务收入   30 000

（2）出租后，每月摊销无形资产时：

借：其他业务成本   1 000
 贷：累计摊销——商标权   1 000

（三）无形资产的报废

当无形资产预期不能为企业带来未来经济利益时，就不再符合无形资产的定义，应将其报废转销，其账面价值转作当期损益。转销时，按已摊销的金额，借记"累计摊销"账户；按其账面余额，贷记"无形资产"账户；按其差额，借记"营业外支出"账户；已计提减值准备的，还应同时结转减值准备。

例 4-62 东风公司原拥有一项非专利技术，采用直线法进行摊销，预计使用期限为 10 年。现该项非专利技术已被内部研发成功的新技术所替代，并且根据市场调查，用该非专利技术生产的产品已没有市场，预期不能再为企业带来任何经济利益，故应当予以转销。转销时，该项非专利技术的成本为 9 000 000 元，已摊销 6 年，累计计提减值准备 2 400 000 元，该项非专利技术的残值为 0。假定不考虑其他相关因素。

应编制会计分录如下：

借：累计摊销   5 400 000
  无形资产减值准备——专利权   2 400 000

营业外支出——处置非流动资产损失　　　　　　1 200 000
　　贷：无形资产——专利权　　　　　　　　　　　9 000 000

第九节　小　　结

本章介绍了构成资产负债表左边内容的各项主要资产的确认与计量。

企业在对资产进行计量时,一般应当采用历史成本,采用重置成本、可变现净值、现值、公允价值计量的,应当保证所确定的资产金额能够取得并可靠计量。会计期末,企业应该检查各项按历史成本计量的资产价值或可收回金额,对于已经发生减值或坏账的资产,应该计提减值或坏账准备。

货币资金是流动性最强的资产,包括库存现金、银行存款及其他货币资金。库存现金的备用金制度有助于提高经营管理效率,定期将银行存款日记账与银行对账单核对并编制银行存款余额调节表是银行存款管理的必要手段。

交易性金融资产持有的目的是保持资产较高流动性和较低风险的同时,从所买卖的有价证券的价格变动中获益。本章以交易性金融资产为例说明了资产以公允价值为计量模式的运用。企业取得交易性金融资产时,应当按照该金融资产取得时的实际交易价格作为公允价值入账。会计期末,交易性金融资产应该按照资产负债表日的公允价值重新计量。

应收款项是企业在日常经营中产生的短期债权,其中最主要的是应收账款,它是企业销售商品而发生的债权。遵循谨慎原则和配比原则,企业采用备抵法核算其坏账损失,坏账准备的计提直接影响本期利润,因此合理计提是关键。

以上三大类资产都是流动资产,也都属于金融资产。

存货也是流动资产,但是非金融资产。存货主要包括原材料、库存商品等。存货按实际成本确认入账。现行企业会计准则规定,存货发出的计价可以采用先进先出法、加权平均法及个别认定法。会计期末,存货按成本与可变现净值孰低法计量,以确定存货的跌价准备和由此产生的减值损失。

长期股权投资是一种非流动资产。长期股权投资的入账价值为企业取得长期股权投资所付出的实际成本。长期股权投资的后续计量有成本法与权益法的区分。成本法下,不反映被投资企业净利润的状况。而权益法下,长期股权投资的入账价值及投资收益随被投资企业所有者权益,特别是净利润的变动而变动。

固定资产是使用寿命超过一个会计年度、为生产商品、提供劳务而持有的房屋建筑物、机器设备等。固定资产的价值应该在有效服务期内按一定的方法计算折旧,以便将价值分摊到各期的成本费用中,折旧方法有年限平均法及加速折旧法,不同的折旧方法会给使用期间的各会计年度带来不同的成本费用金额。固定资产在使用过程中发生的更新改造支出、修理费用应该严格区分资本化与费用化。企业出售、转让、报废固定资产或发生固定资产毁损,应当通过"固定资产清理"账户处理。

无形资产是指企业拥有或控制的、没有实物形态的、可辨认的非货币性长期资产,包括专利权、商标权、土地使用权和非专利技术等。企业应该合理划分研发无形资产的资本化支出与费用化支出,合理估计无形资产的寿命以便合理摊销无形资产的价值。

思 考 题

1. 资产可以分为哪几类？他们分别具有怎样的特点？
2. 一项交易性金融资产的投资收益受哪些因素的影响？
3. 备抵法下坏账准备金的计提怎样影响利润？
4. 在存货价格上升趋势下,不同的发出存货计价方法的采用会怎样影响利润？
5. 当存货的成本低于可变现净值时,是否需要进行会计处理？
6. 长期股权投资的账面金额会在哪些情况下发生变化？
7. 固定资产的确认计量中,如何划分支出的资本化与费用化？
8. 符合哪些特征的资产可以确认为无形资产？

练 习 题

习 题 一

练习目的:掌握库存现金的会计处理。

一、资料

永华公司 20×2 年 2 月发生了以下经济业务:

(1) 以现金 1 000 元存入银行。

(2) 购买办公用品 500 元,以现金支付。

(3) 用现金预支职工李某差旅费 800 元。

(4) 拨付总经理办公室备用金 2 000 元(实行定额备用金制度)。

(5) 总经理办公室凭报销单据报销购买办公用品的零星开支 500 元,补付现金。

(6) 职工李某报销差旅费 700 元,余款 100 元交回现金。

(7) 现金清查中发现短缺 100 元,原因待查。

(8) 公司办理信用卡申领手续,缴存信用卡备用金存款 50 000 元。

(9) 以银行存款 200 000 元,归还短期借款。

(10) 收到应收账款 50 000 元存入银行。

(11) 用信用卡支付业务招待费 4 000 元。

(12) 委托银行将 100 000 元汇往外地某银行开立临时存款账户。

二、要求

根据以上经济业务编制会计分录。

习 题 二

练习目的:掌握银行存款余额调节表的编制。

一、资料

永华公司 20×1 年 12 月 31 日银行存款日记账余额是 381 830 元,银行送来的对账单上本企业 20×1 年 12 月 31 日银行存款余额是 392 109 元,经逐笔核对,发现以下情况:

(1) 企业委托银行代收货款 8 700 元,银行已经于 12 月 30 日收到入账,企业尚未登账;

(2) 银行于 12 月 31 日代付水电费 261 元,企业尚未接到付款通知;

(3) 企业 12 月 30 日送存转账支票 5 510 元,企业已入账,银行尚未登入企业存款账;

(4) 企业 12 月 25 日开出现金支票一张,金额 4 350 元,用于支付购买办公用品费,但持票人尚未去银行支取;

(5) 企业开出现金支票 12 000 元备用,现金与银行存款日记账误记为 15 000 元,银行对账单记录正确。

二、要求

(1) 编制"银行存款余额调节表"。

(2) 编制错账更正会计分录。

习 题 三

练习目的:掌握交易性金融资产(股票)的会计处理。

一、资料

(1) 20×2 年 3 月 25 日,永华公司按每股 8 元的价格购入 A 公司每股面值 1 元的股票 30 000 股作为交易性金融资产,另外支付交易费用 1 000 元。股票购买价格中包含每股 0.2 元已经宣告但尚未领取的现金股利,款项均以银行存款支付。

(2) 20×2 年 4 月 20 日发放上述股利。

(3) 20×2 年 6 月 30 日为资产负债表日,永华公司持有的交易性金融资产公允价值为 245 000 元。

(4) 20×2 年 8 月 25 日,A 公司宣告 20×2 年半年度利润分配方案,每股分派现金股利 0.10 元。

(5) 20×2 年 9 月 20 日收到上述现金股利。

(6) 20×2 年 10 月 24 日,永华公司将持有的 A 公司股票售出,实际收到出售价款 240 000 元。

二、要求

根据上述资料编制会计分录。

习 题 四

练习目的:掌握交易性金融资产(债券)的会计处理。

一、资料

(1) 20×2 年 1 月 1 日,永华公司按照 86 800 元的价格购入甲公司于 20×1 年 1 月

1 日发行的、面值 80 000 元的债券,该债券期限 5 年,票面利率 8%,每年 12 月 31 日付息、到期还本。永华公司将该债券作为交易性金融资产,并支付交易费用 300 元。债券购买价格中包含已到付息期尚未支付的利息 6 400 元。

(2) 1 月 15 日,收到甲公司支付的债券利息。

(3) 永华公司对持有的债券每半年计提一次应收利息。6 月 30 日该债券的市场价格为 76 000 元。

(4) 20×2 年 12 月 23 日,永华公司将持有的甲公司债券售出。实际收到出售价款 82 100 元。

二、要求

根据上述经济业务编制会计分录。

习 题 五

练习目的:掌握应收款项的会计处理。

一、资料

永华公司为增值税一般纳税企业,适用的增值税率为 17%。20×1 年 3 月,发生下列业务:

(1) 3 月 2 日,向 B 公司赊销某商品 100 件,每件标价 200 元,实际售价 180 元(售价中不含增值税额),已开增值税专用发票。商品已交付 B 公司。代垫 B 公司运杂费 2 000 元。

(2) 3 月 4 日,销售给乙公司商品一批,增值税发票上注明价款为 20 000 元、增值税额 3 400 元,乙公司以一张期限为 60 天,面值为 23 400 元的无息银行承兑汇票支付。该批商品成本为 16 000 元。

(3) 3 月 8 日,收到 B 公司 3 月 2 日所购商品货款并存入银行。

(4) 3 月 11 日,永华公司从甲公司购买原材料一批,价款 20 000 元,按合同规定先预付 40%购货款,其余货款验货后支付。

(5) 3 月 20 日,因急需资金,永华公司将收到的乙公司的银行承兑汇票到银行办理贴现,年贴现率为 10%。

(6) 3 月 21 日,收到从甲公司购买的原材料,并验收入库,余款以银行存款支付。增值税专用发票注明价款 20 000 元,增值税 3 400 元。

二、要求

根据上述经济业务编制会计分录。

习 题 六

练习目的:掌握应收账款坏账准备计提。

一、资料

永华公司采用应收账款余额百分比法计提坏账准备,计提比例为 0.5%。20×0 年年末坏账准备账户为贷方余额 7 000 元。20×1 年永华公司应收账款及坏账损失发生情况

如下:

(1) 1月20日,收回上年已作为坏账转销的20 000元。

(2) 6月4日,获悉应收乙企业的账款45 000元,由于该企业破产无法收回,确认为坏账。

(3) 20×1年12月31日,永华公司应收账款余额为1 200 000万元。

二、要求

编制上述有关坏账准备的会计分录。

习 题 七

练习目的:掌握原材料收发的会计处理。

一、资料

永华公司为增值税一般纳税人,增值税税率为17%。原材料采用实际成本法核算,原材料发出采用月末一次加权平均法计价。运输费不考虑增值税。

20×1年4月,与A材料相关的资料如下:

(1) 1日,"原材料—A材料"账户余额20 000元(共2 000公斤,其中含3月末验收入库但因发票账单未到而以2 000元暂估入账的A材料200公斤)。

(2) 5日,收到3月末以暂估价入库A材料的发票账单,货款1 800元,增值税额306元,对方代垫运输费400元,全部款项已用转账支票付讫。

(3) 8日,以汇兑结算方式购入A材料3 000公斤,发票账单已收到,货款36 000元,增值税额6 120元,运输费用1 000元。材料尚未到达,款项已由银行存款支付。

(4) 11日,收到8日采购的A材料,验收时发现只有2 950公斤。经检查,短缺的50公斤确定为运输途中的合理损耗,A材料验收入库。

(5) 18日,持银行汇票80 000元购入A材料5 000公斤,增值税专用发票上注明的货款为49 500元,增值税额8 415元,另支付运输费用2 000元,材料已验收入库,剩余票款退回并存入银行。

(6) 21日,基本生产车间自制A材料50公斤验收入库,总成本为600元。

(7) 30日,根据"发料凭证汇总表"的记录,4月份基本生产车间为生产产品领用A材料6 000公斤,车间管理部门领用A材料1 000公斤,企业管理部门领用A材料1 000公斤。

二、要求

(1) 计算永华公司4月份发出A材料的单位成本。

(2) 根据上述资料,编制永华公司4月份与A材料有关的会计分录。

习 题 八

练习目的:掌握存货发出的计价方法。

一、资料

永华公司20×2年5月初存货10 000件,成本为40 000元,5月10日和25日分别销货 20 000 件、40 000 件。本期进货情况见表 4-7。

表 4-7　　　　　　　　　永华公司 20×2 年 5 月某存货的进货情况

日　　期	单价（元）	数量（件）
5 月 7 日	4.10	20 000
5 月 18 日	4.15	30 000
5 月 20 日	4.20	20 000
5 月 28 日	4.25	8 000

二、要求

分别采用加权平均法、先进先出法分别计算 20×2 年 5 月发出存货成本和结存存货成本。

习　题　九

练习目的：掌握存货跌价准备的计提。

一、资料

永华公司对存货的期末计价采用成本与可变现净值孰低法。该公司存货有关资料如下：

20×0 年年末，B 库存商品余额为 0；

20×1 年年末，B 库存商品的账面成本为 75 000 元，可变现净值为 70 000 元；

20×2 年年末，B 库存商品的账面成本为 100 000 元，可变现净值为 97 000 元；

二、要求

根据上述资料编制存货期末计提跌价准备业务的会计分录。

习　题　十

练习目的：掌握存货盘盈盘亏的会计处理。

一、资料

（1）永华公司在财产清查中盘盈 J 材料 1 000 公斤，实际单位成本 60 元，经查属于材料收发计量方面的错误。

（2）永华公司在财产清查中发现盘亏 K 材料 500 公斤，实际单位成本 200 元，经查属于一般经营损失。

（3）永华公司在财产清查中发现毁损 L 材料 300 公斤，实际单位成本 100 元，经查属于材料保管员的过失造成的，按规定由其个人赔偿 20 000 元，残料办理入库手续，价值 2 000 元。

（4）永华公司因台风造成一批库存材料毁损，实际成本 70 000 元，根据保险责任范围及保险合同规定，应由保险公司赔偿 50 000 元。

二、要求

根据上述经济业务编制相关会计分录。

习 题 十 一

练习目的：掌握成本法下长期股权投资的会计处理。

一、资料

永华公司发生有关长期股票投资的经济业务如下：

(1) 20×1 年 2 月 1 日，购入 D 股份公司股票 50 万股，每股成交价 5 元，印花税、手续费 1 000 元，占 D 股份公司有表决权资本的 60%，不具有重大影响，准备长期持有。款项均以银行存款支付。

(2) D 公司 20×2 年 3 月 5 日，宣告发放 20×1 年度的现金股利，每股 0.10 元。

(3) 20×2 年 3 月 28 日，公司收到现金股利，存入银行。

(4) 20×3 年 4 月 2 日，D 公司宣告分派 20×2 年度现金股利，每股 0.20 元。

(5) 20×3 年 4 月 30 日，公司收到现金股利存入银行。

二、要求

根据上述资料编制相关会计分录。

习 题 十 二

练习目的：掌握权益法下长期股权投资的会计处理。

一、资料

永华公司 20×7 年至 20×9 年投资业务有关的资料如下：

(1) 20×7 年 1 月 1 日，永华公司以银行存款 900 万元，购入乙股份有限公司(以下简称乙公司)股票，占乙公司有表决权股份的 30%，对乙公司的财务和经营政策具有重大影响。不考虑相关费用。假定 20×7 年 1 月 1 日乙公司可辨认净资产的账面价值与公允价值相同，金额为 3 000 万元。

(2) 20×7 年度，乙公司实现净利润 1 200 万元。

(3) 20×8 年 5 月 2 日，乙公司宣告发放 2007 年度的现金股利 300 万元，并于 20×8 年 5 月 20 日实际发放。

(4) 20×8 年度，乙公司发生净亏损 600 万元。

(5) 20×8 年 12 月 31 日，永华公司预计对乙公司长期股权投资的可收回金额为 900 万元。

(6) 20×9 年度，乙公司发生亏损 400 万元。

二、要求

编制永华公司 20×7 年至 20×9 年投资业务相关的会计分录。

习 题 十 三

练习目的：掌握固定资产增减的会计处理。

一、资料

永华公司为增值税一般纳税人，适用的增值税税率为 17%，20×0 年度发生以下

业务:

(1) 20×0年2月8日,收到A公司投入的物资,该物资为A公司的产成品,其账面成本100万元,公允价值150万元,按照双方协议,该项投资占永华公司1 000万元(含A公司投入)所有者权益总额的15%,永华公司收到后作为建设不动产物资使用,增值税专用发票上注明的25.5万元进项税额不得抵扣。

(2) 永华公司的一条生产线,原价200万元,已经计提80万元累计折旧和30万元减值准备,20×0年1月1日转入更新改造,改造过程用存款支付改造支出共计50万元,另使用本公司成本为23.5万元的产品用于该项改造,并领用本公司为生产储备的原材料17.5万元。改造过程中,公司更换生产线某一旧部件,旧部件账面价值40万元,无使用价值。新部件买价为70万元。该部件购入时专门为建造此生产线准备。至20×0年年底更新改造工程尚未完工。(暂不考虑工程领用存货的相关增值税处理)

(3) 永华公司于20×0年3月31日开始自行建造生产线,以银行存款购买工程物资,其增值税专用发票注明货款为300万元,增值税税额为51万元,实际工程耗用80%,其余转为生产用材料;工程发生人工费用50万元;工程耗用水电等30万元。该生产线于20×0年12月建造完工并正式投入使用。

(4) 永华公司20×0年6月30日出售M设备一台,设备原价200万,已计提折旧120万,计提减值准备10万元,出售取得价款58.5万元(包含增值税税款),另发生相关清理费用2万元,以银行存款支付。

二、要求

根据上述资料编制会计分录。

习 题 十 四

练习目的:掌握固定资产折旧的计算。

一、资料

永华20×1年12月购入A设备,增值税专用发票注明的设备价款为100 000元,增值税17 000元,预计使用年限为5年,预计净残值为2 000元。

二、要求

(1) 计算采用年限平均法计提折旧时各年的折旧率和折旧额。
(2) 计算采用双倍余额递减法计提折旧时各年的折旧率和折旧额。
(3) 计算采用年数总和法计提折旧时各年的折旧率和折旧额。

习 题 十 五

练习目的:掌握外购无形资产的会计处理。

一、资料

永华公司20×1年1月1日从B公司购入一项专利权,以银行存款支付买价和有关费用共计100万元。该专利权自可供使用时起至不再作为无形资产确认时止的年限为10年,假定永华公司于年末一次计提全年无形资产摊销。20×3年1月1日永华公司将上项专利出售给 C 公司,取得收入 90 万元存入银行,该项收入适用的营业税税率为 5%(不考虑其他税费)。

二、要求

(1) 编制永华公司购买专利权的会计分录。

(2) 计算该项专利权的年摊销额并编制有关会计分录。

(3) 编制与该专利权转让有关的会计分录并计算转让的净损益。

习 题 十 六

练习目的:掌握自行研究开发无形资产的会计处理。

一、资料

永华公司 20×1 年 10 月起自行研究开发一项专利。当年主要从事调查、评价,发生费用 30 000 元;根据研究结果,20×2 年正式进行专利技术开发,当年发生费用 200 000 元,在申请专利权过程中,又发生注册费、律师费等相关费用 15 000 元。

二、要求

编制研究开发该项专利权的相关会计分录。

案例分析题

一、资料

新疆库尔勒香梨股份有限公司于 20×1 年 12 月在上交所上市。公司主营业务为林果业及果品深加工,主要产品为香梨与果酒。自 20×2 年至 20×9 年,各年实现的净利润与每股净资产见表 4-8。

表 4-8   **20×2—20×9 年 ST 香梨财务数据摘要**

年度/截止日期	净利润(万元)	每股净资产(元)
20×2.12.31	3 092.95	2.91
20×3.12.31	1 615.02	3.02
20×4.12.31	80.48	3.02
20×5.12.31	−6 237.79	2.62
20×6.12.31	134.18	2.65
20×7.12.31	−3 016.50	2.48
20×8.12.31	−11 588.40	1.70
20×9.12.31	3 172.68	1.89

由表 4-8 不难发现,ST 香梨的经营状况并不尽如人意,在 20×7 年、20×8 年连续两年亏损后,原"香梨股份"简称被更名为" *ST 香梨"。在 20×8 年高达一亿多人民币的净利润亏损额后,ST 香梨在 20×9 年扭亏为盈,成功摘"星"。以下是 *ST 香梨 20×7—20×9 年的相关财务数据:

(1) 资产减值损失变动,见表4-9。

20×7—20×9 年资产减值损失总额对比

年　　度	20×7	20×8	20×9
资产减值损失(元)	6 147 021.65	98 087 624.39	338 225.88

(2) 20×8 年资产减值准备分项数据,见表4-10。

表4-10 　　　　　　　**ST 香梨 20×8 年资产减值准备分项列示** 　　　　　单位:元

项　　目	期初账面余额	本期计提额	本期减少额		期末账面余额
			转回	转　销	
一、坏账准备	2 133 476.30	−670 749.60	0.00	808 752.14	653 974.56
二、存货跌价准备	6 881 848.30	944 597.89	0.00	4 855 350.17	2 971 096.02
三、固定资产减值准备	0.00	16 202 175.96	0.00	0.00	16 202 175.96
四、在建工程减值准备	0.00	42 442 738.57	0.00	0.00	42 442 738.57
五、无形资产减值准备	0.00	27 378 753.07	0.00	0.00	27 378 753.07
六、商誉减值准备	0.00	11 790 108.50	0.00	0.00	11 790 108.50
合　　计	9 015 324.60	98 087 624.39	0.00	5 664 102.31	101 438 846.68

(3) 20×8 年存货跌价准备分项数据,见表4-11。

表4-11 　　　　　　　　　**20×8 年度存货跌价准备分项列示** 　　　　　单位:元

存货种类	期末账面余额		期初账面余额	
	金　　额	跌价准备	金　　额	跌价准备
原材料	533 020.41	399 731.62	487 561.52	0.00
在产品	2 482 894.49	2 026 498.13	8 716 527.44	6 881 848.30
包装物	4 132 399.43	0.00	3 022 860.41	0.00
库存商品	614 206.55	544 866.27	892 918.08	0.00
低值易耗品	510 587.83	0.00	381 552.24	0.00
自制半成品	90 908.64	0.00	185 340.15	0.00
合　　计	8 364 017.35	2 971 096.02	13 686 759.84	6 881 848.30

(4) 20×8 年度营业外支出明细数据,见表4-12。

表4-12 　　　　　　　　**20×8 年度营业外支出明细列示** 　　　　　单位:元

项　　目	本期发生额	上期发生额
1. 非流动资产处置损失	11 114 361.00	1 788 202.48
其中:固定资产处置损失	5 230 281.76	1 788 202.48
其他非流动资产处置损失	5 884 079.24	0.00
2. 公益性捐赠支出	122 000.00	202 000.00
3. 非常损失	0.00	348 231.02

项　目	本期发生额	上期发生额
4. 盘亏损失	0.00	6 324.15
5. 赔款支出	28.32	1.30
6. 其他	0.00	1 214.77
合　计	11 236 389.32	2 345 973.72

（5）20×9 年度投资收益明细数据，见表 4-13。

表 4-13　　　　　　　　　　　　20×9 年投资收益明细列示

项　目	本期数	上期数
交易性金融资产收益	0.00	81 143.02
长期股权投资收益	39 038 407.76	1 487 644.96
合　计	39 038 407.76	1 568 787.98

二、要求

（1）比较 ST 香梨 20×7—20×9 年资产减值损失，说明 20×8 年资产减值损失特别高的原因。

（2）根据表 4-10，坏账准备计提金额 −670 749.60 元、存货跌价准备转销金额 4 855 350.17 元，请指出这两个数据的会计含义。

（3）综合财务数据，分析 ST 香梨存在什么样的动机？

第五章

负 债

学习目标

1. 理解负债的定义、确认条件、计量属性和类别的划分；

2. 理解短期借款的定义，掌握短期借款借入、计息和归还的会计处理方法；

3. 理解应付及预收款项的定义，掌握应付账款、应付票据和预收账款的会计处理方法；

4. 理解应付职工薪酬的定义，了解应付职工薪酬包含的内容，掌握应付职工薪酬的会计处理方法；

5. 理解应交税费的含义，了解应交税费包含的内容，掌握应交税费的会计处理方法；

6. 了解其他应付款项包括的内容，掌握应付股利、应付利息和其他应付款的会计处理方法；

7. 理解非流动负债的含义，了解借款费用的处理方法，掌握长期借款、应付债券的会计处理方法。

第一节　负债概述

企业从事生产经营必须拥有一定数量、一定种类的资产，而资产的提供者享有相应的权益。权益反映了一个会计主体的资金来源，包括负债和所有者权益。负债是企业权益的重要组成部分，表现为债权人对企业资产的要求权。

一、负债的定义和确认条件

负债是指企业过去的交易或者事项形成的，预期会导致经济利益流出企业的现时义务。企业负债产生的根本原因在于过去某项交易的发生，如银行借款就是因为企业接受银行贷款形成的负债、应付账款就是由于企业赊购商品形成的负债。负债是企业在现行条件下已经承担的义务，这种义务大部分通过合同形式约定，如企业与银行签订的借款合同，企业与供货商签订的购货合同等。负债的偿还将会导致企业经济利益的流出，如企业使用货币资金偿还银行借款、支付供货商欠款，直接导致企业货币资金的减少。

与资产的确认一样，在会计上确认一项负债，我们需要考虑两个方面：一方面看它是否符合负债的定义；另一方面看它是否满足负债确认的条件。确认为负债必须同时满足以下两个条件：

(1) 与该义务有关的经济利益很可能流出企业；

(2) 未来流出的经济利益的金额能够可靠的计量。

二、负债的分类

为了更好地表述负债的不同性质和作用,负债可按照不同的标准做以下分类:

1. 流动负债和非流动负债

负债按其偿还期限的长短,划分为流动负债和非流动负债两大类。

流动负债是指将在1年或超过1年的一个营业周期内偿还的债务。负债满足下列条件之一的,可以归为流动负债:

(1) 预计在一个正常营业周期内清偿。营业周期通常指企业从取得存货开始到销售存货取得现金为止这一期间,如果负债在此期间内偿还,属于流动负债。

(2) 主要为交易目的而持有。如购买商品形成的应付账款,企业购买商品就是为了出售,从中获利。

(3) 在一年内到期偿还。流动负债的还款期限通常短于1年。

(4) 企业无权自主的将还款期限推迟,改变偿债期限由债权人决定。

流动负债主要包括短期借款、应付账款、应付票据、预收账款、应付职工薪酬、应付利息、应交税费和其他应付款等项目。其中,短期借款来自于银行等金融机构提供的负债;应付账款、预收账款形成于企业间的商业信用;应付票据产生于商业汇票这一结算方式;应付职工薪酬反映的是企业与职工之间的债务关系;应交税费则反映了企业需要缴纳的各种税金。

非流动负债是指流动负债以外的负债。非流动负债的偿还期限较长,通常在1年以上。非流动负债的持有目的不同于流动负债,往往与长期资产的购建有关。非流动负债包括长期借款、应付债券和长期应付款等内容。

2. 金融负债与非金融负债

金融负债本质上是一种合同义务,由于这项合同义务的存在,持有金融负债的企业承担着支付现金或其他金融工具给另外一家企业的义务,或者承担着与其他企业在潜在不利条件下交换金融工具的义务。金融工具是指形成一个企业的金融资产,并形成其他单位的金融负债或权益工具的合同。金融工具的本质属性是一项合同,合同形成一方的金融资产,对应形成另一方的金融负债或权益工具。例如,企业发行普通股,对于发行企业而言,是权益工具;对于持有方而言,是股权投资、是金融资产。企业发行债券,对于发行企业而言,是负债;对于持有方而言则是债权投资,是金融资产。金融负债是负债的组成部分,主要包括短期借款、应付票据、应付债券和长期借款等。非金融负债是指企业在经营过程中除金融工具外的其他事项所承担的负债,主要包括应付职工薪酬、应交税费、其他应付款等。非金融负债不具有金融工具合同,不需要支付利息。例如,应付职工薪酬是企业根据有关规定应付给职工的各种报酬,属于因接受职工提供服务而产生的应付款项,不具有金融工具合同,不需要支付利息,属于非金融负债。

三、负债的计量

负债是资产负债表的主要构成内容,负债的准确计量关系到企业财务状况的公允反映,影响着会计信息披露的质量,因此合理确定负债的计量方法非常重要。

（一）负债的计量属性

企业可以采用历史成本、重置成本、公允价值、现值这四个计量属性对负债要素进行计量。历史成本，是指负债按照因承担现时义务而实际收到的款项或资产的金额，或者是承担现时义务的合同金额，也可以是按照日常活动中为偿还负债预期需要支付的现金或现金等价物的金额。重置成本，是指负债按照现在偿付该项债务所需支付的现金或者现金等价物的金额计量。公允价值，是指市场参与者在计量日发生的有序交易中，转移一项负债所需支付的价格。有序交易，是指在计量日的前一段时期内相关资产或负债具有惯常市场活动的交易。现值，是指负债按照预计期限内需要偿还的未来净现金流出量的折现金额计量。企业在对负债要素进行计量时，一般采用历史成本，如果采用重置成本、公允价值、现值计量的，应考虑负债的特征，考虑相关金额能否可靠获得。

（二）负债计量属性的应用

理论上，负债的计量应该考虑货币时间价值，应该按未来偿付金额的现值计量。但是，在会计实务中，考虑到流动负债的偿还期限较短，其到期值（即未来偿付金额）与现值的差异很小，可以忽略不计。因此，流动负债通常采用历史成本计量属性，按照因承担现时义务而实际收到的款项或者资产的金额（即未来偿付金额）计量。对于非流动负债，偿还期限较长，未来应付的金额与现值之间的差异较大，一般应该采用现值计量属性，按照预计期限内需要偿还的未来净现金流出量的折现金额计量。企业对于金融负债通常采用公允价值计量。企业对于预计负债的计量可以采用重置成本，预计负债通常按照履行相关现时义务所需支出的最佳估计数进行初始计量。企业在确定最佳估计数时，应当综合考虑与或有事项有关的风险、不确定性和货币时间价值等因素。

第二节　短　期　借　款

一、短期借款的概念和账户设置

短期借款是指企业向银行或其他金融机构借入的期限在一年以内（包括一年）的各种借款。短期借款的借入通常用于满足企业日常生产经营活动开支的需要，可用于支付货款、各种欠款和费用。企业向银行借入款项，必须按规定用途使用，同时还需要支付利息，到期归还本金。

企业可以设置"短期借款"账户，反映短期借款的借入和偿还情况。"短期借款"账户的贷方反映银行借款的增加，借方反映银行借款的偿还，期末余额代表企业尚未归还的银行借款金额。

二、短期借款的业务内容

企业从银行或其他金融机构取得借款时，借记"银行存款"账户，贷记"短期借款"账户。企业在使用借款的过程中还需要支付利息，在实际工作中，银行往往于每季度末收取利息。根据权责发生制的要求，企业可以按月确认利息费用，计入"财务费用"账户的借方，同时贷记"应付利息"账户；每季度末支付利息时，借记"应付利息"账户，同时贷记"银行存款"账户。有些企业为了简化日常的会计处理,也可以不按月确认利息费用,而是在支付利息时直接确认为财务费用。

例 5-1 东风公司于 20×1 年 4 月 1 日向银行借入一笔款项用于支付购货款。金额为 60 000 元,期限为 6 个月,年利率为 6%。根据与银行签订的借款协议,每季末支付利息,到期一次性归还本金。

假设东风公司按月确认利息费用,应编制如下会计分录:

(1) 4 月 1 日,向银行借入短期借款时:

借:银行存款	60 000
贷:短期借款	60 000

(2) 4 月 30 日,确认当月利息费用时:

借:财务费用	300
贷:应付利息	300

分录中,当月应计利息＝60 000×6%÷12＝300(元)。

5 月 31 日、6 月 30 日做相同的会计处理。

(3) 7 月 1 日,支付利息时:

借:应付利息	900
贷:银行存款	900

(4) 7 月 31 日、8 月 31 日、9 月 30 日分别确认利息费用,分录同(2)。

(5) 10 月 1 日,借款到期归还本金并支付利息时:

借:应付利息	900
短期借款	60 000
贷:银行存款	60 900

假设东风公司没有按月确认利息费用,而是在支付利息时确认入账。东风公司则可编制以下会计分录:

(1) 7 月 1 日,支付利息

借:财务费用	900
贷:银行存款	900

(2) 10 月 1 日,归还本金、支付利息

借:财务费用	900
短期借款	60 000
贷:银行存款	60 900

第三节　应付及预收账款

企业除了向银行申请贷款满足资金需求以外,还可以利用企业与企业之间提供的商业信用满足暂时的资金需求,从而形成了应付账款、应付票据、预收账款等。

一、应付账款

应付账款形成于企业的购货环节,企业可以先行取得货物,货款在日后支付,这属于

商业信用。

（一）应付账款的概念和账户设置

应付账款是指企业发生购买材料、商品或接受劳务等业务产生的债务。应付账款的确认与所购货物的所有权是否转移有关，企业通常在取得所购货物所有权的同时将应付账款确认入账。企业购入材料、商品或接受劳务等产生的应付账款，通常按照未来应付的金额确认入账。

企业可以设置"应付账款"账户记录应付账款的发生与偿还，同时还可以根据不同的供货单位设置明细账，反映企业欠各供应单位的购货款。

（二）应付账款的业务内容

在实务工作中，为了使所购入货物的品种、数量、质量等与购货合同条款相符，避免因验收时发现所购货物存在数量、质量问题而对入账货物或应付账款金额进行调整，通常区别不同情况加以处理：

（1）货物和账单同时到达企业。如果货物和账单同时达到企业，企业一般在货物验收入库后，再根据验收单、发票账单确认应付账款。

（2）货物先行达到企业。如果货物先行运到企业，发票账单尚未到达，企业可以先不进行账务处理。如果等到月末，账单仍未收到，考虑到企业此时债务已经形成，为了全面反映企业的负债状况，可以按照暂估价确认应付账款。下月初，红字冲回，等收到账单后再行处理。

（3）账单先行到达企业。如果企业先收到了账单，如根据购货合同的约定，与货物有关的风险报酬已经转移，企业可以根据发票账单上的金额确认应付账款。

例 5-2 东风公司于 20×1 年 5 月 11 日从甲企业购入材料一批，价款为 10 000 元，材料已验收入款，货款尚未支付。

东风公司应做如下会计分录：

借：原材料　　　　　　　　　　　　　　　　10 000
　贷：应付账款　　　　　　　　　　　　　　　　10 000

例 5-3 承例 5-2，20×1 年 6 月 11 日东风公司用银行存款支付上述应付账款。东风公司可编制如下会计分录：

借：应付账款　　　　　　　　　　　　　　　　10 000
　贷：银行存款　　　　　　　　　　　　　　　　10 000

因为债权人撤销等原因而产生无法支付的应付账款，企业可以按照账面余额计入"营业外收入"账户。

例 5-4 20×1 年 12 月 31 日，东风公司确定一笔应付账款 30 000 元为无法支付的款项，应予转销。东风公司可编制下列会计分录：

借：应付账款　　　　　　　　　　　　　　　　30 000
　贷：营业外收入　　　　　　　　　　　　　　　30 000

二、应付票据

应付票据产生于商业汇票结算方式，购货方开出商业汇票交给供货方并承兑付款，或委托银行承兑付款时形成。

（一）应付票据的概念和账户设置

应付票据反映企业采用商业汇票结算方式延期付款购入货物或接受劳务应支付的票据款。应付票据与应付账款不同，应付票据是延期付款的证明，是已经结算清楚的债务。而应付账款则可以归属于尚未结清的债务。企业可以设置"应付票据备查簿"，详细登记应付票据的种类、出票日期、到期日、票面金额、收款人、合同交易号等信息，应付票据到期支付后再予以注销。

企业为了记录应付票据业务，可以设置"应付票据"账户，记录应付票据的开出和偿付等情况。应付票据账户的贷方登记开出、承兑汇票的面值以及带息票据应支付的利息，借方登记支付的应付票据面值和利息，余额通常在贷方，表示企业尚未到期支付的商业汇票的面值和利息。

（二）应付票据的业务内容

根据《支付结算办法》的规定，商业汇票的最长期限为6个月，为简化会计处理，通常不考虑货币时间价值。企业开出、承兑商业汇票时，按应付票据的票面金额确认入账。如果企业开出的是带息票据，也按票面金额确认入账。

例5-5 东风公司于20×1年1月1日从乙公司购入材料一批，金额为20 000元，材料已验收入库，购销双方约定采用商业汇票结算方式，东风公司收到材料后向乙公司开具商业承兑汇票一张，用以抵付购货款，票据面值为20 000元，期限为4个月。东风公司开出并承兑票据时，可以编制如下会计分录：

借：原材料   20 000
　　贷：应付票据   20 000

假设东风公司开出的为带息票据，票面利率为6%。东风公司编制的会计分录同上。不管企业开出承兑的是带息票据还是不带息票据，企业均按照面值入账。

应付票据到期时，企业按票面金额支付票据款。如果企业开出的是带息票据，票据到期时除了支付票面金额，还需按票面利率支付利息。对于带息票据利息的会计处理可采用以下两种方法：一是在到期支付时确认为财务费用；二是按月确认利息费用，按票面金额和月利率计算应付利息，同时确认为财务费用。方法一比较简单，方法二则符合权责发生制的要求。

1. 不带息票据的偿付

不带息票据到期，企业只需按面值支付票据款。

例5-6 承例5-5，20×1年5月1日东风公司于20×1年1月1日开出承兑的票据到期，东风公司支付票据款时可编制如下会计分录：

借：应付票据   20 000
　　贷：银行存款   20 000

2. 带息票据的偿付

带息票据到期，企业除了按面值支付票据款外，还需按票面利率支付利息。

例5-7 承例5-5 如果东风公开出承兑的是带息票据，票面利率为6%，期限为4个月。20×1 年 5 月 1 日支付票据本息。

应编制的会计分录如下：

借：应付票据   20 000

    财务费用   400

    贷：银行存款   20 400

分录中，应付的票据利息＝20 000×6％÷12×4＝400

对于应支付的票据利息，东风公司也可以按月预提。20×1 年 1 月 31 日，东风公司可以编制下列分录：

借：财务费用   100

    贷：应付票据   100

20×1 年 2 月、3 月、4 月的月末，东风公司编制的会计分录同上。

20×1 年 5 月 1 日，东风公司支付票据本息时编制的会计分录如下：

借：应付票据   20 400

    贷：银行存款   20 400

3. 到期票据无力偿付

商业承兑汇票到期，如果企业无力支付票据款，可以将应付款项转入"应付账款"账户。至于银行承兑汇票到期，银行会直接支付票据款，并从企业存款账户扣除票据款，如果存款不足，则转为"短期借款"。

例 5-8　承例 5-7，20×1 年 5 月 1 日票据到期，东风公司应支付票据本息合计 20 400 元，但是东风公司无力支付票据款。东风公司可编制下列会计分录：

借：应付票据   20 400

    贷：应付账款   20 400

例 5-9　东风公司于 20×1 年 3 月 1 日从乙公司购入材料一批，金额为 40 000 元，材料已验收入库，购销双方约定采用商业汇票结算方式，东风公司收到材料后向乙公司开具商业汇票一张用以抵付购货款，并委托其开户银行承兑，支付银行承兑手续费 20 元。银行承兑汇票面值为 40 000 元，期限为 3 个月。可以编制如下会计分录：

3 月 1 日，东风公司开出银行承兑汇票：

借：原材料   40 000

    贷：应付票据   40 000

同时，支付银行手续费：

借：财务费用   20

    贷：银行存款   20

6 月 1 日，票据到期兑现：

借：应付票据   40 000

    贷：银行存款   40 000

如果票据到期，东风公司银行存款账户上款项不足以支付票据款，银行支付票据款，同时将 40 000 元转为对东风公司的借款。此时，会计分录如下：

借：应付票据   40 000

贷：短期借款	40 000

三、预收账款

　　企业销售货物如果先行收取定金或部分货款,就会形成预收款。预收的款项不能确认为收入,暂时确认为负债。

(一)预收账款的概念和账户设置

　　预收账款是指企业按照销货合同的规定向购货单位预先收取的款项。与前述应付账款、应付票据不同,预收账款形成于销售过程,将来要以商品或提供劳务的方式偿还。企业收到客户预付的购货款时,由于商品尚未交付给购货方,根据权责发生制的要求,收入尚未实现,企业预收的货款应该确认为负债。为了记录预收货款业务,企业可以设置"预收账款"账户,该账户的贷方记录企业预先收取的货款和将来收取的尾款;当商品交付给购货方时,借记"预收账款"账户,同时确认收入实现。收入的实现除了表现为资产增加以外,还可以表现为负债的减少。预收货款业务不多的企业,可以不单独设置"预收账款"账户,企业预收的货款可直接通过"应收账款"账户反映。

(二)预收账款的业务内容

　　企业收到购货单位预付的货款时,借记"银行存款"账户,贷记"预收账款"账户;商品发出、劳务提供,满足收入确认的条件时,按实现的收入金额借记"预收账款"账户,贷记"主营业务收入"账户。企业预收的货款往往只是应收货款的一部分,还会收到购货单位支付的剩余货款,收到剩余货款时,借记"预收账款"账户。

　　例 5-10　20×1 年 5 月 3 日,东风公司与乙公司签订一份购货合同,向乙公司出售一批商品,价款总计 80 000 元。根据购货合同约定,乙公司先行支付货款 50 000 元,余款等收到商品时付清。可编制如下会计分录:

　　5 月 3 日,收到乙公司预付的货款:

借：银行存款	50 000
贷：预收账款	50 000

　　5 月 28 日,如期将货物交付给乙公司:

借：预收账款	80 000
贷：主营业务收入	80 000

　　同时,收到乙公司支付的剩余款项:

借：银行存款	30 000
贷：预收账款	30 000

　　有些企业预收款业务不多,可直接通过"应收账款"账户反映预收货款业务。收到客户预付的货款时,按照实际收到的金额计入"应收账款"账户的贷方,等货物交付给客户时,再确认收入,计入"主营业务收入"账户的贷方,同时借记"应收账款"账户。

　　例 5-11　承例 5-10,东风公司没有设置"预收账款"账户,可编制下列会计分录:

　　5 月 3 日,收到乙公司预付的货款:

借：银行存款	50 000

　　　　贷：应收账款　　　　　　　　　　　　　50 000
　　5 月 28 日,交付商品给乙公司,确认收入:
　　　　借:应收账款　　　　　　　　　　　　　80 000
　　　　　贷:主营业务收入　　　　　　　　　　　　80 000
　　同时,收到乙公司支付的剩余款项:
　　　　借:银行存款　　　　　　　　　　　　　30 000
　　　　　贷:应收账款　　　　　　　　　　　　　30 000
　　由于"应收账款"账户登记了预收款业务,在一定时期内"应收账款"明细账户会出现
贷方余额,此时应归类为流动负债。

第四节　应付职工薪酬

一、应付职工薪酬的概念和账户设置

　　应付职工薪酬,是指职工为企业提供服务后,企业应当支付给职工的各种形式的报酬
或补偿。应付职工薪酬对于企业来说,是产品生产成本的构成要素;对职工来说是为企业
提供服务应得的报酬。职工薪酬包括短期薪酬、离职后福利、辞退福利和其他长期职工福
利四个部分。企业提供给职工配偶、子女、受赡养人、已故员工遗属及其他受益人等的福
利,也属于职工薪酬的范围。

　　(1) 短期薪酬,是指企业在职工提供相关服务的年度报告期间结束后十二个月内需
要全部予以支付的职工薪酬,因解除与职工的劳动关系给予的补偿除外。短期薪酬具体
包括:职工工资、奖金、津贴和补贴,职工福利费,医疗保险费、工伤保险费和生育保险费
等社会保险费,住房公积金,工会经费和职工教育经费,短期带薪缺勤,短期利润分享计
划,非货币性福利 以及其他短期薪酬。

　　(2) 离职后福利,是指企业为获得职工提供的服务而在职工退休或与企业解除劳动
关系后,提供的各种形式的报酬和福利。

　　(3) 辞退福利,是指企业在职工劳动合同到期之前解除与职工的劳动关系,或者为鼓
励职工自愿接受裁减而给予职工的补偿。

　　(4) 其他长期职工福利,是指除短期薪酬、离职后福利、辞退福利之外所有的职工薪
酬。包括长期带薪缺勤、长期残疾福利、长期利润分享计划等。

　　企业可以设置"应付职工薪酬"账户,记录应付职工薪酬的提取、结算和使用情况,贷
方登记已分配计入有关成本费用项目的职工薪酬金额,借方登记实际发放的职工薪酬金
额和各种扣还款项,贷方余额反映企业应付未付的职工薪酬金额。

二、应付职工薪酬的业务内容

　　应付职工薪酬的业务内容包括短期薪酬、离职后福利、辞退福利和其他长期职工福利
的确认和计量。

(一) 短期薪酬的确认和计量

职工为企业提供服务,企业应在职工为其提供服务的会计期间,根据职工提供服务的受益对象,或者根据职工所在的不同工作岗位,将实际发生的短期薪酬确认入账,一方面作为应计费用调整入账,计入相关资产的成本或确认为费用;另一方面确认为负债,计入"应付职工薪酬"账户的贷方。职工提供服务的对象不同,其会计处理也不相同,通常可按以下情况处理:

(1) 生产部门工作人员的薪酬通常计入产品成本,其中直接从事产品生产工人的职工薪酬可以直接计入"生产成本"账户,生产部门管理人员的薪酬可先计入"制造费用"账户归集,月末按一定标准分配以后再转入"生产成本"账户。

(2) 非生产部门工作人员的薪酬根据其服务对象计入相关资产成本或计入费用账户。如企业管理部门工作人员的薪酬可以计入"管理费用"账户;企业销售部门工作人员的薪酬可以计入"销售费用"账户;基建部门工作人员薪酬可以计入"在建工程"账户;研发部门工作人员薪酬可以计入"研发支出"账户等。

例 5-12 东风公司 20×1 年 1 月的应付职工工资总额为 94 000 元,其中产品生产工人工资 50 000 元,管理人员工资 15 000 元,在建工程人员工资 20 000 元,产品销售人员工资 9 000 元。东风公司可编制下列会计分录:

```
借:生产成本                        50 000
   管理费用                        15 000
   在建工程                        20 000
   销售费用                         9 000
     贷:应付职工薪酬——职工工资              94 000
```

企业为职工缴纳的医疗保险费、工伤保险费、生育保险费等社会保险费和住房公积金,以及按规定提取的工会经费和职工教育经费,应当在职工为其提供服务的会计期间,根据规定的计提基础(通常为工资总额)和计提比例(根据国家相关法规的规定)计算确定相应的职工薪酬金额,并确认为相关负债;按照受益对象计入相关资产成本或确认为费用计入当期损益。根据职工薪酬的构成内容,"应付职工薪酬"账户可以设置相应的明细账户,如"应付职工薪酬——住房公积金""应付职工薪酬——社会保险费""应付职工薪酬——工会经费""应付职工薪酬——职工教育经费"等明细账户反映住房公积金、社会保险费、工会经费、职工教育经费的提取和使用情况。

例 5-13 承例 5-12,东风公司按工资总额的 10% 和 8%,计提医疗保险费和住房公积金。按工资总额的 2% 和 1.5% 计提工会经费和职工教育经费。

```
借:生产成本                        10 750
   管理费用                         3 225
   在建工程                         4 300
   销售费用                         1 935
     贷:应付职工薪酬——住房公积金            7 520
                 ——医疗保险费            9 400
                 ——工会经费             1 880
```

　　　　　　　　　　　　　　——职工教育经费　　　　　　　　1 410

　　企业发生的职工福利费,应当在实际发生时根据实际发生额按受益对象计入相关资产成本或确认为费用计入当期损益。企业向职工提供非货币性福利的,应当按照公允价值计量。如企业以自产的产品作为非货币性福利提供给职工的,按照该产品的公允价值和相关税费计算确定职工薪酬的金额,并计入当期损益或相关资产成本。企业以外购商品作为非货币性福利提供给职工的,按照该商品的公允价值和相关税费计算确定职工薪酬的金额,并计入当期损益或相关资产成本。

　　企业按照规定向职工发放工资时,计入"应付职工薪酬"账户的借方,反映欠职工的负债减少。在实务中,企业并不是按照工资总额发放工资,在实际发放前还需扣除各种代扣、代垫款项。如前期替职工代垫的家属药费、代垫的水电费、房租等款项。根据税法规定,职工个人负担的个人所得税也由企业代扣代缴,职工每月从企业获得的薪酬为税后所得。

　　例 5-14　承例 5-12,20×1 年 1 月,东风公司应付职工工资总额为 94 000 元,代扣职工房租 2 000 元,代垫职工家属医药费 3 000 元,代扣个人所得税 5 000 元。实发工资为 84 000 元。东风公司应编制如下会计分录:

　　(1) 从银行提取现金时:

　　借:库存现金　　　　　　　　　　　　　　　84 000
　　　贷:银行存款　　　　　　　　　　　　　　　　　84 000

　　(2) 发放工资时:

　　借:应付职工薪酬——职工工资　　　　　　　　84 000
　　　贷:库存现金　　　　　　　　　　　　　　　　　84 000

　　(3) 从工资总额中扣除各种代垫款项:

　　借:应付职工薪酬——职工工资　　　　　　　　5 000
　　　贷:其他应收款——代垫医药费　　　　　　　　　3 000
　　　　　　　　　　——代垫房租　　　　　　　　　　2 000

　　(4) 代扣职工个人所得税

　　借:应付职工薪酬——职工工资　　　　　　　　5 000
　　　贷:应交税费——应交个人所得税　　　　　　　　5 000

　　(5) 交纳个人所得税时:

　　借:应交税费——应交个人所得税　　　　　　　5 000
　　　贷:银行存款　　　　　　　　　　　　　　　　　5 000

　　企业实际支付工会经费和职工教育经费时,借记"应付职工薪酬——工会经费"和"应付职工薪酬——职工教育经费"账户,贷记"银行存款"账户。企业实际发生职工福利费时,借记"应付职工薪酬——职工福利"账户,贷记"银行存款"或其他相关账户;企业按照国家有关规定缴纳社会保险费和住房公积金时,借记"应付职工薪酬——社会保险费"或"应付职工薪酬——住房公积金"账户,贷记"银行存款"账户。

(二) 离职后福利的确认和计量

　　职工离职后,还将享受企业提供的各种形式的报酬和福利。离职后福利包括退休福利（如养老金和一次性的退休支付）及其他离职后福利（如离职后人寿保险和离职后医疗保障）。职工正常退休时获得的养老金等离职后福利，是职工与企业签订的劳动合同到期或职工达到了国家规定的退休年龄时，获得的离职后生活补偿金额。企业给予补偿是因为职工在职时提供的服务，所以应当在职工提供服务的会计期间对离职后福利进行确认和计量。

离职后福利计划，是指企业与职工就离职后福利达成的协议，或者企业为向职工提供离职后福利制定的规章或办法等。按照企业承担的风险和义务情况，离职后福利计划分为设定提存计划和设定受益计划两种类型。

1. 设定提存计划

设定提存计划，是指企业向单独主体（如基金等）缴存固定费用后，不再承担进一步支付义务的离职后福利计划。对于设定提存计划，企业应当根据在资产负债表日为换取职工在会计期间提供的服务而应向单独主体缴存的提存金，确认为应付职工薪酬，计入"应付职工薪酬——设定提存计划"账户的贷方，同时计入"生产成本""制造费用""管理费用"等账户的借方。

2. 设定受益计划

设定受益计划，是指除设定提存计划以外的离职后福利计划。在设定受益计划下，企业的义务是为现在及以前的职工提供约定的福利，精算风险和投资风险由企业承担。与设定提存计划不同，设定受益计划是企业根据一定的标准（职工服务年限、工资水平等）确定每个职工离职后每期的年金收益水平，由此倒算出企业每期应为职工缴费的金额。

（三）辞退福利的确认和计量

辞退福利是在职工与企业签订的劳动合同到期前，企业根据法律与职工本人或职工代表（如工会）签订的协议，或者基于商业惯例，承诺当其提前终止对职工的雇佣关系时支付的补偿，引发补偿的事项是辞退。企业应当按照辞退计划条款的规定，合理预计并确认辞退福利产生的负债。因辞退福利产生的应付职工薪酬通常确认为费用计入当期损益。

（四）其他长期职工福利的确认和计量

其他长期职工福利包括：长期带薪缺勤、其他长期服务福利、长期残疾福利、长期利润分享计划和长期奖金计划。企业向职工提供的其他长期职工福利计划，符合设定提存计划条件的，按照设定提存计划的有关规定进行会计处理；符合设定受益计划条件的，按照设定受益计划的有关规定，确认和计量其他长期职工福利。

第五节 应 交 税 费

一、应交税费的概念和账户设置

应交税费是指企业按照税法规定计算应该缴纳的各种税费，包括增值税、消费税、营业税、所得税、城市维护建设税、教育费附加、印花税、耕地占用税等税种。企业可以设置"应交税费"账户记录企业纳税义务的形成、税金的交纳，该账户的贷方登记企业应缴纳的各种税费，借方登记实际缴纳的税费，期末余额一般在贷方，反映企业尚未缴纳的税费；期末余额如果在借方,则反映企业多交或尚未抵扣的税费。企业可以根据不同的税金种类设置明细账进行明细核算,可以在"应交税费"账户下设置"应交增值税""应交营业税"等明细账户。

二、应交税费的业务内容

应交税费主要包括增值税、营业税、消费税、所得税、城市维护建设税、教育费附加等各种税金的纳税义务形成和缴纳等业务内容。

(一)增值税

增值税是对在我国境内销售货物或者提供加工、修理修配劳务和应税服务以及进口货物的单位和个人征收的一种流转税。根据纳税人的经营规模和会计核算的健全程度,增值税的纳税人可分为一般纳税人和小规模纳税人。

1. 一般纳税人

一般纳税人是指年应征增值税销售额超过《增值税暂行条例实施细则》规定的小规模纳税人标准的企业和企业性单位。对于被认定为增值税一般纳税人的企业,可以使用增值税专用发票,并实行税款抵扣制度。按照《中华人民共和国增值税暂行条例》的规定,企业购入货物或接受劳务支付的增值税(通常称为进项税额),可从销售货物或提供劳务按规定收取的增值税(通常称为销项税额)中抵扣。

1)进项税额

企业在购进货物或接受应税劳务时,除了支付货款、劳务款,还需另行支付进项税额,支付的进项税额计入"应交税费——应交增值税(进项税额)"账户的借方。企业准予抵扣的进项税额必须取得增值税发票,增值税专用发票记载了所售货物的售价、税率及增值税额。按照修订后的《增值税暂行条例》,企业购入的机器设备等生产经营用固定资产所支付的增值税在符合税法规定的情况下,也应从销项税额中扣除,不计入固定资产成本。购入用于集体福利或个人消费目的固定资产所支付的增值税,不能从销项税额中扣除,仍计入固定资产成本。

例 5-15 东风公司为一般纳税人,20×1 年 3 月 5 日购入材料一批,取得的增值税发票上注明的货款为 20 000 元,增值税额为 3 400 元,材料已经验收入库,款项暂欠。东风公司可编下列会计分录:

借:原材料　　　　　　　　　　　　　　　　　20 000
　　应交税费——应交增值税(进项税额)　　　　3 400
　　贷:应付账款　　　　　　　　　　　　　　　　　　23 400

例 5-16 东风公司为一般纳税人,20×1 年 3 月 15 日购入不需安装设备一台用于企业产品生产,取得的增值税发票上注明的价款为 100 000 元,增值税额为 17 000 元,款项暂欠。东风公司可编下列会计分录:

借:固定资产　　　　　　　　　　　　　　　　100 000
　　应交税费——应交增值税(进项税额)　　　　17 000
　　贷:应付账款　　　　　　　　　　　　　　　　　117 000

企业购入货物,没有取得增值税发票,一般不能抵扣增值税销项税额。但是按照《增值税暂行条例》的规定,企业购进免税农产品,可以按照农产品收购发票或者销售发票上注明的农产品买价和13%的扣除率计算进项税额。企业购进或者销售货物以及在生产经营过程中支付运输费用的,可以按照运输费用结算单据上注明的运输费用金额和7%的扣除率计算进项税额。

例 5-17 东风公司为一般纳税人,20×1 年 3 月 15 日购入免税农产品一批,价款 50 000 元,税务部门规定的扣除率为 13%。农产品还在运输途中,货款已通过银行转账支付。

应编制的会计分录如下:

借:在途物资	43 500
应交税费——应交增值税(进项税额)	6 500
贷:银行存款	50 000

根据购买农产品支付的价款计算,进项税额=50 000×13%=6 500(元)。

例 5-18 东风公司为一般纳税人,20×1 年 3 月 19 日从外地购入原材料一批,取得的增值税发票上注明的价款为 100 000 元,增值税额为 17 000 元,另外向运输公司支付运费 5 000 元。原材料已验收入库,货款、税额、运费一并通过银行转账支付。

应编制的会计分录如下:

借:原材料	104 650
应交税费——应交增值税(进项税额)	17 350
贷:银行存款	122 000

根据支付运费的金额计算,进项税额=5 000×7%=350(元)。

企业购进的货物如果发生非常损失以及购进的货物改变用途(如用于非应税项目、集体福利或个人消费等),其进项税额不能抵扣,可通过"应交税费——应交增值税(进项税额转出)"账户转出,根据受益对象计入有关科目或计入"待处理财产损溢"账户。

例 5-19 东风公司为一般纳税人,20×1 年 3 月 27 日因意外火灾导致毁损原材料一批,该批原材料价款为 10 000 元,购入时支付的增值税额为 1 700 元。发现原材料毁损时,东风公司可编制下列会计分录:

借:待处理财产损溢	11 700
贷:原材料	10 000
应交税费——应交增值税(进项税额转出)	1 700

2) 销项税额

企业销售货物或提供应税劳务,根据销售货物或提供劳务的金额开具增值税发票,除了收取销货款以外,还要向购货方收取增值税额。企业应向购货单位收取的货款和增值税额均计入"应收账款"账户的借方;向购货方或接受劳务方收取的增值税额计入"应交税费——应交增值税(销项税额)"账户的贷方,同时按照收取的货款或劳务款确认收入。

例 5-20 东风公司为一般纳税人,20×1 年 3 月 20 日,销售商品一批,开具的增值税发票上注明的价款为 400 000 元,增值税额为 68 000 元,款项尚未收到。东风公司可编制下列会计分录:

借:应收账款	468 000

　　　　贷：主营业务收入　　　　　　　　　　　　　　　　　400 000

　　　　　应交税费——应交增值税（销项税额）　　　　　　68 000

　　企业的有些交易行为从会计角度看不属于销售行为，但是根据税法规定，应视同对外销售处理，需要计算交纳增值税。根据《税法》规定，企业将自产或委托加工的货物用于非增值税应税项目；将自产或委托加工的货物用于集体福利或个人消费；将自产、委托加工或购买的货物用于投资、提供给其他单位或个体经营者；将自产、委托加工或购买的货物分配给股东或投资者；将自产、委托加工或购买的货物无偿赠送他人等行为，均视同销售货物，需要计算交纳增值税。上述视同销售行为中，用于非增值税应税项目的货物一般直接按成本转账，不确认收入；其他视同销售行为需要确认收入，同时还需结转成本。

　　例 5-21　20×1 年 3 月 26 日，东风公司将自己生产的产品用于建造职工集体宿舍。该批产品的成本为 50 000 元，对外销售价格为 60 000 元，增值税率为 17%。

　　在建工程应负担的增值税额＝60 000×17%＝10 200（元）。

　　东风公司可编制下列会计分录：

　　借：在建工程　　　　　　　　　　　　　　　　　　　　60 200

　　　贷：库存商品　　　　　　　　　　　　　　　　　　　50 000

　　　　应交税费——应交增值税（销项税额）　　　　　　10 200

　　例 5-22　20×1 年 3 月 29 日，东风公司将自己生产的产品用于对外投资。该批产品的成本为 70 000 元，对外销售价格为 90 000 元，增值税率为 17%。

　　该项业务属于非货币性资产交换业务，长期股权投资按照公允价值和相关的税费入账。题中产品对外销售的价格可以作为公允价值，税务部门将此认定为视同销售行为，引起纳税义务，相关的增值税计入长期股权投资成本。

　　东风公司可编制下列会计分录：

　　借：长期股权投资　　　　　　　　　　　　　　　　　105 300

　　　贷：主营业务收入　　　　　　　　　　　　　　　　　90 000

　　　　应交税费——应交增值税（销项税额）　　　　　　15 300

　　其中，长期股权投资的入账价值＝90 000＋90 000×17%＝105 300

　　同时，结转商品销售成本：

　　借：主营业务成本　　　　　　　　　　　　　　　　　　70 000

　　　贷：库存商品　　　　　　　　　　　　　　　　　　　70 000

　　3）增值税的交纳

　　月末，企业需要计算交纳增值税。企业应交的增值税额等于销项税额减去可抵扣的进项税额后的差额。企业交纳的增值税额计入"应交税费——应交增值税（已交税金）"账户的借方，同时贷记"银行存款"账户。

　　例 5-23　承例 5-15 至例 5-22，计算东风公司 20×1 年 3 月份应交的增值税。假设东风公司未发生其他的与增值税相关的经济业务。

　　3 月份可抵扣的进项税额＝3 400＋17 000＋6 500＋17 350－1 700＝42 550（元），

　　3 月份的销项税额＝68 000＋10 200＋15 300＝93 500（元），

　　3 月份应交的增值税＝93 500－42 550＝50 950（元）。

东风公司交纳增值税款时应编制的会计分录：

借：应交税费——应交增值税（已交税金）　　　50 950
　　贷：银行存款　　　　　　　　　　　　　　　　　　50 950

2. 小规模纳税人

小规模纳税人是指年应税销售额或年应税服务额在规定标准以下，且会计核算不健全，不能按规定要求报送税务资料的增值税纳税人。小规模纳税人增值税的核算通常简化处理。小规模纳税人购入货物支付的进项税额直接计入所购货物的成本，按实际支付的价税合计数借记"原材料"等账户，贷记"银行存款"等账户。小规模纳税人销售货物不能开具增值税发票，只能开具普通发票，按含税价销售货物。小规模纳税人每月交纳的增值税根据不含税销售额和税法规定的征收率（3%）计算征收。

例 5-24　南方公司为小规模纳税企业，购入原材料一批，取得的增值税发票上注明的价款为 20 000 元，增值税额为 3 400 元，款项以银行存款支付。南方公司可编制如下会计分录：

借：原材料　　　　　　　　　　　　　　　　　23 400
　　贷：银行存款　　　　　　　　　　　　　　　　　23 400

小规模纳税人购货时支付的增值税进项税额计入购货成本。

例 5-25　承例 5-24，南方公司本月销售商品一批，开出的普通发票上注明的价款为（含税价）41 200 元，增值税征收率为 3%，货款已存入银行。

应编制的会计分录如下：

借：银行存款　　　　　　　　　　　　　　　　41 200
　　贷：主营业务收入　　　　　　　　　　　　　　　40 000
　　　　应交税费——应交增值税　　　　　　　　　　1 200

其中，不含税销售额＝41 200÷（1+3%）＝40 000（元），应纳增值税额＝40 000×3%＝12 000（元）。

（二）消费税

消费税是对我国境内从事生产、委托加工和进口应税消费品的单位和个人就其应税消费品的销售额或销售量征收的一种流转税。消费税的开征主要是为了调整产品结构、引导消费，如烟、酒及酒精、化妆品、贵重首饰珠宝玉石、鞭炮焰火、成品油、汽车轮胎、摩托车、小汽车、高尔夫球及球具、高档手表、游艇、木制一次性筷子、实木地板等项目均需交纳消费税。消费税的征收范围小于增值税，一般情况下需要征收消费税的货物均需征收增值税，而征收增值税的货物不一定征收消费税。消费税有两种征收方法，一种是从价计征，按销售额和规定税率计算征收；另一种是从量计征，根据销售数量和单位税额计算征收。企业可以设置"应交税费——应交消费税"账户，记录企业消费税的交纳情况。消费税与增值税均属于流转税，但是消费税是价内税，包含在产品售价里。企业按规定计算应交纳的消费税时，计入"营业税金及附加"账户，同时贷记"应交税费——应交消费税"账户。会计期末结账时，将"营业税金及附加"账户的账面余额全部转入"本年利润"账户的借方。

例 5-26　东风公司为一般纳税人，生产销售一批化妆品，价款为 80 000 元，适用的消费税率为 30%。

计算应交的消费税,编制的会计分录如下:

借:营业税金及附加   24 000
  贷:应交税费——应交消费税   24 000

东风公司应交纳的消费税额＝80 000×30%＝24 000(元)。

交纳消费税时,编制如下会计分录:

借:应交税费——应交消费税   24 000
  贷:银行存款   24 000

企业将自己生产的应税消费品对外投资,或用于在建工程、福利部门等方面,根据《税法》规定属于视同销售行为,企业需要计算应交的消费税,计入"应交税费——应交消费税"账户的贷方,同时根据受益对象记入有关资产的成本。如应税消费品被在建工程领用,其应纳的消费税额计入在建工程成本。

例 5-27 东风公司为一般纳税人,将其生产的一批应税消费品用于企业办公大楼的建造,该批产品的成本为 60 000 元,市场售价为 70 000 元,适用的消费税率为 12%。

应编制的会计分录如下:

借:在建工程   80 300
  贷:应交税费——应交增值税(销项税额)   11 900
      ——应交消费税   8 400
   库存商品   60 000

在建工程应负担的增值税额＝70 000×17%＝11 900(元),在建工程应负担的消费税额＝70 000×12%＝8 400(元)。

(三)营业税

营业税是对我国境内提供应税劳务、转让无形资产或销售不动产的单位和个人征收的一种税。营业税应税劳务是指属于建筑业、金融保险业、文化体育业、娱乐业、服务业税目征收范围的劳务。企业可以设置"应交税费——应交营业税"账户,记录营业税纳税义务的形成和税金的交纳。提供应税劳务的企业可以根据营业额和规定税率计算应交的营业税,计入"营业税金及附加"账户。

例 5-28 某装饰公司承包了甲单位一项装饰业务,实际收取人工费 800 000 元,材料费 100 000 元。建筑业适用的营业税率为 3%。

公司应编制的会计分录如下:

借:营业税金及附加   27 000
  贷:应交税费——应交营业税   27 000

公司应交纳的营业税额为＝(800 000＋100 000)×3%＝27 000(元)。

企业销售不动产时应缴纳的营业税通常作为固定资产清理的成本,计入"固定资产清理"账户的借方,同时形成营业税纳税义务,贷记"应交税费——应交营业税"账户。

例 5-29 东风公司出售一间自用仓库,出售收入 500 000 元已存入银行。仓库原价1 000 000 元,已提折旧 700 000 元,未计提减值准备;出售过程中发生清理费用 2 000 元;销售不动产适用的营业税率为 5%。东风公司可编制会计分录如下:

（1）固定资产转入清理：

借：固定资产清理　　　　　　　　　　　　　　300 000

　　累计折旧　　　　　　　　　　　　　　　　700 000

　　　贷：固定资产　　　　　　　　　　　　　　　　1 000 000

（2）发生清理费用：

借：固定资产清理　　　　　　　　　　　　　　2 000

　　　贷：银行存款　　　　　　　　　　　　　　　　2 000

（3）计算应交的营业税：

借：固定资产清理　　　　　　　　　　　　　　25 000

　　　贷：应交税费——应交营业税　　　　　　　　　25 000

（4）取得转让收入：

借：银行存款　　　　　　　　　　　　　　　　500 000

　　　贷：固定资产清理　　　　　　　　　　　　　　500 000

（5）结转固定资产清理收益：

借：固定资产清理　　　　　　　　　　　　　　173 000

　　　贷：营业外收入　　　　　　　　　　　　　　　173 000

（四）城市维护建设税

城市维护建设税是以增值税、消费税、营业税为计税依据征收的一种税。企业只要交纳增值税、消费税或营业税其中的一种或几种，均需交纳城市维护建设税。城市维护建设税的税率因企业所在地点的不同而不同，分别从 1% 到 7% 不等。企业应交的城市维护建设税可按下列公式计算：

$$应纳税额＝（应交增值税＋应交消费税＋应交营业税）× 适用税率$$

企业应交的城市维护建设税计入"营业税金及附加"账户的借方，贷记"应交税费——应交城市维护建设税"账户。

例 5-30　假设东风公司 20×1 年 3 月份应交的增值税为 10 500 元，应交的消费税为 24 000 元，应交的营业税为 25 300 元，适用的城市维护建设税税率为 7%。

东风公司可编制会计分录如下：

借：营业税金及附加　　　　　　　　　　　　　4 186

　　　贷：应交税费——应交城市维护建设税　　　　　4 186

计算东风公司 3 月份应交的城市维护建设税 ＝（10 500＋24 000＋25 300）× 7%

$$＝4 186（元）$$

（五）教育费附加

教育费附加是为了发展教育事业而向社会征收的附加费用，企业根据应交增值税、应交营业税和应交消费税的一定比例计算交纳。教育费附加的税率从 1% 到 3% 不等，由各地政府决定当地的征收率。企业应交的教育费附加，也计入"营业税金及附加"账户的借方，同时计入"应交税费——应交教育费附加"账户的贷方。

例 5-31　承例 5-30，假设东风公司适用的应交教育费附加的税率为 3%。

东风公司可编制会计分录如下：

借：营业税金及附加   1 794
　　贷：应交税费——应交教育费附加   1 794
　　　　计算东风公司应交的教育费附加 ＝(10 500 ＋ 24 000 ＋ 25 300)× 3%
　　　　　　　　　　　　　　　　　＝1 794(元)

（六）其他应交税费

前文介绍的增值税、消费税和营业税等税种均属于流转税，主要是对从事商品生产、销售及提供劳务的企业，按照商品和劳务的流转额来计算征收的税金。企业除了交纳流转税以外，还需交纳所得税、行为税、财产税以及资源税等。所得税是对纳税人在一定期间内获得的各种所得征收的一种税，包括企业所得税、个人所得税。资源税是指对在我国境内开采矿产品或者生产盐的单位和个人征收的一类税。财产税是指以纳税人所拥有或支配的财产为课税对象的一类税，如遗产税、房产税、契税、车船税等。行为税是指以纳税人的某些特定行为为课税对象的一类税，如印花税、屠宰税和筵席税等。

企业按税法规定计算应交的房产税、土地使用税、车船税、矿产资源补偿费，计入"管理费用"账户的借方，同时贷记"应交税费——应交房产税（或应交土地使用税、应交车船税、应交矿产资源补偿费）"账户的贷方。印花税是对经济活动和经济交往中书立、使用、领受各种应税凭证而征收的一种税。纳税人通过在应税凭证上粘贴印花税票的方式完成纳税义务，故称为"印花税"。纳税人根据规定自行计算应纳税额，购买并一次贴足印花税票缴纳，印花税的交纳不需要设置"应交税费"账户。按照购买的印花税票金额计入"管理费用"账户的借方，同时贷记"银行存款"账户。

例 5-32　假设东风公司 20×1 年订立产品购销合同两份；订立借款合同一份；购买账簿 10 本。按规定应交纳印花税 2 000 元，东风公司购买 2 000 元印花税票，完成印花税的交纳。东风公司编制会计分录如下：

借：管理费用   2 000
　　贷：银行存款   2 000

例 5-33　假设东风公司拥有汽车 5 辆（每辆载重 30 吨），东风公司所在省规定载货汽车年纳税额每吨 60 元。东风公司编制会计分录如下：

借：管理费用   9 000
　　贷：银行存款   9 000
　　　　计算东风公司应交的车船税 ＝ 5 × 30 × 60 ＝ 9 000(元)

企业交纳的资源税根据应税产品的课税数量和规定的单位税额计算。开采或生产应税产品对外销售的，以销售数量作为课税数量，应交纳的资源税计入"营业税金及附加"账户的借方，贷记"应交税费——应交资源税"账户；自产自用应税产品应交纳的资源税则计入"生产成本""制造费用"等账户，同时贷记"应交税费——应交资源税"账户。

例 5-34　假设甲企业对外销售某种应税矿产品 2 000 吨，每吨应交资源税 5 元。甲企业编制会计分录如下：

借：营业税金及附加   10 000
　　贷：应交税费——应交资源税   10 000

计算甲企业应交的资源税 = 5 × 2 000 = 10 000（元）

企业按规定计算的代扣代缴的职工个人所得税，借记"应付职工薪酬"账户，贷记"应交税费——应交个人所得税"账户；企业交纳个人所得税时，借记"应交税费——应交个人所得税"账户，贷记"银行存款"账户。企业所得税根据企业的应纳税所得额计算，计入"所得税费用"账户的借方，贷记"应交税费——应交所得税"账户。

第六节　其他应付款项

企业在日常的生产经营活动过程中，会与银行发生借贷关系，会与供货商、客户办理款项的结算，要向职工支付报酬，要向税务部门缴纳税金，由此形成了一系列的负债。但是，企业还存在一些其他的应付款项，比如因须向投资者支付投资回报而产生的负债等，这些负债主要包括应付利息、应付股利和其他应付款。

一、应付利息

应付利息一般产生于企业的借贷行为，属于占用他人资金付出的代价，在未支付之前形成。

（一）应付利息的概念和账户设置

应付利息是指企业按照合同规定在一年内应支付的利息，包括应付的短期借款利息、到期还本而分期付息的长期借款的利息、到期还本而分期付息的应付债券的利息。但是这里的"应付利息"不包括到期还本付息的长期借款和应付债券的利息，这些利息属于非流动负债。企业可以设置"应付利息"账户，贷方登记企业按规定应支付的利息，借方记录利息的支付，期末贷方余额代表企业尚未支付的利息。

（二）应付利息的业务内容

会计期末，企业按照权责发生制要求确认利息费用时，借记"财务费用"或其他账户，贷记"应付利息"账户；实际支付利息时，借记"应付利息"账户，同时贷记"银行存款"账户。

例 5-35　东风公司于 20×1 年 1 月 1 日向银行借入一笔借款，金额为 200 000 元，期限为 3 年，年利率为 6%。借款合同约定每年年末支付利息，到期时归还本金。东风公司按月确认利息费用。应编制的会计分录如下：

（1）20×1 年 1 月 1 日，借入贷款时：

借：银行存款　　　　　　　　　　　　　　　　　200 000

　　贷：长期借款　　　　　　　　　　　　　　　　200 000

（2）按月确认利息费用时：

借：财务费用　　　　　　　　　　　　　　　　　　1 000

　　贷：应付利息　　　　　　　　　　　　　　　　　1 000

分录中，每月应支付的利息 = 200 000 × 6% ÷ 12 = 1000（元）。

（3）20×1 年 12 月 31 日支付利息时：

借：应付利息　　　　　　　　　　　　　　　　　12 000

贷：银行存款　　　　　　　　　　　　　　　　　　　12 000
　　（4）20×2和20×3年利息费用的处理同(2)、(3)。
　　（5）20×4年1月1日,归还本金时:
　　借:长期借款　　　　　　　　　　　　　　　　　　　200 000
　　　贷:银行存款　　　　　　　　　　　　　　　　　　　200 000

二、应付股利

　　企业接受投资者投入的资金,从事日常的生产经营活动,作为对投资者的回报,需要向投资者分配利润。

(一)应付股利的概念和账户设置

　　应付股利是指企业根据股东大会或类似权力机构审议批准的利润分配方案确定的应分配给投资者的现金股利或利润。企业通常设置"应付股利"账户反映应付股利业务,在股东大会审议批准利润分配方案后,企业形成了对投资者的一种承诺,计入"应付股利"账户的贷方;实际分配现金股利时,计入"应付股利"账户的借方,期末贷方余额表示企业尚未支付给股东的股利。

(二)应付股利的业务内容

　　企业发生应付股利业务,主要包括两方面内容:一是应付股利的确认,当股东大会通过了利润分配方案,宣告发放股利时,企业确认对股东的负债,贷记"应付股利"账户;二是应付股利的实际发放,股利发放日企业实际发放股利时,借记"应付股利"账户。

　　例5-36　东风公司20×1年年度实现利润200 000元,经过股东大会批准,决定分配现金股利80 000元。东风公司可编制下列会计分录:
　　（1）分配方案获批准、宣告分配方案时:
　　借:利润分配——应付现金股利　　　　　　　　　　　　80 000
　　　贷:应付股利　　　　　　　　　　　　　　　　　　　80 000
　　（2）实际支付现金股利时:
　　借:应付股利　　　　　　　　　　　　　　　　　　　80 000
　　　贷:银行存款　　　　　　　　　　　　　　　　　　　80 000

三、其他应付款

　　企业在开展各种日常经营活动的过程中,除了在借贷过程中形成短期借款、在购货过程中形成应付账款、在利润分配过程形成应付股利、在工资结算环节形成应付职工薪酬、在纳税环节产生应交税费以外,还会产生各种暂收应付款项。

(一)其他应付款的概念和账户设置

　　其他应付款是指企业除了应付票据、应付账款、应付职工薪酬以外,发生的一些应付暂收其他单位或个人的款项。
　　企业可以设置"其他应付款"账户,反映其他应付款的增减变动情况。企业发生各种应付暂收款项时,贷记"其他应付款"账户;支付或退还各种款项时,计入"其他应付款"账户的借方。期末贷方余额,反映企业应付未付的其他应付款项。

（二）其他应付款的业务内容

企业的其他应付款主要包括以下内容:

(1) 应付经营租入固定资产的租金和应付租入包装物的租金。

(2) 职工未按期领取的工资,可从"应付职工薪酬"账户转入"其他应付款"账户。

(3) 企业出租固定资产、出租包装物收取的押金。

(4) 应付、暂收所属单位、个人的款项。

企业发生其他各种应付、暂收款项时,根据其受益对象或支付对象借记"制造费用"、"管理费用"或其他相关账户;支付时借记"其他应付款"账户,贷记"银行存款"账户。

例 5-37　东风公司从 20×1 年 4 月 1 日起,以经营租赁方式租入包装箱一批用于存放商品,每月租金 2 000 元,按季支付。6 月 30 日,东风公司以银行存款支付应付租金。应编制的会计分录如下:

(1) 4 月 30 日、5 月 31 日、6 月 30 日,计提本月租金费用:

借:管理费用　　　　　　　　　　　　　　　　　　2 000

　贷:其他应付款　　　　　　　　　　　　　　　　　　2 000

(2) 6 月 30 日,支付本季度租金:

借:其他应付款　　　　　　　　　　　　　　　　　　6 000

　贷:银行存款　　　　　　　　　　　　　　　　　　6 000

第七节　非流动负债

非流动负债是指流动负债以外的负债,主要包括长期借款、应付债券等内容。非流动负债的偿还期限往往超过 1 年,企业可用于长期资产的购建。但是,非流动负债由于期限较长,债权人往往要求较高的利息予以补偿。一旦企业经营不善,债权人有权向法院提出申请,迫使债务人破产。因此在非流动负债到期之前,企业就应做好还款计划,以降低破产风险。

一、借款费用

借款费用,是指企业因借入资金而付出的代价,即借入资金的使用成本。通常是指企业向银行贷款或发行债券时发生的实际利息费用。由于非流动负债偿还期限比较长,其借款费用的发生往往也不仅限于一个会计期间,因此如何处理这些借款费用就成了会计上的一个重要问题。

借款费用有以下两种处理方法:

(1) 费用化,就是将借款费用作为期间费用,直接作为利润的减项。与流动负债利息费用的处理方法一致,在借款费用发生时直接计入当期损益,即计入"财务费用"账户。这样可以避免因借款方式不同,造成资产的入账价值不同。

(2) 资本化,就是将借款费用作为资产取得成本的一部分,计入资产入账价值。如企业为购买机器设备向银行贷款,将由此产生的借款利息计入机器设备的取得成本。将借款费用根据借款的目的计入相应的资产价值,将利息费用资本化,可以真正反映资产的购置成本。

我国制度规定,与购建固定资产直接相关的借款费用,在该项资产交付使用或完工之前,构成该项资产的取得成本,计入"在建工程"账户;如果该项固定资产已经交付使用,利息费用则开始计入"财务费用"账户。

二、长期借款

(一)长期借款的概念和账户设置

长期借款是指企业向银行或其他金融机构借入的期限在1年以上的各种借款。长期借款常用于固定资产的购买和建造。由于购建固定资产需要大笔资金,而且固定资产的价值回收也是漫长的过程,因此企业借入的往往是1年以上的长期借款。

企业可以设置"长期借款"账户,记录长期借款的借入、使用和归还情况,可以按照提供贷款的单位或贷款种类设置明细账户进行明细核算。该账户贷方登记长期借款本金和利息的增加,借方登记本金和利息的减少额,期末贷方余额反映企业尚未归还的长期借款金额。

(二)长期借款的业务内容

企业借入各种借款时,按照实际收到的款项计入"银行存款"账户,按借款本金计入"长期借款——本金"账户,如果借贷之间存在差额,则计入"长期借款——利息调整"账户。差额的出现主要因为不同的借款协议,如有时企业申请贷款时,会被银行要求预扣利息;或被要求保持一定比例的余额。这些条款的出现在事实上改变了借款的利率水平,实际利率大于合同利率,在长期借款的存续期间需要加以分摊。

例 5-38 东风公司于 20×1 年 1 月 1 日从银行借入资金 1 000 000 元,借款期限为 3 年,年利率为 9%,到期一次性还本付息,所借款项已存入公司银行账户。该借款按计划将用于固定资产的建造。东风公司借入款项时,可作下列会计分录:

借:银行存款 1 000 000

　　贷:长期借款——本金 1 000 000

长期借款的利息支付方式由借款合同规定,通常有两种:分期付息和到期一次性付息。分期付息方式,通常于年末支付利息,企业可以按月确认利息费用,同时计入"应付利息"账户的贷方,利息在 1 年内支付,属于流动负债;到期一次性付息方式,利息在借款到期时支付,应支付的利息与借款本金一样属于长期负债,计入"长期借款——应计利息"账户的贷方。长期借款确认的利息费用,发生时间不同,会计处理也不同。企业购建固定资产借入的长期借款,如果利息发生在固定资产交付使用之前,计入固定资产取得成本,即"在建工程"账户;如果利息发生在固定资产交付使用之后,则计入"财务费用"账户。

例 5-39 承例 5-38,假设固定资产于 20×1 年 12 月 31 日交付使用。由于利息到期一次性支付,企业于年末确认利息费用。应编制的会计分录如下:

(1) 20×1 年 12 月 31 日,计提应支付的利息。由于 20×1 年固定资产处于建造中,利息应计入取得成本。

借:在建工程 90 000

    贷：长期借款——应计利息   90 000

  分录中，年应计利息＝1 000 000×9％＝90 000（元）。

  （2）20×2年12月31日，计提应付的利息。由于20×2年固定资产已交付使用，利息计入当期损益。

    借：财务费用   90 000

      贷：长期借款——应计利息   90 000

  （3）20×3年12月31日，分录同20×2年12月31日。

  （4）20×4年1月1日，到期归还本息：

    借：长期借款——本金   1 000 000

         ——应计利息   270 000

      贷：银行存款   1 270 000

  例 5-40 承例5-38，假设该笔借款，银行规定每年年末支付利息，则东风公司应编制以下会计分录：

  （1）20×1年1月31日，计提本月应支付的利息。由于当年固定资产正处于建造过程，利息计入资产取得成本。

    借：在建工程   7 500

      贷：应付利息   7 500

  分录中，1月份应计利息＝1 000 000×9％÷12＝7 500（元）。以后11个月均计提7 500元利息。

  （2）20×1年12月31日，支付利息时：

    借：应付利息   90 000

      贷：银行存款   90 000

  （3）20×2年各月月末确认应支付的利息。由于固定资产已交付使用将利息作为当期费用。

    借：财务费用   7 500

      贷：应付利息   7 500

  20×2年12月31日支付利息分录同（2）所示。

  （4）20×3年分录同20×2年。

  （5）20×4年1月1日，借款到期归还本金：

    借：长期借款——本金   1 000 000

      贷：银行存款   1 000 000

三、应付债券

  债券是企业为筹措长期资金，按照法定程序，向债权人发行的，约定在一定日期偿还本金，并按期支付利息的一种书面承诺。

（一）应付债券的概念和账户设置

  应付债券是企业为筹集长期资金而发行的一种债务证明，债券持有者可以凭借持有的债券，收取利息和本金。债券发行方将此作为一种非流动负债确认。企业发行债券可以按面值发行、也可以高于面值溢价发行或低于面值折价发行。债券票面金额的多少、债券票面利率的高低、债券期限的长短和债券发行时的市场利率都会对债券的发行价格产生影响。如果债券的票面利率高于市场利率,买债券很合算,投资者抢着购买,债券发行方往往高于面值发行债券,溢价金额可以视作对发行方将来多支付利息的调整;反之,如果债券的票面利率低于市场利率,投资者不愿意购买债券,企业往往折价发行债券,折价金额则看成是对发行方将来少付利息的一种调整。在会计实务中,债券的折价、溢价通常作为债券存续期间对各期利息费用的调整。

为了反映企业债券的发行和还本付息情况,企业在设置"应付债券"总账账户的同时,还需要设置"应付债券——本金""应付债券——应计利息""应付债券——利息调整"等明细账户进行反映。

此外,企业还可以设置"企业债券备查簿",详细登记每一种企业债券的票面金额、票面利率、还本付息方式、还款期限、发行总额等资料,债券到期偿还后,在备查簿内逐笔注销。

(二)应付债券的业务内容

1. 债券按面值发行

企业按面值发行债券时,按照收到的债券发行收入,计入"银行存款"账户的借方,按债券面值计入"应付债券——面值"账户的贷方。

例 5-41　东风公司于 20×1 年 1 月 1 日按面值发行一批债券,债券面值为 2 000 000 元,发行期限为 3 年,年利率为 6%,该债券筹集的资金主要用于建造厂房。厂房 1 年后交付使用。

20×1 年 1 月 1 日发行债券时,东风公司可编制下列会计分录:

借:银行存款　　　　　　　　　　　　　　　　2 000 000
　　贷:应付债券——面值　　　　　　　　　　　　　　2 000 000

发行债券的企业需要按期确认实际的利息费用。企业按面值发行债券,可以直接根据债券面值和票面利率确认利息费用。债券利息的支付方式不同,会计处理也不同。与前述长期借款一样,如果债券利息分期支付,如半年或 1 年支付一次,属于流动负债,企业按期确认利息费用时,计入"应付利息"账户的贷方。如果债券利息是债券到期时才支付,企业按期确认利息费用时,则计入"应付债券——应计利息"账户的贷方。

例 5-42　承例 5-41,假设东风公司发行的为到期一次性付息债券,按面值2 000 000 元发行,东风公司年底确认利息费用时,可编制下列会计分录:

20×1 年 12 月 31 日计提利息费用时:

借:在建工程　　　　　　　　　　　　　　　　120 000
　　贷:应付债券——应计利息　　　　　　　　　　　　120 000

分录中,年应计利息=2 000 000×6%=120 000(元)。

20×2 年年末、20×3 年年末计提利息费用时,由于厂房已交付使用,则:

借:财务费用　　　　　　　　　　　　　　　　120 000
　　贷:应付债券——应计利息　　　　　　　　　　　　120 000

应付债券到期,企业需要同时支付债券本息,借记"应付债券——面值""应付债券——应计利息"账户,同时贷记"银行存款"账户。

例 5-43 承例 5-41,20×4 年 1 月 1 日,东风公司的债券到期。应编制的会计分录如下:

借:应付债券——面值   2 000 000

    ——应计利息   360 000

 贷:银行存款   2 360 000

例 5-44 承例 5-41,假设东风公司发行的为分期付息债券,按面值 2 000 000 元发行,东风公司年底确认利息费用时,可编制会计分录如下:

借:在建工程   120 000

 贷:应付利息   120 000

支付利息时,可编制会计分录如下:

借:应付利息   120 000

 贷:银行存款   120 000

20×2 年年末、20×3 年年末确认利息费用时,由于厂房已交付使用,则编制会计分录如下:

借:财务费用   120 000

 贷:应付利息   120 000

20×4 年 1 月 1 日,东风公司的债券到期,归还本金。应编制的会计分录如下:

借:应付债券——面值   2 000 000

 贷:银行存款   2 000 000

2. 债券折价发行

企业折价发行债券,按照债券发行收入借记"银行存款"账户,按照债券面值贷记"应付债券——本金"账户,借贷之间的差额计入"应付债券——利息调整"账户的借方。如果企业折价发行债券,确认利息费用时还要考虑折价金额的分摊,通常按市场利率确认利息费用,利息费用和票面利息(按债券面值和票面利率计算的应付利息)之间的差额即为折价摊销额。

例 5-45 承例 5-41 如果东风公司按 1 980 000 元的价格发行债券。20×1 年 1 月 1 日发行债券时可编制下列会计分录如下:

借:银行存款   1 980 000

 应付债券——利息调整   20 000

 贷:应付债券   2 000 000

企业折价发行债券,按期确认利息费用时,可编会计分录如下:

借:财务费用(或在建工程)   ×××

 贷:应付债券——利息调整   ×××

  应付债券——应计利息(或应付利息) ×××

企业折价发行债券,各期确认的利息费用大于其支付的票面利息。债券到期,折价摊销完毕,企业按面值归还本金。

3. 债券溢价发行

企业溢价发行债券,按照债券发行收入借记"银行存款"账户,按照债券面值贷记"应付债券——本金"账户,借贷之间的差额计入"应付债券——利息调整"账户的贷方。如果企业溢价发行债券,确认利息费用也需考虑溢价摊销额,利息费用也按市场利率确定,利息费用与票面利息的差额为溢价摊销额。

例 5-46 承例 5-41 如果东风公司按 2 050 000 元的价格发行债券。20×1 年 1 月 1 日发行债券时可编制下列会计分录如下:

```
借:银行存款                           2 050 000
  贷:应付债券——面值                      2 000 000
        ——利息调整                          50 000
```

企业溢价发行债券,按期确认利息费用时,可编会计分录如下:

```
借:财务费用(或在建工程)                  ×××
  应付债券——利息调整                     ×××
  贷:应付债券——应计利息(或应付利息)        ×××
```

企业溢价发行债券,各期确认的利息费用小于其支付的票面利息。债券到期,溢价摊销完毕,企业按面值归还本金。

四、预计负债

预计负债是由或有事项引起的,相关义务的发生本身或发生的具体时间、金额等方面具有一定的不确定性,需要估计或预计。所谓或有事项,是指企业过去的交易或事项形成的,其结果须由某些未来事项的发生或不发生才能确定的不确定事项。常见的或有事项主要包括:未决诉讼或仲裁、债务担保、产品质量保证、商业汇票转让或贴现、重组义务、亏损性合同等。或有事项的发生,可能会使企业承担某种义务,这种义务可能是潜在义务,也可能是现时义务。如果是现时义务且符合负债的确认条件,则确认为预计负债,在资产负债表中反映。如果是潜在义务或虽然是现时义务但不满足负债的确认条件,则为或有负债,不确认为负债,只在财务报表附注中披露。

企业可以设置"预计负债"账户反映预计负债业务。企业由于对外担保、未决诉讼、重组义务产生的预计负债,按确定的金额计入"预计负债"账户的贷方,同时确认为损失,计入"营业外支出"账户的借方。由于产品质量保证产生的预计负债,按确定的金额计入"预计负债"账户的贷方,同时确认为费用,计入"销售费用"账户的借方。当未来某些事项实际发生了,清偿或冲减预计负债时,借记"预计负债"账户。"预计负债"账户的期末余额代表企业已经确认,尚未支付的预计负债。

例 5-47 甲公司为增值税一般纳税人,主要从事电视机的生产销售。20×1 年起对售出的产品实行"三包"政策(即包退、包换和包修),每年按销售收入的 2.5% 计提产品保修费用。20×1 年,甲公司总计取得销售收入 5 000 000。20×2 年 2 月 28 日,修理客户退回的电视机,实际发生费用 500 元。应编制的会计分录如下:

(1) 20×1 年 12 月 31 日计提产品保修费用时:

```
借:销售费用                           125 000
```

　　　贷：预计负债　　　　　　　　　　　　　　　　　　　　　　　　125 000

　　上述分录中预计负债的金额：5 000 000×2.5%＝125 000。

　　(2) 20×2年2月28日发生修理费用时：

　　借：预计负债　　　　　　　　　　　　　　　　　　　　　　　　500

　　　贷：银行存款　　　　　　　　　　　　　　　　　　　　　　　　500

　　预计负债不同于其他负债，它是由或有事项引起的负债，尽管满足了负债的确认条件，但与其他负债相比具有不确定性，其未来的经济利益流出金额往往需要估计。因此，预计负债在资产负债表中一般予以单独列示。

第八节　小　　结

　　负债是企业（会计主体）的现时义务或经济责任。企业在未来履行该义务时将会导致经济利益的流出。如果企业到时没有准备足够的资金用于偿付，往往轻则损伤商业信用，重则面临破产风险。从企业财务状况角度看，负债可划分为流动负债和非流动负债。

　　流动负债是企业在短期内需要偿付的负债。短期借款主要记录企业因为短期资金的需求而向银行借入的期限在1年以内的贷款。应付账款主要来自于供货商提供的商业信用，企业在信用期内可以免费享受供货商提供的原材料，可以暂时缓解资金紧张的局面。应付票据不同于应付账款的是购销双方采用了商业汇票结算方式。预收账款产生于销售环节，企业预收客户的定金作为负债计入"预收账款"账户，当商品发出或劳务提供时才能确认收入而冲减预收账款。应付职工薪酬记录的是企业与职工之间的债务关系，由于薪酬的支付与职工提供服务的时间不一致，也可以理解为是职工为企业提供了一项资金。应交税费主要记录企业应缴纳的各种税金，包括流转税、所得税、资源税、财产税和行为税等。流转税主要包括增值税、消费税和营业税。其中增值税属于价外税，企业在购货环节支付进项税额，在销售环节收取销项税额，销项税额减去进项税额即为企业需要实际缴纳的增值税。

　　非流动负债是债权人提供的长期资金，企业主要用于长期资产的购建。长期借款是企业向银行或其他金融机构借入的期限在1年以上的贷款，不同于短期借款，属于企业筹集的长期资金，可用于购买建筑物、机器设备等长期资产。债券是企业为筹集长期使用资金而发行的一种书面凭证，与投资者约定借款金额、借款期限、利息支付方式。债券发行企业设置"应付债券"账户记录债券的增减变动。非流动负债不同于流动负债，企业可以长期使用，债权人承担的风险较大，往往要求企业支付较高的利息，从而使企业产生较高的借款费用。非流动负债的借款费用可以资本化而计入长期资产的取得成本中，也可以直接作为利息费用计入当期损益。

思　考　题

1. 负债有哪些计量属性？如何选择？

2. 如何区分流动负债与非流动负债？

3. 流动负债包括哪些内容？

4. 应付账款和应付票据有哪些业务内容？

5. 企业如何确认应付职工薪酬？职工薪酬由哪些内容构成？

6. 增值税、消费税和营业税在会计处理上有哪些区别？

7. 借入短期借款与借入长期借款对企业来说，有什么区别？在会计处理上有什么差异？

8. 借款费用的资本化和费用化这两种处理方法有何优缺点？对企业的经营成果是否会有影响？

9. 企业发行债券时，如何确定债券的发行价格？

10. 什么是预计负债？常见的预计负债有哪些？

练 习 题

习 题 一

练习目的：掌握短期借款的会计处理，理解利息费用的两种确认方式。

一、资料

开明公司于 20×9 年 1 月 1 日向银行借入 150 000 元，期限为 6 个月，年利率为 6%，该借款本金到期后一次归还，利息按季支付。

二、要求

(1) 开明公司按月计提利息，编制有关的会计分录。

(2) 开明公司不按月计提利息，直接在支付利息时确认费用，编制有关的会计分录。

(3) 试比较(1)、(2)这两种方法对各月利润确定的影响。

习 题 二

练习目的：掌握应付账款的业务内容。

一、资料

开明公司 20×9 年 4 月发生下列经济业务：

(1) 4 月 2 日，向东北工厂购买一批原材料，发票金额为 40 000 元，材料已验收入库，货款尚未支付。

(2) 4 月 5 日，开明公司开出支票支付前欠东北工厂的货款。

(3) 4 月 7 日，向东南工厂订购一批原材料，预付定金 20 000 元。（假设开明公司没有设置"预付账款"账户，直接通过"应付账款"账户反映。）

(4) 4 月 15 日，收到向东南工厂预定的原材料，价值 30 000 元。

(5) 4 月 16 日，开出支票向东南工厂支付剩余货款。

(6) 4 月 20 日，向西南工厂购买原材料一批，价值 50 000 元。采用托收承付方式结算货款，货已发出，尚未运到企业，企业尚未支付货款。

(7) 4 月 25 日,西南工厂的原材料运达企业,已验收入库。开出支票,支付货款。

(8) 4 月 27 日,收到东南工厂运来的原材料一批,发票尚未收到。

(9) 4 月 30 日,东南工厂发票仍未寄到,企业按照市价 40 000 元暂估入账。

二、要求

根据上述经济业务编制会计分录。

习　题　三

练习目的:掌握应付票据的会计处理。

一、资料

开明公司 20×9 年发生如下经济业务:

(1) 3 月 8 日,开出一张面值 20 000 元、期限 5 个月的不带息商业汇票,用于采购一批材料,材料价款为 20 000 元,取得增值税发票上注明的增值税额为 3 400 元。

(2) 3 月 15 日,开出带息商业汇票一张,面值 100 000 元,用于抵付其前欠东方公司的货款。该票据票面利率 6%,期限 3 个月。

(3) 6 月 15 日,3 月 15 日开出的带息商业汇票到期,企业以银行存款全额支付票据款和 3 个月的票据利息。

(4) 假定 6 月 15 日,3 月 15 日的带息商业汇票到期,企业无力支付票据款和利息。

(5) 8 月 8 日,开明公司于 3 月 8 日开出的商业汇票到期,开明公司通知其开户银行以银行存款支付票据款。

二、要求

根据上述经济业务编制有关的会计分录。

习　题　四

练习目的:掌握商业汇票的会计处理。

一、资料

开明公司与东方公司均为一般纳税人,开明公司于 20×9 年 4 月 1 日从东方公司购入原材料 100 吨,每吨 2 000 元,原材料已验收入库。当日收到东方公司开具的增值税发票一张,原材料价款 200 000,增值税额 34 000 元。双方约定采用商业汇票方式结算。开明公司于当日开出一张 6 个月期限的商业汇票,并承兑于到期日付款。商业汇票面值 234 000 元,票面利率 5%。20×9 年 10 月 1 日票据到期,开明公司到期支付票据款以及票据利息。

二、要求

(1) 编制开明公司开出票据、到期支付票据款及票据利息的会计分录。

(2) 编制东方公司销售原材料收到票据、到期收到票据款以及票据利息的会计分录。

习　题　五

练习目的:掌握应交税费的会计处理。

一、资料

开明公司为增值税一般纳税人。20×9年8月发生如下经济业务:

(1) 2日,购入原材料一批,增值税专用发票上注明货款150 000元,增值税额25 500元,原材料尚未运到,款项已用银行存款支付。

(2) 4日,购入免税农产品一批,价款40 000元,规定的扣除率为13%,农产品尚未运到公司,款项已用银行存款支付。

(3) 6日,购入不需安装生产用设备一台,增值税专用发票上注明货款200 000元,增值税额34 000元,款项尚未支付。

(4) 10日,销售产品一批,价款300 000元,按规定应收取增值税销项税额为51 000元,发票账单已交给买方,款项尚未收到。

(5) 17日,该公司因火灾毁损库存商品一批,其实际成本40 000元,经确认该商品耗用的原材料支付增值税进项税额为3 400元。

(6) 19日,建造办公大楼,领用生产用原材料60 000元,原材料购入时支付的增值税进项税额为10 200元。

(7) 22日,公司将自己生产的产品用于建造职工俱乐部。该批产品的成本为70 000元,计税价格为110 000元。增值税率为17%。

(8) 28日,销售商品一批,价款100 000元,按规定应收取增值税销项税额17 000元,发票账单已交给买方,同时收到对方转账支票一张,已送交银行。根据税法规定,销售该产品还需交纳消费税,消费税率为10%。

(9) 30日,开明公司计算当月应交税费。本月订立产品购销合同两份、购买凭证10本,按规定应交纳印花税400元,公司购买400元印花税票,完成印花税的交纳。当月应交车船税800元。

(10) 30日,以银行存款交纳本月增值税39 000元、消费税10 000元、车船税800元。

二、要求

根据上述经济业务编制有关的会计处理。

习 题 六

练习目的:掌握应交税费的会计处理。

一、资料

开明公司为一般纳税人,存货按实际成本核算,增值税率为17%,适用消费税税率为10%,转让无形资产的营业税率为5%。20×9年8月发生如下经济业务:

(1) 向东方公司采购甲材料,增值税专用发票上注明价款100 000元,增值税17 000元,另有运费2 000元,发票账单已经收到,材料已验收入库,款项通过银行支付。

(2) 销售乙产品5 000件,单价100元,单位成本50元;该产品需同时交纳增值税和消费税。产品已经发出,货款委托银行收取,托收手续已经办妥。

(3) 转让一项专利的所有权,收入500 000元已经存入银行。该项专利的账面原值为800 000元,累计摊销400 000元。

（4）收购农产品一批,实际支付价款 80 000 元,农产品已经验收入库,《增值税暂行条例》规定扣除率为 13%。

（5）购入生产用设备一台,增值税专用发票上注明价款 100 000 元,增值税 17 000元。设备已投入使用,款项通过银行支付。

（6）公司在建的办公大楼因施工需要,领用原材料一批,成本 80 000 元。

（7）月底对原材料进行盘点,盘亏原材料金额 5 000 元,原因待查。

二、要求

根据上述各项经济业务编制会计分录。

习 题 七

练习目的：掌握应付职工薪酬的会计处理。

一、资料

开明公司 20×9 年 8 月份职工薪酬的有关资料如下：

（1）8 月 6 日,根据上月工资结算汇总表所示,上月应付职工工资总额为 970 000 元,代扣职工房租 60 000 元,企业代垫职工家属医药费 5 000 元,代扣职工个人所得税共计 8 000 元,实发工资 897 000 元。从银行提取现金 897 000 元,准备发放工资。

（2）8 月 7 日,发放工资 897 000 元。

（3）8 月 31 日,已知开明公司 8 月份应付工资总额为 890 000 元,工资费用分配表中列示的产品生产工人工资为 600 000 元,车间管理人员工资为 100 000 元,企业行政管理人员工资为 80 000 元,销售人员工资 60 000 元,基建工程人员工资为 50 000 元。

（4）8 月 31 日,根据国家规定的计提标准,按工资总额的 10% 和 8% 提取保险费和住房公积金。

（5）8 月 31 日,根据国家规定的计提标准,按工资总额的 2% 和 1.5% 提取工会经费和职工教育经费。

二、要求

根据上述经济业务编制有关的会计分录。

习 题 八

练习目的：掌握预收账款的会计处理。

一、资料

开明公司为增值税一般纳税人。20×9 年 5 月 10 日与 A 公司签订供货合同,供货总金额为 300 000 元。A 公司先行预付货款 150 000 元,剩余货款及增值税额在收到货物后付清。5 月 22 日开明公司将货物发运到 A 公司,5 月 22 日收到 A 公司补付的货款。

二、要求

（1）编制开明公司设置"预收账款"账户的会计分录。

（2）编制开明公司不设置"预收账款"账户的会计分录。

习 题 九

练习目的： 掌握长期借款的会计处理。

一、资料

开明公司为建造一幢厂房，20×9年1月1日借入期限为2年的长期借款1 000 000元，借款已存入银行。借款利率为9%，每年付息一次，期满后一次还清本金。该厂房于20×9年12月31日完工，并交付使用。2×11年1月1日，贷款到期，开明公司偿还该笔借款。

二、要求

(1) 编制20×9年1月1日，款项借入时的会计分录。

(2) 编制开明公司每年末支付利息的会计分录。

(3) 编制开明公司2×11年贷款到期偿还的会计分录。

习 题 十

练习目的： 掌握应付债券的会计处理。

一、资料

开明公司经批准于20×9年1月1日发行3年期、到期一次还本付息、票面利率为8%、面值为10 000 000元的债券。债券按面值发行，所筹资金用于建造新厂房，该项工程预计20×9年12月31日完工并交付使用。

二、要求

(1) 编制20×9年1月1日，债券发行时的会计分录。

(2) 编制开明公司每年计提利息时的会计分录。

(3) 编制开明公司2×12年债券到期支付本息的会计分录。

案例分析题

一、资料

瑞达公司近年来经营状况良好，业绩持续增长，准备扩建厂房。厂房扩建工程预计于20×7年7月1日开始，20×8年12月31日完工。公司拟筹资50 000 000元。财务经理提出了以下3个融资备选方案：

1. 向银行借款融资。20×7年7月项目建设需投入资金20 000 000元；20×8年1月需投入资金20 000 000元；20×8年7月需投入资金10 000 000元。公司准备分两次申请贷款：

(1) 20×7年7月1日，拟向银行借入资金20 000 000元，期限2年，年利率为8%，借款到期还本付息。

(2) 20×8年1月1日，拟向银行借入资金30 000 000元，期限2年，年利率为9%，借款到期支付本息。

2. 发行长期债券融资。20×7年1月1日拟发行面值为 50 000 000 元的债券,期限为 5 年、票面利率为 10% 的企业债券。债券利息于每年年末支付。

3. 发行债券结合短期借款。

(1) 20×7 年 7 月 1 日,拟向银行借入资金 20 000 000 元,期限为 1 年,年利率为 7%,借款到期还本付息。

(2) 20×8 年 1 月 1 日,拟发行面值为 30 000 000 元的债券,期限为 3 年、票面利率为 9% 的企业债券。债券利息于每年年末支付。

二、要求

(1) 如果你是公司股东,你会选择哪种筹资方案?

(2) 企业通过发行债券、借款方式筹集资金,都会产生利息费用,你觉得利息费用应计入资产价值还是计入当期损益?

(3) 针对以上 3 种筹资方式,会计应如何进行会计处理?

第六章

所有者权益

学习目标

1. 理解所有者权益的定义、确认和计量特点、构成内容；

2. 理解实收资本、股本的定义，掌握实收资本、股本的会计处理方法；

3. 理解资本公积的定义、来源和用途，掌握资本公积的会计处理方法；

4. 理解企业留存利润的性质与作用，掌握留存利润来源、用途等内容，掌握留存利润的会计处理方法。

第一节　所有者权益概述

如前所述，企业进行日常的生产经营活动必须拥有各种资产，而购置资产所需资金的来源主要由债权人和企业所有者投入。企业接受债权人投资形成负债，而企业接受所有者投资则形成了所有者权益。所有者权益不同于负债，它是企业的自有资本、是重要的资金来源，并且反映了企业与其所有者之间的经济关系。

一、所有者权益的定义与特征

所有者权益是指企业资产扣除负债后由所有者享有的剩余权益，是企业所有者对企业净资产的要求权。公司的所有者权益又称为股东权益。所有者权益不同于债权人权益，它具有以下特征：

（1）所有者权益属于永久性资本，只要企业存在，所有者权益也就存在。除非企业发生减资、清算，否则所有者权益不会被要求返还。

（2）当企业发生清算时，为了保护债权人的利益，法律规定债权人对企业资产的要求权优先于所有者。因此，企业清算时只有在清偿所有的负债后，在有资产剩余的情况下，所有者才能分配剩余财产。从这一点可以看出，企业的经营风险主要是由所有者承担的。

（3）所有者凭借其在企业中的权益能够参与利润分配。既然企业的经营风险由所有者承担，企业创造的利润也应归所有者所有。因此，利润会增加所有者权益，亏损会使所有者权益减少。而作为债权人，不管企业经营状况好坏，只能收取固定的利息，不能参与利润分配。

二、所有者权益的确认和计量

所有者权益在性质上体现为企业所有者对企业资产的剩余权益，因此所有者权益的确认依赖于其他要素的确认。根据会计等式：资产＝负债＋所有者权益，所有者权益的确认主要基于资产和负债的确认,所有者权益的计量取决于资产和负债项目的计量,是对资产和负债计量以后相比较形成的结果。

企业接受所有者直接投入的资产,一方面资产增加,另一方面所有者权益增加。因此,只要所有者投入的资产满足资产项目的确认条件,也就具备了所有者权益的确认条件。所有者投入的资产包括货币资金和各种非现金资产。以货币资金出资的,所有者权益的计量是直接根据收到的货币资金数额确定,作为其入账金额;以非货币性资产出资的,应对作为出资的非现金资产评估作价,不得高估或者低估作价,通常可采用公允价值作为评估标准。

企业资产的取得可能是来自于所有者的直接投入和投入后的赚取,也可能是债权人提供的。因此,资产总额只要扣除了属于债权人的、到期需要偿还的部分,剩下的就是所有者权益。由此可知,只要资产、负债项目能够可靠计量了,就意味着所有者权益项目也能可靠计量了。

三、所有者权益的构成

企业在法律上的组织形式主要包括公司制企业、合伙制企业和个人独资企业等。个人独资企业是由个人独立出资建立的企业,全部资产归出资者一人所有,企业经营由出资者个人负担,对企业债务承担无限责任。个人独资企业不是独立的法律主体,企业的财产和债务在法律上视为业主个人的财产和债务,业主对企业债务承担无限责任。独资企业也不是纳税主体,企业取得的利润,归业主个人所有,按个人所得税法计算缴纳个人所得税。合伙制企业是两个或两个以上的合伙人按照协议共同出资,共同承担企业经营风险,对企业债务承担连带责任的企业。合伙制企业与独资企业一样,也不是独立的法律主体和纳税主体,企业取得的利润由合伙人各自按个人所得缴纳个人所得税。合伙企业与独资企业的区别在于订立书面形式的契约,明确各合伙人之间的责、权、利关系,规定企业的收益分配方法、合伙人出资额转让方法等。鉴于独资企业和合伙企业的特点,其所有者权益不必划分为投入资本、资本公积和留存收益三部分,可以统称为业主权益,合伙企业可以按合伙人分别反映业主权益。

公司是指一般以营利为目的,从事商业经营活动或某些目的而成立的组织。根据现行《公司法》(2014)的规定,其主要形式为有限责任公司和股份有限公司。有限责任公司的股东以其认缴的出资额为限对公司承担责任;股份有限公司的股东以其认购的股份为限对公司承担责任。公司是企业法人,有独立的法人财产,享有法人财产权。公司以其全部财产对公司的债务承担责任。有限责任公司和股份有限公司均为法人,具有与自然人同样的享有权利和承担义务的能力。公司的财产和对外债务,不是股东个人的财产和债务,股东只对公司净资产有要求权,公司以其全部资产对公司的债务承担有限责任。公司是纳税主体,公司取得的收益按照企业所得税法计算缴纳企业所得税,公司分配当年税后利润时,应当提取税后利润的 10% 列入公司法定公积金。公司法定公积金累计额为公司注册资本的 50% 以上的,可以不再提取。公司从税后利润中提取法定公积金后,经股东会或者股东大会决议,还可以从税后利润中提取任意公积金,提取公积金后的余额可向股东分配,分配后的剩余额则可留于以后年度分配。基于公司制企业的特点,其所有者权益应该划分为投入资本、资本公积和留存收益等内容。本章主要介绍公司制企业的所有者权益。

公司制企业的所有者权益包括以下内容：

1. 投入资本

投入资本是指投资者作为资本实际投入企业的各种资产的价值，是所有者向企业投入的资本。在不同类型的企业，投入资本的表现形式不同。在股份有限公司，投入资本表现为实际发行股票的面值，也称为"股本"；在有限责任公司则表现为所有者的出资额，也称为"实收资本"。

2. 资本公积

资本公积是指企业收到投资者的出资额超出其在注册资本中所占份额的部分。股份有限公司溢价（高于面值）发行股票，溢价收入确认为资本公积；有限责任公司的所有者超过注册资本范围的出资额，也可以确认为资本公积。

3. 其他综合收益

其他综合收益是指企业根据其他会计准则规定未在当期损益中确认的各种利得和损失。包括以后会计期间不能重分类进损益的其他综合收益项目和以后会计期间在满足规定条件时将重分类进损益的其他综合收益项目两大类。

4. 留存收益

留存收益是指归所有者共有，由利润转化形成的所有者权益，包括盈余公积和未分配利润。盈余公积是企业按照规定从净利润中提取的积累资金，包括法定盈余公积和任意盈余公积。法定盈余公积是按照法律规定从税后利润中提取的盈余公积；任意盈余公积是指企业按照股东会或股东大会的决议提取的任意盈余公积。未分配利润是指企业实现的净利润经过亏损弥补、提取盈余公积和向投资者分配股利以后剩余的可供以后年度分配的利润。

第二节　实收资本和股本

一、实收资本的概念和账户设置

投资者创办企业首先必须投入资本。实收资本可以理解为企业实际收到的投资者的出资额。

（一）实收资本的概念

实收资本是指投资者投入资本形成法定资本的那部分价值。注册资本是在公司登记机关登记的全体股东认缴的出资额。股东应当按期足额缴纳公司章程中规定的各自所认缴的出资额。股东以货币出资的，应当将货币出资足额存入有限责任公司在银行开设的账户；以非货币财产出资的，应当依法办理其财产权的转移手续。投资者按照设立企业所需的注册资本额的要求投入的资本，即为实收资本。投资全部到位后，实收资本的金额应与注册资本相一致，投资者根据其在实收资本中所占的份额，参与企业的经营管理和利润分配。

（二）实收资本的账户设置

企业收到投资者投入企业的各项资产后,根据有关的原始凭证(如银行通知单、资产验收入库单等)确认入账。有限责任公司通过设置"实收资本"账户,记录投入资本的增减变动情况,收到投资者投入的资产时,所有者权益增加,计入"实收资本"账户的贷方;投资者撤回投资或返还投资者投资时计入"实收资本"账户的借方。企业为了详细记录各个投资者的投入资本情况,可以根据不同的投资者设置"实收资本"的明细账,如"实收资本——甲"、"实收资本——乙"等明细账户。

二、实收资本的业务内容

投资者可以用货币出资,也可以用实物(如原料、机器设备等)、知识产权(如专利权、商标权等)、非专利技术、土地使用权等可以用货币估价并可以依法转让的非货币财产作价出资。对作为出资的实物、知识产权、非专利技术或者土地使用权,必须进行评估作价,不得高估或者低估其价值。

（一）接受现金资产投资

有限责任公司接受投资者投入的货币资金,按照实际收到的或存入银行的金额入账。一方面借记"银行存款"账户,另一方面按照投资者的出资金额计入"实收资本"账户的贷方。

例 6-1　甲、乙、丙三人共同投资设立东风有限责任公司,注册资本为 6 000 000 元,甲、乙、丙分别出资 2 000 000 元,投资款已存入银行。根据银行通知单,东风公司可编制以下会计分录:

借：银行存款	6 000 000
贷：实收资本——甲	2 000 000
实收资本——乙	2 000 000
实收资本——丙	2 000 000

（二）接受非现金资产投资

有限责任公司如果接受实物资产、知识产权、土地使用权等非现金资产投资,作为出资的资产必须进行评估,按评估确认的价值入账。

例 6-2　承上例 6-1,假设东风公司设立时,收到乙作为资本投入的不需安装的机器设备一台,该设备经过评估,价值为 1 500 000 元,该设备已交付使用。另收到乙公司作为资本投入的土地使用权一项,经评估价值为 500 000 元。东风公司可编制以下分录:

借：固定资产	1 500 000
无形资产	500 000
贷：实收资本——乙	2 000 000

（三）实收资本的增减变动

有限责任公司的实收资本在其存续期间可能发生增减变动,公司应到原登记机关申请办理变更登记。公司增加注册资本的,应当自变更决议或者决定做出之日起 30 日内申请变更登记。公司减少注册资本的,应当自公告之日起 45 日后申请变更登记,并应当提交公司在报纸上登载公司减少注册资本公告的有关证明和公司债务清偿或者债务担保情况的说明。

1. 实收资本的增加

实收资本的增加主要有三个途径：一是原来的投资者追加投资或有新的投资者加入；二是资本公积转增资本；三是盈余公积转增资本。其中资本公积、盈余公积均属于所有者权益，按原股东的持股比例转增。资本公积、盈余公积转增资本后，企业的所有者权益总额不变，只是改变了所有者权益各项目内容的金额分布。

例 6-3 承上例 6-1，假设 2 年后为扩大经营规模，经批准公司的注册资本将扩大为 9 000 000 元，甲、乙、丙分别按原先的出资比例出资，分别出资 1 000 000 元。东风公司收到投资款后，可编制下列会计分录：

借：银行存款	3 000 000
贷：实收资本——甲	1 000 000
实收资本——乙	1 000 000
实收资本——丙	1 000 000

如果 2 年后，为扩大经营规模，东风公司决定将盈余公积 3 000 000 元用于转增资本，东风公司可编制以下会计分录：

借：盈余公积	3 000 000
贷：实收资本——甲	1 000 000
实收资本——乙	1 000 000
实收资本——丙	1 000 000

2. 实收资本的减少

公司实收资本减少的原因有两个：一是资本过剩；二是企业发生重大亏损而需要减少实收资本。企业因资本过剩而减资，一般要向投资者发还投资款。企业发生亏损，通常直接减少以前年度形成的留存收益。但是如果企业发生了重大亏损，原先积累的留存收益不足以抵减已发生的重大亏损，并且近几年弥补亏损的可能性也不大。企业会考虑减少实收资本，也就是用实收资本弥补亏损，缩短企业亏损弥补的年限，有利于企业形象的改善。

有限责任公司减少注册资本，须经代表 2/3 以上表决权的股东决议通过。公司减少注册资本时，公司章程原定的注册资本发生变化，须向原公司登记机关办理变更登记。企业减资手续办妥后，便可进行会计处理，借记"实收资本"账户，同时贷记"银行存款"等账户。

三、股本的概念和账户设置

股份有限公司接受投资者投入的货币资金、原材料、机器设备等各种资产，形成的是股本。

（一）股本的概念

股份有限公司是指全部资本由等额股份构成并通过发行股票筹集资本，股东以其认购的股份为限对公司承担有限责任，公司以其全部资产对公司债务承担责任的企业法人。

股份有限公司不同于其他企业,将公司的全部资本划分为等额股份,通过发行股票的方式筹集资本。股份是很重要的指标,股份持有量的多少代表股东在企业中的权益,代表其拥有的参与经营管理权和其拥有的利润分配权、剩余财产要求权。股票面值与股份总数的乘积为股本,股本在数额上等于注册资本的数额。

（二）股本的账户设置

股份有限公司为了反映其股本的增减变动情况,可以设置"股本"账户进行会计处理,同时还可以按照股东名称设置明细账,记录每个股东持有的股份数。"股本"账户属于所有者权益类账户,贷方反映增加借方反映减少,期末余额在贷方,代表企业拥有的股本金额。

四、股本的业务内容

股份有限公司可以通过发行股票增加股本,也可以通过资本公积、盈余公积转增股本。股份有限公司发放股票股利,也会使股本增加。

（一）股票发行

股份有限公司有发起设立和募集设立两种设立方式。

发起设立方式是指公司的股份全部由发起人认购,不向发起人以外的任何人募集股份。发起设立方式募集资本,发行费用较低,公司可以直接将发行费用计入"财务费用"账户。发行费用,是指与股票发行直接相关的费用,一般包括发行手续费和佣金等费用。

募集设立方式是指公司的股份除发起人认购以外,其余股份向社会公开募集或者向特定对象募集股份。采用募集方式募集资本,发行费用较高,在会计上应进行特别处理:采用溢价发行股票,可以从溢价收入中扣除发行费用,按股票面值和发行的股数确认应计入"股本"账户的金额,发行收入扣除发行费用后的余额,超过股本部分的金额计入"资本公积——股本溢价"账户;采用按面值发行股票,发行费用可计入"长期待摊费用"账户的借方,发行收入扣除发行费用后的余额,计入"银行存款"账户,按股票面值和发行的股数确认应计入"股本"账户的金额。溢价发行股票,如果溢价部分不足支付发行费用,扣除溢价以后的发行费用也可计入"长期待摊费用"账户。

例 6-4　福达股份有限公司通过证券公司发行普通股 20 000 000 股,每股面值 1 元,证券公司按发行收入的 2% 收取手续费。假设福达公司按面值发行股票,发行收入已存入银行。福达公司应编制的会计分录是:

借:银行存款　　　　　　　　　　　　　　　19 600 000
　　长期待摊费用　　　　　　　　　　　　　　400 000
　贷:股本　　　　　　　　　　　　　　　　　　20 000 000

上述分录中,股票发行手续费＝20 000 000×2%＝400 000(元)

如果福达公司按每股 3 元的价格发行股票,则会计分录为:

借:银行存款　　　　　　　　　　　　　　　58 800 000
　贷:股本　　　　　　　　　　　　　　　　　　20 000 000
　　资本公积——股本溢价　　　　　　　　　　38 800 000

上述分录中,股票发行手续费＝20 000 000×3×2‰＝1 200 000(元)

(二) 股票股利

股票股利是指公司用增发股票的方式发放的股利,但股票股利严格地说并不是股利,只是将留存收益转作股本而已。发放股票股利的结果并不影响所有者权益总额,只是所有者权益项目内部结构发生了变化,留存收益减少,股本增加。股份有限公司采用发放股票股利实现增资时,按照股东原持有的股数分配。如果股东所持有的股份按比例分配的股票股利不足一股时,可采用以下方法处理:一是将不足一股的股票股利改为现金股利,用现金支付;二是由股东相互转让,凑为整股。公司发放股票股利,应在办理增资手续后,借记"利润分配"账户,贷记"股本"账户。

例 6-5 东风股份有限公司20×1年经股东大会审议,通过了向全体股东发放股票股利的分配方案:决定向股东派发1 000 000元的股票股利。公司应编制的会计分录如下:

东风公司实际发放股票股利时:

借:利润分配——分配股票股利　　　　　　　　　1 000 000

　　贷:股本　　　　　　　　　　　　　　　　　　　　1 000 000

(三) 股本的减少

股份有限公司减资可以采用收购本公司股票,并加以注销的方式进行。回购的股票在未注销之前形成库存股。库存股仅作为股东权益的减项,无表决权和收益权。企业减资时,购入自己的股票,在注销或转让前先作为库存股,按照实际支付的价款计入"库存股"账户的借方,同时贷记"银行存款"账户。注销股本时,按回购股票的面值和数量确定注销股本的金额,贷记"库存股"账户,库存股账面余额超过股本的差额依次冲减"资本公积"、"盈余公积"和"未分配利润"。如果购入库存股的价格低于股票面值,按股票面值总额借记"股本"账户,按所注销库存股的账面余额,贷记"库存股"账户,按期差额贷记"资本公积——股本溢价"账户。

例 6-6 福达股份有限公司因市场变化,经股东大会决议缩小经营规模,购回并注销10 000 000股普通股。公司原发行了普通股20 000 000股,每股面值1元,发行价格每股3元。目前公司账面上有资本公积为38 800 000元、盈余公积为4 000 000元、未分配利润(贷方余额)为3 000 000元。如果福达公司以每股5元的价格购回其发行在外的普通股10 000 000股。福达公司可编制下列会计分录:

(1)购回股票:

借:库存股　　　　　　　　　　　　　　　　　50 000 000

　　贷:银行存款　　　　　　　　　　　　　　　　50 000 000

(2)注销库存股:

借:股本　　　　　　　　　　　　　　　　　　10 000 000

　　资本公积——股本溢价　　　　　　　　　　38 800 000

　　盈余公积　　　　　　　　　　　　　　　　 1 200 000

　　贷:库存股　　　　　　　　　　　　　　　　　50 000 000

如果福达公司以每股0.9元的价格购回股票,则福达公司可编制下列会计分录:

（1）购回股票：

借：库存股　　　　　　　　　　　　　　　　9 000 000

　　贷：银行存款　　　　　　　　　　　　　　　　9 000 000

（2）注销库存股：

借：股本　　　　　　　　　　　　　　　　　10 000 000

　　贷：库存股　　　　　　　　　　　　　　　　　9 000 000

　　　资本公积——股本溢价　　　　　　　　　　　1 000 000

第三节　资本公积

一、资本公积的概念和账户设置

资本公积是所有者权益的一个组成部分，来自于投资者的投入，但是不形成实收资本（或股本）。

（一）资本公积的概念

资本公积是企业收到投资者的超出其在企业注册资本中所占份额的投资，包括资本溢价和股本溢价。形成资本溢价的原因是投资者超额缴入资本；形成股本溢价的原因是公司溢价发行股票。资本公积与实收资本虽然均属于所有者权益，但两者也有不同之处：实收资本是投资者对企业的投入，并通过资本的投入获取各自名下应享有的权益份额，谋求对等的经济利益；而资本公积则不同，资本公积是为全体股东所共有，来自于某投资者的投入，而被所有投资者按持股比例享有。

1. 资本溢价

资本溢价，是指企业收到投资者投入的资本中超过了其在注册资本中所占份额的部分，也就是投资者的超额投资。公司初创时，股东按其在企业注册资本中所占的份额出资，不会出现资本溢价。但是公司经营一段时间后有新的投资者加入，新股东的出资额通常会大于其在企业注册资本中所占的份额。企业经营一段时间后，会形成留存收益，这部分留存收益应该属于原股东，新股东加入时要与原股东共享这部分留存收益，应该付出高于原股东的出资额。

2. 股本溢价

股本溢价，是指股份有限公司溢价发行股票，溢价收入扣除发行费用后与股本的差额，也可以理解为是股东的超额投入。如例 6.4 所示，投资者购买福达公司股票，每股发行价 3 元，但形成的股本仅是 1 元，假定不考虑发行费用，投资者用 3 元换取面值 1 元的股份，其中 2 元为股票溢价。

（二）资本公积的账户设置

企业可以设置"资本公积"账户反映资本公积的增加和减少。同时可以根据资本公积的内容不同设置"资本公积——资本溢价"、"资本公积——股本溢价"两个明细账户。

二、资本公积的业务内容

资本公积包括两部分的内容：投资者超额出资形成的资本溢价；股票溢价发行形成的股本溢价。

(一)资本溢价

在企业初创时期，投资者投入的资本与注册资本一致，构成实收资本。企业经过一段时间经营，其资产实现了增值，如果这时有新的投资者希望加入，其投入的资本一部分构成注册资本，计入"实收资本"账户，而另一部分则作为对前人贡献的补偿，不构成实收资本，计入"资本公积——资本溢价"账户，这样才能与原先股东按持股比例分享企业权益。

例 6-7 承上例 6-1，东风公司经营 2 年后，有丁投资者有意加盟该公司，希望持有该公司 25％的资本份额，与其他三位投资者一起各占公司资本份额的 25％。丁投资者投资后，东风公司的注册资本变更为 8 000 000 元。丁投资者实际投入资本为 2 500 000 元，款项已存入银行。东风公司可编制下列会计分录：

借：银行存款　　　　　　　　　　　　　2 500 000
　贷：实收资本　　　　　　　　　　　　　　　2 000 000
　　资本公积——资本溢价　　　　　　　　　　　500 000

(二)股本溢价

股份有限公司通过发行股票的方式募集股本，股票是公司签发的证明股东按其持有股份享有权利和承担义务的书面证明。公司的股本总额按股票面值与股份总数的乘积计算，股本总额与注册资本相等。如果股票溢价发行，相当于股票面值的部分计入"股本"账户，溢价收入不形成股本，计入"资本公积——股本溢价"账户的贷方。委托券商代理发行股票支付的手续费、佣金，从溢价收入中扣除。

例 6-8 达利股份有限公司通过证券公司发行普通股 5 000 000 股，每股面值 1 元，证券公司按发行收入的 2％收取手续费、佣金。达利公司按每股 2.5 元的价格发行股票，发行收入已存入银行。利达公司应编制如下会计分录：

借：银行存款　　　　　　　　　　　　　12 250 000
　贷：股本　　　　　　　　　　　　　　　　　5 000 000
　　资本公积——股本溢价　　　　　　　　　　7 250 000

上述分录中，股票发行手续费＝5 000 000×2.5×2％＝250 000(元)

股本溢价 ＝ 5 000 000×2.5－250 000－5 000 000 ＝ 7 250 000(元)

(三)资本公积的减少

资本公积是投资者投入的，可用于转增资本。资本公积是股东共同享有的所有者权益，享有比例与股东持股比例相一致，通常按股东持股比例转增资本或股本。当资本公积转增资本(或股本)时，借记"资本公积"账户，贷记"实收资本"或"股本"账户。

例 6-9 承上例 6-1，假设 2 年后东风公司为扩大经营规模，将公司的注册资本扩大为 9 000 000 元，东风公司决定将资本公积 3 000 000 元转增资本，东风公司可编制以下会计分录：

借：资本公积		3 000 000
贷：实收资本——甲		1 000 000
实收资本——乙		1 000 000
实收资本——丙		1 000 000

第四节　其他综合收益

一、其他综合收益的概念和账户设置

综合收益,是指企业在某一期间除与所有者以其所有者身份进行的交易之外的其他交易或事项引起的所有者权益变动,包括净利润和其他综合收益。所有者以其所有者身份进行的交易主要指所有者投资和对所有者分配等资本业务。

（一）其他综合收益的概念

其他综合收益是指企业根据其他会计准则规定未在当期损益中确认的各项利得和损失,直接计入所有者权益。其他综合收益的发生不会影响当期利润、但是会引起所有者权益项目发生增减变动。利得、损失与收入、费用不同,收入和费用均来自于企业日常的生产经营活动,收入与费用之间往往存在因果关系;而利得和损失往往形成于企业的非日常活动,两者之间不存在因果关系。按照企业会计准则的规定有些利得和损失计入当期损益;而有些利得和损失直接引起所有者权益的增加或减少,形成其他综合收益。

（二）其他综合收益的账户设置

企业可以设置"其他综合收益"账户反映其他综合收益的增减变动情况,贷方反映其他综合收益的形成或其他综合损失的转销,借方反映其他综合收益的转销或其他综合损失的形成。同时可以根据形成其他综合收益的不同内容设置明细账户。

二、其他综合收益的业务内容

其他综合收益包括以后会计期间不能重分类进损益的其他综合收益项目和以后会计期间在满足规定条件时将重分类进损益的其他综合收益项目两大类。

（一）以后会计期间不能重分类进损益的其他综合收益项目

以后会计期间不能重分类进损益的其他综合收益项目,主要包括:

（1）重新计量设定受益计划净负债或净资产导致的变动。根据《职工薪酬》准则,有设定受益计划形式离职后福利的企业应当将重新计量设定受益计划净负债或净资产导致的变动计入其他综合收益,并且在后续会计期间不允许转回至损益。

（2）按照权益法核算的在被投资单位不能重分类进损益的其他综合收益变动中所享有的份额。根据《长期股权投资》准则,投资方取得长期股权投资后,应当按照应享有或应分担的被投资单位其他综合收益的份额,确认其他综合收益,同时调整长期股权投资的账面价值。投资单位在确定应享有或应分担的被投资单位其他综合收益的份额时,该份额的性质取决于被投资单位的其他综合收益的性质,即如果被投资单位的其他综合收益属于"以后会计期间不能重分类进损益"类别,则投资方确认的份额也属于"以后会计期间不能重分类进损益"类别。

(二)以后会计期间在满足规定条件时将能重分类进损益的其他综合收益项目

以后会计期间在满足规定条件时将重分类进损益的其他综合收益项目,主要包括:

(1)按照权益法核算的在被投资单位可重分类进损益的其他综合收益变动中所享有的份额。根据《长期股权投资》准则,投资方取得长期股权投资后,应当按照应享有或应分担的被投资单位其他综合收益的份额,确认其他综合收益,同时调整长期股权投资的账面价值。如果被投资单位的其他综合收益属于"以后会计期间在满足规定条件时将重分类进损益"类别,则投资方确认的份额也属于"以后会计期间在满足规定条件时将重分类进损益"类别。

(2)可供出售金融资产公允价值变动形成的利得或损失。根据《金融工具确认和计量》准则,可供出售金融资产按公允价值计量,但是可供出售金融资产公允价值变动形成的利得或损失,除减值损失和外币货币性金融资产形成的汇兑差额外,应当直接计入所有者权益,在该金融资产终止确认时转出,计入当期损益。

(3)持有至到期投资重分类为可供出售金融资产形成的利得或损失。根据《金融工具确认和计量》准则,如果有迹象表明公司无法将持有至到期投资持有至到期,应该将持有至到期投资重分类为可供出售金融资产。在重分类日,持有至到期投资的账面价值与其公允价值之间的差额计入其他综合收益,在该可供出售金融资产发生减值或终止确认时转出,计入当期损益。

(4)根据相关会计准则规定的其他项目。公司自用的房地产或作为存货的房地产转换为以公允价值模式计量的投资性房地产,在转换日公允价值大于账面价值部分计入其他综合收益;待该投资性房地产处置时,将该部分转入当期损益等。

以上这些计入其他综合收益的利得和损失均与资产的计价有关,当企业处置这些资产时,作为其他综合收益确认的利得和损失也要相应转出,计入当期损益。

其他综合收益包含很多内容,本章仅介绍因为持有长期股权投资引起的其他综合收益的会计处理。投资方取得长期股权投资后,应当按照应享有或应分担的被投资单位其他综合收益的份额,确认其他综合收益,同时调整长期股权投资的账面价值。如果被投资单位的其他综合收益属于"以后会计期间在满足规定条件时将重分类进损益"类别,则投资方确认的份额也属于"以后会计期间在满足规定条件时将重分类进损益"类别。投资方一方面按照持股比例调整增加长期股权投资账面价值,另一方面确认为利得,计入"其他综合收益"账户的贷方;如果被投资企业发生计入所有者权益的损失,投资企业一方面按照持股比例调整减少长期股权投资的账面价值,另一方面确认为损失,计入"其他综合收益"账户的借方。在出售该项长期股权投资时,需要转销与长期股权投资相关的其他综合收益。

例6-10 20×1年1月3日,东风公司以每股5元的价格,购买达利股份有限公司的股票500 000股,从而拥有达利公司30%的股份,准备长期持有。东风公司对达利公司的投资采用权益法进行会计处理。达利公司20×1年12月31日,有一项其他综合收益属于以后会计期间在满足规定条件时将重分类进损益的项目,金额为 100 000 元。假设东风公司的持股比例不变,可编制下列会计分录:

借:长期股权投资——其他综合收益调整　　　　30 000
　　贷:其他综合收益——以后重分类进损益项目　　　　30 000

如果被投资单位的其他综合收益属于"以后会计期间不能重分类进损益"类别,则投资方确认的份额也属于"以后会计期间不能重分类进损益"类别。

例 6-11　承上例 6-10,假设达利公司 20×1 年 12 月 31 日,拥有一项其他综合收益属于以后会计期间不能重分类进损益的其他综合收益项目,金额为 100 000 元。可编制下列会计分录:

借:长期股权投资——其他综合收益调整　　　　30 000
　　贷:其他综合收益——以后重分类不进损益项目　　　　30 000

第五节　留 存 收 益

留存收益是指企业从历年实现的利润中提取或形成的,留存于企业内部的积累,包括盈余公积和未分配利润。留存收益主要来自于企业的日常生产经营活动,是企业已实现收益在内部的一种积累,是所有者权益的重要组成部分。

一、利润分配顺序

利润分配是指企业根据国家有关法规和企业章程、投资者协议等的规定,对企业当年可供分配的利润所进行的分配。根据《公司法》等相关法规的规定,企业当年实现的净利润一般按以下顺序分配:

1. 提取法定盈余公积

公司制企业按照税后利润的 10% 提取法定盈余公积,公司提取的法定盈余公积达到注册资本的 50% 以上时,可以不再提取法定盈余公积。企业在提取法定盈余公积之前,如果存在以前年度未弥补的亏损,可以先弥补亏损,按弥补亏损后的余额计提法定盈余公积。

2. 提取任意盈余公积

公司从税后利润中提取法定盈余公积后,经股东会或股东大会决议,还可以从税后利润中提取任意盈余公积。

3. 向投资者分配利润

公司在弥补亏损和提取盈余公积以后剩余的利润可以向投资者分配。有限责任公司的股东按照实际的出资比例分得利润;股份有限公司的股东按照持有股份分配股利。股东会、股东大会或者董事会违反规定,在公司弥补亏损和提取法定公积金之前向股东分配利润的,股东必须将违规分得的利润退还公司。可供投资者分配的利润可按以下公式计算获得:

可供投资者分配的利润 = 当年实现的净利润 + 年初未分配利润(或
　　　　　　　　　　　－ 年初未弥补亏损)－ 当年提取的盈余公积

＋当年的其他转入

上式中的"其他转入"，主要是指企业使用盈余公积弥补亏损或分配股利转入的金额。

如果企业发生亏损，则应在以后年度予以弥补。企业亏损弥补的途径有三个：税前补亏、税后补亏和盈余公积补亏。其中税前补亏是指企业当年发生的亏损，可以用接下来5年的税前利润弥补，也就是说，接下来5年实现的利润总额先用于弥补亏损，亏损弥补后剩余的利润再按照现行税率计算应缴纳的所得税。如果，企业超过5年仍未弥补发生的亏损，则从第六年开始采用税后补亏，先计算应缴纳所得税，再弥补亏损。

例 6-12 某公司20×1年发生亏损800 000元。年度终了，该公司编制如下会计分录：

借：利润分配——未分配利润　　　　　　　　　800 000
　　贷：本年利润　　　　　　　　　　　　　　　　800 000

20×2年，公司实现利润120 000元。公司进入税前补亏，不需要交纳所得税。应编制如下会计分录：

借：本年利润　　　　　　　　　　　　　　　　120 000
　　贷：利润分配——未分配利润　　　　　　　　120 000

如果公司接下来5年，每年均实现利润120 000元。20×3年至20×6年的会计分录同上，公司均不需要交纳所得税。20×6年年末，"利润分配——未分配利润"账户的余额为借方余额200 000元。20×7年，公司进入税后补亏期，在弥补亏损之前先要计算交纳所得税。

20×7年公司应交的所得税＝120 000×25％＝30 000(元)，应编制的会计分录如下：

(1) 计提当年应交所得税

借：所得税费用　　　　　　　　　　　　　　　30 000
　　贷：应交税费——应交所得税　　　　　　　　30 000

(2) 结转所得税费用

借：本年利润　　　　　　　　　　　　　　　　30 000
　　贷：所得税费用　　　　　　　　　　　　　　30 000

(3) 结转净利润，弥补以前年度亏损

借：本年利润　　　　　　　　　　　　　　　　90 000
　　贷：利润分配——未分配利润　　　　　　　　90 000

截至20×7年年末，"利润分配——未分配利润"账户仍为借方余额110 000元。说明公司还有110 000元的亏损没有弥补。亏损弥补过程见图6-1。

借方	本年利润	贷方
20×1年发生亏损借方转入：800 000		20×2年税前利润转入：120 000
		20×3年税前利润转入：120 000
		20×4年税前利润转入：120 000
		20×5年税前利润转入：120 000
		20×6年税前利润转入：120 000
截至20×6年末未弥补亏损：200 000		20×7年税后利润转入：90 000
20×7年末弥补亏损：110 000		

图 6-1 亏损弥补 T 型账户示意图

二、盈余公积

企业从事生产经营活动形成的利润,一部分对外分配,一部分留存在企业里,形成盈余公积。

(一)盈余公积的概念

盈余公积是指企业在利润分配过程中提取的各种积累资金,包括法定盈余公积和任意盈余公积。法定盈余公积由企业根据相关法律的规定从税后利润中提取。企业从税后利润中提取法定公积金后,经股东会或股东大会决议,还可以从税后利润中提取任意盈余公积。任意盈余公积的用途与法定盈余公积相同,企业在使用盈余公积弥补亏损或转增资本时,一般先使用任意盈余公积,在任意盈余公积用完以后,再按规定使用法定盈余公积。

(二)盈余公积的账户设置

企业通常设置"盈余公积"账户反映盈余公积的增减变动情况。贷方反映企业从税后利润中提取的盈余公积;借方反映盈余公积的减少,当企业按规定使用盈余公积时,计入"盈余公积"账户的借方;期末贷方余额代表企业拥有的盈余公积。

(三)盈余公积的业务内容

盈余公积的业务主要包括盈余公积的提取和盈余公积的使用。

1. 盈余公积的提取

盈余公积的提取属于对企业税后利润的分配,企业按规定提取盈余公积时,记入"利润分配——提取盈余公积"账户的借方,同时贷记"盈余公积"账户。"盈余公积"账户属于所有者权益账户,贷方反映增加,借方反映减少,余额一般在贷方。

例 6-13　福达股份有限公司 20×1 年实现净利润 300 000 元。公司按净利润的 10% 提取法定盈余公积,此外股东大会批准提取任意盈余公积 50 000 元。

福达公司可编制下列分录:

```
借: 利润分配——提取盈余公积              80 000
  贷: 盈余公积——法定盈余公积                30 000
     盈余公积——任意盈余公积                50 000
```

2. 盈余公积的使用

企业提取的盈余公积,经过股东会或股东大会批准可用于弥补亏损、转增资本(或股本)和扩大企业生产经营规模。

1) 弥补亏损

企业除了税前利润补亏和税后利润补亏两条弥补亏损的途径以外,还可以动用盈余公积弥补亏损。由董事会提议,经过股东会或股东大会批准,企业可以使用盈余公积弥补亏损。企业一般先使用任意盈余公积弥补亏损,再按规定使用法定盈余公积弥补亏损。

例 6-14　福达公司 20×1 年实现净利润 50 000 元,截至 20×1 年年初,还存在需要使用税后利润弥补的以前年度亏损共计 500 000 元。经股东大会批准动用盈余公积 450 000 元弥补亏损。

福达公司可编制下列会计分录：

借：盈余公积　　　　　　　　　　　　　　450 000
　　贷：利润分配——未分配利润（盈余公积补亏）　　450 000

2）转增资本（或股本）

企业将盈余公积转增资本时，必须经过股东大会决议批准。在实际将盈余公积转增资本时，要按股东原有持股比例结转，如例6-3所示。盈余公积转增资本后的余额不得少于注册资本的25％。盈余公积弥补亏损、盈余公积转增资本，属于所有者权益项目内部结构的调整，所有者权益总额并没有发生变化。

例6-15　福达公司因扩大经营规模需要，经股东大会批准，将盈余公积600 000元转增资本。

福达公司可编制以下会计分录：

借：盈余公积　　　　　　　　　　　　　　600 000
　　贷：实收资本　　　　　　　　　　　　　600 000

如果福达公司为股份有限公司，可按原股东持股比例转增股本。转增股本时，可编以下会计分录：

借：盈余公积　　　　　　　　　　　　　　600 000
　　贷：股本　　　　　　　　　　　　　　　600 000

3）扩大企业生产经营

盈余公积的用途，不是指它实际占用的形态，提取的盈余公积并不是把这部分资金从企业资金周转过程中抽出。企业盈余公积的结存数，表现为企业所有者权益的组成部分，是企业生产经营资金的一个来源，结存的盈余公积越多，意味着企业可供使用的生产经营资金越多，从而表现为企业生产经营规模的扩大。

三、未分配利润

未分配利润是指企业税后利润经过弥补亏损、提取法定盈余公积、提取任意盈余公积和向投资者分配利润后剩余的利润，它可用于以后年度的利润分配，也可用于转增资本，在使用上不同于盈余公积，企业有较大的自主权。盈余公积是规定用途的留存收益，而未分配利润属于未规定用途的留存收益。未分配利润如果是负数，则是企业发生的未弥补的亏损数额。

年度终了，企业通过设置"本年利润"账户结算利润，如果"本年利润"账户为贷方余额，则为企业当年实现的利润，转入"利润分配——未分配利润"账户的贷方，反映未分配利润的增加；如果"本年利润"账户为借方余额，则是亏损总额，转入"利润分配——未分配利润"账户的借方。"利润分配——未分配利润"账户的借方除了登记企业发生的亏损以外，在企业盈利期间还要登记企业的利润分配项目，对于企业已分配的利润项目计入"利润分配——未分配利润"账户的借方。"利润分配——未分配利润"账户如果为贷方余额，代表企业会计期末累积形成的未分配利润数额，将来可用于分配股利或利润；如果表现为借方余额，则代表企业会计期末累积存在的未弥补亏损数额。

例6-16　福达公司20×9年实现税后利润300 000元。公司按税后利润的10％提取法定盈余公积,股东大会批准提取任意盈余公积 50 000 元,同时还宣告分派现金股利 100 000 元。

福达公司可编制如下会计分录:

(1) 结转当年税后利润:

借:本年利润　　　　　　　　　　　　　　　300 000
　　贷:利润分配——未分配利润　　　　　　　　　　　300 000

(2) 股东大会宣告分派现金股利时:

借:利润分配——应付现金股利　　　　　　　100 000
　　贷:应付股利　　　　　　　　　　　　　　　　　　100 000

(3) 提取盈余公积:

借:利润分配——提取盈余公积　　　　　　　80 000
　　贷:盈余公积——法定盈余公积　　　　　　　　　　30 000
　　　　　　　——任意盈余公积　　　　　　　　　　　50 000

(4) 结转各利润分配项目

借:利润分配——未分配利润　　　　　　　　180 000
　　贷:利润分配——提取盈余公积　　　　　　　　　　80 000
　　　　　　　——应付现金股利　　　　　　　　　　　100 000

假设福达公司截止 20×8 年年末,"利润分配——未分配利润"账户的余额为贷方余额 200 000 元。20×9 年税后利润为 300 000 元,扣除提取的盈余公积 80 000 元,再扣除分配的股利 100 000 元,期末未分配利润为 320 000 元。期末未分配利润的形成过程如图 6-2 所示。

借方	利润分配——未分配利润		贷方
利润分配项目转入	180 000	期初未分配利润 税后利润转入	200 000 300 000
		期末未分配利润	320 000

图 6-2　未分配利润结转 T 型账户示意图

第六节　小　　结

所有者权益是企业资产总额扣除负债后由所有者享有的剩余权益,是企业所有者对净资产的要求权。具体包括投入资本和留存收益两大部分。

投入资本,是投资者实际投入企业的资金数额,由实收资本(或股本)和资本溢价(或股本溢价)两部分组成。有限责任公司的投入资本表现为实收资本,股份有限公司的投入资本则表现为股本。实收资本(或股本)是代表投资者在企业中应享有的权益份额,代表其参与企业经营管理、利润分配的权利大小;资本溢价(或股本溢价)则是来自于投资者的超额投入,投资者对此并不要求对应的权利,为所有投资者共有,资本溢价(或股本溢价)均在"资本公积"账户核算。其他综合收益主要是指直接计入所有者权益的利得和损失。直接计入所有者权益的利得和损失,往往与特殊资产的计价方式有关,如长期股权投资采用权益法核算形成的其他综合收益;可供出售金融资产期末按公允价值计量形成的其他综合收益等。

留存收益主要来自于企业实现的利润,具体包括盈余公积和未分配利润两部分。盈余公积通常规定了使用范围和使用限额;而未分配利润是尚未明确规定用途的留存收益,在使用上企业还有较大的自由支配余地。这两部分的形成是通过"利润分配"账户进行的,就是将当年实现的利润从"本年利润"账户结转到"利润分配"账户,由"利润分配"账户进行提取盈余公积、分配股利、弥补亏损等内容的核算。"盈余公积"账户核算盈余公积的提取与使用,最后剩余的未分配利润余额反映在"利润分配——未分配利润"明细账中。

思 考 题

1. 会计准则对所有者权益的定义是如何表述的?与资产与负债的表述有什么不同?为什么?

2. 实收资本与资本公积有什么异同点?

3. 其他综合收益包括哪些内容?是不是所有的其他综合收益都可以重分类进入当期损益?

4. 简述利润的分配程序。如果存在亏损,先分配还是先补亏?企业有哪些途径可以弥补亏损?

5. 派发现金股利和股票股利后对所有者权益有什么影响?

6. 盈余公积与未分配利润有什么区别?

7. 盈余公积有哪些用途?在使用上有什么限制?

8. 企业有哪些增加资本的途径?股份有限公司如何减资?

练 习 题

习 题 一

练习目的:掌握投入资本的会计处理。

一、资料

开开有限责任公司在创立初期收到了投资者以下投资:

(1) 收到甲公司投入货币资金 1 000 000 元,已存入银行。

(2) 收到乙公司投入原材料一批,协议价值 100 000 元,进项税额 17 000 元。该批原材料已验收入库。

(3) 收到丙公司投入全新不需安装设备一台,协议价值 300 万元,进项税额 51 万元,已投入使用。

(4) 收到丁公司投入专有技术一项,协议价值 200 万元,已投入使用。

二、要求

编制开开公司接受投资的会计分录。

习 题 二

练习目的：掌握投入资本的会计处理。

一、资料

甲、乙两个投资者向开明公司投资，甲投资者投入库存商品一批，双方确认价值为 1 000 000 元(假设是公允的)，税务部门认定增值税为 170 000 元，并开具了增值税专用发票。乙投资者投入货币资金 100 000 元和一项专利技术，货币资金已经存入开户银行，专利技术双方确认的价值为 800 000 元(假设是公允的)。假定甲、乙两位投资者投资时均不产生资本公积。两年后，丙投资者向该公司追加投资，其缴付该公司的出资额为人民币 1 500 000 元，协议约定丙投资者享有的注册资本金额为 1 200 000 元。

二、要求

根据上述资料，编制开明公司接受甲、乙、丙投资者投资的会计分录。

习 题 三

练习目的：掌握股票发行的会计处理。

一、资料

开明公司委托某证券公司代理发行普通股 1 000 万股，每股面值 1 元，每股发行价 4 元。根据约定，甲公司按发行收入的 3% 向证券公司支付发行费用，发行费用直接从发行收入中抵扣。股票发行成功，发行收入已存入甲公司存款账户。

二、要求

编制甲公司发行股票的会计分录。

习 题 四

练习目的：掌握股票发行、回购的会计处理。

一、资料

大盛股份有限公司 20×8 年至 20×9 年发生下列股票有关的业务：

(1) 20×8 年 1 月 4 日，经股东大会决议，并报有关部门核准，增发普通股 5 000 万股，每股面值 1 元，每股发行价格 4 元，股款已全部收到并存入银行。假定不考虑相关税费。

(2) 20×8 年 3 月 20 日，经股东大会决议，并报有关部门核准，以盈余公积 20 000 000 元转增股本。

(3) 20×9 年 6 月 20 日，经股东大会决议，并报有关部门核准，以银行存款回购本公司股票 60 万股，每股回购价格为 3 元。

(4) 20×9 年 6 月 26 日，经股东大会决议，并报有关部门核准，将回购的本公司股票

60 万股注销。

二、要求

编制大盛股份有限公司相关股票业务的会计分录

习 题 五

练习目的: 掌握利润分配的会计处理。

一、资料

开明公司由 A、B、C 三方投资组建,注册资本为 30 000 000 元。其中 A 占 40%,B 和 C 各占 30%。所得税率为 25%,假设不考虑其他税费。20×9 年发生如下经济业务:

(1) 公司按规定办理增资手续后,将资本公积 4 000 000 元转增资本。

(2) 20×9 年公司实现利润 2 000 000 元(等于应纳税的所得额),并计提应交所得税。

(3) 按照税后利润的 10%,提取法定盈余公积。

(4) 宣告发放现金股利 500 000 元。

二、要求

根据上述经济业务编制相关的会计分录。

习 题 六

练习目的: 掌握亏损弥补的会计处理。

一、资料

东方公司 20×2 年因为经营不善,发生巨额亏损,亏损金额为 30 000 000 元。20×3 至 20×8 年度分别实现利润 2 000 000 元、4 000 000 元、5 000 000 元、6 000 000 元、3 000 000 元和 6 000 000 元。假定东方公司的利润总额与应纳税所得额不存在差异,适用的所得税率为 25%。

二、要求

(1) 编制东方公司 20×2 年结转当年亏损的会计分录。

(2) 编制东方公司 20×3 年至 20×7 年弥补亏损的会计分录。

(3) 计算东方公司 20×8 年应交的所得税,编制东方公司 20×8 年弥补亏损的会计分录。

习 题 七

练习目的: 掌握利润分配的会计处理。

一、资料

东方股份有限公司 20×8 年实现税后利润 20 000 000 元。股东大会批准了以下利润分配方案:

(1) 按税后利润的 10% 提取法定盈余公积。

(2) 提取任意盈余公积 3 000 000 元。

（3）派发现金股利 2 000 000 元。

（4）派发 10% 的股票股利。东风公司股本总额为 100 000 000 元。

二、要求

（1）编制东方公司利润分配的会计分录。

（2）计算东方公司 20×8 年的未分配利润，并编制利润分配的结转分录。

习　题　八

练习目的：掌握利润分配的会计处理。

一、资料

东南公司为股份有限公司，股本总额为 200 000 000 元，每股面值 1 元。20×8 年年初未分配利润为贷方 180 000 000 元，20×8 年实现净利润 50 000 000 元。20×9 年 2 月 15 日，股东大会批准了公司 20×8 年的分配方案：

（1）按照净利润 10% 提取法定盈余公积，5% 提取任意盈余公积；

（2）向股东按每股 0.2 元发放现金股利，按每 10 股送 2 股的比例派发股票股利。

（3）20×9 年 3 月 15 日，公司以银行存款支付全部现金股利，新增股本也已办完股权登记手续和相关增资手续。

二、要求

（1）编制东南公司净利润结转、利润分配的会计分录。

（2）计算东方公司 20×8 年的未分配利润，并编制利润分配项目结转的分录。

案例分析题

一、资料

福临门公司是一家生产食品的股份有限公司，近年来经营状况良好，产品供不应求。20×9 年准备再上一个生产线，预计扩建项目投产后投资收益率可达 25%。公司拟筹资50 000 000 元，财务经理提出了三个融资备选方案：

1. 增发股票融资

具体情况是：

（1）拟发行股票 50 000 000 元；

（2）目前公司股价为 10.5 元/股；

（3）按 10 元/股定向增发，拟发行股票 500 万股；

（4）公司实行固定股利政策，每年每股派发现金股利 0.5 元。

2. 向银行借款融资

扩建生产线项目投资建设期为 1 年半，即 20×9 年 1 月 1 日至 2×10 年 6 月 30 日。20×9 年 1 月项目建设需投入资金 20 000 000 元；20×9 年 12 月需投入资金 20 000 000 元；2×10 年 1 月需投入资金 10 000 000 元。公司准备分两次申请贷款：

（1）20×9 年 1 月 1 日，拟向银行借入资金 20 000 000 元，期限 2 年，年利率为 8%，借款到期还本付息。

（2）20×9 年 12 月 1 日，拟向银行借入资金 30 000 000 元，期限 2 年，年利率为 9%，借款到期支付本息。

3. 发行长期债券融资。拟发行面值为 50 000 000 元的债券，期限为 5 年、票面利率为 8% 的企业债券。债券利息于每年年末支付。

二、要求

（1）如果你是公司股东，你会选择哪种筹资方案？

（2）企业通过发行债券、借款方式筹集资金，都会产生利息费用，你觉得利息费用应计入资产价值还是计入当期损益？

（3）针对三种不同的筹资方式，会计应如何进行会计处理？

第七章

收入、费用和利润

学习目标

1. 理解收入、费用和利润的相关概念,理解收入和费用之间的关系以及各自的分类与确认条件,掌握各步利润的计算和构成内容;

2. 理解商品销售收入的确认、计量准则,掌握具体的会计处理方法;

3. 了解劳务收入、让渡资产使用权收入的确认与计量准则以及具体会计处理方法;

4. 理解营业成本、营业税金、期间费用、资产减值损失、公允价值变动收益、投资收益等的确认与计量准则,掌握这些费用、利得或损失的具体会计处理方法;

5. 理解营业外收支的性质和内容,掌握营业外收支的具体会计处理方法;

6. 掌握所得税费用和综合收益的内容及其具体会计处理方法。

第一节 收 入

一、收入概述

收入、费用和利润作为会计要素,它们决定了利润表的结构和内容。收入和费用会导致资产的增减或负债的减增,影响了所有者权益的增减,6 个会计要素之间存在着内在的联系,在前面第四章、第五章和第六章分别讨论了资产、负债和所有者权益,本章专门就收入、费用和利润的定义、确认和计量原则以及具体的会计处理进行阐述。

(一)收入的定义

收入是指企业在日常活动中形成的、会导致所有者权益增加的、与所有者投入资本无关的经济利益的总流入。从我国企业会计准则对收入的这一定义中可以看出,这里的"收入"是指"日常活动"中形成的经济利益"总流入"。首先,收入定义中所说的"日常活动"是指企业为完成其经营目标所从事的经常性活动以及与之相关的其他活动,正因此,收入也可称为"营业收入",在利润表中都在"营业收入"项目中进行反映,例如,制造企业销售产品、运输企业提供运输服务等活动都属于日常活动,其所得就是收入,也就是营业收入,而如果一个企业出售自用的生产设备就不属于日常活动了,其所得不符合"收入"的定义,在利润表中属于营业外收入或营业外支出(若净额为负时);其次,经济利益的"总流入",是说明收入不是净额,它尚未扣除相关的成本、费用,比如企业对外投资所获得的收益若以净额表示(已扣除投资成本和交易费用等),那就不是总流入而是净流入,不符合收入定义,不属于收入或营业收入了。

（二）收入的分类

与其他会计要素一样，为了会计确认、计量和报告的需要，收入还可以进行不同的分类。

1. 按照企业从事日常活动的性质分类

收入按照企业从事日常活动的性质，通常可以分为：

（1）销售商品收入。销售商品收入，主要是指企业通过对外销售商品实现的收入，如制造企业制造并销售产品、商业企业销售商品等实现的收入。

（2）提供劳务收入。提供劳务收入，是指企业通过提供劳务实现的收入，如咨询公司提供咨询服务、软件开发企业为客户开发软件、安装公司提供安装服务等实现的收入。

（3）让渡资产使用权收入。让渡资产使用权收入，是指企业通过让渡资产使用权实现的收入，如商业银行对外贷款、租赁公司出租资产、企业转让无形资产和进行债权股权投资等实现的收入。

在实务中，企业的交易合同或协议，有时既包括销售商品又包括提供劳务，如销售设备同时负责安装、销售软件后继续提供技术支持、设计产品同时负责生产等，那么在对收入进行分类时，如果销售商品部分和提供劳务部分能够区分且能够单独计量的，企业应当分别将其作为商品销售收入和提供劳务收入；如果销售商品部分和提供劳务部分不能够区分，或虽能区分但不能够单独计量的，企业应当将其全部作为商品销售收入。

此外，还有一种较为特殊的营业收入，就是建造合同收入。建造合同收入，是指企业承担建造合同所形成的收入，如建筑安装企业和飞机、船舶、大型机械设备等的生产企业通过与产品需求方签订建造合同而实现的收入。由于建造合同企业的生产活动和经营方式与一般的工商企业有所不同，因此，现行会计准则对建造合同业务的会计处理进行专门的规定。

2. 按照日常活动在企业的重要程度分类

收入还可以按照日常活动在企业的重要程度分为：

（1）主营业务收入。主营业务收入，是指企业为完成其经营目标从事的经常性活动实现的收入。企业所属的行业不同，主营业务收入的形式也会有所不同。如制造企业销售产成品、自制半成品、提供加工服务等日常活动取得的收入；商业企业销售（或代销）商品取得的收入；商业银行发放贷款取得的利息收入；保险公司出售保单取得的保费收入等。这些活动形成的经济利益的总流入构成的收入，属于企业的主营业务收入。

（2）其他业务收入。其他业务收入，是指企业为完成其经营目标所从事的与经常性活动相关的活动实现的收入。如制造企业对外出售不需用的原材料、对外转让无形资产使用权等。这些活动形成的经济利益的总流入也构成营业收入，属于企业的其他业务收入。

（三）收入的确认与计量

1. 收入的确认

如第二章所述，收入确认条件是：符合收入的定义，而且与收入相关的经济利益很可能流入企业、会导致企业资产的增加或者负债的减少、经济利益的流入额能够可靠计量。

这就是说,某项经济利益的流入满足了收入确认条件时,会计上就可"承认"它是收入了。但是该项收入具体应在何时入账或者应该作为哪一个期间的收入,还得以权责发生制为基础。

如第三章所述,在权责发生制下,凡是当期已经实现的收入,无论款项是否收到,都应当作为当期的收入;凡是不属于当期的收入,即使款项已经在当期收取,也不应当作为当期的收入。因此,权责发生制要求收入以"实现"为入账原则。

所谓实现原则,就是只有交易成立时才能确认收入。当企业通过日常活动投入力量、尽了义务,如提供商品、劳务等,就有权利得到回报,也就是有权利收取现金,就可作为当期收入;即使企业没有收到现金,只要已尽了重大义务、有了收取现金的权利,就是收入实现,就可入账。在会计的日常核算中,就应针对不同来源与形式的收入,按实现原则进行具体的确认。

总之,收入确认条件是决定什么能够作为收入,权责发生制及其实现原则是决定该收入何时可以入账。这两者联系紧密,如果收入被确认了,则同时意味着收入已实现了;如果认为收入还没实现,那么就不能对其进行确认。

需要指出的是,收入确认一直是会计确认中的一个复杂问题。随着市场经济的不断发展,企业的日常经营活动也更加的多样化和复杂化,交易合同给收入确认带来更多的不确定性。因此,收入确认的实现原则主要适用于一般的日常活动。一些特殊业务或特殊行业还应视具体情况而定。而且,随着会计理论与实务的发展,或将有不同于实现原则的会计准则与方法出现,以更好地满足会计信息使用者的需求。

为了对收入进行合理的分类确认,非金融企业可以根据营业收入的重要程度设置"主营业务收入"账户和"其他业务收入"账户;金融企业的主营业务收入可以根据业务性质设置"利息收入"、"保费收入"、"租赁收入"等账户。上述这些账户的贷方登记属于本期的收入,借方登记因销售退回、现金折扣等而发生的收入冲减。期末,将这些账户的余额转入"本年利润"账户,结转后这些账户都无余额。

2. 收入的计量

收入应当按照已收或应收的合同或协议价款进行计量。当收入确认条件已满足时,收入的金额原本是应当按照已收或应收合同或协议价款的公允价值来确定,但是在通常情况下,已收或应收的合同或协议价款就可视为公允价值,除非这个价款被证明是不公允的。

然而,收入的计量,也不排除一些特殊情况。当商品销售合同或协议价款的收取采用递延方式时,比如采用分期收款的方式,如果延期收取的货款具有融资性质,其实质是企业向购货方提供了一种信贷,那么合同或协议价款中实质上包括了融资利息在内,在这种情况下通常应按商品的现销价格或合同或协议价款的现值计算确定销售收入的金额。

二、商品销售收入

(一)商品销售收入的确认与计量条件

商品包括企业为销售而生产的产品和为转售而购进的商品,如制造企业生产的产品、商业企业购进的商品等。企业销售的其他存货,如原材料、包装物,也视同企业的商品。

根据现行的企业会计准则规定,销售商品的收入要同时满足下列五个条件才能予以确认,如果其中任何一个条件没能满足,即便货款已经收到也不能确认为收入。以下是这五个条件:

1. 企业已将商品所有权上的主要风险和报酬转移给购货方

商品销售收入确认条件之一就是企业(卖方)已经将与商品所有权有关的主要风险和报酬同时转移给了购货方。其中,与商品所有权有关的风险是指商品可能发生减值或毁损;与商品所有权有关的报酬是指商品价值增值或通过使用商品等形成的经济利益。

在会计上,应当从交易的实质而不是形式去判断企业是否已将商品所有权上的主要风险和报酬转移给购货方,如果与商品所有权有关的任何损失均不需要销货方承担,与商品所有权有关的任何经济利益也不归销货方所有,那就意味着销货方已将商品所有权上的主要风险和报酬转移给购货方。在具体判断时还可以结合考虑所有权凭证的转移和实物的交付这两个因素。

首先,在通常情况下,转移商品所有权凭证并交付实物后,那就标志着商品所有权上的所有风险和报酬都已随之转移。比如大多数商品零售、预收款销售商品、订货销售商品、托收承付方式销售商品等。商品零售通常都是一手交钱一手交物的,实物交付、凭证(如发票)转移之时,就标志着商品所有权上的所有风险和报酬已随之转移。预收款销售商品、订货销售商品,销售方往往先收款,后交付实物;托收承付方式销售商品,销售方先发出商品、开出所有权凭证、办理托收手续后,才能收到货款;而分期收款销售商品,销售方需先将商品实物交付给购货方,才能分期收到货款……在这几种商品销售情况下,对销售方来说,无论货款什么时候收到,只要转移了所有者凭证、并且交付了商品实物,商品所有权上的所有风险和报酬就随之转移。

其次,在某些情况下,转移商品所有权凭证或交付实物后,企业只保留商品所有权上的次要风险和报酬,商品所有权上的主要风险和报酬随之转移,例如:

(1)交款提货方式销售商品,企业作为销售方,先开出发票账单,在购买方据此支付货款后,向购买方开出提货单,虽然此时商品并未实际交付而只转移了所有权凭证,商品所有权上的主要风险和报酬已转移给购买方;

(2)视同买断方式代销商品,企业作为委托方按合同或协议将商品交付受托方,因为已经买断给受托方,即使商品所有权凭证尚未转移(受托方还未完成代销),商品实物交付后,商品所有权上的主要风险和报酬就随之转移。

最后,在某些情况下,转移商品所有权凭证或交付实物后,商品所有权上的主要风险和报酬并没有随之转移,例如:

(1)销售的商品在质量、品种、规格等方面不符合合同或协议要求,又未根据正常的保证条款予以弥补,此时即使商品实物已交付、所有权凭证已转移,由于企业作为销售方尚未尽到其应尽义务,商品所有权上的主要风险和报酬还不能随之转移;

(2)销售合同或协议中规定了买方由于特定原因有权退货的条款,当企业还不能确定购买方是否会退货时,商品所有权上的主要风险和报酬还没有随之转移;

(3)采用收取手续费方式委托代销的商品、售出的还需由企业安装或检验的商品,在其实物交付时,商品所有权上的主要风险和报酬尚未转移。

2. 企业既没有保留通常与所有权相联系的继续管理权,也没有对已售出的商品实施有效控制

对售出商品实施继续管理,既可能是由于仍拥有商品的所有权,也可能与商品的所有权没有关系。如果商品售出后,企业仍保留与商品所有权相联系的继续管理权或者仍对商品可以实施有效控制,则说明此项销售交易没有完成,销售不能成立,不应确认销售商品的收入,比如售后回购、售后租回等。售后回购、售后租回虽然出售了商品,但之后的回购或租回就说明销售方并没有放弃与商品所有权相联系的继续管理权或对其实施有效控制,此时销售交易实质上并没有完成,销售不能成立,不应确认销售商品收入。

但是,有些情况就不能看作企业对售出商品实施与所有权相联系的继续管理权或者对其实施有效控制,例如,房地产开发商将住宅小区销售给业主后,与业主委员会签订协议,管理住宅小区物业,由于此时开发商提供的这种物业管理与住宅小区的所有权无关,应视为与住宅小区销售无关的另一项提供劳务的交易;又如,软件开发及维护的企业,在销售一组软件给某客户后,接受客户的委托对软件进行日常有偿维护管理,其中包括更新软件等,由于此时与该软件相关的风险和报酬已经转移给客户,企业对软件进行日常管理等,是独立于软件销售的另一项提供劳务的交易,虽然企业仍对售出的软件拥有继续管理权,但这与软件的所有权无关。

如果以上两个条件得到满足,就说明商品所有权已实质上转移给了购买方,表明作为交易的一方,销售方已尽了自己应尽的义务,这是销售收入确认的第一步。

3. 收入的金额能够可靠地计量

这是指收入的金额能够合理地估计。通常情况下,企业在销售商品时,商品销售价格通常已经确定,销售收入的金额就能够可靠地计量。但是,由于有时销售商品过程中某些不确定因素的影响,也有可能存在商品销售价格发生变动的情况,如附有销售退回条件的商品销售,如果企业不能合理估计退货的可能性,则无法确定销售商品的价格,也就不能够合理地估计收入的金额,就不应在发出商品时确定收入,而应当在售出商品退货期满、商品销售价格能够可靠计量时确定收入。

收入金额的可靠计量,还应考虑销售价格的公允与否。如果企业从购货方已收或应收的合同或协议价款是不公允的,则应按公允的交易价格确定收入金额,不公允的价款不应确定为收入金额。

4. 相关经济利益很可能流入企业

在商品销售时企业收到了货款就是经济利益流入了企业,这里的"很可能"是指商品销售货款收回的可能性大于不能收回的可能性,即可能性超过 50%,只有可能性大的才能作为收入的确认条件。这种可能性的判断,主要是依据企业在以前和买方交往时的直接经验,如买方的经营与财务状况、信用情况等,也包括对其他因素的分析,比如买国家的有关政策等。

如果企业根据以前与购买方交往的直接经验判断购买方信誉较差,或销售时得知购买方在另一项交易中发生了亏损而资金周转已十分困难,或在出口商品时不能肯定进口方所在国是否允许将款项汇出等,就可能会出现与销售商品相关的经济利益不能流入企业的情况,不应确认收入。

一般情况下,只有当企业按正常判断货款是可以收回或者相关的经济利益很可能流入时,才会将商品销售给购买方,因此只要销售的商品符合合同或协议的要求,已将发票账单交付买方,买方承诺付款,就表明满足了前述的1~3的条件,同时也满足了相关的经济利益很可能流入企业这一条件。还需要指出的是,如果企业判断某一项销售商品的相关经济利益很可能流入企业,从而确认了此项收入,与此同时还形成了一笔应收款,以后由于购货方资金周转困难等意料之外的原因导致企业无法收回该项货款,由于这并没有影响该项收入之前的确认条件,因此不应调整原确认的收入金额,而应对该应收款计提坏账准备,确认坏账损失。有关坏账损失的会计处理请见本书第四章。

5. 相关的、已发生的或将发生的成本能够可靠计量

根据配比原则,同一项销售的收入与其相关的成本应在同一个会计期间予以确认。因此,即使上述确认条件均已满足,如果相关成本不能够可靠计量,收入还是不能确认。通常情况下,销售商品相关的已发生的或将发生的成本都是能够合理地估计的,如库存商品的成本等。如果库存商品是本企业生产的,其生产成本能够可靠计量,如果库存商品是外购的,其购买成本能够可靠计量。但是,有时也存在销售商品相关的已发生或将发生的成本不能够合理地估计的情况,例如,某大型设备制造商可能因为没有条件生产设备中的某个主要部件而将其外包给第三方进行生产,如果由于尚未取得该部件的成本资料等原因而导致整个商品的成本不能合理估计,此时即使商品已经销售、收入的其他确认条件已经满足,企业仍不应确认收入,如果价款已收到,也只能先确认为负债。

(二)商品销售收入实现的会计处理

为了反映企业一个期间的商品销售收入,应通过设置"主营业务收入"和"其他业务收入"账户进行核算。无论企业采用何种方式进行商品销售,在满足收入确认条件时,根据业务的重要程度将应确认的金额贷记"主营业务收入"账户或"其他业务收入"账户;在发生销售退回或折让时,应将所确定的退回或折让金额借记"主营业务收入"账户或"其他业务收入"账户;期末,"主营业务收入"和"其他业务收入"账户的余额结转至"本年利润"账户后无余额。

1. 通常情况下销售商品

在通常情况下,确认商品销售收入时,企业应按已收或应收的合同或协议价款,加上应收取的增值税额,借记"银行存款"、"应收账款"、"应收票据"等账户,按确定的收入金额,贷记"主营业务收入"、"其他业务收入"等账户,按应收取的增值税额,贷记"应交税费——应交增值税(销项税额)"账户。

例7-1 东风公司20×1年3月10日向甲公司销售一批商品,增值税专用发票上注明的售价为45 000元,增值税额为7 650元,该批商品的成本为36 900元。当日甲公司收到商品并验收后,用银行存款支付20 000元货款。3月25日,甲公司向东风公司支付剩余的货款。东风公司应编制的会计分录如下:

(1)3月10日,实现商品销售时:

确认销售收入:

借:银行存款   20 000

  应收账款   32 650

　　　贷：主营业务收入　　　　　　　　　　　　　　　　　　45 000
　　　　　应交税费——应交增值税（销项税额）　　　　　　　7 650
　　同时，结转销售成本：
　　借：主营业务成本　　　　　　　　　　　　　　　　　　　36 900
　　　贷：库存商品　　　　　　　　　　　　　　　　　　　　　36 900
　　（2）3月25日，收到甲公司支付的剩余货款时：
　　借：银行存款　　　　　　　　　　　　　　　　　　　　　　32 650
　　　贷：应收账款　　　　　　　　　　　　　　　　　　　　　32 650

2. 托收承付方式销售商品

　　托收承付，是指企业根据购销合同发货后，委托银行向异地购货方收取款项，由购货方向银行承诺付款的销售方式。在这种销售方式下，"托收"的是销售方，"承付"的是购货方，收和付都通过银行，企业作为销售方通常应在发出商品且办妥托收手续时确认收入，具体的会计处理方法与通常情况下的商品销售相同。但是，如果商品已经发出且办妥托收手续，由于各种原因导致与发出商品所有权有关的风险和报酬没有转移，企业就不应确认收入。

　　例7-2　东风公司采用托收承付方式向乙公司销售商品。20×1年3月10日东风公司发出商品，并将相关的发票账单交付银行办理完成托收手续。增值税专用发票上注明的商品售价为30 000元，增值税额为5 100元。该批商品的成本为24 600元。3月20日乙公司验货后向银行承诺付款，受托银行已将货款从乙公司转入东风公司。那么，东风公司应编制的会计分录为：

　　（1）3月10日，发出商品并向银行办妥托收手续时：
　　确认销售收入：
　　借：应收账款　　　　　　　　　　　　　　　　　　　　　　35 100
　　　贷：主营业务收入　　　　　　　　　　　　　　　　　　30 000
　　　　　应交税费——应交增值税（销项税额）　　　　　　　5 100
　　同时，结转销售成本：
　　借：主营业务成本　　　　　　　　　　　　　　　　　　　　24 600
　　　贷：库存商品　　　　　　　　　　　　　　　　　　　　　24 600
　　（2）3月20日，收到货款时：
　　借：银行存款　　　　　　　　　　　　　　　　　　　　　　35 100
　　　贷：应收账款　　　　　　　　　　　　　　　　　　　　　35 100

　　例7-3　承例7-2，如果当时乙公司由于业务上的亏损，资金周转出现问题，东风公司在销售时已知此情况，为了减少存货积压并与乙公司维持长期商业关系，20×1年3月10日东风公司仍将商品发往乙公司且办妥了托收手续，但无法判断乙公司何时能够支付欠款。4月5日，乙公司的资金周转恢复正常，并向东风公司承诺在5日内支付全部货款。4月10日，乙公司支付了货款。东风公司应编制的会计分录如下：

　　（1）3月10日，发出商品时：
　　借：发出商品　　　　　　　　　　　　　　　　　　　　　　24 600

貸：库存商品   24 600

由于东风公司在发出商品时，在货款回收方面存在较大的不确定性，不符合收入确认条件，所以不确认销售收入，只将商品从库存变为发出状态。

（2）4月5日，乙公司承诺付款时：

确认销售收入：

借：应收账款   35 100

    贷：主营业务收入   30 000

        应交税费——应交增值税（销项税额）   5 100

同时，结转销售成本：

借：主营业务成本   24 600

    贷：发出商品   24 600

当乙公司做出付款承诺时，货款收回的可能性已较为确定，所以可以确认收入。

（3）4月10日，收到货款时：

借：银行存款   35 100

    贷：应收账款   35 100

3. 预收款销售商品

预收款销售商品，是指购买方在商品尚未收到前按合同或协议约定分期付款，销售方在收到最后一笔款项时才交付商品的销售方式。在这种方式下，作为销售方的企业，应该在发出商品时确认收入。在发出商品之前，每收到一笔货款，就借记"银行存款"账户，贷记"预收账款"账户（确认为负债）；在收到最后一笔货款后，企业发出商品，并于此时确认商品销售收入，应按已收价款和应收取的增值税额，借记"预收账款"、"银行存款"等账户，按确定的收入金额，贷记"主营业务收入"、"其他业务收入"等账户，按应收取的增值税额，贷记"应交税费——应交增值税（销项税额）"账户。作为负债的"预收账款"，其概念和会计处理已在本书的第五章进行了阐述，而在这里是从收入确认的角度所作的说明。

例7-4 东风公司于20×1年3月20日与丙公司签订销售合同，以预收货款的方式向丙公司销售一批商品，商品成本共220 000元。增值税专用发票上注明的售价为300 000元，增值税额为51 000元。丙公司在签订合同时预付50%货款，增值税和剩余的款于一个月后的4月20日支付，东风公司于同日发货。东风公司应编制的会计分录如下：

（1）3月20日，预收50%货款时：

借：银行存款   150 000

    贷：预收账款   150 000

（2）4月20日，收到剩余货款和增值税额时：

确认销售收入：

借：银行存款   201 000

    预收账款   150 000

    贷：主营业务收入   300 000

        应交税费——应交增值税（销项税额）   51 000

同时,结转销售成本:

借:主营业务成本　　　　　220 000

　　贷:库存商品　　　　　　　　　　220 000

4. 代销商品

代销商品,是委托方将自己的商品交由受托方代为销售的一种商品销售方式。按照受托方是否能够有权自行决定代销商品售价,代销商品又存在着两种方式:一种是视同买断方式,即委托方按合同或协议的约定收取代销的货款,实际售价由受托方自定,实际售价与合同或协议价之间的差额归受托方所有;另一种是收取手续费方式,即受托方按合同或协议规定销售商品,委托方根据代销商品数量向受托方支付手续费。

在商品的代销业务中,委托方和受托方都在销售商品,双方可分别按不同情况确认商品销售收入:

(1) 委托方:在视同买断方式下,如果受托方在收到代销商品后,无论销售情况如何都与委托方无关,那么这与委托方将商品直接销售给受托方没有实质区别,就应按直接销售的方法确认销售收入,但是如果受托方可以将没有售出的商品退回给委托方或者代销的亏损可以要求委托方补偿,那么委托方在交付商品时还不能确认销售收入,应在受托方将商品销售后、开具了代销清单时,委托方再确认销售收入;在收取手续费方式下,委托方在发出商品时与受托方的交易尚未结束,因此一般应在收到受托方开出的代销清单时才确认销售商品的收入。

(2) 受托方:在视同买断方式下,受托方代销商品如同销售自己的商品,应在受托代销的商品销售后确认商品销售收入,并向委托方开出代销清单;在收取手续费方式下,受托方在商品销售后,按合同或协议约定的方法计算确定的手续费确认收入,但受托方所确认的收入不是商品销售收入而是代销业务的劳务收入。

由此可见,委托方在代销商品时,收入确认方法与通常情况下的商品销售相同,但是如果委托方在商品发出后代销业务没有实质完成时,比如收取手续费方式或视同买断方式下的受托方代销附有条件时,就不能确认商品销售收入,此时发出商品时就借记"发出商品"、贷记"库存商品"。

例 7-5　东风公司与丁公司签订代销合同,委托丁公司销售商品 500 件,商品于 20×1 年 7 月 2 日发出,商品每件成本 25 元,合同约定丁公司应按每件 40 元对外销售,东风公司按不含增值税的售价的 10%向丁公司支付手续费。7 月 15 日丁公司将该批代销商品全部销售,并向东风公司开出代销清单,东风公司向丁公司开具相同金额的增值税专用发票(增值税率 17%)。7 月 17 日东风公司收到丁公司支付的货款。

这是收取手续费方式的代销业务,东风公司应编制的会计分录如下:

(1) 7 月 2 日,发出商品时:

借:发出商品　　　　　　　12 500

　　贷:库存商品　　　　　　　　　　12 500

(2) 7 月 15 日,收到代销清单时:

① 确认销售收入:

借:应收账款　　　　　　　23 400

　　　　贷：主营业务收入　　　　　　　　　　　　　　　20 000

　　　　　　应交税费——应交增值税（销项税额）　　　3 400

　　②结转销售成本：

　　借：主营业务成本　　　　　　　　　　　　　　　　12 500

　　　　贷：发出商品　　　　　　　　　　　　　　　　　12 500

　　③确认代销手续费：

　　借：销售费用　　　　　　　　　　　　　　　　　　2 000

　　　　贷：应收账款　　　　　　　　　　　　　　　　　2 000

　　东风公司应付的代销手续费：20 000×10％＝2 000（元）。确认收入时，相关的手续费也予以确认，由于此时东风公司还没有支付手续费，所以将应付手续费就在"应收账款"账户（丁公司所欠的货款）中扣除。

　　（3）7月17日，收到货款、支付手续费时：

　　借：银行存款　　　　　　　　　　　　　　　　　　21 400

　　　　贷：应收账款　　　　　　　　　　　　　　　　　21 400

　　东风公司与丁公司的最终应结算的金额：23 400－2 000＝21 400（元），丁公司已在货款中扣除了东风公司应支付的手续费。

5. 分期收款销售商品

　　分期收款销售商品，是指销售方先向购货方交付商品，货款在以后一段时间内分期收回的销售方式。分期收款销售商品的收入确认，与通常情况下的销售商品相同。但是收入的金额，却要考虑这种销售方式是否具有融资性质，如果延期收取的货款具有融资性质，其实质相当于企业向购买方提供了信贷，所以在通常情况下，分期收款的商品售价往往高于现销商品的售价。在具体会计处理时，企业以商品的现销价格（或者按照其未来现金流量的现值，两者都是作为公允价值）确定为销售收入金额，而分期销售的商品价格与现销价格的差额实质上是利息，作为财务费用，计入分期收款的各期中。

　　例7-6　宏达公司采用分期收款方式向戊公司销售一套大型设备，合同约定的销售价格为6 150 000元，分5次于每年12月31日等额收取。该大型设备成本为4 800 000元，现销价格也是6 150 000元。宏达公司于20×1年1月1日向戊公司发出商品。这次销售合同是宏达公司为了与戊公司发展为长期合作关系而签订的，因此合同约定的价格与设备的现销价格相同。假定宏达公司在合同约定的收款日期，才需要交纳相关的增值税（增值税率17％）。宏达公司应编制的会计分录如下：

　　（1）20×1年1月1日，发出商品时：

　　确认销售收入：

　　借：长期应收款　　　　　　　　　　　　　　　　6 150 000

　　　　贷：主营业务收入　　　　　　　　　　　　　　　6 150 000

　　结转销售成本：

　　借：主营业务成本　　　　　　　　　　　　　　　4 800 000

　　　　贷：库存商品　　　　　　　　　　　　　　　　　4 800 000

(2) 20×1 年 12 月 31 日,收取第一笔货款和增值税销项税额时:

借:银行存款   1 439 100

  贷:长期应收款   1 230 000

    应交税费——应交增值税(销项税额)   209 100

每年的等额收款为:$6\,150\,000 \div 5 = 1\,230\,000$(元);每次的增值税额为:$1\,230\,000 \times 17\% = 209\,100$(元)。

(3) 以后每年收取货款和增值税销项税额时,都做与(2)相同的会计分录。

例 7-6 的分期收款销售商品,不具有融资性质,所以会计处理比较简单,但也可从中了解在这种销售方式下企业确认商品销售收入的会计处理。对于具有融资性质的分期收款销售商品,虽然确认收入的时点与不具融资性质的销售相同,但利息金额的计算与会计处理比较复杂,不在这里详述了。

6. 附有销售退回条件的商品销售

附有销售退回条件的商品销售,指购买方依照有关协议有权退货的销售方式。在这种销售方式下,企业根据以往经验能够合理估计退货可能性且确认与退货相关负债的,通常应在发出商品时确认收入;企业不能合理估计退货可能性的,通常应在售出商品退货期满时确认收入。

总之,以上介绍了各种不同销售方式下的会计处理,这些内容有助于我们更好地理解会计上的"收入"含义以及有关收入确认与计量的原则与方法。

(三)销售退回、销售折让和现金折扣的会计处理

在一般情况下,企业在销售商品时以合同或协议价款作为收入确认的金额,但是如果在销售过程中发生销售退回、销售折让或现金折扣等情况,那么在确认收入时应该把这些情况也考虑进去。

1. 销售退回

销售退回是指企业售出的商品由于质量、品种不符合要求等原因而发生的退货。从收入确认条件看,发生销售退回就意味着收入还没有实现、不能予以确认。当然,这里的销售退回的会计处理,不涉及附有销售退回条件的商品销售,因为在这种销售方式下,若在发出商品时确认收入,估计的退货与后来的实际退货都需要采用特有的会计处理方法,不在此讨论;若在退货期满时确认收入,购货方此时已不能退货了,也就没有销售退回的问题了。因此这里所说的销售退回是指在其他销售方式下的会计处理。

对于销售退回在会计处理时需要考虑的问题主要是:

第一,销售退回之前售出商品是否已确认了收入。如果还没有确认收入,会计处理就比较简单,主要对商品重新入库进行记录即可,不涉及收入的确认和计量;如果已经确认了收入,退货导致了收入确认条件变得不能满足,那就要冲减收入,这就引出了第二个问题。

第二,销售退回与之前的收入确认是否发生在同一期间。如果发生在同一期间,销售退回时直接冲减当期收入即可;如果销售退回发生在确认收入当期期末之后,则应将销售退回作为资产负债表日后调整事项进行处理。

对于上述销售退回的不同情况,应进行的具体会计处理分述如下:

1）未确认收入的销售退回

商品发出而尚不能确认收入,应先按商品成本借记"发出商品"账户,贷记"库存商品"账户;当发生退货时,就应按已记入"发出商品"账户的商品成本金额,借记"库存商品"账户,贷记"发出商品"账户。

例 7-7　承例 7-5,东风公司与丁公司签订支付手续费方式的代销合同,商品于 20×1 年 7 月 2 日发出。假定 7 月 4 日丁公司发现该批代销商品存在质量问题而退货,东风公司于当天收到了商品。则东风公司应编制的会计分录如下:

（1）7 月 2 日,发出商品时:

借:发出商品	12 500	
贷:库存商品		12 500

（2）7 月 4 日,收到退回的商品时:

借:库存商品	12 500	
贷:发出商品		12 500

2）已确认收入的销售退回

如前所述,已确认收入的售出商品又被退回,应分别两种情况进行处理:一是直接冲减当期收入;二是作为资产负债表日后调整事项处理。

如果直接冲减当期收入,企业按应冲减收入的金额,借记"主营业务收入"或"其他业务收入"账户,按已退回或应退回的价款,贷记"银行存款"或"应收账款"等账户,如果该项销售退回允许扣减增值税额的,应同时借记"应交税费——应交增值税(销项税额)"账户的相应金额;同时按应收回商品的成本,借记"库存商品"账户,贷记"主营业务成本"或"其他业务成本"账户。

例 7-8　东风公司于 20×1 年 12 月 8 日向甲公司销售一批商品,增值税发票上注明的售价为 60 000 元,增值税额为 10 200 元。该批商品的成本为 36 000 元。甲公司尚未付款。20×1 年 12 月 20 日由于该批商品存在质量问题,甲公司将商品退回。假定相关的增值税允许扣减。则东风公司应编制的会计分录如下:

（1）20×1 年 12 月 8 日,发出商品时:

确认收入:

借:应收账款	70 200	
贷:主营业务收入		60 000
应交税费——应交增值税(销项税额)		10 200

结转商品成本:

借:主营业务成本	36 000	
贷:库存商品		36 000

（2）20×1 年 12 月 20 日,发生销货退回时:

冲减已确认的收入:

借:主营业务收入	60 000	
应交税费——应交增值税(销项税额)	10 200	
贷:应收账款		70 200

冲减已结转的商品成本：

借：库存商品 36 000

　　贷：主营业务成本 36 000

如果销售退回发生在该项收入确认期期末之后，比如 20×1 年 12 月 20 日销售的商品，资产负债表日是 20×1 年 12 月 31 日，在 20×2 年 1 月 18 日发生退货，就属于资产负债表日后的调整事项(有关资产负债表日后事项详见本书第八章)，应调整的是 20×1 年的数据。将销售退回作为资产负债表日后事项中的调整事项进行处理，是因为该项销售退回是"日后"发生的，是作为以前收入确认的一个新变化、新证据，与报告期当期发生的事项处理不同，通过调整处理以表明这一事项性质。因此，作为调整事项，销售退回发生时对销售收入和成本的冲减，不直接通过相关的营业收入和营业成本账户，而是通过"以前年度损益调整"账户(在报表上仍是冲减报告期的营业收入和成本)。对于该项销售退回所引起的收入、费用、利润、所得税、利润分配等金额的变动都需要进行调整，包括对账户记录以及以账户资料为基础编制的财务报告(含财务报表)相关数据的调整。有关属于资产负债表日后事项的销售退回的具体会计处理，不作为本书论述的内容。

2. 销售折让

销售折让，是指企业因售出商品的质量不合格等原因而在售价上给予的减让。实际上，销售折让与销售退回在会计处理上很相似，因为两者的主要区别只是销售退回不但减少收入而且还要退回货物，销售折让只减少部分收入而不退回货物。对于销售折让，如果尚未确认收入就发生了折让，只要在确认收入时减去折让即可。因此，企业只需对已确认收入的销售折让分别不同情况进行处理：

(1) 已确认收入的售出商品发生销售折让的，通常应当在发生时冲减当期销售商品收入；

(2) 已确认收入的销售折让属于资产负债表的日后事项的，应当按照有关资产负债表日后事项的相关规定进行处理。

如果直接冲减当期收入，企业应按销售折让金额，借记"主营业务收入"或"其他业务收入"账户，按已退回或应退回的折让价款，贷记"银行存款"或"应收账款"等账户，如果该项销售退回允许扣减增值税额的，应同时借记"应交税费——应交增值税(销项税额)"账户的相应金额。

例 7-9 20×1 年 5 月 2 日，东风公司向乙公司赊销一批商品，增值税专用发票上注明的售价为 100 000 元，增值税额为 17 000 元，该批商品成本为 75 000 元。5 月 15 日乙公司在验收时认为商品质量不符合合同要求，因此要求东风公司在价格上给予 5% 的折让。7 月 1 日，东风公司收到货款。假定发生的销售折让允许扣减当期增值税额。东风公司应编制的会计分录如下：

(1) 5 月 2 日，发出商品时：

确认销售收入：

借：应收账款 117 000

　　贷：主营业务收入 100 000

　　　　应交税费——应交增值税(销项税额) 17 000

同时,结转销售成本:

借:主营业务成本　　　　　　　　　　　　75 000

　　贷:库存商品　　　　　　　　　　　　　　　75 000

(2)5月15日,发生销售折让时:

借:主营业务收入　　　　　　　　　　　　5 000

　　应交税费——应交增值税(销项税额)　　850

　　贷:应收账款　　　　　　　　　　　　　　5 850

销售折让金额为:100 000×5%＝5000(元),扣减的增值税额为:17 000×5%＝850(元)。

(3)7月1日,收到货款时:

借:银行存款　　　　　　　　　　　　　　111 150

　　贷:应收账款　　　　　　　　　　　　　　111 150

7月1日收到的是扣除销售折让后的货款,金额为:117 000－5 850＝111 150(元)。

如果销售折让发生在资产负债表日后,那么企业应对销售折让作为资产负债表日后的调整事项进行处理。销售折让作为调整事项处理的理由以及会计处理方法都与销售退回相似,不再赘述。

3. 现金折扣

除了上述的销售退回与折让之外,与销售价款有关的减少项目,还有商业折扣和现金折扣。商业折扣是指企业为促进商品的销售而在商品标价上给予的价格折扣。当企业给予购买方商业折扣时,只要按照扣除商业折扣后的销售价格确认收入金额即可,所以,一般来说商业折扣不会引起会计上的特殊处理。

现金折扣是指债权人为了鼓励债务人在规定的期限内付款而向债务人提供的债务折扣。也就是说,现金折扣实际上是企业为了尽快收回货款而支付的一种费用,属于融资性质的理财费用,所以会计处理上将其归为财务费用,而不是扣减收入。需要注意的是,根据税法的规定,现金折扣不得从销售额中减除,即增值税不得因现金折扣而减少。

对于现金折扣的会计处理主要可以分为总价法和净价法。具体的会计处理方法分述如下:

1)总价法

总价法是指企业在确认销售收入时,将未扣除现金折扣前的金额作为应收账款和销售收入的入账价值,如果客户在折扣期内付款、可以享受现金折扣时,才将现金折扣作为财务费用处理。由此可见,在总价法下,因现金折扣而产生的这项财务费用是在收款时确认的,而不管相关的收入属于哪一会计期间。现行企业会计准则要求企业采用总价法。

在总价法下,确认销售收入时,按未扣除现金折扣的全部款项,借记"应收账款"账户,按未扣除现金折扣的售价,贷记"主营业务收入"或"其他业务收入"账户,按未扣除现金折扣确定的应收增值税额,贷记"应交税费——应交增值税(销项税额)"账户。在收到货款时,如果购买方没有取得现金折扣,则按实际收款额,借记"银行存款"账户,同时贷记"应收账款"账户;如果购买方取得了现金折扣,则按实际收款额,借记"银行存款"账户,按现金折扣金额,借记"财务费用"账户,并将之前增加的该笔应收账款金额,贷记"应收账款"

账户。

例 7-10　东风公司在销售商品时采用总价法确认现金折扣。20×1 年 4 月 1 日,东风公司向丙公司销售一批商品,增值税专用发票上注明的售价为 50 000 元,增值税额为 8 500 元。为了及早收回货款,双方协商的现金折扣条件是：2/10、1/20、n/30,即销售方规定的应收账款的信用期限为 30 天,如果购买方在 10 天内付款,可享受 2% 的现金折扣;如果在 10 天以上、20 天内付款,可享受 1% 的现金折扣;超过 20 天后付款则不享受现金折扣。假定丙公司于 4 月 8 日付款,则东风公司应编制的会计分录如下：

(1) 4 月 1 日,销售实现时：

借：应收账款　　　　　　　　　　　　　　　　　　58 500

　贷：主营业务收入　　　　　　　　　　　　　　　　　50 000

　　　应交税费——应交增值税(销项税额)　　　　　　　8 500

(2) 4 月 8 日收到货款时：

借：银行存款　　　　　　　　　　　　　　　　　　57 500

　　财务费用　　　　　　　　　　　　　　　　　　　1 000

　贷：应收账款　　　　　　　　　　　　　　　　　　58 500

由于丙公司在 10 日内付款,按合同规定可享受 2/10 的折扣条件。现金折扣金额为：50 000×2%＝1 000(元),实际支付的价款为：58 500－1 000＝57 500(元)。

如果丙公司于 4 月 18 日支付货款,则只能享受 1/20 的折扣条件,其享受的现金折扣为 500 元(50 000×1%),其实际支付的价款 58 000 元(58 500－500),上述会计分录就变为：

借：银行存款　　　　　　　　　　　　　　　　　　58 000

　　财务费用　　　　　　　　　　　　　　　　　　　 500

　贷：应收账款　　　　　　　　　　　　　　　　　　58 500

例 7-11　承例 7-10,假定丙公司于 4 月 28 日付款,则东风公司应编制的会计分录如下：

(1) 4 月 1 日,销售实现时：

借：应收账款　　　　　　　　　　　　　　　　　　58 500

　贷：主营业务收入　　　　　　　　　　　　　　　　　50 000

　　　应交税费——应交增值税(销项税额)　　　　　　　8 500

(2) 4 月 28 日收到货款时：

借：银行存款　　　　　　　　　　　　　　　　　　58 500

　贷：应收账款　　　　　　　　　　　　　　　　　　58 500

由于丙公司在 20 日以后才付款,就没有享受到现金折扣,应付全额,东风公司也不用负担财务费用了。

2) 净价法

净价法是企业在确认收入时,应收账款和销售收入均按照扣减现金折扣后的金额入账,同时将现金折扣作为财务费用。客户过了折扣期以后才付款而丧失的折扣,则作为财务费用的减项。在净价法下,因现金折扣而产生的财务费用是与销售收入同时确认的,而此时企业并不知道购买方最终能否得到现金折扣或者能得到多少现金折扣,这就需要预先对购买方能享受到的现金折扣予以估计。但是,现行会计准则不采用净价法,这里也就不详述了。

三、提供劳务收入

企业的营业收入,除了销售商品的收入之外,还有提供劳务的收入。企业对外提供的劳务包括设计、装潢、安装、咨询、广告、展览、运输、导游、技术服务、经纪服务、代办服务等。

(一) 提供劳务收入的确认与计量

企业提供劳务的收入也是营业收入,按企业在资产负债表日能否对提供劳务交易的结果进行可靠估计,劳务收入的确认与计量具体可分为以下两种情况。

1. 提供劳务交易结果能够可靠估计

我国企业会计准则规定,如果企业在资产负债表日对提供劳务交易的结果能够可靠估计的,应当采用完工百分比法确认提供劳务收入。而只有同时满足了以下四个条件,才能表明企业在资产负债表日能够对提供劳务交易结果进行可靠估计:

(1) 收入的金额能够可靠地计量。这是指提供劳务收入的总额能够合理的估计。通常情况下,企业能够从接受劳务方已收或应收的合同或协议价款来确定提供劳务收入的总额。尽管随着劳务的不断提供,可能会根据实际情况增加或减少已收或应收的合同或协议价款,但是企业仍然可以随之调整劳务收入的总额。因此,劳务合同或协议中有确定的价款,使劳务收入的金额能够可靠估计,这是交易结果能够可靠估计的重要条件之一。

(2) 相关的经济利益很可能流入企业。这是指提供劳务收入总额收回的可能性大于不可能收回的可能性。提供劳务收入总额收回的可能性是企业结合接受劳务方的信誉、以前的经验,以及双方就结算方式和期限达成的合同(或协议)条款等因素,进行综合判断而确定的。通常情况下,企业提供的劳务符合合同或协议要求,接受劳务方承诺付款,表明提供劳务收入总额收回的可能性大于不能收回的可能性。如果有确凿的证据使企业判断提供劳务收入总额不是很可能流入企业,那么本条件就不能满足,从而表明交易结果最终不能可靠估计。

(3) 交易的完工进度能够可靠地确定。这是指交易的完工进度能够合理的估计,只有能够可靠确定交易的完工进度,劳务收入的金额才能可靠计量。

(4) 交易中发生和将要发生的成本能够可靠地计量。这是指交易中已经发生和将要发生的成本能够合理地估计。企业只有凭借所建立的内部成本控制制度和内部财务预算、报告制度,才能提供准确的各期发生的成本,并对完成剩余劳务将要发生的成本作出科学合理的估计,而且可以依据情况的变化随时对将要发生的成本进行修订。

2. 提供劳务交易结果不能可靠估计

如果企业不能同时满足上述四个条件,就说明企业在资产负债表日提供劳务交易结果不能够可靠估计,企业也就不能采用完工百分比法确认提供劳务收入。在此情况下,企业只能根据已经发生的劳务成本是否能够得到补偿,分别确定劳务收入的金额:

(1) 已经发生的劳务成本预计能够得到补偿的,应按已收或预计能够收回的金额确认提供劳务收入，并结转已经发生的劳务成本。

（2）已经发生的劳务成本预计全部不能得到补偿的，不能确认提供劳务收入，应将已经发生的劳务成本计入当期损益。

（二）提供劳务收入的会计处理

实际上，提供劳务的收入确认相比销售商品的收入确认，在会计处理上往往更为简单，因为在销售商品的交易中存在商品实物转移的问题，而提供劳务的交易没有这个问题。

如前所述，如果企业在资产负债表日对提供劳务交易的结果能够可靠估计，那么应当采用完工百分比法确认提供劳务收入。

完工百分比法，是指按照提供劳务交易的完工进度确认收入和费用的方法。在这种方法下，确认的劳务收入金额能够反映各个会计期间关于提供劳务交易及其业绩的信息。

用公式表示如下：

本期确认的收入 = 劳务总收入 × 本期末止劳务的完工进度 - 以前期间已确认的收入
本期确认的费用 = 劳务总成本 × 本期末止劳务的完工进度 - 以前期间已确认的费用

在采用完工百分比法时，关键是确定提供劳务交易的完工进度。完工进度的确定可以选用以下几种方法：①已完工作的测量；②已经提供的劳务占应提供劳务总量的比例；③已经发生的成本占估计总成本的比例。在实务中，如果特定时期内提供劳务交易的数量不能确定，一般可以采用直线法确认，如果某项作业相比其他作业都重要得多时，也可以在该项重要作业完成之后确认收入。

企业在提供劳务过程中，按实际发生的劳务成本，借记"劳务成本"账户，贷记"银行存款"、"应付职工薪酬"、"累计折旧"等账户；按完工百分比法计算确定的应确认劳务收入金额，借记"银行存款"、"应收账款"等账户，贷记"主营业务收入"或"其他业务收入"等账户，同时结转劳务成本，即借记"主营业务成本"或"其他业务成本"等账户，贷记"劳务成本"账户。其中，"劳务成本"账户是用来归集企业提供劳务过程中发生的各种材料、人工等消耗，属于成本类账户，当劳务收入确认时，相应的营业成本应从"劳务成本"账户的贷方转出，作为费用与收入相配比，如果期末有借方余额，应计入资产负债表的资产类项目。

例 7-12 华盛公司于 20×1 年 11 月 8 日接受了一项设备安装业务，合同总收入 75 000 元，并于 20×1 年 12 月 22 日完工。实际发生的安装成本 35 000 元，都是安装人员的薪酬，其中 11 月份为 20 000 元、12 月份为 15 000 元。华盛公司在 20×1 年 11 月 30 日收到安装费 30 000 元，其余安装费在完工时收到。不考虑相关税费。华盛公司应编制的会计分录如下：

（1）20×1 年 11 月 30 日

收到安装费：

借：银行存款	30 000
贷：预收账款	30 000

发生劳务成本：

借：劳务成本	20 000
贷：应付职工薪酬	20 000

（2）20×1年12月31日

发生劳务成本：

借：劳务成本   15 000

 贷：应付职工薪酬   15 000

确认劳务收入：

借：银行存款   45 000

  预收账款   30 000

 贷：主营业务收入   75 000

本例，在12月31日（资产负债表日）之前，企业的安装工程已经完工，提供劳务的交易就已百分之百地完成，而且开始安装和完工在同一会计期间内，以前期间没有发生与该项安装业务有关的收入和费用，因此，按完工百分比法计算，劳务收入可以全部予以确认。

同时，结转劳务成本：

借：主营业务成本   35 000

 贷：劳务成本   35 000

例7-13 华盛公司于20×1年12月1日接受了一项设备安装业务，安装期为3个月，合同总收入110 000元。华盛公司于20×1年12月31日预收安装费70 000元，实际发生的安装成本32 000元，估计还会发生48 000元，假定安装成本都是安装人员的薪酬。华盛公司按实际发生的成本占估计总成本的比例确定劳务的完工进度。不考虑相关税费。

华盛公司于20×1年12月31日应编制的会计分录如下：

（1）预收安装费：

借：银行存款   70 000

 贷：预收账款   70 000

（2）实际发生劳务成本：

借：劳务成本   32 000

 贷：应付职工薪酬   32 000

（3）确认劳务收入：

借：预收账款   44 000

 贷：主营业务收入   44 000

至20×1年年末完工进度为：32 000÷（32 000+48 000）=40%，则应确认的劳务收入为：110 000×40%=44 000（元）。

（4）结转劳务成本：

借：主营业务成本   32 000

 贷：劳务成本   32 000

至20×1年年末应结转的劳务成本为：（32 000+48 000）×40%-0=32 000（元）。

四、让渡资产使用权收入

（一）让渡资产使用权收入的确认与计量

让渡资产使用权收入主要包括：

（1）利息收入，主要是指金融企业对外贷款形成的利息收入，以及同业之间发生往来的利息收入等；

（2）使用费收入，主要是指企业转让无形资产（如商标权、专利权、专营权、软件、版权）等资产的使用权形成的使用费收入；

（3）租金收入，主要是指企业对外出租有形资产收取的租金收入，包括经营租赁和融资租赁的租金收入；

（4）其他投资收入，主要是指企业向外进行债权投资收取的利息、进行股权投资取得的现金股利等收入，在本书第四章有关交易性金融资产、长期股权投资等资产的确认与计量中对相关收入的会计处理进行过说明。

让渡资产使用权收入也应在同时满足下列条件时，才能予以确认：

1. 相关的经济利益很可能流入企业

相关的经济利益很可能流入企业，是指让渡资产使用权收入的金额收回的可能性大于不能收回的可能性。企业在确定让渡资产使用权收入金额能否收回时，应当根据对方企业的信誉和生产经营情况，双方就结算方式和期限等达成的合同或协议条款等因素，进行综合判断。如果企业估计让渡资产使用权收入金额收回的可能性不大，就不应确认收入。

2. 收入的金额能够可靠地计量

收入的金额能够可靠地计量，是指让渡资产使用权收入的金额能够合理地估计，否则不应确认收入。

让渡资产使用权收入的计量，因不同的让渡内容而有不同的收入计量方法。比如：利息收入的金额应当按照他人使用本企业货币资金的时间和实际利率计算确定；使用费收入应当按照有关合同或协议约定的收费时间和收费方法确定等。

（二）让渡资产使用权收入的账务处理

让渡资产使用权的内容比较多，相关的账务处理也各不相同，下面只就利息收入和使用费收入中的一种作个简单的说明。

1. 利息收入

金融企业在取得利息收入时，按计算确定的利息收入金额，借记"应收利息"、"银行存款"等账户，贷记"利息收入"、"其他业务收入"等账户。

例 7-14　甲商业银行于 20×1 年 4 月 1 日向 A 公司发放一笔贷款，金额为 1 500 000 元，期限为 1 年，年利率 6%，假定相关交易费用可忽略不计，该银行按季度编制财务报表。不考虑相关税费。甲商业银行应编制的相关会计分录如下：

（1）20×1 年 4 月 1 日发放贷款时：

借：贷款　　　　　　　　　　　　　　　　　1 500 000

贷：吸收存款   1 500 000
　（2）20×1 年 6 月 30 日确认利息收入时：
借：应收利息   22 500
　贷：利息收入   22 500
本季度的利息收入为：1 500 000×6％×3/12＝22 500（元）。

2. 使用费收入

企业在确认手续费时，按合同或协议规定所确定的手续费收入金额，借记"银行存款"、"应收账款"等账户，贷记"主营业务收入"或"其他业务收入"账户。

例 7-15 东风公司于 20×1 年 12 月 31 日向甲公司转让注册商标使用权，合同约定甲公司每年年末按销售收入的 7％支付使用费，使用期限为 5 年。甲公司 20×2 年的销售收入为 600 000 元，20×3 年的销售收入为 750 000 元。不考虑相关税费。则东风公司应编制的相关会计分录如下：

（1）20×2 年 12 月 31 日，确认 20×2 年度的使用费收入时：
借：银行存款   420 000
　贷：其他业务收入   420 000
20×2 年的商标使用费为：600 000×7％＝42 000（元）。
（2）20×3 年 12 月 31 日，确认 20×3 年度的使用费收入时：
借：银行存款   52 500
　贷：其他业务收入   52 500
20×3 年的商标使用费为：750 000×7％＝52 500（元）。

第二节　费　　用

一、费用概述

（一）费用的定义

费用是指企业在日常活动中发生的、会导致所有者权益减少的、与所有者分配利润无关的经济利益的总流出。

从收入和费用的定义可知，收入和费用存在着一种因果关系。费用是为了取得收入而发生的耗费。因此，企业在经营过程中，会产生两个方向的损益流动。一个是收入流，反映了企业日常活动导致的所有者权益中留存收益的增加；另一个是费用流，反映的是企业日常活动导致的留存收益的减少。

"费用"是会计要素之一。在会计上，通常还会提到"支出"、"成本"等概念。费用、支出和成本三者是相互联系又有明确区别的。

1. 支出

支出从广义来说是资产的减少，从狭义来说是现金的减少。支出的目的可以是获得另一项资产，如购买原材料、办公用品、机器设备等；或者可以是清偿某个债务，如偿还银行贷款、支付所欠货款等；还可以是用于减少资本、分配利润。

从支出与收入的关系看,可以分为两种支出:一种支出是与收入相关的,比如购买原材料、支付工资、购买机器设备等等,这些支出都是为了取得收入而发生的,最终都会成为费用、由收入进行补偿或者对收入进行抵减;而另一种支出与各期的收入没有直接关系,不影响企业的损益,比如偿还负债本金、抽回资本、分配利润,因此这些支出不属于费用、成本,只直接导致了负债或所有者权益的减少。在与取得收入有关的支出中,按照支出对收入的影响期间的长短,又可以分为收益性支出与资本性支出。

2. 成本与费用

从上述对支出的叙述中,我们可以知道:费用与成本都是与收入相关的支出,都是为取得收入而付出的。

两者的区别是:费用是与当期收入有关的支出,而成本是对象化于资产的支出。比如购买生产设备的支出构成了设备的成本、生产或购买商品的支出构成了存货的成本,设备成本在使用的各期通过折旧变为费用,存货在出售并取得收入的当期变为费用。

(二) 费用的分类

费用可以根据信息披露与使用的需要而按多种标志进行分类。根据我国企业会计准则,从利润表的格式和内容看,费用主要有以下两种分类:

1. 费用按照其功能分类

费用按照其在企业所发挥的功能进行分类,通常分为从事经营业务发生的成本、管理费用、销售费用和财务费用等。其中"从事经营业务发生的成本"即营业成本,具体包括商品销售成本、劳务成本等。

企业的活动通常可以划分为生产、销售、管理、融资等,在每一种活动上发生的费用发挥着不同的功能。因此,费用按照功能分类,可以更好地反映费用发生的活动领域,并可以通过费用的结构更清楚地揭示企业经营业绩的主要来源和构成。

费用除了按功能分类外,还可以按性质分类。费用按性质分类可分为耗用的原材料、职工薪酬费用、折旧费、摊销费等。按这种分类提供的信息有助于预测企业未来现金流量。

2. 费用按照其与收入的配比关系分类

由于发生费用是为了取得收入,那么费用的确认就应当与收入确认相联系。费用按照与收入的配比方式分类,主要可分为:

(1) 与特定的收入相配比的费用。由于这些费用与收入具有直接因果关系,因此在确认时就与特定的收入相配比。这些费用主要有商品销售成本、劳务成本等营业成本。比如,当商品销售收入确认时,为获得这笔收入而售出商品的成本也随之作为费用予以确认,费用的确认在时间和金额上基本都取决于收入的确认。

(2) 期间费用。期间费用是不计入存货或劳务成本的,从而与特定收入没有直接的因果关系,只与某个期间的全部收入有关,例如,办公楼的折旧费、厂长的工资等费用与某一笔特定收入的关系是不明确的,但为了取得本期的收入,这些费用又必须发生。对于这些费用往往按费用的效益期间进行确认。总之,期间费用是不能归入存货或劳务成本、不与特定收入相配比、直接计入发生期损益的费用。

（三）费用的确认与计量

1. 费用的确认

如前所述,因日常活动导致的一项经济利益的流出,如果可以作为费用加以确认,除了符合费用的定义外,还应同时满足三大条件:

(1) 与费用相关的经济利益很可能流出企业;

(2) 会导致企业资产的减少或者负债的增加;

(3) 经济利益的流出额能够可靠计量。

此外,费用应在哪个期间、以多少金额进行记录,还应遵循权责发生制的要求。在权责发生制下,与费用有关的确认原则如下:

(1) 配比原则。配比原则要求某一经济活动所取得的收入和相关的费用应当在同一会计期间内确认。依据配比原则,一旦确认了某笔收入应归属的期间,那么为了取得该笔收入所发生的成本、费用也应当归属于该期间。例如,在销售商品时,首先要确定销售收入在什么时候实现,然后将与该笔销售收入直接相关的成本和费用(出售商品的成本、营业税金等)与该笔销售收入进行配比,得出该销售业务对留存收益的净影响额。

(2) 划分收益性支出与资本性支出的原则。该原则要求:与本会计期间的经济活动相关的费用应当在本期确认;本期发生的与未来期间相关的费用应当在以后各期确认。为此,应将企业发生的支出按确认费用的时间不同而划分为收益性支出与资本性支出。

收益性支出指受益期不超过一个会计年度的支出,即发生该项支出是仅仅为了取得本期收益,应当由本期收益进行补偿,比如定期支付的企业行政管理人员薪酬。在发生收益性支出时,应记入当期损益,也就是作为当期的费用。

资本性支出是指受益期超过一个会计年度的支出,发生资本性支出不仅是为了取得本期收益,而且也是为了取得以后各期收益,比如购买机器设备、构建厂房的支出。资本性支出在发生时记入资产,也就构成了该项资产的成本。在以后的各个期间内按照受益原则,通过转移、折旧和摊销等方法,逐渐转化为每期的费用。因此,在企业存续期内,大多数资本性支出都将转变为费用(企业停业清算时的资产除外)。

同样需要指出的是,与收入一样,费用的确认也是一个复杂的问题。上述的确认原则其实并不适用于企业的所有日常活动。比如,配比问题:在劳务结果不能可靠估计的情况下,那些不能得到补偿的劳务成本在性质上也是企业的费用,但由于没有了相关的劳务收入,也就没有了配比;又比如,划分收益性支出与资本性支出问题:尽管划分两种支出可以使除了营业成本之外的各种费用按受益期进行划分和确认,但借款费用的确认就是个例外,将借款费用划分为两种支出的依据并不是支出的受益期间而是支出所取得资产的形成特点和状态,那些需要经过相当长时间的购建或者生产活动才能达到预定可使用或者可销售状态的资产,其借款费用才可以在购建或生产期间作为资本性支出。

为了对费用进行分类确认,企业通常可以按费用的功能设置"主营业务成本"、"其他业务成本"、"营业税金及附加"、"管理费用"、"销售费用"、"财务费用"、"所得税费用"等账户,金融企业还可设置"利息支出"、"手续费和佣金支出"、"业务及管理费"等账户。企业还可以按费用的性质设置相关费用的明细账。上述这些账户的借方登记属于本期的费用,贷方登记费用的冲减。期末,将这些账户的余额转入"本年利润"账户,结转后这些账户都无余额。

2. 费用的计量

费用是按其消耗的资产或负担的负债的价值来计量的。如前所述,费用也表现为资产的减少或者负债的增加。因此,费用的计量与资产或者负债的计量是一致的。按照我国企业会计基本准则的规定,会计要素可供选择的计量属性包括历史成本、重置成本、可变现净值、现值和公允价值。具体来说,费用计量没有统一的标准,而与所选择的计量属性有关,比如存货按历史成本(实际成本)计量时,当期销售的存货成本作为当期费用,也是按实际成本计量的;当存货发生减值时,将存货的金额从实际成本调整为可变现净值,因存货出售而发生的营业成本也按可变现净值计量。

二、营业成本

营业成本是指企业销售商品或提供劳务的成本。营业成本可以分为主营业务成本和其他业务成本,其中主营业务成本与主营业务收入相对应,其他业务成本和其他业务收入相对应。

不同企业的主营业务成本的具体内容可能会有所不同。例如,制造企业的主营业务成本是指销售成本,即已销商品的生产成本,由直接材料、直接人工和制造费用和其他直接支出四个部分组成;而商业企业的主营业务成本是指已销商品的进货成本;从事服务的企业,其主营业务成本就是各种劳务成本。

如前所述,通常情况下都是当某项收入的确认条件满足时,在确认该项营业收入的同时确认与之相关的营业成本的。对于制造企业和商业企业来说,营业成本对应的都是"已销售"的商品,不符合收入确认条件的产品成本不确认为营业成本。

营业成本应设置"主营业务成本"和"其他业务成本"账户进行核算。一般情况下,制造企业于每月终了时结转已售产品的成本,其数额应根据已销产品的数量和实际单位成本计算,由于已销产品的生产往往涉及几个会计期间,而同种产品在不同会计期间的实际成本不可能完全相同。因此,营业成本应根据实际情况,选择先进先出法、加权平均法、移动平均法等方法计算确定。计算方法一经确定,不得任意改变。结转时,应借记"主营业务成本"、"其他业务成本"账户,贷记"库存商品"、"自制半成品"、"生产成本"等账户。

例 7-16 东风公司于 20×1 年 10 月 5 日向甲公司销售 A 产品 2 000 件,每件售价 30 元,每件成本为 20 元;10 月 8 日,向丙公司销售 B 产品 1 500 件,每件售价 50 元,每件成本为 30 元。10 月 20 日,向甲公司出售的 B 产品由于质量问题被退回。增值税率为 17%。东风公司应编制的相关会计分录如下:

(1) 10 月 5 日,向甲公司销售 A 产品:

确认销售收入:

借:银行存款　　　　　　　　　　　　　　　　70 200

　　贷:主营业务收入　　　　　　　　　　　　　　　　60 000

　　　　应交税费——应交增值税(销项税)　　　　　　10 200

结转销售商品的成本:

借:主营业务成本　　　　　　　　　　　　　　40 000

　　　　贷：库存商品　　　　　　　　　　　　　　　　　　　　40 000

　　（2）10 月 8 日，向丙公司销售 B 产品：

　　确认销售收入：

　　借：银行存款　　　　　　　　　　　　　　　　　　　　87 750

　　　　贷：主营业务收入　　　　　　　　　　　　　　　　　75 000

　　　　　　应交税费——应交增值税（销项税）　　　　　　12 750

　　结转销售商品成本：

　　借：主营业务成本　　　　　　　　　　　　　　　　　　45 000

　　　　贷：库存商品　　　　　　　　　　　　　　　　　　　45 000

　　（3）10 月 20 日，向甲公司出售的 B 产品被退回：

　　冲减销售收入：

　　借：主营业务收入　　　　　　　　　　　　　　　　　　87 750

　　　　贷：银行存款　　　　　　　　　　　　　　　　　　　87 750

　　同时，冲减销售退回的商品成本：

　　借：库存商品　　　　　　　　　　　　　　　　　　　　45 000

　　　　贷：主营业务成本　　　　　　　　　　　　　　　　　45 000

　　从例 7-16 可知，营业成本是随着相关的营业收入的确认而同时进行确认的。其实，在本章介绍收入确认时，所举的例子中也已显示了这一点：每当确认一项收入时，就同时结转相关的商品成本或劳务成本而确认为营业成本。

三、营业税金及附加

　　从会计角度看，企业的税金支出都属于费用，并根据各种税金的征税对象不同，而计入不同类别的费用中。比如，各种财产税以及印花税等为管理费用，购货时发生的关税计入存货成本，所得税则单独作为一项费用。

　　营业税金及附加所包括的各种税金主要是以企业营业收入等流转额为征税对象的，主要包括企业经营活动发生的营业税、消费税、城市维护建设税、资源税和教育费附加等相关税费。这些税种具体内容的介绍在本书第五章中。值得注意的是，增值税尽管也以流转额为征税对象，但是增值税是价外税，所以企业交纳增值税的支出不涉及费用，应交增值税作为负债，已交、可抵扣或返还的增值税是负债的减少。

　　因此，企业的营业税金作为费用，与营业收入相配比，在某项营业收入确认之时，同时按税率计算并确认营业税金。

　　企业应设置"营业税金及附加"账户核算发生的各种营业税金以及教育费附加。企业按税法和有关规定计算确定的与经营活动相关的税费，借记"营业税金及附加"账户，贷记"应交税费"账户。

　　例 7-17　东风公司本期销售应税消费品，全部销售额为 950 000 元，销售商品的成本为 760 000 元。按税法规定，东风公司的相关适用税率是：增值税率为 17％，消费税率为10％，城市维护建设税率 7％，教育费附加的征收率为 3％。相关的税费已经缴纳。东风公司本期应编制的相关会计分录如下：

（1）确定应交的营业税金及附加时：

借：营业税金及附加   107 730

    贷：应交税费——应交消费税   95 000

             ——应交城市维护建设税   8 911

             ——应交教育费附加   3 819

以上会计分录中,应交增值税额＝(950 000－760 000)×17％＝32 300(元),应交消费税额＝950 000×10％＝95 000(元)。因此,应交城市维护建设税额＝(32 300＋95 000)×7％＝8 911(元);应交教育费附加额＝(32 300＋95 000)×3％＝3 819(元)。

（2）交纳营业税金及附加时：

借：应交税费——应交消费税   95 000

             ——应交城市维护建设税   8 911

             ——应交教育费附加   3 819

    贷：银行存款   107 730

四、期间费用

如前所述,管理费用、销售费用、财务费用这三项费用,尽管功能不同,但它们有一个共性,即都属于期间费用。期间费用是与某一期间收入相配比的费用,在会计处理上与营业成本和营业税金不同。

需要指出的是,所得税费用实质上也属于期间费用。但是由于所得税费用与利润的关系以及对其确认与计量的特殊性,因此就在本章第三节利润中进行阐述。

（一）管理费用

管理费用是指企业为组织和管理其生产经营所发生的费用,包括企业在筹建期间内发生的开办费、董事会和行政管理部门在企业经营管理中发生的或应由企业统一负担的公司经费(包括行政管理部门职工工资及福利费、物料消耗、低值易耗品摊销、办公费和差旅费等)、工会经费、董事会费(包括董事会成员津贴、会议费和差旅费)、聘请中介机构费、咨询费、诉讼费、业务招待费、房产税、车船税、土地使用税、印花税、技术转让费、研究费用、排污费以及企业生产部门和行政管理部门等发生的固定资产修理费用等。

企业应设置"管理费用"账户(按费用项目设置明细账)核算管理费用。发生管理费用时,借记"管理费用"账户,贷记"银行存款"、"应交税费"、"应付职工薪酬"、"累计折旧"、"累计摊销"等账户。

例 7-18 东风公司于 20×1 年 10 月发生了以下经济业务：

10 月 12 日,用银行存款支付行政楼办公设施保险费 8 000 元;

10 月 31 日,计提行政楼办公设备折旧 40 000 元;

10 月 31 日,计算确定本月应付管理人员工资 70 000 元。

东风公司应编制的会计分录如下：

（1）10 月 12 日,支付行政楼办公设施保险费：

借：管理费用   8 000

    贷：银行存款   8 000

（2）10 月 31 日，计提行政楼办公设备折旧：

借：管理费用	40 000
贷：累计折旧	40 000

（3）10 月 31 日，确定本月应付管理人员工资：

借：管理费用	70 000
贷：应付职工薪酬	70 000

（二）销售费用

销售费用是指企业在销售商品和材料、提供劳务的过程中发生的各种费用，包括企业在销售商品过程中发生的保险费、包装费、运输费、装卸费、展览费、广告费、商品维修费、预计产品质量保证损失等，以及为销售本企业商品而专设的销售机构（例如销售网点、售后服务网点等）的职工薪酬、业务费、折旧费、固定资产修理费等费用。

企业应设置"销售费用"账户（按费用项目设置明细账）核算销售费用。发生销售费用时，借记"销售费用"账户，贷记"银行存款"、"应付职工薪酬"、"累计折旧"等账户。

例 7-19　东风公司于 20×1 年 10 月发生了以下经济业务：

10 月 8 日，用银行存款支付广告费 100 000 元；

10 月 31 日，计提销售网点设备折旧 60 000 元；

10 月 31 日，计算确定本月应付售后服务网点人员工资 50 000 元。

东风公司应编制的会计分录如下：

（1）10 月 8 日，支付广告费：

借：销售费用	100 000
贷：银行存款	100 000

（2）10 月 31 日，计提销售网点设备折旧：

借：销售费用	60 000
贷：累计折旧	60 000

（3）10 月 31 日，确定本月应付售后服务网点人员工资：

借：销售费用	50 000
贷：应付职工薪酬	50 000

（三）财务费用

财务费用是指企业为筹集生产经营所需资金等而发生的筹资费用，包括利息支出（减利息收入）、汇兑损益以及相关的手续费、在商品购销行为中发生的现金折扣或收到的现金折扣等。需要注意的是，这里所说的"利息支出"是指企业生产经营期间发生的利息支出，不包括筹建企业期间的利息支出，也不包括与购建固定资产（或无形资产）有关的、作为资产成本的利息支出；这里所说的"利息收入"主要是指企业银行存款的利息收入，不包括进行债权投资时取得的利息收入。

企业应设置"财务费用"账户（按费用项目设置明细账）核算财务费用，借方登记当期的财务费用，贷方登记有关的收入或利得。发生利息支出、现金折扣、汇总损失、手续费等时，借记"财务费用"账户，贷记"银行存款"、"应收账款"、"应付利息"、"长期借款"、"应付

"债券"等账户；取得利息收入、现金折扣、汇兑收益等时，借记"银行存款"、"应付账款"、"应付票据"等账户，贷记"财务费用"账户。

例7-20 东风公司于20×1年10月发生了以下经济业务：

10月9日，支付货款，原应付账款58 500元，其中货款50 000元、增值税额8 500元，得到的现金折扣率为10%；

10月12日，东风公司以人民币为记账本位币，当日将5 000美元到银行兑换成人民币323 500元，该5 000美元当时在公司账户中折算为324 000元人民币；

10月31日，本月长期借款的利息23 000元，利息将于下月支付，由于以借款购建的固定资产已达到使用状态，该笔利息费用不再资本化。

东风公司应编制的会计分录如下：

（1）10月9日，支付货款、得到现金折扣：

借：应付账款 58 500

 贷：银行存款 53 500

  财务费用 5 000

（2）10月12日，将美元兑换人民币：

借：银行存款——人民币 323 500

 财务费用——汇兑差额 500

 贷：银行存款——美元 324 000

（3）10月31日，确定本月应计利息费用：

借：财务费用 23 000

 贷：应付利息 23 000

第三节 利 润

一、利润概述

企业是营利组织，企业会计信息除了反映其财务状况和现金流量之外，一个重要内容就是反映企业的经营成果，经营成果是企业以自己在经营中取得的收入补偿其费用和损失后的结果，反映企业在生产经营上的经济效益。

（一）利润的定义与构成

利润是指企业在一定会计期间的经营成果。利润包括收入减去费用后的净额、直接记入当期利润的利得和损失等。

从利润的定义可知，利润除了上一节已经介绍的营业收入和费用之外，还包括利得和损失。

1. 利得和损失

利得是指由企业非日常活动所形成的、会导致所有者权益增加的、与所有者投入资本无关的经济利益的流入。

损失是指由企业非日常活动所发生的、会导致所有者权益减少的、与向所有者分配利润无关的经济利益的流出。

利得不是收入,损失也不是费用,它们的主要区别是:利得和损失都属于非日常活动所形成的,而收入与费用是日常活动所产生的;利得和损失所导致经济利益的流入或流出是净额,而收入与费用所引起的经济利益的流入或流出是总额。

2. 利润与综合收益

综合收益,是指企业在某一期间除与所有者以其所有者身份进行的交易之外的其他交易或事项所引起的所有者权益变动。综合收益的构成包括两部分:净利润和其他综合收益扣除所得税影响后的净额。其中,"其他综合收益"是指未在当期损益中确认的各项利得和损失。

由此可见,利润中有部分属于利得和损失,其他综合收益是由利得和损失构成(见图7-1)。换句话说,利得和损失被分成了两部分:直接计入当期损益(即利润)的利得和损失和直接计入所有者权益(即其他综合收益)的利得和损失。我国企业会计准则对这两部分的内容作了界定,直接计入当期利润的利得和损失包括资产减值损失、公允价值变动收益、投资收益、营业外收入、营业外支出;直接计入其他综合收益的利得和损失主要包括可供出售金融资产产生的利得或损失、按照权益法核算的在被投资单位其他综合收益中所享有的份额、现金流量套期工具产生的利得或损失、外币财务报表折算差额等。而且,其他综合收益中的有些利得和损失可以在以后会计期间再重分类计入损益(即利润),有些利得损失却不能重分类计入损益。

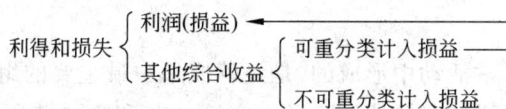

利得和损失 $\begin{cases} \text{利润(损益)} \\ \text{其他综合收益} \begin{cases} \text{可重分类计入损益} \\ \text{不可重分类计入损益} \end{cases} \end{cases}$

图 7-1　利得和损失的分类

将利得和损失划分为计入利润和计入其他综合收益的两部分,是为了更合理地反映企业的经营业绩。一般来说,计入利润的利得和损失与经营业绩的关系更为密切。而综合收益包括了企业的全部收入、费用、利得和损失。

3. 多步式利润

我国企业会计准则规定的利润表,是多步式的,也就是利润的计算是分几步进行的,各步的计算产生了不同的利润。具体是:

第一步,是营业利润,其计算公式如下:

营业利润 = 营业收入 - 营业成本 - 营业税金及附加 - 销售费用 - 管理费用
- 财务费用 - 资产减值损失 + 公允价值变动收益 + 投资收益

第二步,是利润总额,其计算公式如下:

利润总额 = 营业利润 + 营业外收入 - 营业外支出

第三步,是净利润,其计算公式如下:

净利润 = 利润总额 - 所得税费用

第四步,利润表不仅仅反映当期经营业绩,而且包括综合收益:

综合收益 = 净利润 + 其他综合收益扣除所得税影响后的净额

在以上公式中,有些项目由于其性质或会计准则对其内容的界定而可能出现负数。比如公允价值变动收益、投资收益等都会出现负数,财务费用在特殊情况下也有可能出现负数。各步利润如果出现负数,说明这部分费用和损失超过了收入和利得,净利润为负数是企业出现了亏损。

多步式利润的列示,可以使财务报表使用者了解利润不同来源与性质、了解经营业绩的构成情况,便于更好地分析企业经营成果。但是,也不宜分步过多,反而对信息使用者形成干扰,不便于他们作出自己的判断。而净利润之外,再加上其他综合收益,使利润表反映的收益更加全面。

(二)利润的确定

在收入和费用的确认与计量完成后,随之就可以确定利润了。企业应设置"本年利润"账户核算当期实现的净利润(或发生的净亏损)。企业期(月)末结转利润时,将各损益类账户的金额转入"本年利润"账户,并结平各损益类账户。结转后,"本年利润"账户的贷方余额为当期实现的净利润;借方余额为当期发生的净亏损。年度终了,将本年实现的净利润,转入"利润分配"账户,即借记"本年利润"账户,贷记"利润分配——未分配利润"账户;如为净亏损则做相反的会计分录。结转后"本年利润"账户应无余额。有关损益类账户的结账以及"本年利润"和"利润分配"账户的具体应用,请见本书第三章和第六章的相关内容。

二、营业利润

营业利润是企业日常活动中形成的,是经营成果中最主要的组成部分。因此,营业利润在利润表中的项目最详细和具体。除了本章第一节和第二节所述的收入和费用以外,营业利润中还包括资产减值损失、公允价值变动收益和投资收益。

(一)资产减值损失

在本书第四章阐述各项资产的确认与计量时,已分别说明了不同资产减值损失的会计处理,现专门就资产减值损失的相关概念和确认与计量问题进行论述。

1. 资产减值损失的含义及内容

资产作为企业的资源,它的一个重要特征是能够为企业带来经济利益流入,资产价值的高低体现在其未来能够为企业带来经济利益的多寡。如果资产能够带来的经济利益低于其账面价值,说明资产发生了减值,那么该资产就不能再以原账面价值予以确认,否则就不符合资产的定义,也不能反映资产的实际价值,并导致资产和利润虚增。因此,及时对资产减值进行判断和测试并将减值损失进行确认和计量是十分必要的。资产减值损失是企业在资产持有期间因其价值发生变动而导致的损失。

从广义上来说,所有资产都有可能减值、发生减值损失。这里所说的资产减值损失是指现行利润表中营业利润的扣减项目,主要包括坏账损失,存货跌价损失以及长期股权投资、固定资产、在建工程、工程物资、无形资产、可供出售金融资产、生产性生物资产、商誉、贷款、抵债资产、损余物资、投资性房地产等资产的减值损失。以下是常见的资产减值损失内容:

1）坏账损失

应收款项的减值损失称为"坏账损失"。应收款项属于金融资产,其减值损失是指在资产负债表日(即期末)应收款项的预计未来现金流量现值低于其账面价值时产生的差额。应收款项预计未来现金流量主要是由应收款项的预计实际可收回金额组成,未来现金流量按一定的折现率计算可得出其现值。

应收账款、其他应收账款等回收期比较短,其预计未来现金流量与其现值相差很小,在确定相关减值损失时,可不对其预计未来现金流量进行折现。

另外,持有至到期投资和可供出售金融资产也都属于金融资产,它们的减值损失不叫坏账损失,其中持有至到期投资的减值损失内容与应收款项相同;可供出售金融资产的减值损失,由于其在持有期间按公允价值计量,因此它的减值主要是因持有期间公允价值变动导致的。

2）存货跌价损失

存货跌价损失是指在资产负债表日,存货的可变现净值低于存货的成本时产生的差额。存货的可变现净值由存货的估计售价、至完工时将要发生的成本、估计的销售费用和估计的相关税费等内容构成。其中,产成品、商品和用于出售的材料等直接用于出售的商品存货,在正常生产经营过程中,以该存货的估计售价减去估计的销售费用和相关税费后的金额确定其可变现净值;需要经过加工的材料存货,在正常生产经营过程中,应当以所生产的产成品的估计售价减去至完工时估计将要发生的成本、估计的销售费用和相关税费后的金额确定其可变现净值。

3）其他资产的减值损失

其他资产主要是指除了存货、应收款项、持有至到期投资和可供出售金融资产以外的那些非流动资产。其他资产的减值损失是指在资产负债表日,资产的可收回金额低于其账面价值时所产生的差额。这些资产通常持有时间比较长,期间的价值也可能变动较大,而资产的可收回金额也往往比存货的可变现净值更不确定,其估计的难度更大。因此,资产减值的处理过程为:

首先,应在资产负债表日判断资产是否存在可能发生减值的迹象。这主要可从两方面加以判断:一是从企业外部信息来源来看,如果出现了资产的市价在当期大幅度下跌,企业经营所处的经济、技术或者法律等环境以及资产所处的市场等在当期或近期发生重大变化,市场利率在当期已经提高,企业所有者权益的账面价值远高于其市值等,均属于资产可能发生减值的迹象。二是从企业内部信息来源来看,如果资产已经陈旧过时或损坏,资产已经或将被闲置、终止使用或者计划提前处置、企业内部报告的证据表明资产的经济绩效已经低于或者将低于预期,均属于资产可能发生减值的迹象。

其次,对于存在减值迹象的资产进行减值测试,即估计资产的可收回金额,并确定其是否低于该资产的账面价值。减值测试关键是估计资产可收回金额,资产可收回金额有两项:一项是资产公允价值减去处置费用后的净额;另一项是资产预计未来现金流量的现值,资产的可收回金额应以两者之间较高者确定。资产减值准则规定:如果有确凿证据表明资产存在减值迹象的,应当在资产负债表日进行减值测试。因此,对大多数资产而言,往往只有通过判断发现有减值迹象时才有必要进行减值测试。但是,对于商誉、使用寿命不确定和尚未达到可使用状态的无形资产,为避免这些资产的价值被高估,无论是否有减值迹象,企业至少应当于每年年度终了时进行减值测试,以确定资产是否减值。

最后,根据测试结果,按照减值资产的账面价值与可收回金额的差额确认为资产减值损失,并把资产的账面价值减计至可收回金额。

2. 资产减值损失的会计处理

1)资产减值损失会计处理的一般原则

企业当期确认的减值损失应当反映在其利润表中,而计提的资产减值准备作为相关资产金额的备抵,反映于资产负债表的各项有关资产金额中,从而夯实企业资产价值,避免利润虚增,如实反映企业的财务状况和经营成果。

由于有关资产特性不同,因此减值会计的具体处理会有所区别,主要表现在:

(1)应收款项、持有至到期投资、可供出售金融资产等金融资产在确认减值损失后,如有客观证据表明该资产价值已恢复,且客观上与确认该损失后发生的事项有关(如债务人的信用评级已提高等),原确认的减值损失应当予以转回,计入当期损益(只有可供出售权益工具投资减值损失不通过损益转回,通过增加资本公积转回)。具体到应收账款和其他应收款等短期应收款项,通常采用余额百分比法或账龄分析法对账户的期末余额按一定比例估计坏账损失金额,并将此金额计入当期损益、扣减资产。如果实际发生的坏账金额比估计的少或者实际收回的金额比预计可收回的多,减记的金额应当予以恢复,并在原已计提的坏账准备的金额内转回,转回的金额计入当期损益。

(2)存货应当在资产负债表日按照成本与可变现净值孰低计量。就是说,如果此时存货成本低于可变现净值,存货按成本计量;如果存货成本高于可变现净值,存货按可变现净值计量,同时计提存货跌价准备,计入当期损益。如果以前减记存货价值的影响因素已经消失,减记的金额应当予以恢复,并在原已计提的存货跌价准备的金额内转回,转回的金额计入当期损益。

(3)其他资产在对其进行减值测试并计算了资产可收回金额后,如果其可收回金额低于其账面价值的,应当将资产的账面价值减记至可收回金额,减记的金额确认为资产减值损失,计入当期损益,同时计提相应的资产减值准备。资产减值损失确认后,减值资产的折旧或者摊销费用应当在未来期间作相应调整,以使该资产在剩余使用寿命内,系统地分摊调整后的资产账面价值(扣除预计净残值)。比如,固定资产计提了减值准备后,固定资产账面价值将根据计提的减值准备相应抵减,固定资产在未来计提折旧时,应当按照新的固定资产账面价值为基础计提每期折旧。其他资产在发生减值后,一方面价值回升的可能性比较小,通常属于永久性减值;另一方面从会计信息谨慎性要求考虑,为了避免确认资产重估增值和操纵利润,资产减值准则规定,其他非流动资产减值损失一经确认,在以后会计期间不得转回,以前期间计提的资产减值准备,在资产处置、出售、对外投资、以非货币性资产交换方式换出、在债务重组中抵偿债务等时,才可予以转出。

2)资产减值损失的账务处理

企业应设置"资产减值损失"账户核算因各项资产减值所形成的损失。企业的应收款项、存货、长期股权投资、可供出售金融资产、持有至到期投资、固定资产、在建工程、无形资产、商誉等资产发生减值的,按应减记的金额,借记"资产减值损失"账户,贷记"坏账准备"、"存货跌价准备"、"长期股权投资减值准备"、"可供出售金融资产——公允价值变动"、"持有至到期投资减值准备"、"固定资产减值准备"、"在建工程减值准备"、"无形资产减值准备"、"商誉减值准备"等账户。

企业在计提坏账准备、存货跌价准备后，相关资产的价值又得以恢复的，应在原已计提的减值准备金额内，按恢复增加的金额，借记"坏账准备"、"存货跌价准备"等账户，贷记"资产减值损失"账户。这种减值的"转回"处理，也适用于持有至到期投资和可供出售债权资产等资产的减值。

例 7-21　20×1 年 12 月 31 日，东风企业购入一台价值 500 000 元的生产设备，预计使用年限为 5 年，预计净残值为 0，该设备按照年限平均法计提折旧。20×3 年 12 月 31 日，由于资产出现减值迹象，经过测试后发现该设备的可收回金额为 240 000 元。东风公司应编制的会计分录如下：

借：资产减值损失——固定资产减值损失　　　　　60 000
　　贷：固定资产减值准备　　　　　　　　　　　　　　　60 000

由于 20×3 年 12 月 31 日该设备的账面价值为：$500\,000-500\,000\div5\times2=300\,000$（元），高于其可收回金额 240 000 元，因此应当对该设备计提减值准备：$300\,000-240\,000=60\,000$（元）。

对该设备计提减值准备后，其账面价值变为 240 000 元，在该设备剩余的 3 年使用期限内，应当按照变动后的账面价值作为计提折旧的基础，每年应计提的折旧额变为 80 000 元（$240\,000\div3$）。如果该设备在 20×3 年 12 月 31 日之后发生进一步减值，应该再作进一步的减值测试和处理。

（二）公允价值变动收益

企业的一些金融资产和金融负债采用公允价值模式计量，从而在持有期间产生了公允价值变动收益，该项收益也属于营业利润的一部分。

公允价值变动收益是指资产或负债的公允价值变动直接记入当期损益的部分，主要包括企业交易性金融资产、交易性金融负债、衍生工具、套期保值项目等指定为以公允价值计量且其变动计入当期损益的金融资产或金融负债以及采用公允价值模式计量的投资性房地产，其公允价值变动形成的应计入当期损益的利得或损失。公允价值变动收益通过"公允价值变动损益"账户核算。

在资产负债表日，企业应按交易性金融资产的公允价值高于其账面余额的差额，借记"交易性金融资产——公允价值变动"账户，贷记"公允价值变动损益"账户；公允价值低于其账面余额的差额做相反的会计分录。出售交易性金融资产时，应按实际收到的金额，借记"其他货币资金"等账户，按该金融资产的账面余额，贷记"交易性金融资产"账户，按其差额，借记或贷记"投资收益"账户。同时，将原计入该金融资产的公允价值变动转出，借记或贷记"公允价值变动损益"账户，贷记或借记"投资收益"账户。

在资产负债表日，交易性金融负债的公允价值高于其账面余额的差额，借记"公允价值变动损益"账户，贷记"交易性金融负债"等账户；公允价值低于其账面余额的差额做相反的会计分录。处置交易性金融负债，应按该金融负债的账面余额，借记"交易性金融负债"账户，按实际支付的金额，贷记"银行存款"等账户，按其差额，贷记或借记"投资收益"

账户。同时,按该金融负债的公允价值变动,贷记或借记"公允价值变动损益"账户,借记或贷记"投资收益"账户。

采用公允价值模式计量的投资性房地产、衍生工具、套期工具、被套期项目等形成的公允价值变动损益,也通过"公允价值变动损益"账户反映。

例 7-22 20×1 年 1 月 1 日,东风公司以每股 5.00 元的价格(不存在已宣告但尚未发放的现金股利)从二级市场购入 B 公司的股票 100 000 股,另支付交易费用 750 元。东风公司将持有的 B 公司股权划分为交易性金融资产。

B 公司的股票从购入到出售前,其价格发生了多次变动,具体情况如下:

(1) 20×1 年 1 月 31 日,B 公司股票价格下跌到每股 4.00 元;

(2) 20×1 年 2 月 28 日,B 公司股票价格上涨到每股 5.50 元;

(3) 20×1 年 3 月 31 日,B 公司股票价格上涨到每股 6.20 元。

东风公司应编制的会计分录如下:

(1) 20×1 年 1 月 1 日,购入 B 公司股票时:

借:交易性金融资产——成本　　　　　　　　500 000

　　投资收益　　　　　　　　　　　　　　　750

　　贷:其他货币资金——存出投资款　　　　　　500 750

(2) 20×1 年 1 月 31 日,确认股票价格的变动:

借:公允价值变动损益　　　　　　　　　　100 000

　　贷:交易性金融资产——公允价值变动　　　　100 000

B 公司股票的公允价值变动损益为:$(4.00-5.00)\times100\,000=-100\,000$(元)

(3) 20×1 年 2 月 28 日,确认股票价格的变动:

借:交易性金融资产——公允价值变动　　　150 000

　　贷:公允价值变动损益　　　　　　　　　　150 000

B 公司股票的公允价值变动损益为:$(5.50-4.00)\times100\,000=150\,000$(元)

(4) 20×1 年 3 月 31 日,确认股票价格的变动:

借:交易性金融资产——公允价值变动　　　　70 000

　　贷:公允价值变动损益　　　　　　　　　　70 000

B 公司股票的公允价值变动损益为:$(6.20-5.50)\times100\,000=70\,000$(元)

(三) 投资收益

1. 投资收益的含义与内容

投资收益是指企业在各种对外投资活动中所取得的利得或发生的损失。投资收益的来源主要体现在以下几个方面。

1) 来源于长期股权投资的收益

长期股权投资以成本法核算时,按享有被投资单位宣告分派的现金股利或利润(取得投资时实际支付的价款或对价中包含的除外),确认为当期投资收益;长期股权投资以权益法核算时,应当根据被投资单位当期实现的净损益(其金额应按投资时被投资单位可辨认净资产的公允价值为基础,对其进行调整后确认)的份额,确认投资收益,当被投资单位宣告分派现金股利或利润时,本企业取得的现金股利或利润不作为投资收益,而是抵减长期股权投资的账面价值。

处置长期股权投资时,长期股权投资的账面价值与实际取得价款的差额作为投资收益。另外,长期股权投资如果采用权益法核算,在处置该项投资时,采用与被投资单位直接处置相关资产或负债相同的基础,按相应比例对原计入其他综合收益的部分,应按照相应比例转入投资收益。

2)来源于其他投资的收益

其他投资主要包括交易性金融资产、可供出售金融资产、持有至到期的投资等。按照投资收益发生的时间,可以分为持有投资期间的收益和处置投资时的收益。

持有期间的投资收益包括:

(1)交易性金融资产在持有期间取得的利息或现金股利;

(2)持有至到期投资在持有期间获得的利息收入;

(3)可供出售金融资产持有期间取得的利息或现金股利。

处置时发生的投资收益包括:

(1)处置交易性金融资产时,该项交易性金融资产的公允价值与初始入账金额之间的差额;

(2)处置持有至到期投资时,该项投资的公允价值与初始入账金额之间的差额;

(3)处置可供出售金融资产时,取得的价款与原计入其他综合收益的公允价值变动累计额(根据处置部分占该项金融资产总额的比例确定),与该金融资产账面价值之间的差额。

2. 投资收益的会计处理

企业应设置“投资收益”账户核算应确认的投资收益或投资损失。该账户借方登记企业对外投资而发生的损失,贷方登记企业对外投资所取得的收益。投资收益的具体核算方法如下:

(1)长期股权投资的投资收益。长期股权投资采用成本法核算的,企业应按被投资单位宣告发放的现金股利或利润中属于本企业的部分,借记“应收股利”账户,贷记“投资收益”账户。长期股权投资采用权益法核算的,应按被投资单位实现的净损益(与被投资单位之间发生的未实现内部交易损益按照应享有的比例计算归属于投资方的部分应当予以抵销)计算应享有的份额,借记“长期股权投资”账户,贷记“投资收益”账户。被投资单位发生净亏损的,涉及“投资收益”账户时应借记。

处置长期股权投资时,应按实际收到的金额,借记“银行存款”等账户,按其账面余额,贷记“长期股权投资”账户,按尚未领取的现金股利或利润,贷记“应收股利”账户,按其差额,贷记或借记“投资收益”账户。已计提减值准备的,还应同时结转减值准备。处置采用权益法核算的长期股权投资,除上述处理外,还应结转原记入其他综合收益的相关金额,借记或贷记“其他综合收益”账户,贷记或借记“投资收益”账户。

(2)交易性金融资产、持有至到期投资、可供出售金融资产等的投资收益。这些资产在持有期间取得的现金股利和利息等,按应收金额,借记“应收股利”、“应收利息”等账户,按实际收入贷记“投资收益”账户,若有差额记入“利息调整”等明细账。

这些资产出售时,应按实际收到的金额,借记“银行存款”等账户,按其账面余额,贷记

"交易性金融资产"、"可供出售金融资产"、"持有至到期投资"等账户,按其差额,贷记或借记"投资收益"账户。此外,交易性金融资产出售时还应同时将原计入该金融资产的公允价值变动转出,借记或贷记"公允价值变动损益"账户,贷记或借记"投资收益"账户;可供出售的金融资产出售时,记入"投资收益"账户的差额确定中,考虑了从所有者权益中转出的公允价值累计变动额(借记或贷记"其他综合收益"账户);持有至到期投资出售时,已计提减值准备的,还应同时结转减值准备。

例 7-23 东风公司持有 C 公司发行的股票 500 000 股作为长期股权投资,采用成本法核算。20×1 年 6 月 30 日,C 公司宣布按每 10 股 5.00 元发放现金股利。20×1 年 7 月 15 日,东风公司收到了 C 公司发放的现金股利。东风公司的应编制的会计分录如下:

(1) 20×1 年 6 月 30 日,C 公司宣布放现金股利时:

借:应收股利 250 000
  贷:投资收益 250 000

(2) 20×1 年 7 月 15 日,东风公司收到现金股利时:

借:银行存款 250 000
  贷:应收股利 250 000

例 7-24 承例 7-22,东风公司于 20×1 年 4 月 10 日将 B 公司股票以每股 6.50 元出售,另支付交易费 900 元。东风公司应编制的会计分录如下:

(1) 收款并结转该项资产的账面余额:

借:其他货币资金——存出投资款 649 100
  贷:交易性金融资产——成本 500 000
            ——公允价值变动 120 000
    投资收益 29 100

持有期间的公允价值变动损益的总额为:$(6.20-5.00)\times100\ 000=120\ 000$(元);此分录中的投资收益是出售价格扣除成本和交易费用,再减持有期间已确认的公允价值变动损益,即:$6.50\times100\ 000-500\ 000-900-120\ 000=29\ 100$(元),也正是上述分录中其他账户借贷金额的差额。

(2) 同时将已确认的公允价值变动损益转为投资收益:

借:公允价值变动损益 120 000
  贷:投资收益 120 000

如果东风公司是按月结账的,那么出售前"公允价值变动损益"账户各月的余额都已结转至"本年利润"账户,但无论公允价值变动损益是否已结转至"本年利润"账户,都应做上述会计分录(2)。将持有期间公允价值变动损益在资产处置时转为投资收益,实质上是将未实现的收益转为实现的收益,因为公允价值变动损益反映的是在资产处置前未实现的收益,而投资收益反映的是企业对外投资在最终出售或转让以后实际获得的收益。

三、营业外收支

营业外收支是指企业发生的与日常活动无直接关系的利得和损失。值得指出的是,尽管在我国这部分内容也称为"收入"和"支出",但与会计要素意义上的收入和费用不同,作为非日常活动的利得和损失,它们与营业利润一样都是净额。营业外收入与营业外支出不存在因果关系,这与收入与费用的关系不同。也就是说同一项经济业务如果得到了营业外收入,就不会再发生营业外支出,反之亦然。

(一)营业外收入

营业外收入是指企业发生的与日常活动无直接关系的各项利得。如前所述,营业外收入是净额,实际上是一种纯收入。营业外收入主要包括:非流动资产处置利得、非货币性资产交换利得、债务重组利得、政府补助、捐赠利得等。

(1)非流动资产处置利得,包括固定资产处置利得和无形资产出售利得。固定资产处置利得,指企业出售固定资产所取得价款、报废固定资产的残料价值、变价收入等,扣除固定资产的账面价值、清理费用、处置相关税费后的净收益;无形资产出售利得,指企业出售无形资产所取得价款扣除出售无形资产的账面价值、出售相关税费后的净收益。

(2)非货币性资产交换利得,指在非货币性资产交换中换出资产为固定资产、无形资产的,换入资产公允价值大于换出资产账面价值的差额,扣除相关费用后计入营业外收入的金额。

(3)债务重组利得,指重组债务的账面价值超过清偿债务的现金、非现金资产的公允价值、所转股份的公允价值,或者重组后债务账面价值之间的差额。

(4)盘盈利得,指企业对于现金、存货等资产清查盘点中盘盈的资产,报经批准后计入营业外收入的金额。

(5)政府补助,指企业从政府无偿取得货币性资产或非货币性资产形成的利得。

(6)捐赠利得,指企业接受捐赠产生的利得。但如果企业授受股东的捐赠,其经济实质表明是股东对企业的资本投入的,不包括在内。

企业应当设置"营业外收入"账户,核算发生的各项营业外收入。下面就其中非流动资产处置利得的会计处理进行说明。

企业处置固定资产和无形资产时,按被处置资产的账面净值,借记"固定资产清理"账户;按被处置资产的已计提累计摊销或累计折旧以及已计提的减值准备,借记"累计折旧"、"累计摊销"、"固定资产减值准备"、"无形资产减值准备"等账户;按被处置资产的账面余额,贷记"固定资产"、"无形资产"账户。按应支付的相关税费及其他费用,借记"固定资产清理"账户,贷记"应交税费"、"银行存款"等账户。按因处置而实际收到的金额借记"银行存款"等账户,贷记"固定资产清理"账户。最后结转清理损益,若实际收到的金额高于固定资产账面净值和支付的相关费用,则借记"固定资产清理"账户,贷记"营业外收入"账户。在上述处理中可见,由于无形资产处置不设类似"固定资产清理"账户,因此在固定资产处置时需通过"固定资产清理"账户,无形资产处置则不用做类似的处理。

例 7-25 东风公司于 20×1 年 5 月 20 日报废一台生产设备,该设备的原值为 300 000 元,已提折旧 280 000 元,用银行存款支付清理费用 5 000 元,变卖设备残值收入 30 000 元,适用的增值税率 17%。东风公司应编制的会计分录如下:

(1)生产设备转入清理时:

借:固定资产清理   20 000

累计折旧　　　　　　　　　　　　　　　　280 000
　　贷：固定资产　　　　　　　　　　　　　　　　300 000
（2）支付清理费用时：
借：固定资产清理　　　　　　　　　　　　5 000
　　贷：银行存款　　　　　　　　　　　　　　　　5 000
（3）收到残值收入时：
借：银行存款　　　　　　　　　　　　　　35 100
　　贷：应交税费——应交增值税（销项税额）　　　5 100
　　　　固定资产清理　　　　　　　　　　　　　　30 000
（4）结转固定资产清理时：
借：固定资产清理　　　　　　　　　　　　5 000
　　贷：营业外收入——非流动资产处置利得　　　　5 000
　　该项固定资产清理最后产生的是净收益：30 000－20 000－5 000＝5 000（元），因此应计入营业外收入。

（二）营业外支出

营业外支出是指企业发生的与日常活动无直接关系的各项损失。营业外支出主要包括：非流动资产处置损失、非货币性资产交换损失、债务重组损失、公益性捐赠支出、非常损失、盘亏损失等。

（1）非流动资产处置损失，包括固定资产处置损失和无形资产出售损失。固定资产处置损失，指企业出售固定资产所取得价款和报废固定资产的残料价值和变价收入等，不足抵补处置固定资产的账面价值、清理费用、处置相关税费后的净损失；无形资产出售损失，指企业出售无形资产所取得价款，不足抵补出售无形资产的账面价值、出售相关税费后的净损失。

（2）非货币性资产交换损失，指在非货币性资产交换中换出资产为固定资产、无形资产的，换入资产公允价值小于换出资产账面价值的差额，扣除相关费用后计入营业外支出的金额。

（3）债务重组损失，指重组债权的账面余额超过受让资产的公允价值、所转股份的公允价值，或者重组后债权的账面价值之间的差额。

（4）公益性捐赠支出，指企业对外进行公益性捐赠发生的支出。

（5）非常损失，指企业对于因客观因素（如自然灾害等）造成的损失，在扣除保险公司赔偿后计入营业外支出的净损失。

企业应当设置"营业外支出"账户，核算发生的各项营业外支出。下面就其中非流动资产处置损失、非常损失的会计处理进行说明。

企业处置固定资产和无形资产时，应做的账务处理已在前面有关营业外收入中进行了说明，只是在最后结转清理损益时与营业外收入不同。若实际收到的金额小于固定资产账面净值和支付的相关费用，则借记"营业外支出"账户，贷记"固定资产清理"账户。

企业的资产因自然灾害等客观因素造成毁损时，按毁损资产的账面价值，借记"待处理财产损溢"账户，贷记"原材料"、"库存商品"等账户（涉及增值税的，还应进行相应处理）。在按管理权限报经批准后处理时，按残料价值，借记“原材料”等账户，按可收回的保险赔偿或过失人赔偿，借记“其他应收款”账户。按毁损资产账面价值与处置残料、获得赔偿等收益之间的差额，借记“营业外支出”账户，同时结清（贷记）“待处理财产损溢”账户。

例 7-26 东风公司的原材料仓库于 20×1 年 12 月 6 日发生火灾，该仓库内所有存货均被烧毁，经清查确定被毁原材料的账面价值 250 000 元（未计提存货跌价准备），除了应由保险公司赔偿 100 000 元外，其余经公司董事会批准作为非常损失处理。按税法规定购入原材料时的增值税进项税额已不能抵扣，应予转出，适用税率 17%。东风公司应编制的会计分录如下：

（1）清查确定原材料毁损价值时：

借：待处理财产损溢——待处理流动资产损溢　　　　292 500
　　贷：原材料　　　　　　　　　　　　　　　　　　　250 000
　　　　应交税费——应交增值税（进项税额转出）　　　42 500

原来的增值税进项税额为 250 000×17%＝42 500（元）

（2）经批准对原材料毁损进行处理时：

借：其他应收款——某保险公司　　　　　　　　　100 000
　　营业外支出——非常损失　　　　　　　　　　192 500
　　贷：待处理财产损溢——待处理流动资产损溢　　292 500

原材料毁损造成的净损失：292 500－100 000＝192 500（元）。

四、所得税费用

根据前述的利润计算公式可知，所得税费用是利润总额和净利润之间的一个扣减项，利润总额是扣除所得税费用前的利润，也可简称“税前利润”；净利润是扣除所得税费用后的利润，也可称之为“税后利润”。

（一）所得税费用的确认与计量

从会计上看，有关所得税的内容有两个方面：应交所得税和所得税费用。应交所得税是按税法规定计算企业应向税务部门交纳的税额，是负债，这已在本书第五章作过专门阐述；所得税费用则是会计上按权责发生制的要求确定的、当期应负担的费用。所得税费用与应交所得税额往往并不相等，这是由于税法与会计准则规范的目的不同，导致利润总额和应纳税所得额会存在差异。现行企业会计准则对于差异的确定与处理，是从资产负债表出发，通过比较资产负债表上列示的资产、负债按照会计准则规定确定的账面价值与按照税法规定确定的计税基础，确定两者之间的差异（即暂时性差异），并在此基础上确定每一会计期间利润表中的所得税费用。

1. 计税基础

计税基础是确定暂时性差异，进而是确定各期所得税费用的关键。计税基础是为了确定税法上的未来各个期间的税前扣除额。其中，资产计税基础是税前准予扣除额；负债计税基础是税前不能扣除金额。具体如下：

（1）资产的计税基础。是指某一项资产在未来期间计税时按照税法规定可以税前扣除的金额。资产在初始确认时，其取得成本就是计税基础，因为企业为取得资产支付的成本在未来期间都准予税前扣除;在资产持续持有的过程中,其计税基础是指资产的取得成本减去按照税法规定已经税前扣除的金额后的余额。比如固定资产在某一资产负债表日的计税基础是指其成本扣除按照税法规定已在以前期间税前扣除的累计折旧额后的金额,如果会计计算和税法规定的折旧额存在差异,就导致固定资产的账面价值与其计税基础之间产生差异,即为暂时性差异。

(2) 负债的计税基础是指负债的账面价值减去未来期间计算应纳税所得额时按照税法规定可予抵扣的金额。负债的计税基础就是将来支付时不能抵税的金额。在一般情况下,负债的确认与偿还对企业损益没有影响,不会影响其应纳税所得额,因此未来期间计算应纳税所得额时按照税法规定可予抵扣的金额为零,计税基础即为负债的账面价值,暂时性差异为零。但是,某些情况下,负债的确认可能会影响企业的损益,进而影响不同期间的应纳税所得额,形成其计税基础与账面价值之间的差额、产生暂时性差异。

2. 暂时性差异

暂时性差异是指资产、负债的账面价值与其计税基础不同产生的差额。

按照暂时性差异对未来期间应纳税所得额的影响,可分为两类:

(1) 可抵扣暂时性差异:资产的账面价值小于其计税基础(或者负债的账面价值大于其计税基础),差异产生当期,在符合条件时,应确认相关的递延所得税资产。这是由于资产的账面价值代表的是企业在持续持有及最终处置某项资产的一定期间内,该项资产能够为企业带来的未来经济利益,而其计税基础代表的是在这一期间内,就该项资产按照税法规定可以税前扣除的金额。所以,当一项资产的账面价值小于其计税基础时,就表明该项资产于未来期间产生的经济利益流入低于按照税法规定允许税前扣除的金额,产生可抵减未来期间应纳税所得额的因素,减少未来期间以应交所得税的方式流出企业的经济利益,应确认为资产。

(2) 应纳税暂时性差异:资产的账面价值大于其计税基础(或者负债的账面价值小于其计税基础),差异产生当期,应确认相关的递延所得税负债。因为一项资产的账面价值大于其计税基础的差额将会于未来期间产生应税金额,增加未来期间的应纳税所得额及应交所得税,对企业形成经济利益流出的义务,应确认为负债。

3. 所得税费用的计算

综上所述,某一期间的所得税费用应包括当期所得税和递延所得税两个部分,即:

$$所得税费用 = 当期所得税 + 递延所得税$$

1) 当期所得税

当期所得税,也就是当期应交所得税,是指按照税法规定计算确定的,企业当期应交纳的所得税金额。具体计算如下:

$$当期应交所得税 = 应纳税所得额 \times 适用所得税税率$$

式中的应纳税所得额可在会计利润的基础上调整得到:

应纳税所得额 ＝ 会计利润 ＋ 记入利润表但计税时不允许税前除的费用

　　　　　　　± 记入利润表的费用与税法准予税前抵扣的金额之间的差额

　　　　　　　± 记入利润表的收入与税法记入应纳税所得的收入之间的差额

　　　　　　　－ 税法规定不征税收入 ± 其他需要调整的因素

2）递延所得税

递延所得税是指当期递延所得税资产和递延所得税负债金额的综合,但不包括记入所有者权益的交易或事项对所得税的影响。

递延所得税资产 = 可抵扣暂时性差异 × 适用所得税税率

递延所得税负债 = 应纳税暂时性差异 × 适用所得税税率

递延所得税 =（递延所得税负债的期末余额 − 递延所得税负债的期初余额）

− （递延所得税资产的期末余额 − 递延所得税资产的期初余额）

例 7-27　F 公司 20×1 年度利润表中利润总额为 2 500 000 元,该公司适用的所得税税率为 25%。递延所得税资产及递延所得税负债不存在期初余额。公司于 20×1 年发生的有关交易和事项中,会计处理与税务处理存在差别的有:

（1）20×1 年 1 月开始计提折旧的一项固定资产,成本为 1 200 000 元,使用年限为 10 年,净残值为 0,会计处理按双倍余额递减法计提折旧,税收处理按直线法计提折旧。假定税法规定的使用年限及净残值与会计规定相同。

（2）期末持有的交易性金融资产成本为 600 000 元,公允价值为 1 100 000 元。税法规定,以公允价值计量的金融资产持有期间市价变动不计入应纳税所得额。

（3）违反环保规定应支付罚款 150 000 元,税法规定该项支出不能抵扣应纳税所得额。

（4）期末对成本为 900 000 元的存货计提了 70 000 元的存货跌价准备,税法规定该项损失不能抵扣应纳税所得额。

F 公司 20×1 年应确认的所得税费用计算如下:

（1）20×1 年度应交所得税

应纳税所得额 = 2 500 000 − 160 000 = 2 340 000（元）

上式中,需要在会计利润基础上进行调整的金额=（1 200 000×2/10−1 200 000×1/10）−（1 100 000−600 000）+150 000+70 000=−160 000（元）。

应交所得税 = 2 340 000 × 25% = 585 000（元）

（2）20×1 年度递延所得税

① 固定资产:

账面价值 = 1 200 000 − 1 200 000 × 2/10 = 960 000（元）

计税基础 = 1 200 000 − 1 200 000 × 1/10 = 1 080 000（元）

可抵扣暂时性差异 = 1 080 000 − 960 000 = 120 000（元）

② 交易性金融资产:

账面价值 = 1 100 000 元

计税基础 = 600 000 元

应纳税暂时性差异 = 1 100 000 − 600 000 = 500 000（元）

③ 其他应付款:

账面价值 = 150 000 元

计税基础 = 150 000 − 0 = 150 000（元）

暂时性差异 = 150 000 − 150 000 = 0（元）

④ 存货：

$$账面价值 = 900\,000 - 70\,000 = 830\,000(元)$$

$$计税基础 = 900\,000 - 0 = 900\,000(元)$$

$$可抵扣暂时性差异 = 900\,000 - 830\,000 = 70\,000(元)$$

因此，可以得出：

$$递延所得税资产 = (120\,000 + 70\,000) \times 25\% = 47\,500(元)$$

$$递延所得税负债 = 500\,000 \times 25\% = 125\,000(元)$$

$$递延所得税 = 125\,000 - 47\,500 = 77\,500(元)$$

（3）20×1年度所得税费用

根据上述计算的所得税递延项目，可以得出：

$$所得税费用 = 585\,000 + 77\,500 = 662\,500(元)。$$

（二）所得税费用的账务处理

综上所述，采用资产负债表债务法核算所得税的情况下，企业一般应于每一资产负债表日进行所得税的核算。前面提到的递延所得税资产和递延所得税负债都属于资产负债表项目，所得税费用是利润表项目。

通过上述计算程序最后确定所得税费用的金额后，再通过账务处理，得出利润表的所得税费用。企业应设置"所得税费用"账户核算应从当期利润总额中扣除的所得税费用，并可按"当期所得税费用"、"递延所得税费用"进行明细核算。在资产负债表日，企业按照税法规定计算确定的当期应交所得税额，借记"所得税费用——当期所得税费用"账户，贷记"应交税费——应交所得税"账户，并根据递延所得税资产的应有余额大于"递延所得税资产"账户余额的差额，借记"递延所得税资产"账户，贷记"所得税费用——递延所得税费用"、"其他综合收益"等账户。递延所得税资产的应有余额小于"递延所得税资产"账户余额的差额做相反的会计分录。对于递延所得税负债，应当比照递延所得税资产的处理，调整"所得税费用"、"递延所得税负债"账户以及其他有关账户。期末，"所得税费用"账户应与前述的损益类账户一样，将其余额转入"本年利润"账户，结转后"所得税费用"账户无余额。

例 7-28　承例7-27，经计算确定：F公司20×1年度应交所得税为585 000元，20×1年12月31日的递延所得税77 500元（其中，递延所得税负债125 000元，递延所得税资产47 500元），利润表中20×1年度的所得税费用应为662 500元。F公司应编制的相关会计分录如下：

借：所得税费用　　　　　　　　　　　　662 500

　　递延所得税资产　　　　　　　　　　 47 500

　　贷：应交税费——应交所得税　　　　　　　　　585 000

　　　　递延所得税负债　　　　　　　　　　　　　125 000

第四节　小　　结

本章主要介绍收入、费用、利润这三个会计要素，具体包括这三个会计要素的定义、确认和计量原则以及具体的会计处理。

收入是企业在日常活动中形成的,是营业收入;收入是有关经济利益的总流入,而不是净额。一项日常活动引起的经济利益流入,将其确认为收入就必须符合收入的定义和收入的三个确认条件,而该项收入应以多少金额计入哪一期,还应遵循权责发生制及其实现原则。收入按照企业从事日常活动的性质不同可分为销售商品收入、提供劳务收入、让渡资产使用权收入等;收入按照日常活动在企业的重要程度可分为主营业务收入与其他业务收入。对于销售商品收入、提供劳务收入、让渡资产使用权收入的具体会计处理,企业会计准则都分别作了规定,为此本章也分别进行了介绍和讲解。

费用是企业在日常活动中为取得收入而发生的耗费,收入与费用存在因果关系,正所谓"有所得,就会有所失"。费用、支出、成本是相互联系又有明确区别的概念,应很好地把握。同样地,一项日常活动引起的经济利益流出,将其确认为费用也必须符合费用的定义和费用的三个确认条件,而该项费用应以多少金额计入哪一期,还应遵循权责发生制及其配比原则、划分收益性支出和资本性支出原则。费用按照其功能可分为营业成本、管理费用、销售费用和财务费用等,这既是日常会计核算的分类,也是利润表中的项目;费用还可以按照其性质分类或者按照其与收入的配比关系分类。本章也讲解了企业会计准则对于各类费用的确认和计量的要求和具体会计处理。

利润是指企业在一定会计期间的经营成果。我国采取多步利润法计算企业的利润,具体就是:营业利润是营业收入扣除费用和资产减值损失,再加上公允价值变动收益和投资收益后得到的利润;利润总额是营业利润加上营业外收入,减去营业外支出后所得的金额;净利润是利润总额扣除所得税费用后的净额;综合收益包括两项内容,一项是净利润,另一项是其他综合收益扣除所得税影响后的净额。除了收入和费用之外,对于构成利润的其他各项目的确认和计量,本章也根据现行企业会计准则的要求进行了介绍和说明。

思 考 题

1. 商品销售收入的确认条件是如何体现实现原则的?

2. 哪些费用属于期间费用? 它们与收入进行配比时与营业成本、营业税金有什么不同?

3. 资产减值损失和公允价值变动收益分别是在什么情况下产生的?

4. 营业外收入和营业外支出的性质是什么?

5. 如何理解会计上支出、成本与费用的概念与相互关系?

6. 企业的净利润是如何确定的? 综合收益包括哪些内容?

练 习 题

习 题 一

练习目的:掌握通常情况下商品销售收入的会计处理。

一、资料

四明公司为增值税的一般纳税人,于 20×1 年 12 月 2 日根据销售合同将 A 商品销售给甲公司 4 500 件、乙公司 6 000 件,A 商品的每件售价为 200 元,单位成本为 150 元,当日甲公司和乙公司都收到 A 商品并进行了验收;四明公司于 12 月 3 日向乙公司销售 D 材料 200 件,每件成本 80 元、售价 90 元,当日乙公司收到 D 材料并进行了验收。A 商品和 D 材料的增值税率均为 17%。甲公司分别于 12 月 2 日、12 月 5 日用银行存款各支付了一半的所欠款项。

二、要求

根据上述经济业务,编制四明公司的有关会计分录。

习 题 二

练习目的:掌握劳务收入的会计处理。

一、资料

胜林公司是一家软件开发企业,于 20×1 年 9 月 30 日与丙公司签订合同,为丙公司开发一套信息系统,合同约定工期为 6 个月,总收入 630 000 元,胜林公司于 9 月 30 日预收开发费 250 000 元。至 20×1 年 12 月 31 日,胜林公司已经发生成本 150 000 元,预计还将发生开发成本 220 000 元,同日经专业人士测量该软件完工进度为 40%。胜林公司于 20×2 年 3 月 25 日完成了信息系统的开发与测试并移交丙公司,胜林公司至完工时又发生成本 240 000 元。丙公司尚未支付余款。假设胜林公司的开发成本均为开发人员薪酬,公司按季编制财务报表,不考虑其他税费。

二、要求

(1) 分别计算胜林公司 20×1 年和 20×2 年应确认的劳务收入和劳务成本。

(2) 根据上述资料和要求(1)的计算编制胜林公司的有关会计分录。

习 题 三

练习目的:掌握托收承付、预收货款和代销等方式下的商品销售收入的会计处理。

一、资料

四明公司为增值税一般纳税人,各种商品的增值税率均为 17%。20×1 年 12 月发生以下经济业务:

(1) 12 月 1 日,与贸和公司签订代销合同,委托其销售 C 商品 8 000 件,合同约定贸和公司应按每件 70 元的价格对外销售,四明公司按每件 1 元向贸和公司支付手续费。商品于同日发出,商品单位成本 50 元。

(2) 12 月 4 日,按合同规定向甲公司发出 A 商品 5 000 件,每件售价为 200 元。并已将发票账单交付银行办理托收手续。四明公司判断甲公司能够按时付款。A 商品的单位成本为 150 元。

(3) 12 月 8 日,与丙公司签订 B 商品的销售合同,合同约定四明公司向丙公司销售 B

商品 700 件,每件售价 110 元。并预收了 60%的货款(包括增值税)。

(4) 12 月 14 日,甲公司收到四明公司于 12 月 4 日发出的 A 商品,验货后向银行承诺付款,四明公司已于同日收到受托银行的收款通知。

(5) 12 月 21 日,按合同约定向长期客户丁公司发出 A 商品 1 000 件,每件售价为 200 元。并已将发票账单交付银行办理完成托收手续。A 商品的单位成本为 150 元。但是由于最近丁公司的财务状况较差,四明公司尚不能确定该笔货款能否按时收到。

(6) 12 月 23 日,按 12 月 8 日与丙公司的销售合同,四明公司将 700 件 B 商品发给丙公司,B 商品的单位成本 90 元。同日丙公司支付了余款。

(7) 12 月 31 日,贸和公司将 12 月 1 日的代销商品中 5 000 件已出售,并向四明公司开出代销清单,四明公司向贸和公司开具相同金额的增值税专用发票,但尚未收到贸和公司的货款。

二、要求

根据上述资料,编制四明公司的相关会计分录。

习 题 四

练习目的:掌握分期收款销售业务的会计处理。

一、资料

茂发公司采用分期收款方式向 A 公司销售一套设备,共 5 台。合同约定的每台销售价格为 74 000 元,分 4 次于每年 12 月 31 日等额收取。每台设备的成本为 59 000 元。由于该设备的现销价格也是每台 74 000 元,因此该销售合同不带融资性质。茂发公司于20×1 年 1 月 1 日向茂发公司发出商品。假定茂发公司在合同约定的收款日期,才需要交纳相关的增值税。

二、要求

根据上述资料,编制茂发公司的相关会计分录。

习 题 五

练习目的:掌握销售退回和折让的会计处理。

一、资料

四明公司为增值税一般纳税人,其销售的商品增值税率均为 17%,假设在销售退回或折让时,相关的增值税允许扣减。公司于 20×1 年 12 月发生了如下的经济业务:

(1) 12 月 15 日,12 月 2 日向乙公司销售一批 A 商品 6 000 件,A 商品的每件售价为 200 元,单位成本为 150 元。乙公司尚未付款。现由于该批商品存在质量问题,乙公司将其中 2 000 件商品退回。

(2) 12 月 23 日,曾在 12 月 8 日按合同约定将每件售价为 110 元的 700 件 B 商品发给丙公司,并已预收了 60%的货款(包括增值税),B 商品的单位成本 90 元。假设今日丙公司在支付余款时,由于商品的质量问题,要求四明公司对于该批 700 件 B 商品在价格上给予 10%的折让,并得到了四明公司的同意。

（3）12月31日，12月1日委托贸和公司按每件70元的价格代销的8 000件C商品中，有1 000件发现有质量问题，贸和公司现退货。商品单位成本50元。

二、要求

根据上述资料，编制四明公司的相关会计分录。

习　题　六

练习目的：掌握企业赊销商品时对于现金折扣的会计处理。

一、资料

四明公司是增值税一般纳税人，公司于20×1年12月1日，向辛公司赊销一批C商品7 000件，每件售价70元，增值税率17%。C商品单位成本50元。按合同约定，现金折扣条件是：2/10、1/20、n/30。四明公司采用总价法确认现金折扣。

假设：

（1）辛公司于12月8日支付了全部货款。

（2）辛公司于12月8日支付了20%的款项，于12月19日支付了80%的款项。

（3）辛公司于12月25日支付了全部货款。

二、要求

根据上述资料，分别编制四明公司在三个不同假设情况下的相关会计分录。

习　题　七

练习目的：掌握对于企业发生的各项期间费用以及营业税金的会计处理。

一、资料

四明公司在20×1年12月发生的部分费用如下：

（1）12月1日，用银行存款支付广告费50 000元；

（2）12月3日，支付上月所欠的采购E原材料的应付账款140 400元，其中货款120 000元、增值税额20 400元，得到的现金折扣率为3%；

（3）12月31日，本月短借款的利息40 000元，利息将于下月支付；

（4）12月31日，计提固定资产折旧，其中行政楼办公设备折旧190 000元，销售网点设备折旧270 000元；

（5）12月31日，计算确定本月应付管理人员工资140 000元，销售网点人员工资219 000元；

（6）12月31日，本月应交增值税总额180 000元，应交城市维护建设12 600元，应交教育费附加5 400元，应交房产税60 000元，应交印花税1 000元。

二、要求

根据上述资料，编制四明公司的相关会计分录。

习　题　八

练习目的：掌握营业外收支的会计处理。

一、资料

四明公司为增值税一般纳税人,增值税的适用税率为17%。在20×1年12月发生了与营业外收支有关的经济业务如下:

(1) 12月6日,报废一台生产设备,该设备的原值为210 000元,已提折旧120 000元,已提固定资产减值准备43 000元。用银行存款支付清理费用7 000元,变卖设备残值收入3 000元。

(2) 12月12日,将每件售价为110元的2 000件商品B作为公益性捐赠交给相关的公益性机构,B商品的单位成本90元。按增值税法规定,公益性捐赠视同销售,假设捐赠额没有超过税法规定的限额。

(3) 12月20日,转让一项专利技术,转让价98 000元,该项专利原始成本120 000元,已计提摊销额36 000元,营业税率5%。

(4) 12月23日,因经营特定商品而获得一项政府给予的当期收益补助40 000元。

二、要求

根据上述资料,编制四明公司的相关会计分录。

习 题 九

练习目的:掌握所得税费用及其相关内容的会计处理。

一、资料

江源公司20×1年度利润表中利润总额为1 950 000元,该公司适用的所得税税率为25%。假设递延所得税资产及递延所得税负债均无期初余额。

公司于20×1年发生的有关交易和事项中,会计处理与税务处理的不同导致表7-1所示的结果。

表7-1 　　　　　　 **江源公司相关资产的账面价值与计税基础** 　　　　　　 单位:元

项　　目	会计账面价值	税法计税基础
固定资产	2 200 000	2 500 000
应收账款	150 000	180 000
交易性金融资产	300 000	200 000
合　　计	2 650 000	2 880 000

二、要求

(1) 根据上述资料,计算所得税费用、递延所得税资产或负债、应交所得税。

(2) 根据上述资料和要求(1)的计算,编制江源公司的相关会计分录。

习 题 十

练习目的:掌握各步利润的构成内容及其计算。

一、资料

(1) 明星公司20×1年损益类账户结账前的发生额见表7-2。

表 7-2　　　　　**明星公司 20×1 年损益类账户结账前发生额**　　　　　单位：元

账 户 名 称	借方发生额	贷方发生额
主营业务收入	200 000	6 200 000
其他业务收入		300 000
主营业务成本	4 774 000	154 000
其他业务成本	210 000	
营业税金及附加	24 990	
销售费用	315 000	
管理费用	157 500	
财务费用	50 000	
资产减值损失	80 000	
公允价值变动损益	92 000	120 000
投资收益		300 000
营业外收入		56 000
营业外支出	70 000	
所得税费用	290 000	

二、要求

请计算明星公司 20×1 年构成其利润的下列各项金额：

(1) 营业收入；

(2) 营业成本；

(3) 营业利润；

(4) 利润总额；

(5) 净利润。

案例分析题

一、资料

我国证监会(全称"中国证券监督管理委员会")每年都会对于上市公司年度报告中执行会计准则的情况提出报告。证监会认为，收入是财务报表中最重要的指标，收入确认也是最复杂的会计处理问题之一。但是，部分上市公司还存在类似业务收入确认标准不一致、收入确认方法不恰当等问题。

证监会多次指出房地产行业的上市公司对商品房销售收入确认时点不一致，具体表现为：

(1) 有些上市公司以办理完成交房手续作为风险与报酬的转移时点；

(2) 有些上市公司以工程完工验收、收到房款或取得收款权利作为收入确认时点；

(3) 还有些上市公司未明确披露风险与报酬的转移时点。

从房地产行业上市公司财务报告中，我们发现确实存在证监会所提到的这些现象。下面是三家上市公司在各自的财务报告中说明的房地产销售收入确认时点：

(1) 万科：房地产销售在房产完工并验收合格，达到了销售合同约定的交付条件，取得了买方按销售合同约定交付房产的付款证明时(通常收到销售合同首期款及已确认余下房款的付款安排)确认销售收入的实现。

(2) 保利地产：房地产销售在房产完工并验收合格，签订了销售合同，取得了买方付款证明并交付使用时确认销售收入的实现。买方接到书面交房通知，无正当理由拒绝接收的，于书面交房通知确定的交付使用时限结束后即确认收入的实现。

(3) 浙江广厦：房地产销售在开发产品已经完工并验收合格，签订了销售合同并履行了合同规定的义务，同时满足开发产品所有权上的主要风险和报酬转移给买方，公司不再保留通常与所有权相联系的继续管理权和对已售出的开发产品实施有效控制，收入的金额能够可靠地计量，相关的经济利益很可能流入，相关的已发生或将发生的成本能够可靠地计量时，确认销售收入的实现。

二、要求

(1) 请问这三家公司的房地产销售收入确认时点属于证监会提到的哪种情况？

(2) 按照会计准则规定的商品销售收入确认条件，你认为哪个时点或哪家公司的处理比较合理？

第八章

财务报表

学习目标

1. 了解和掌握财务报表的构成和列报的基本要求；
2. 理解和掌握资产负债表的性质、作用、格式及编制；
3. 理解和掌握利润表的性质、作用、格式及编制；
4. 理解和掌握现金流量表的性质、作用和结构内容及编制方法；
5. 理解和掌握所有者权益变动表的性质、作用及编制方法；
6. 了解财务报表附注作用和披露内容。

第一节 财务报表概述

一、财务报表的性质和分类

财务报表是财务会计信息系统的最终产品，是提供财务信息的最主要的手段。它是企业以日常会计核算资料为主要依据编制的，是对企业财务状况、经营成果和现金流量的结构性表述。

编制财务报表是会计循环的最后环节。一个企业在生产经营中发生的经济业务首先是通过各种会计凭证来加以反映的，但这种反映往往是零星、孤立和分散的。因此，为连续、系统和分类地反映经济业务，就需要根据审核无误的会计凭证，将其反映的经济业务在各种账簿中进行连续、分类地记录。无疑，账簿所提供的会计信息要比会计凭证来得系统和集中，但由于它们分散在各种账簿中，因而仍然无法综合、概括地反映企业的财务状况、经营成果及财务状况变动情况，也不便于会计信息使用者的阅读和利用。因此，还必须通过编制财务报表这一专门方法，将分散在各种账簿中的会计信息并结合其他日常核算资料进行进一步的加工、整理、归类、综合，形成能全面和概括反映企业经济活动全貌的综合会计信息，以书面报告的形式提供给会计信息使用者，以满足他们进行各种经济决策的需要。

按照《企业会计准则第 30 号——财务报表列报》的规定，一套完整的财务报表至少应当包括资产负债表、利润表、现金流量表、所有者权益变动表以及附注。其中，资产负债表、利润表、现金流量表和所有者权益变动表属于基本财务报表，而附注则是对资产负债表、利润表、现金流量表和所有者权益变动表等报表中列示项目的文字描述或明细资料，以及对未能在这些报表中列示项目的说明等。

财务报表可以根据需要，按照不同的标准进行分类：

按照财务报表的编报时间不同，可以分为中期财务报表和年度财务报表。中期财务报表是指以短于一个完整的会计年度的报告期间为基础编制的财务报表，包括月报、季报和半年报。中期财务报表至少应当包括资产负债表、利润表、现金流量表和附注，其中，中期资产负债表、利润表和现金流量表应当是完整报表，其格式和内容应当与年度财务报表相一致。与年度财务报表相比，中期财务报表中的附注披露可适当简略。年度财务报表是指以一个完整的会计年度作为报告期间编制的财务报表。

中期报表和年度报表应于报告期终了时编制，并按规定的时间对外报送。

按照财务报表编报主体不同，可以分为个别财务报表和合并财务报表。个别财务报表是由企业在自身会计核算基础上对账簿记录进行加工而编制的财务报表，它主要用以反映企业自身的财务状况、经营成果和现金流量情况。合并财务报表是以母公司和子公司组成的企业集团为会计主体，根据母公司和所属子公司的财务报表，由母公司编制的综合反映企业集团财务状况、经营成果及现金流量情况的财务报表。

二、财务报表列报的基本要求

所谓财务报表的列报，是指交易或事项在财务报表中的列示和在附注中的披露。为了实现财务报表编制目的，保证会计信息质量，最大限度地满足信息使用者的信息需求，财务报表的列报必须遵循如下的基本要求：

（一）依据各项会计准则确认和计量的结果编制财务报表

企业应当以持续经营为基础，根据实际发生的交易和事项，按照《企业会计准则——基本准则》和其他各项会计准则的规定进行确认和计量，在此基础上编制财务报表。

企业不应以在附注中披露代替确认和计量，不恰当的确认和计量也不能通过充分披露相关会计政策而纠正。

如果按照各项会计准则规定披露的信息不足以让报表使用者了解特定交易或事项对企业财务状况和经营成果的影响时，企业还应当披露其他的必要信息。

（二）关于列报基础

企业应当以持续经营为基础编制财务报表，持续经营是会计的基本前提，也是会计确认、计量和报告的基础。

在编制财务报表的过程中，企业管理层应当对企业持续经营的能力进行全面评价。评价后对企业持续经营的能力产生严重怀疑的，应当在附注中披露导致对持续经营能力产生重大怀疑的重要的影响因素以及企业拟采取的改善措施。

企业管理层在对企业持续经营能力进行评估时，应当利用其所有可获得的信息，评估涵盖的期间应包括企业自资产负债表日起至少 12 个月，评估需要考虑的因素包括宏观政策风险、市场经营风险、企业目前或长期的盈利能力、偿债能力、财务弹性以及企业管理层改变经营政策的意向等。

企业如果有近期获利经营的历史且有财务资源支持，则通常表明以持续经营为基础编制财务报表是合理的。

企业如果存在下列情况之一的，则通常表明其处于非持续经营状态：

（1）企业已经在当前进行清算或停止营业；

（2）企业已经正式决定在下一个会计期间进行清算或停止营业；

（3）企业已经确定在当期或下一个会计期间没有其他可供选择的方案而将被迫进行清算或停止经营。

企业处于非持续经营状态时，应当采用清算价值等其他基础编制财务报表，例如破产企业的资产采用可变现净值计量，负债按照其预计的结算金额计量等，在非持续经营情况下，企业应在附注中声明其财务报表未以持续经营为基础列报这一事实，并披露未以持续经营为基础的原因及所采用的财务报表的编制基础。

（三）关于编制基础

除现金流量表按照收付实现制编制外，企业应当按照权责发生制编制其他财务报表。在采用权责发生制会计的情况下，当项目符合基本准则中财务报表要素的定义和确认标准时，企业就应当确认相应的资产、负债、所有者权益、收入和费用，并在财务报表中加以反映。

（四）关于列报的一致性

可比性是会计信息质量要求之一，其目的是使同一企业不同期间的财务报表具有可比性，有助于报表使用者进行分析和比较并作出有效决策。为此，财务报表项目的列报应当在各个会计期间保持一致，不得随意变更。这一要求不仅仅针对财务报表中的项目名称，也针对财务报表项目的分类及项目排列顺序等方面。

但下列情况下，企业可以变更财务报表项目的列报：

（1）会计准则要求改变财务报表项目的列报。

（2）企业经营业务的性质发生重大变化或对企业经营影响较大的交易或事项发生后，变更财务报表项目的列报能够提供更可靠、更相关的会计信息。

（五）关于重要性和项目列报

重要性，是指在合理预期下，若财务报表某项目的省略或错报会影响使用者据此作出经济决策的，则该项目具有重要性。重要性是判断项目在财务报表中是单独列报还是汇总列报的重要标准，总的原则是，如果某项目单个看不具有重要性，则可将其与其他项目汇总列报；如具有重要性，则应当单独列报。具体而言：

（1）对于性质或功能不同的项目，应当在财务报表中单独列报，但不具有重要性的项目可以汇总列报。如存货和固定资产在性质和功能上都存在本质差别，故两者必须在资产负债表上单独列报。

（2）性质或功能类似的项目，其所属类别具有重要性的，应当按其类别在财务报表中单独列报。如原材料、低值易耗品等项目在性质上类似，因此可以汇总列报，在资产负债表上以"存货"类别单独列报。

（3）某些项目的重要性程度不足以在资产负债表、利润表、现金流量表或所有者权益变动表中单独列示，但对附注却具有重要性，则应当在附注中单独披露。

企业在进行重要性判断时，应当根据企业所处环境，从项目的性质和金额大小两方面予以综合考虑：一方面，应当考虑该项目的性质是否属于企业日常活动、是否显著影响企业的财务状况、经营成果和现金流量等因素;另一方面,应当通过该项目金额占其直接相关项目总额(如资产总额、负债总额、所有者权益总额、营业收入总额、营业成本总额、净利润、综合收益总额等)的比重或所属报表单列项目金额的比重等方法来判断项目金额大小的重要性。

企业对于各个项目的重要性判断标准一经确定,不得随意变更。

(六)关于报表项目金额间的相互抵销

财务报表项目应当以总额列报,资产项目和负债项目的金额、收入项目和费用项目的金额、直接计入当期利润的利得项目和损失项目的金额不能相互抵销,即不得以净额列报。这是因为,通常情况下按总额列报项目所提供的信息更具有完整性,更有利于信息使用者对信息的理解。例如,企业欠客户的应付款不得与其他客户欠企业的应收款相互抵消,否则会掩盖交易的实质,减少了企业资产和负债的列示金额。但企业会计准则另有规定的除外。

需要注意的是,以下三种情况可以以净额列示,不属于抵销:

(1)一组类似交易形成的利得和损失以净额列示的,不属于抵销。例如,汇兑损益应当以净额列报。但如果相关的利得和损失具有重要性的,则应当单独列报。

(2)资产或负债项目按扣除备抵项目后的净额列示,不属于抵消。例如,资产计提的减值准备,资产项目应当按扣除减值准备后的净额列示。因为按净额列示才能客观反映价值已经发生减损的资产的真实价值。

(2)非日常活动产生的利得和损失,以同一交易形成的收入扣减相关费用后的净额列示更能反映交易的实质,不属于抵销。例如非流动资产处置形成的利得或损失,应按处置收入扣除该资产的账面金额和相关销售费用后的净额列报。

(七)关于比较信息的列报

企业在列报当期财务报表时,至少应当提供所有列报项目上一可比会计期间的比较数据,以及与理解当期财务报表相关的说明,但其他会计准则另有规定的除外。列报比较信息的这一要求适用于财务报表的所有组成部分,即既适用于资产负债表、利润表、现金流量表和所有者权益变动表,也适用于附注。

通过比较数据的提供,有助于报表使用者分析和判断企业财务状况、经营成果及财务状况发展变化的趋势。

在财务报表项目的列报确需发生变更的情况下,企业应当对上期比较数据按照当期的列报要求进行调整,并在附注中披露调整的原因和性质,以及调整的各项目金额。但是,在某些情况下,对上期比较数据进行调整是不切实可行的,例如,企业在以前期间可能没有按照可以进行重新分类的方式收集数据,并且重新生成这些信息是不切实可行的,则企业应当在附注中披露不能调整的原因。

所谓不切实可行,是指企业在作出所有合理努力后仍然无法采用某项会计准则规定。

(八)关于报表表首的列报

财务报表一般分为表首、正表两部分,其中,在表首部分企业应当概括地说明下列基本信息:(1)编报企业的名称;(2)资产负债表日或财务报表涵盖的会计期间;(3)人民币金额单位；(4)财务报表是合并财务报表的,应当予以标明。

(九) 关于报告期间

企业至少应当按年编制财务报表。年度财务报表涵盖的期间短于一年的,如企业在年度中间设立的等,应当披露年度财务报表的实际涵盖期间,以及短于一年的原因以及由此引起的财务报表项目与比较数据不具有可比性的这一事实。

第二节 资产负债表

一、资产负债表的性质及作用

资产负债表是企业对外提供的主要财务报表之一,用来反映企业在某一特定日期的财务状况。它是根据资产、负债和所有者权益之间的相互关系,即"资产＝负债＋所有者权益"的恒等关系,按照一定的分类标准和一定的次序,把企业特定日期的资产、负债、所有者权益三项会计要素所属项目予以适当排列,并对日常会计工作中形成的会计数据进行加工、整理后编制而成的。

作为企业财务报表体系中主要报表之一,资产负债表的重要作用主要体现在以下几个方面:

(1) 有助于了解企业所掌握的经济资源及其分布情况;

(2) 有助于分析和评价企业的短期偿债能力;

(3) 有助于分析和评价企业的长期偿债能力和资本结构;

(4) 有助于分析和评价企业的财务弹性;

(5) 通过前后各期资产负债表的比较,有助于分析和预测企业财务状况变化的趋势。

二、资产负债表项目的分类和列报

为了便于信息使用者更好地理解和使用财务信息,有必要对资产负债表所反映的资产、负债、所有者权益项目按照一定的标准作适当分类。而如何进行这种分类,则主要取决于该表的编报目的和会计信息的特征。

按流动性对资产负债表项目进行分类是目前世界上绝大多数国家采用的分类方法,也是国际会计准则理事会所推崇的分类方法。

(一) 资产项目的分类及列报

按我国财务报表列报准则规定,资产应当按照流动资产和非流动资产两大类别在资产负债表中列示,在流动资产和非流动资产类别下进一步按性质分项列示。流动资产类别中至少应当单独列示反映下列信息的项目:货币资金、以公允价值计量且其变动计入当期损益的金融资产、应收款项、预付款项和存货等。而非流动资产类别下至少应当单独列示反映下列信息的项目:可供出售金融资产、持有至到期投资、长期股权投资、投资性房地产、固定资产、生物资产、无形资产和递延所得税资产等。

资产项目在资产负债表中按流动性程度由强至弱顺序排列,流动性强的流动资产项目排列在前,流动性弱的非流动资产项目排列在后。

（二）负债项目的分类及列报

按我国财务报表列报准则规定，负债应按照流动负债和非流动负债两大类别列示在资产负债表中，在流动负债和非流动负债类别下进一步按性质分项列示。流动负债类别下至少应当单独列示反映下列信息的项目：短期借款、应付款项、预收款项、应交税费、应付职工薪酬等。而非流动负债类别下至少应当单独列示反映下列信息的项目：长期借款、应付债券、长期应付款、预计负债和递延所得税负债等。

负债项目在资产负债表中按偿还期限由短至长顺序排列，偿还期限短的流动负债项目排列在前，偿还期限长的非流动负债项目排列在后。

（三）所有者权益项目分类及列报

所有者权益项目在资产负债表中通常排列在负债项目之后，体现了所有者权益为剩余权益的性质。按财务报表列报准则规定，资产负债表中的所有者权益类至少应当单独列示反映下列信息的项目：实收资本（或股本）、资本公积、盈余公积和未分配利润等。

所有者权益项目在资产负债表上是按构成项目稳定性程度递减的顺序排列的，稳定性程度最高的实收资本排列在前，然后再依次列示资本公积、盈余公积和未分配利润项目。

三、资产负债表的格式

资产负债表表内各项目在表中不同的排列结构，就形成了各种各样的资产负债表格式。但无论采用何种格式，资产负债表表首上均要标明编报企业的名称、报表名称、编制日期和计量单位。

前已述及，资产负债表各项目一般是按流动性分类，在此分类基础上，根据各项目不同的排列方式，资产负债表的格式可分为账户式、报告式两种。

（一）账户式资产负债表

账户式资产负债表将报表分为左右两方，左方列示资产项目，右方列示负债和所有者权益项目，犹如 T 型账户的左右分列，左右两方合计数保持平衡。其简化格式见表 8-1。

表 8-1 　　　　　　　　　　**账户式资产负债表（简式）**

流动资产	×××	流动负债	×××
非流动资产	×××	非流动负债	×××
		所有者权益	×××
资产总额	×××	负债及所有者权益总额	×××

账户式资产负债表的优点是资产和权益之间的平衡关系一目了然，因此，世界各国普遍采用这种格式，我国的资产负债表也采用此格式。

（二）报告式资产负债表

报告式资产负债表是将资产、负债和所有者权益项目采用垂直分列的形式进行排列。一般是将资产项目列示在表的上部，负债和所有者权益项目依次列示在表的下部。

　　根据所依据的会计等式的不同,通常又有两种格式:一种是依据"资产=负债+所有者权益"等式,即上边的资产项目总额与垂直排列在下边的负债及所有者权益项目总额保持平衡,其简化格式,见表8-2;另一种是依据"资产-负债=所有者权益"等式,即上边的资产项目总额与负债项目总额之差,与垂直排列在下边的所有者权益项目总额保持平衡。其简化格式,见表8-3。

表 8-2　　　　　　　　　　　报告式资产负债表(简式)

流动资产	×　×　×
非流动资产	×　×　×
资产总额	×　×　×
流动负债	×　×　×
非流动负债	×　×　×
所有者权益	×　×　×
负债及所有者权益总额	×　×　×

表 8-3　　　　　　　　　　　报告式资产负债表(简式)

流动资产	×　×　×
非流动资产	×　×　×
资产总额	×　×　×
流动负债	×　×　×
非流动负债	×　×　×
负债总额	×　×　×
资产减负债	×　×　×
所有者权益	×　×　×
所有者权益总额	×　×　×

　　报告式资产负债表的优缺点正好与账户式资产负债表相反。其优点是便于编制比较资产负债表,即在一张报表中,除列示本期数字外,还可以增设几个栏目,分别列示过去一期或几期的财务状况。其缺点是资产与负债及所有者权益的平衡关系不如账户式资产负债表来得那么清晰。

　　我国资产负债表的具体格式分别依一般企业、商业银行、保险公司、证券公司等企业类型予以规定,企业应当根据其经营活动的性质,确定其适用的资产负债表格式。我国一般企业的资产负债表的具体格式,见表8-4。

表 8-4　　　　　　　　　　　资产负债表

编制单位:甲股份有限公司　　　　　　20×9 年 12 月 31 日　　　　　　　　　单位:元

资　　产	期末余额	年初余额	负债和所有者权益 (或股东权益)	期末余额	年初余额
流动资产:			流动负债:		
货币资金	3 444 000	1 635 000	短期借款	950 000	400 000

资　产	期末余额	年初余额	负债和所有者权益（或股东权益）	期末余额	年初余额
以公允价值计量且其变动计入当期损益的金融资产	280 000		以公允价值计量且其变动计入当期损益的金融负债		
应收票据			应付票据	585 000	
应收账款	465 000	179 000	应付账款	160 000	360 000
预付账款	12 000		预收账款		
应收利息			应付职工薪酬	1 017 000	12 000
应收股利	150 000		应交税费	229 500	56 000
其他应收款			应付利息		
存货	2 002 400	921 400	应付股利	80 000	
一年内到期的非流动资产			其他应付款	2 560	2 560
其他流动资产			一年内到期的非流动负债	50 000	
流动资产合计	6 353 400	2 735 400	其他流动负债		
非流动资产：			流动负债合计	3 074 060	830 560
可供出售金融资产			非流动负债：		
持有至到期投资			长期借款	1 000 000	50 000
长期应收款			应付债券		
长期股权投资	400 000	400 000	长期应付款		
投资性房地产			专项应付款		
固定资产	2 005 000	2 380 000	预计负债		
在建工程	1 200 000	1 200 000	递延所得税负债		
工程物资			其他非流动负债		
固定资产清理			非流动负债合计	1 000 000	50 000
生产性生物资产			负债合计	4 074 060	880 560
油气资产			所有者权益（或股东权益）：		
无形资产	308 000	140 000	实收资本（或股本）	5 200 000	5 200 000
开发支出			资本公积	148 840	148 840
商誉			减：库存股		
长期待摊费用			其他综合收益		

资　产	期末余额	年初余额	负债和所有者权益 (或股东权益)	期末余额	年初余额
递延所得税资产			盈余公积	534 750	505 000
其他非流动资产			未分配利润	308 750	121 000
非流动资产合计	3 913 000	4 120 000	所有者权益(或股东权益)合计	6 192 340	5 974 840
资产总计	10 266 400	6 855 400	负债和所有者权益(或股东权益)总计	10 266 400	6 855 400

四、资产负债表的编制

财务报表的编制主要依赖于企业审核无误的账簿记录,但是财务报表中的项目与账簿中的会计科目并非完全一致,账簿记录要转化为报表信息仍需进行一系列再加工处理工作,如分类、合并、汇总、计算等。

就资产负债表的编制而言,如前所述,资产负债表是反映企业报告期末财务状况情况的财务报表,是一张静态报表,在账簿体系中,静态信息表现为账户的期末余额。因此,资产、负债及所有者权益类账户的期末余额可以说是编制资产负债表的信息源。

资产负债表通常设立"年初余额"和"期末余额"两栏,通过前后两期数据的比较,报表使用者可以依据项目的动态变化,分析企业财务状况的变化趋势。

(一)"年初余额"栏的填列

资产负债表"年初余额"栏内各项数字,应根据上年末资产负债表"期末余额"栏内所列数字填列。如果上年度资产负债表规定的各个项目的名称和内容同本年度不相一致,应对上年年末资产负债表各项目的名称和数字按照本年度的规定进行调整,按调整后的数字填入表中"年初余额"栏内。

(二)"期末余额"栏各项目的内容和填列

资产负债表中"期末余额"栏内各项数字,总的来说应根据有关资产、负债和所有者权益账户的期末余额填列,其中有些项目可直接根据有关账户余额填列,而有些项目则需要经过分析或调整计算后填列,具体填列方法概括如下:

1. 根据某一总账账户余额直接填列

资产负债表中可直接根据某一总账账户余额填列的项目较多,除下述的其他几种填列方法所涉及的项目外,其余项目一般均应采用这种填列方法。

如"工程物资"、"固定资产清理"、"短期借款"、"应付票据"、"应付利息"、"应交税费"、"应付股利"、"其他应付款"、"实收资本"、"资本公积"、"盈余公积"等项目,应根据各相关总账账户余额直接填列。

2. 根据若干个总账账户余额分析计算填列

这种方法是将若干总账账户的余额加以分析归并后填列于某项目。

如"货币资金"项目需根据"库存现金"、"银行存款"、"其他货币资金"总账账户余额的合计数填列。

3. 根据有关明细账账户的余额分析计算填列

按照资产项目和负债项目的金额不能相互抵销的列报要求,企业发生的应收账款与预收账款、应付账款和预付账款,应根据其有关明细分类账户余额分析计算填列。

如"应收账款"项目,需要根据"应收账款"和"预收账款"两个总账所属的相关明细账户的期末借方余额合计数计算填列;"预收账款"项目,需要根据"预收账款"和"应收账款"两个总账所属的相关明细账户的期末贷方余额合计数计算填列;"应付账款"项目,需要根据"应付账款"和"预付账款"两个总账所属的相关明细账户的期末贷方余额合计数计算填列;"预付账款"项目,需要根据"预付账款"和"应付账款"两个总账所属相关明细账户的期末借方余额合计数计算填列。

4. 根据总账账户和明细账账户的余额分析计算填列

资产负债表中的某些非流动资产项目和非流动负债项目,需要根据有关总账账户和明细账户的余额分析计算后填列,以便反映企业资产和负债的流动性所发生的变化。

如"长期借款"项目,需根据"长期借款"总账账户余额扣除"长期借款"账户所属的明细账户中将在资产负债表日起一年内到期且企业不能自主地将清偿义务展期的长期借款后的金额计算填列。此外,资产负债表中"应付债券"、"长期应付款"这些非流动负债项目及"持有至到期投资"、"长期应收款"等非流动资产项目也采用这种方法填列。

5. 根据有关账户余额减去其备抵账户余额后的净额填列

对计提了减值准备及计提了折旧或计提了摊销的资产项目,均应根据相关资产账户的期末余额,减去各自相应的备抵账户的期末余额和累计折旧或累计摊销账户的期末余额后的净额填列。

如资产负债表中的"应收账款"项目应根据"应收账款"账户的期末余额减去"坏账准备"账户余额后的净额填列;"长期股权投资"项目,应根据"长期股权投资"账户的期末余额减去"长期股权投资减值准备"账户余额后的净额填列;"固定资产"项目,应根据"固定资产"账户的期末余额减去"累计折旧"、"固定资产减值准备"账户余额后的净额填列;"无形资产"项目,应根据"无形资产"账户的期末余额,减去"累计摊销"、"无形资产减值准备"账户余额后的净额填列。

6. 综合运用上述填列方法分析填列

如资产负债表中的"存货"项目,需根据"原材料"、"库存商品"、"生产成本"、"委托加工物资"、"周转材料"、"材料采购"、"在途物资"、"发出商品"、"材料成本差异"等总账账户期末余额的分析汇总数,再减去"存货跌价准备"账户余额后的金额填列。

五、资产负债表的编制举例

(一)资料

1. 甲股份有限公司为一般纳税企业,适用的增值税税率为17%,所得税税率为25%,20×9年流通在外股份为100万股,其20×9年1月1日有关科目的余额见表8-5。

表 8-5   **科目余额表**

20×9 年 1 月 1 日   单位：元

科 目 名 称	借方余额	科 目 名 称	贷方余额
库存现金	5 000	短期借款	400 000
银行存款	1 380 000	应付账款	360 000
其他货币资金	250 000	应付职工薪酬	12 000
应收账款	200 000	应交税费	56 000
原材料	70 000	其他应付款	2 560
库存商品	850 000	长期借款(2×10 年 5 月 1 日到期)	50 000
生产成本	1 400	股本	5 200 000
长期股权投资	400 000	资本公积	148 840
固定资产	3 000 000	盈余公积	505 000
在建工程	1 200 000	利润分配—未分配利润	121 000
无形资产	200 000	坏账准备	21 000
		累计折旧	500 000
		固定资产减值准备	120 000
		累计摊销	60 000
合　　计	7 556 400	合　　计	7 556 400

2. 该公司 20×9 年发生如下经济业务：

(1) 销售产品一批，价款 600 000 元，增值税款 102 000 元，价款及税款已收妥入账。

(2) 购入原材料一批，价款 500 000 元，增值税款 85 000 元，共计 585 000 元，款项用商业汇票结算，材料尚未运达。

(3) 上述购入原材料验收入库。

(4) 从银行借入长期借款 1 000 000 元，借款已存入银行。

(5) 购入不需安装的机器一台，价款 400 000 元，支付的增值税款为 68 000 元，支付包装费、运杂费计 5 000 元，以上款项均已以银行存款付讫，机器已交付使用。

(6) 以银行存款 200 000 购入专利权一项。

(7) 以银行存款归还短期借款本金共计 250 000 元。

(8) 被投资企业宣告分派现金股利 150 000 元，该股权投资采用成本法核算。

(9) 购入股票作为交易性金融资产管理，支付买价 200 000 元，交易费用 4 000 元。

(10) 销售产品一批，价款 800 000 元，增值税款为 136 000 元，款项尚未收到。

(11) 以银行存款预付下一年度报纸杂志订阅费 12 000 元。

(12) 以银行存款支付产品广告费 20 000 元。

(13) 收回应收账款 450 000 元，存入银行。

(14) 购入原材料一批，材料价款 200 000 元，增值税款 34 000 元，货款及税款均已用银行存款支付，材料尚未验收入库。

(15) 公司出售一台不需用设备，收到价款 500 000 元，该设备原始价值为 650 000 元，已提折旧 200 000 元，已提减值准备 50 000 元。

（16）借入短期借款 800 000 元，款项已存入银行。

（17）基本生产车间生产产品领用原材料 400 000 元。

（18）以银行存款支付罚款支出 30 000 元。

（19）摊销无形资产价值共计 32 000 元。

（20）以银行存款支付应由本年负担的计入当期损益的利息费用 20 000 元。

（21）计提固定资产折旧共计 280 000 元，其中车间使用固定资产计提 160 000 元，公司行政管理部门使用固定资产计提 120 000 元。

（22）分配应支付的职工工资 1 005 000 元，其中生产工人工资 720 000 元，车间管理人员工资 151 000 元，行政管理人员工资 134 000 元。

（23）年末交易性金融资产的公允价值为 280 000 元。

（24）计算并结转本期完工产品成本 1 400 000 元。

（25）计提固定资产减值准备 100 000 元。

（26）计提坏账准备 200 000 元。

（27）以银行存款偿还应付账款计 200 000 元。

（28）结转本期产品销售成本共计 650 000 元。

（29）将各损益类账户发生额结转至"本年利润"账户。

（30）记录并结转所得税费用 122 500 元。

（31）将净利润转入"利润分配"账户。

（32）按税后利润的 10% 提取法定盈余公积。

（33）向股东宣告分派现金股利 80 000 元。

（34）将利润分配各明细账户的余额转入"未分配利润"明细账户。

（二）根据上述资料编制会计分录并根据会计分录登记 T 型账户

1. 编制会计分录

（1）借：银行存款　　　　　　　　　　　　702 000

　　　　贷：主营业务收入　　　　　　　　　　　　600 000

　　　　　　应交税费——应交增值税（销项税额）　　102 000

（2）借：在途物资　　　　　　　　　　　　500 000

　　　　　应交税费——应交增值税（进项税额）　　85 000

　　　　贷：应付票据　　　　　　　　　　　　　　585 000

（3）借：原材料　　　　　　　　　　　　　500 000

　　　　贷：在途物资　　　　　　　　　　　　　　500 000

（4）借：银行存款　　　　　　　　　　　1 000 000

　　　　贷：长期借款　　　　　　　　　　　　　1 000 000

（5）借：固定资产　　　　　　　　　　　　405 000

　　　　　应交税费——应交增值税（进项税额）　　68 000

　　　　贷：银行存款　　　　　　　　　　　　　　473 000

（6）借：无形资产　　　　　　　　　　　　200 000

　　　　贷：银行存款　　　　　　　　　　　　　　200 000

（7）借：短期借款　　　　　　　　　　　　250 000
　　　　贷：银行存款　　　　　　　　　　　　　　250 000
（8）借：应收股利　　　　　　　　　　　　150 000
　　　　贷：投资收益　　　　　　　　　　　　　　150 000
（9）借：交易性金融资产　　　　　　　　　200 000
　　　　投资收益　　　　　　　　　　　　　　4 000
　　　　贷：其他货币资金　　　　　　　　　　　　204 000
（10）借：应收账款　　　　　　　　　　　　936 000
　　　　贷：主营业务收入　　　　　　　　　　　　800 000
　　　　　　应交税费——应交增值税（销项税额）　136 000
（11）借：预付账款　　　　　　　　　　　　12 000
　　　　贷：银行存款　　　　　　　　　　　　　　12 000
（12）借：销售费用　　　　　　　　　　　　20 000
　　　　贷：银行存款　　　　　　　　　　　　　　20 000
（13）借：银行存款　　　　　　　　　　　　450 000
　　　　贷：应收账款　　　　　　　　　　　　　　450 000
（14）借：在途物资　　　　　　　　　　　　200 000
　　　　　　应交税费——应交增值税（进项税额）　34 000
　　　　贷：银行存款　　　　　　　　　　　　　　234 000
（15）借：银行存款　　　　　　　　　　　　500 000
　　　　贷：固定资产清理　　　　　　　　　　　　500 000
　　　借：固定资产清理　　　　　　　　　　400 000
　　　　累计折旧　　　　　　　　　　　　　200 000
　　　　固定资产减值准备　　　　　　　　　50 000
　　　　贷：固定资产　　　　　　　　　　　　　　650 000
　　　借：固定资产清理　　　　　　　　　　100 000
　　　　贷：营业外收入——处置固定资产净收益　　100 000
（16）借：银行存款　　　　　　　　　　　　800 000
　　　　贷：短期借款　　　　　　　　　　　　　　800 000
（17）借：生产成本　　　　　　　　　　　　400 000
　　　　贷：原材料　　　　　　　　　　　　　　　400 000
（18）借：营业外支出　　　　　　　　　　　30 000
　　　　贷：银行存款　　　　　　　　　　　　　　30 000
（19）借：管理费用　　　　　　　　　　　　32 000
　　　　贷：累计摊销　　　　　　　　　　　　　　32 000
（20）借：财务费用　　　　　　　　　　　　20 000
　　　　贷：银行存款　　　　　　　　　　　　　　20 000

(21) 借：制造费用		160 000	
管理费用		120 000	
贷：累计折旧			280 000
(22) 借：生产成本		720 000	
制造费用		151 000	
管理费用		134 000	
贷：应付职工薪酬			1 005 000
(23) 借：交易性金融资产——公允价值变动		80 000	
贷：公允价值变动损益			80 000
(24) 借：生产成本		311 000	
贷：制造费用			311 000
借：库存商品		1 400 000	
贷：生产成本			1 400 000
(25) 借：资产减值损失		100 000	
贷：固定资产减值准备			100 000
(26) 借：资产减值损失		200 000	
贷：坏账准备			200 000
(27) 借：应付账款		200 000	
贷：银行存款			200 000
(28) 借：主营业务成本		650 000	
贷：库存商品			650 000
(29) 借：本年利润		1 306 000	
贷：主营业务成本			650 000
销售费用			20 000
管理费用			286 000
营业外支出			30 000
财务费用			20 000
资产减值损失			300 000
借：主营业务收入		1 400 000	
投资收益		146 000	
公允价值变动损益		80 000	
营业外收入		100 000	
贷：本年利润			1 726 000
(30) 借：所得税费用		122 500	
贷：应交税费——应交所得税			122 500
借：本年利润		122 500	
贷：所得税费用			122 500

（31）借：本年利润　　　　　　　　　　　297 500
　　　贷：利润分配——未分配利润　　　　　　297 500
（32）借：利润分配——提取盈余公积　　　29 750
　　　贷：盈余公积　　　　　　　　　　　　　29 750
（33）借：利润分配——应付股利　　　　　80 000
　　　贷：应付股利　　　　　　　　　　　　　80 000
（34）借：利润分配——未分配利润　　　　109 750
　　　贷：利润分配——提取盈余公积　　　　　29 750
　　　　　　　　——应付股利　　　　　　　　80 000

2. 根据期初余额和上述会计分录，登记 T 型账户并结出期末余额：

库存现金

期初余额	5 000		
期末余额	5 000		

银行存款

期初余额	1 380 000	(5)	473 000
(1)	702 000	(6)	200 000
(4)	1 000 000	(7)	250 000
(13)	450 000	(11)	12 000
(15)	500 000	(12)	20 000
(16)	800 000	(14)	234 000
		(18)	30 000
		(20)	20 000
		(27)	200 000
期末余额	3393 000		

交易性金融资产

(9)	200 000		
(23)	80 000		
期末余额	280 000		

在途物资

期初余额	0		
(2)	500 000	(3)	500 000
(14)	200 000		
期末余额	200 000		

原材料

期初余额	70 000	(17)	400 000
(3)	500 000		
期末余额	170 000		

其他货币资金

期初余额	250 000	(9)	204 000
期末余额	46 000		

库存商品

期初余额	850 000	(28)	650 000
(24)	1 400 00		
期末余额	1 600 000		

生产成本

期初余额	1 400	(24)	1 400 000
(17)	400 000		
(22)	720 000		
(24)	311 000		
期末余额	32 400		

坏账准备

		期初余额	21 000
		(26)	200 000
		期末余额	221 000

制造费用

借方		贷方	
(21)	160 000	(24)	311 000
(22)	151 000		

固定资产

借方		贷方	
期初余额	3 000 000	(15)	650 000
(5)	405 000		
期末余额	2 755 000		

应收账款

借方		贷方	
期初余额	200 000	(13)	450 000
(10)	936 000		
期末余额	686 000		

固定资产清理

借方		贷方	
(15)	400 000	(15)	500 000
(15)	100 000		

应收股利

借方		贷方	
(8)	150 000		
期末余额	150 000		

无形资产

借方		贷方	
期初余额	200 000		
(6)	200 000		
期末余额	400 000		

预付账款

借方		贷方	
(11)	12 000		
期末余额	12 000		

长期股权投资

借方		贷方	
期初余额	400 000		
期末余额	400 000		

累计折旧

借方		贷方	
(15)	200 000	期初余额	500 000
		(21)	280 000
		期末余额	580 000

固定资产减值准备

借方		贷方	
(15)	50 000	期初余额	120 000
		(25)	100 000
		期末余额	170 000

累计摊销

借方		贷方	
		期初余额	60 000
		(18)	32 000
		期末余额	92 000

长期借款

借方		贷方	
		期初余额	50 000
		(4)	1 000 000
		期末余额	1 050 000

短期借款

借方		贷方	
(7)	250 000	期初余额	400 000
		(16)	800 000
		期末余额	950 000

股本

借方		贷方	
		期初余额	5 200 000
		期末余额	5 200 000

应付账款			
(27)	200 000	期初余额	360 000
		期末余额	160 000

资本公积			
		期初余额	148 840
		期末余额	148 840

应付职工薪酬			
		期初余额	12 000
		(22)	1 005 000
		期末余额	1 017 000

主营业务收入			
(29)	1 400 000	(1)	600 000
		(10)	800 000

应付票据			
		(2)	585 000
		期末余额	585 000

管理费用			
(19)	32 000	(29)	286 000
(21)	120 000		
(22)	134 000		

应交税费			
(2)	85 000	期初余额	56 000
(5)	68 000	(1)	102 000
(14)	34 000	(10)	136 000
		(30)	122 500
		期末余额	229 500

财务费用			
(20)	20 000	(29)	20 000

应付股利			
		期初余额	0
		(33)	80 000
		期末余额	80 000

盈余公积			
		期初余额	505 000
		(32)	29 750
		期末余额	534 750

利润分配			
(32)	29 750	期初余额	121 000
(33)	80 000	(31)	297 500
(34)	109 750	(34)	29 750
		(34)	80 000
		期末余额	308 750

营业外支出			
(18)	30 000	(29)	30 000

主营业务成本			
(28)	650 000	(29)	650 000

营业外收入			
(29)	100 000	(15)	100 000

销售费用				本年利润			
(12)	20 000	(29)	20 000	(29)	1 306 000	(29)	1 726 000
				(30)	122 500		
				(31)	297 500		

投资收益				公允价值变动损益			
(9)	4 000	(8)	150 000	(29)	80 000	(23)	80 000
(29)	146 000						

资产减值损失				所得税费用			
(25)	100 000	(29)	300 000	(30)	122 500	(30)	122 500
(26)	200 000						

3. 编制资产负债表(见表 8-4)

资产负债表部分项目的金额计算如下:

(1) 货币资金项目＝库存现金＋银行存款＋其他货币资金

$$=5\,000+3\,393\,000+46\,000=3\,444\,000(元)$$

(2) 应收账款项目＝应收账款－坏账准备

$$=686\,000-221\,000=465\,000(元)$$

(3) 存货项目＝原材料＋在途物质＋库存商品＋生产成本

$$=170\,000+200\,000+1\,600\,000+32\,400=2\,002\,400(元)$$

(4) 固定资产项目＝固定资产－累计折旧－固定资产减值准备

$$=2\,755\,000-580\,000-170\,000=2\,005\,000(元)$$

(5) 无形资产项目＝无形资产－累计摊销

$$=400\,000-92\,000=308\,000(元)$$

(6) 长期借款项目＝长期借款－一年内到期的长期借款

$$=1\,050\,000-50\,000=1\,000\,000(元)$$

第三节　利　润　表

一、利润表的性质和作用

利润表是反映企业一定期间经营成果的财务报表。企业在一定期间的经营成果表现为企业在该期间所取得的利润(或亏损),它是企业经济效益的综合体现。利润表提供的信息对于信息使用者进行各种经济决策是至关重要的,利润表的作用主要体现在以下几个方面：

(1) 有助于分析、评价和预测企业的经营成果和获利能力。

(2) 是企业经营成果分配的重要依据。

(3) 是所有者评价企业管理绩效的主要依据。

(4) 有助于管理者作出合理的经营管理决策。

二、利润表的格式及编制

依照收入、费用等项目在利润表上列示方法的不同，利润表通常可分为单步式利润表和多步式利润表两种格式。

1. 单步式利润表

所谓单步式利润表，是指将所有的收入汇总相加，所有的费用也汇总相加，然后用收入合计数减去费用合计数，通过一个步骤计算出本期净利润的利润表格式。

单步式利润表的优点是表式直观、简单，易于理解，编制起来也比较方便。对所有的收入和费用项目均一视同仁，不分彼此先后，可避免使人误认为收入与费用的配比有先后顺序。所提供的信息如何剖析解释，可任报表使用者视其需要，灵活掌握。

单步式利润表的缺点是不能向报表使用者提供较有意义的一些中间性信息，如营业毛利、营业利润、利润总额等，不利于进行分析比较。

2. 多步式利润表

多步式利润表是指将净利润的计算分解为多个步骤，以产生一系列有关形成最终净利润的有意义的中间信息的利润表格式。对多步式利润表，应如何分步，各步骤的先后顺序如何，不同的国家规定并非完全相同。我国财务报表列报准则规定，企业应当采用多步式利润表，将不同性质的收入和费用类别进行对比，从而可以得出一些中间性的利润数据如营业利润、利润总额等，便于使用者理解企业经营成果的不同来源。

为了向信息使用者全面反映企业的财务业绩，在我国的利润表中除了揭示净利润的信息外，还需要列示企业在会计期间取得的其他综合收益的信息，以作为对净利润指标的扩展。所谓其他综合收益是指企业根据企业会计准则规定未在当期损益中确认的各项利得和损失。按照《财务报表列报》准则规定，企业应当以扣除相关所得税影响后的净额在利润表上单独列示各项其他综合收益项目。综合收益总额项目反映企业获得的净利润和其他综合收益扣除所得税影响后的净额相加后的合计金额。因此，综合收益实质上是企业在一定时期内除所有者投资和对所有者分配等与所有者之间的资本业务之外的交易和事项所形成的所有者权益的变化额。

股票公开上市的公司，还应当在利润表中列示普通股每股收益信息，并在附注中详细披露计算过程，以便报表使用者评价公司的获利能力，供其作为投资决策参考。

多步式利润表弥补了单步式利润表的不足，可提供比单步式利润表更为丰富的信息，而且编制多步式利润表所增加的信息成本也较小，因此，世界上许多国家大多采用多步式利润表的格式。

我国一般企业利润表的基本格式见表 8-6。

表 8-6 利润表

编制单位：甲股份有限公司   20×9 年年度   单位：元

项　　目	本期金额	上期金额
一、营业收入	1 400 000	
减：营业成本	650 000	
营业税金及附加	—	
销售费用	20 000	
管理费用	286 000	
财务费用	20 000	
资产减值损失	300 000	
加：公允价值变动收益（损失以"—"号填列）	80 000	
投资收益（损失以"—"号填列）	146 000	
其中：对联营企业和合营企业的投资收益	—	
二、营业利润（亏损以"—"号填列）	350 000	
加：营业外收入	100 000	
减：营业外支出	30 000	
其中：非流动资产处置损失		
三、利润总额（亏损总额以"—"号填列）	420 000	
减：所得税费用	122 500	
四、净利润（净亏损以"—"号填列）	297 500	
五、其他综合收益的税后净额	—	
六、综合收益总额	297 500	
七、每股收益		
（一）基本每股收益	0.297 5	
（二）稀释每股收益	0.297 5	

三、利润表的编制

利润表反映的是企业在某一期间的经营成果，是一张动态的财务报表。在账簿系统中，动态信息表现为账户的发生额，因此，利润表应根据反映本期收入、费用发生情况的损益类账户的发生额作为依据来编制的。

根据财务报表列报准则的规定，企业需要提供比较利润表，以使报表使用者通过比较不同期间利润的实现情况，判断企业经营成果的未来发展趋势。所以，利润表各项目分"本期金额"和"上期金额"两栏分别填列。

（一）"上期金额"栏填列

"上期金额"栏内各项数字，应根据上年该期利润表"本期金额"栏内所列数字填列。如果上年该期利润表规定的各个项目的名称和内容同本期不相一致，应对上年该期利润表各项目的名称和数字按本期的规定进行调整，填入利润表"上期金额"栏内。

（二）"本期金额"栏填列

利润表"本期金额"栏内各项数字一般应根据损益类科目的发生额分析填列，具体编制方法说明如下：

(1) "营业收入"项目，反映企业经营主要业务和其他业务所确认的收入总额。本项目根据"主营业务收入"和"其他业务收入"科目的发生额分析填列。

(2) "营业成本"项目，反映企业经营主要业务和其他业务所发生的成本总额。本项目应根据"主营业务成本"和"其他业务成本"科目的发生额分析填列。

(3) "营业税金及附加"项目，反映企业经营业务应负担的消费税、营业税、城市建设维护税、资源税、土地增值税和教育费附加等。本项目应根据"营业税金及附加"科目的发生额分析填列。

(4) "销售费用"项目，反映企业在销售商品过程中发生的包装费、广告费等费用和为销售本企业商品而专设的销售机构的职工薪酬、业务费等经营费用。本项目应根据"销售费用"科目的发生额分析填列。

(5) "管理费用"项目，反映企业为组织和管理生产经营发生的管理费用。本项目应根据"管理费用"的发生额分析填列。

(6) "财务费用"项目，反映企业筹集生产经营所需资金等而发生的筹资费用。本项目应根据"财务费用"科目的发生额分析填列。

(7) "资产减值损失"项目，反映企业各项资产发生的减值损失。本项目应根据"资产减值损失"科目的发生额分析填列。

(8) "公允价值变动收益"项目，反映企业应当计入当期损益的资产或负债公允价值变动收益。本项目应根据"公允价值变动损益"科目的发生额分析填列，如为净损失，本项目以"－"号填列。

(9) "投资收益"项目，反映企业以各种方式对外投资所取得的收益。本项目应根据"投资收益"科目的发生额分析填列。如为投资损失，本项目以"－"号填列。

(10) "营业利润"项目，反映企业实现的营业利润。如为亏损，本项目以"－"号填列。

(11) "营业外收入"项目，反映企业发生的与经营业务无直接关系的各项利得。本项目应根据"营业外收入"科目的发生额分析填列。

(12) "营业外支出"项目，反映企业发生的与经营业务无直接关系的各项损失。本项目应根据"营业外支出"科目的发生额分析填列。

(13) "利润总额"项目，反映企业实现的利润。如为亏损，本项目以"－"号填列。

(14) "所得税费用"项目，反映企业应从当期利润总额中扣除的所得税费用。本项目应根据"所得税费用"科目的发生额分析填列。

(15) "净利润"项目，反映企业实现的净利润。如为亏损，本项目以"－"号填列。

(16) "其他综合收益的税后净额"项目，应反映按会计准则规定未在当期损益中确认的各项利得和损失扣除所得税影响后的净额。应根据"其他综合收益"账户及其所属明细账的本期发生额分析填列。

(17) "综合收益总额"项目，应根据利润表中"净利润"项目和"其他综合收益的税后净额"项目的合计金额填列。

(18) "基本每股收益"项目，应当根据每股收益准则规定计算的金额填列。

(19) "稀释每股收益"项目，应当根据每股收益准则规定计算的金额填列。

四、利润表的编制举例

沿用本章第二节例 8-1 资料，会计分录的编制及账户登记均见本章第二节相关内容，最终编制完成的利润表见表 8-6。

第四节　现金流量表

一、现金流量表的性质和作用

现金流量表是反映企业在一定会计期间现金和现金等价物流入和流出情况的财务报表。它是从现金的流入和流出两个方面，依次揭示企业一定会计期间发生的经营活动、投资活动和筹资活动对企业现金的影响，说明企业现金的来源及去向的情况。

现金流转情况对一个企业的生存和发展有着至关重要的影响，如果企业现金短缺，流转不畅，轻则会影响企业正常经营活动的顺利开展，重则可能危及企业生存，使企业无法持续经营下去，因此现金流量表所提供的现金流量信息是企业管理当局、投资者和债权人等会计信息使用者非常关注的信息，是对前述资产负债表和利润表所提供信息的必要补充。如前所述，为了反映企业在某一时点的财务状况和企业在一定期间的经营成果，应分别编制资产负债表和利润表。但资产负债表只能反映企业在特定时点的财务状况，即便将前后两期的资产负债表进行对比，也仅能说明财务状况变动的结果，而无法说明变动的原因。利润表虽能反映企业在一定时期通过经营活动、投资活动和筹资活动对企业业绩的贡献，但不能说明经营活动、投资活动和筹资活动的开展为企业创造的现金流量和企业为此付出的现金流量，至于那些不涉及损益的理财业务，利润表则根本不予反映。因此，资产负债表及利润表提供的信息已无法很好地满足外部信息使用者的需要，为弥补资产负债表和利润表在提供信息上的不足，现金流量表便应运而生。报表使用者通过对现金流量表的阅读，可以：

（1）分析、评价和预测企业创造未来现金流量的能力。

（2）分析、评价和预测企业偿还债务、支付股利的能力。

（3）分析、评价和预测企业净收益与经营活动现金流量之间产生差异的原因，评价企业的利润质量。

二、现金流量表的编制基础

现金流量表是以现金为基础编制的。现金流量表所指的"现金"，不是通常意义上的现金，它是一个广义的概念，通常包括现金和现金等价物两个部分。

由于现金及其等价物的内涵直接影响现金流量表的构成内容及其性质，各国准则制定机构均对现金和现金等价物的概念作了相应的界定。

我国《企业会计准则第 31 号——现金流量表》中规定：现金是指企业的库存现金以及随时用于支付的存款。具体包括：

（1）库存现金。指企业存放在财会部门，可随时用于支付的现金，它与"库存现金"账户核算的内容相同。

(2) 银行存款。指企业存在银行或其他金融机构的随时可用于支付的存款。需要注意的是,银行存款中有些不能随时用于支付的存款,如不能随时支取的定期存款等,不应作为现金;提前通知金融企业便可支取的定期存款,则应包括在现金范围内。

(3) 其他货币资金。指企业存在银行具有特定用途的资金,包括外埠存款、银行汇票存款、银行本票存款、信用卡存款、信用证保证金存款和存出投资款等。

现金等价物是指企业持有的期限短、流动性强、易于转换为已知金额现金、价值变动风险很小的投资。这里所说的期限较短,一般是指从购买日起,三个月内到期。现金等价物虽然不是现金,但其支付能力与现金差别不大,因此可视为现金。

具体到一个企业来说,哪些投资可以确认为现金等价物,需要根据具体情形加以判断。典型的现金等价物是自购买之日 3 个月内到期的短期债券投资。企业作为短期投资而购买的、市场上可以流通的股票,虽然期限短,变现能力强,但是其变现的金额并不确定,变现价值并不稳定,所以不属于现金等价物。

企业应当就现金等价物的确认,作出明确规定,并加以披露。现金等价物的范围一经确定,不得随意变更,如果发生变更,应当按照会计政策变更处理。

三、现金流量及其分类

现金流量是指一定时期内企业现金流入和流出的数量。企业发生的经济活动按照性质不同可分为经营活动、投资活动和筹资活动三大类,依据每一类经济活动对现金流量的影响,可将现金流量相应分为经营活动的现金流量、投资活动的现金流量和筹资活动的现金流量。

1. 经营活动的现金流量

经营活动是指企业投资活动和筹资活动以外的所有交易和事项。经营活动是企业最主要的业务活动,范围很广,就工商企业来说,经营活动主要包括:销售商品、提供劳务、购买商品、接受劳务、支付税费等。

经营活动所产生的现金流量是企业现金流量的主体,属于企业现金的内部来源,由此可据以判断企业在不动用外部筹得资金的情况下,通过其经营活动产生的现金流量是否足以偿还贷款、维持其生产经营能力、派发股利以及进行对外投资。将有关企业以往经营活动所形成的现金流量构成的资料与其他资料结合起来,有助于预测其未来经营活动形成的现金流量。

按照我国现金流量表准则规定,经营活动的现金流入项目主要包括:销售商品、提供劳务收到的现金;收到的税费返还;收到的其他与经营活动有关的现金。

经营活动的现金流出项目主要包括:购买商品、接受劳务支付的现金;支付给职工以及为职工支付的现金;支付的各项税费;支付的其他与经营活动有关的现金。

应当注意的是:各类企业由于行业特点不同,对经营活动认定会存在一定差异,在编制现金流量表时,应根据企业的实际情况,对现金流量进行合理的归类。

金融保险企业经营活动的性质和内容与工商企业存在着明显差异,导致其现金流量项目的归类也有其特殊性。例如,利息支出在工商企业应作为筹资活动,而在金融企业,利息支出是其经营活动的主要支出,应列入经营活动现金流量。再如,银行等金融企业吸收存款是其主要经营业务,应作为经营活动的现金流量反映。

2. 投资活动的现金流量

投资活动是指企业长期资产的购建和不包括在现金等价物范围内的投资及其处置活动。其中的长期资产是指固定资产、在建工程、无形资产、其他资产等持有期限在一年或一个营业周期以上的资产。由于已经将包括在现金等价物范围内的投资视同现金,所以将之排除在外。投资活动主要包括:取得和收回投资、购建和处置固定资产、无形资产和其他长期资产等等。

按规定,我国投资活动的现金流入项目主要包括:收回投资所收到的现金;取得投资收益所收到的现金;处置固定资产、无形资产和其他长期资产所收回的现金净额;收到的其他与投资活动有关的现金。

投资活动的现金流出项目主要包括:购建固定资产、无形资产和其他长期资产所支付的现金;投资所支付的现金;取得子公司及其他营业单位支付的现金净额;支付的其他与投资活动有关的现金。

3. 筹资活动产生的现金流量

筹资活动是指导致企业资本及债务规模和构成发生变化的活动。这里所说的资本,包括实收资本(股本)、资本溢价(股本溢价)。这里所说的债务是指企业对外举债,包括向银行借款、发行债券以及偿还债务等。应付账款、应付票据等商业应付款等属于经营活动,不属于筹资活动。

按规定,我国筹资活动的现金流入项目主要包括:吸收投资所收到的现金;取得借款所收到的现金;收到的其他的与筹资活动有关的现金。

筹资活动的现金流出项目主要包括:偿还债务所支付的现金;分配股利、利润或偿付利息所支付的现金;支付的其他与筹资活动有关的现金。

四、现金流量表的格式

现金流量的分类构成了现金流量表的基本框架。一般地,现金流量表的结构可分为三大部分:经营活动的现金流量、投资活动的现金流量和筹资活动的现金流量。

经营活动的现金流量是企业最重要的现金流量,它在本质上代表了企业自身产生现金的能力,故应列示在现金流量表的第一部分,这一部分现金流量有"直接法"和"间接法"两种列示方法。

现金流量表的第二部分列示来自投资活动的现金流量。这一部分的列示方法较为简单,它直接将每项投资活动的现金流入量和流出量分别列示,然后相抵后确定来自投资活动的现金流量净额。

现金流量表的第三部分则列示来自筹资活动的现金流量。该部分的列示方法与投资活动一致,即分别反映每项筹资活动的现金流入量和流出量,相抵后确定来自筹资活动的现金流量净额。

来自经营活动、投资活动和筹资活动的现金流量净额的代数和,为企业会计期内现金的净增加数或净减少数,这一增加或减少数,应与资产负债表上的现金及其等价物的期初数与期末数的差额相一致。

　　按照我国《企业会计准则第 31 号—现金流量表》规定，一般企业的现金流量表格式见表 8-7。

表 8-7　　　　　　　　　　　　　　现金流量表

编制单位：A 股份有限公司　　　　　　　20×9 年年度　　　　　　　　　　单位：元

项　　目	本期金额	上期金额
一、经营活动产生的现金流量：		
销售商品、提供劳务收到的现金		
收到的税费返还		
收到其他与经营活动有关的现金		
经营活动现金流入小计		
购买商品、接受劳务支付的现金		
支付给职工以及为职工支付的现金		
支付的各项税费		
支付其他与经营活动有关的现金		
经营活动现金流出小计		
经营活动产生的现金流量净额		
二、投资活动产生的现金流量：		
收回投资收到的现金		
取得投资收益收到的现金		
处置固定资产、无形资产和其他长期资产收回的现金净额		
处置子公司及其他营业单位收到的现金净额		
收到其他与投资活动有关的现金		
投资活动现金流入小计		
购建固定资产、无形资产和其他长期资产支付的现金		
投资支付的现金		
取得子公司及其他营业单位支付的现金净额		
支付其他与投资活动有关的现金		
投资活动现金流出小计		
投资活动产生的现金流量净额		
三、筹资活动产生的现金流量：		
吸收投资收到的现金		
取得借款收到的现金		
收到其他与筹资活动有关的现金		
筹资活动现金流入小计		
偿还债务支付的现金		
分配股利、利润或偿付利息支付的现金		
支付其他与筹资活动有关的现金		
筹资活动现金流出小计		

项　　目	本期金额	上期金额
筹资活动产生的现金流量净额		
四、汇率变动对现金及现金等价物的影响		
五、现金及现金等价物净增加额		
加：期初现金及现金等价物余额		
六、期末现金及现金等价物余额		

　　除了现金流量表反映的信息外,企业还应在附注中用表格形式披露将净利润调节为经营活动现金流量、不涉及现金收支的重大的投资和筹资活动、现金及现金等价物净变动情况等信息。具体格式见表 8-8。

表 8-8　　　　　　　　　　　　　　　现金流量表补充资料

补　充　资　料	本期金额	上期金额
1. 将净利润调节为经营活动现金流量:		
净利润		
加：资产减值准备		
固定资产折旧、油气资产折耗、生产性生物资产折旧		
无形资产摊销		
长期待摊费用摊销		
处置固定资产、无形资产和其他长期资产的损失(收益以"－"号填列)		
固定资产报废损失(收益以"－"号填列)		
公允价值变动损失(收益以"－"号填列)		
财务费用(收益以"－"号填列)		
投资损失(收益以"－"号填列)		
递延所得税资产减少(增加以"－"号填列)		
递延所得税负债增加(减少以"－"号填列)		
存货的减少(增加以"－"号填列)		
经营性应收项目的减少(增加以"－"号填列)		
经营性应付项目的增加(减少以"－"号填列)		
其他		
经营活动产生的现金流量净额		
2. 不涉及现金收支的重大投资和筹资活动:		
债务转为资本		
一年内到期的可转换公司债券		
融资租入固定资产		
3. 现金及现金等价物净变动情况:		
现金的期末余额		
减：现金的期初余额		
加：现金等价物的期末余额		
减：现金等价物的期初余额		
现金及现金等价物净增加额		

通过补充资料形式披露将净利润调节为经营活动现金流量的信息,有助于信息使用者从净利润和现金流量的伴随角度更全面地评价利润的质量。

不涉及现金收支的重大的投资和筹资活动的信息在现金流量表正表中无法揭示,但通过补充资料形式披露这部分信息还是很有必要的,这有助于信息使用者更好地预测企业未来现金流量。因为从现金流量角度看,这些不涉及现金收支的重大的投资和筹资活动虽然不影响企业当期的现金流入或流出,当会对企业未来期间的现金流量产生重大的影响。

五、现金流量表的编制方法

在编制现金流量表时,可以直接根据有关账户的记录或根据资产负债表、利润表并结合有关账户的记录等资料分析计算填列,通常将之称为分析填列法,也可采用其他技术手段如工作底稿法和 T 型账户法来编制。

(一) 经营活动产生的现金流量的列报方法

编制现金流量表时,经营活动现金流量的列报方法有两种,一是直接法,二是间接法。

1. 直接法

直接法是指按现金收入和现金支出的主要类别直接反映来自企业经营活动产生的现金流量的方法。

采用直接法报告企业经营活动产生的现金流量时,各个现金流入与流出项目的数据可以从会计记录中直接获取,也可以在利润表上营业收入、营业成本等数据的基础上,通过分析调整后获取。

1)"销售商品、提供劳务收到的现金"项目

本项目反映企业销售商品、提供劳务实际收到的现金,包括销售收入和应向购买者收取的增值税销项税额,具体包括:本期销售商品、提供劳务收到的现金,以及前期销售商品、提供劳务本期收到的现金和本期预收的款项,减去本期销售本期退回的商品和前期销售本期退回的商品支付的现金。企业销售材料和代购代销业务收到的现金,也在本项目反映。本项目可以根据"库存现金"、"银行存款"、"应收票据"、"应收账款"、"预收账款"、"主营业务收入"、"其他业务收入"科目的记录分析填列。

确定本项目的金额通常以利润表上的"营业收入"为起算点进行调整。利润表上列示的营业收入是按权责发生制确定的,其数额与营业收入收现数可能存在着较大的差异,这种差异主要来自销货所产生的应收账款、应收票据及预收账款增减变动的影响,因此,营业收入收现数应考虑上述因素后加以调整,调整公式为:

营业收入收现数 ＝营业收入净额＋(应收账款、应收票据期初数－应收账款、
应收票据期末数)＋(预收账款期末数－预收账款期初数)

需要注意的是:在具体运用此公式时还需考虑其他可能导致应收款项变动的因素,如本期注销的坏账损失、应收账款及应收票据的非现金收回等,这些均应减少营业收入收现数,此外,收回前期已注销的坏账损失应增加营业收入的收现数。

例 8-2　A 公司本期销售商品一批,开出的增值税专用发票上注明的销售价款为1 400 000 元,增值税销项税额为 238 000 元,以银行存款收讫。应收账款期初余额为

500 000 元,期末余额为 200 000 元。应收票据期初余额为 130 000 元,期末余额为 50 000 元。年度内核销的坏账损失为 30 000 元。

则该企业销售商品、提供劳务收到的现金 $= 1\,400\,000 + 238\,000 + (500\,000 - 200\,000$
$$- 300\,000) + (130\,000 - 50\,000)$$
$$= 1\,988\,000(元)$$

2)"收到的税费返还"项目

本项目反映企业收到返还的各种税费,如收到的增值税、营业税、所得税、消费税、关税和教育费附加返还款等。本项目可以根据"库存现金"、"银行存款"、"营业税金及附加"、"营业外收入"等科目的记录分析填列。

3)"收到的其他与经营活动有关的现金"项目

本项目反映企业除上述各项目外,收到的其他与经营活动有关的现金,如罚款收入、经营租赁固定资产收到的现金、流动资产损失中由个人赔偿的现金收入、除税费返还外的其他政府补助收入等。其他与经营活动有关的现金,如果价值较大的,应单列项目反映。本项目可以根据"库存现金"、"银行存款"、"管理费用"、"销售费用"等科目的记录分析填列。

4)"购买商品、接受劳务支付的现金"项目

本项目反映企业购买材料、商品、接受劳务实际支付的现金,包括支付的货款以及与货款一并支付的增值税进项税额,具体包括:本期购买商品、接受劳务支付的现金,以及本期支付前期购买商品、接受劳务的未付款项和本期预付款项,减去本期发生的购货退回收到的现金。为购置存货而发生的借款利息资本化部分,应在"分配股利、利润或偿付利息支付的现金"项目中反映。本项目可以根据"库存现金"、"银行存款"、"应付票据"、"应付账款"、"预付账款"、"主营业务成本"、"其他业务成本"等科目的记录分析填列。

确定本项目的金额通常以利润表上的"营业成本"为基础进行调整。利润表上列示的营业成本是按权责发生制确认的,与营业成本的付现数可能存在差异,这种差异主要来自由于购货引起的存货、应付账款、应付票据及预付账款的增减变动。因此,营业成本付现数应考虑上述因素后加以调整。调整公式为:

营业成本付现数 $=$ 营业成本 $+$(存货、预付账款期末数 $-$ 存货、预付账款期初数)
$$+(应付账款、应付票据期初数 - 应付账款、应付票据期末数)$$

同样,在运用此公式时,也还需考虑一些引起应付款项变动的其他因素如应付账款及应付票据的非现金偿还数及引起存货变动的其他因素如本期计入制造费用的折旧费、计入生产成本和制造费用的工资及职工福利费等,这些均应减少营业成本付现数。

例 8-3 A 公司本期购买原材料一批,收到增值税专用发票上注明的材料的价款为 200 000 元,增值税款为 34 000 元,款项已通过银行转账支付。应付账款账户期初余额 110 000 元,期末余额为 80 000 元。预付账款账户期初无余额,期末余额为 50 000 元。

则该公司购买商品、接受劳务支付的现金 $= 200\,000 + 34\,000 + (110\,000 - 80\,000) + 50\,000$
$$= 314\,000(元)$$

5) "支付给职工以及为职工支付的现金"项目

本项目反映企业实际支付给职工的现金以及为职工支付的现金,包括企业为获得职工提供的服务,本期实际给予各种形式的报酬以及其他相关支出,如支付给职工的工资、奖金、各种津贴和补贴等,以及为职工支付的其他费用,不包括支付给在建工程人员的工资。支付的在建工程人员的工资,在"购建固定资产、无形资产和其他长期资产所支付的现金"项目中反映。

企业为职工支付的医疗、养老、失业、工伤、生育等社会保险基金、补充养老保险、住房公积金,企业为职工交纳的商业保险金,因解除与职工劳动关系给予的补偿,现金结算的股份支付,以及企业支付给职工或为职工支付的其他福利费用等,应根据职工的工作性质和服务对象,分别在"购建固定资产、无形资产和其他长期资产所支付的现金"和"支付给职工以及为职工支付的现金"项目中反映。

本项目可以根据"库存现金"、"银行存款"、"应付职工薪酬"等科目的记录分析填列。

6) "支付的各项税费"项目

本项目反映企业按规定支付的各项税费,包括本期发生并支付的税费,以及本期支付以前各期发生的税费和预交的税金,如支付的教育费附加、印花税、房产税、土地增值税、车船使用税、营业税、增值税、所得税等。不包括本期退回的增值税、所得税。本期退回的增值税、所得税等,在"收到的税费返还"项目中反映。本项目可以根据"应交税费"、"库存现金"、"银行存款"等科目分析填列。

7) 支付的其他与经营活动有关的现金

本项目反映企业除上述各项目外,支付的其他与经营活动有关的现金,如罚款支出、支付的差旅费、业务招待费、保险费、经营租赁支付的现金等。其他与经营活动有关的现金,如果金额较大的,应单列项目反映。本项目可以根据有关科目的记录分析填列。

2. 间接法

间接法是指以净利润为起算点,调整不涉及现金的收入、费用、营业外收支等有关项目,剔除投资活动、筹资活动对现金流量的影响,据此计算出经营活动产生的现金流量。由于净利润是按照权责发生制原则确定的,且包括了与投资活动和筹资活动相关的收益和费用,将净利润调节为经营活动现金流量,实际上是将按权责发生制原则确定的净利润调整为现金净流入,并剔除投资活动和筹资活动对现金流量的影响。

间接法是以利润表上的净利润作为调整起点,调整得到经营活动产生的现金流量。需要调整的项目可分为以下三类:一是不涉及现金收付的收入、费用项目;二是不属于经营活动的损益项目;三是与经营活动有关的非现金流动资产和流动负债项目的增减变动。

具体来说,主要涉及的调整项目有:

1) "资产减值准备"项目

企业计提的各项资产减值准备,包括在利润表中,属于利润的扣减项目,但没有导致现金流出,所以应予以调整加回。本项目可根据"资产减值损失"科目的记录分析填列。

2) "固定资产折旧、油气资产折耗、生产性生物资产折旧"项目

企业计提固定资产折旧和油气资产折耗及计提生产性生物资产折旧会影响到企业的费用和成本增加,但不会导致现金流出,所以应予以调整加回。本项目可根据"累计折

旧"、"累计折耗"、"生产性生物资产折旧"科目的贷方发生额分析填列。

　　3)"无形资产摊销和长期待摊费用摊销"项目

　　企业计提无形资产摊销和摊销长期待摊费用会导致企业的费用和成本的增加,但不会导致现金流出,所以应予以调整加回。这个项目可根据"累计摊销"、"长期待摊费用"科目的贷方发生额分析填列。

　　4)"处置固定资产、无形资产和其他长期资产的损失(减:收益)"项目

　　企业处置固定资产、无形资产和其他长期资产发生的损益,属于投资活动产生的损益,所以若是处置损失应予以调整加回,若是处置收益应予调整减去。本项目可根据"营业外收入"、"营业外支出"等科目所属有关明细科目的记录分析填列;如为净收益,以"－"号填列。

　　5)"固定资产报废损失"项目

　　企业发生的固定资产报废损益,属于投资活动产生的损益,所以应予以调整加回。本项目可根据"营业外支出"等科目所属有关明细科目的记录分析填列。

　　6)"公允价值变动损失"项目

　　企业发生的公允价值变动损益,通常与企业的投资活动或筹资活动有关,而且并不影响企业当期的现金流量。所以应予以调整。本项目应根据"公允价值变动损益"科目的发生额分析填列。如为公允价值变动损失,在将净利润调节为经营活动现金流量时,应当加回;如为公允价值变动收益,在将净利润调节为经营活动现金流量时,应当减去。

　　7)"财务费用"项目

　　企业发生的财务费用中不属于经营活动的部分,应当予以调整加回,将其从净利润中予以剔除。本项目可根据"财务费用"科目的本期借方发生额分析填列。如为收益,则以"－"号填列。

　　8)"投资损失(减:收益)"项目

　　企业发生的投资损益,属于投资活动产生的损益,所以应予以调整。如为投资净损失,在将净利润调节为经营活动现金流量时,应当加回;如为投资净收益,在将净利润调节为经营活动现金流量时,应当减去。本项目可根据利润表中"投资收益"项目的数字填列;如为投资收益,则以"－"号填列。

　　9)"递延所得税资产减少(减:增加)"项目

　　递延所得税资产减少或增加使得计入损益的所得税费用大于或小于实际缴纳的所得税款,所以递延所得税资产减少应予以调整加回,递延所得税资产增加应予以调整减去。本项目可以根据资产负债表"递延所得税资产"项目期初、期末余额分析填列。

　　10)"递延所得税负债增加(减:减少)"项目

　　递延所得税负债增加或减少使得计入损益的所得税费用大于或小于实际缴纳的所得税款,所以递延所得税负债增加应予以调整加回,递延所得税负债减少应予以调整减去。本项目可以根据资产负债表"递延所得税负责"项目期初、期末余额分析填列。

　　11)"存货的减少(减:增加)"项目

　　该项目属于与经营活动有关的非现金流动资产项目的增减变动,所以应予以调整。本项目可根据资产负债表中"存货"项目的期初数、期末数之间的差额填列;期末数大于期

初数的差额,以"—"号填列。

12)"经营性应收项目的减少(减:增加)"项目

经营性应收项目包括应收票据、应收账款、预付账款、长期应收款和其他应收款中与经营活动有关的部分,以及应收的增值税销项税额等,该项目属于与经营活动有关的非现金流动资产项目的增减变动,所以应予以调整。本项目应当根据有关科目的期初、期末余额分析填列;如为增加,则以"—"号填列。

13)"经营性应付项目的增加(减:减少)"项目

经营性应付项目包括应付票据、应付账款、预收账款、应付职工薪酬、应交税费、应付利息、长期应付款、其他应付款中与经营活动有关的部分,以及应付的增值税进项税额等。该项目属于与经营活动有关的非现金流动负债项目的增减变动,所以应予以调整。本项目应当根据有关科目的期初、期末余额分析填列;如为减少,则以"—"号填列。

3. 直接法和间接法的比较

直接法较详细地列示了来自经营活动的各项现金流入和现金流出量,这将有助于便于分析企业经营活动产生的现金流量的来源和用途,预测企业现金流量的未来前景和正确评价企业的偿债能力和变现能力。因此,相对于间接法而言,直接法更能体现编制现金流量表的目的。

采用间接法编报现金流量表,则便于将净利润与经营活动产生的现金流量净额进行比较,了解净利润与经营活动产生的现金流量差异的原因,从现金流量的角度分析净利润的质量。不足是该法未能揭示出经营活动的现金流入和流出量,因而不利于预测企业未来的现金流量。

我国现金流量表准则规定企业应当采用直接法编报现金流量表,同时要求在附注中提供以净利润为基础调节到经营活动现金流量的信息。

(二) 投资活动产生的现金流量的编制方法

1. 投资活动产生的现金流入项目

1)"收回投资收到的现金"项目

本项目反映企业出售、转让或到期收回除现金等价物以外的交易性金融资产、持有至到期投资、可供出售金融资产、长期股权投资、投资性房地产而收到的现金。不包括债权性投资收回的利息、收回的非现金资产,以及处置子公司及其他营业单位收到的现金净额。债权性投资收回的本金,在本项目反映,债权性投资收回的利息,不在本项目中反映,而在"取得投资收益所收到的现金"项目中反映。处置子公司及其他营业单位收到的现金净额单设项目反映。本项目可以根据"交易性金融资产"、"持有至到期投资"、"可供出售金融资产"、"长期股权投资"、"投资性房地产"、"库存现金"、"银行存款"等科目的记录分析填列。

例 8-4　A公司出售某项长期股权投资,收回全部投资金额为 600 000 元,某项持有至到期投资到期,收回本金 400 000 元,利息 50 000 元,上述款项均已存入银行。

则该公司收回投资收到的现金 = 600 000 + 400 000 = 1 000 000(元)

2)"取得投资收益收到的现金"项目

本项目反映企业因股权性投资而分得的现金股利,从子公司、联营企业或合营企业分回利润而收到的现金,因债权性投资而取得的现金利息收入。股票股利不在本项目中反映;包括在现金等价物范围内的债权性投资,其利息收入在本项目中反映。本项目可以根据"应收股利"、"应收利息"、"投资收益"、"库存现金"、"银行存款"等科目的记录分析填列。

3)"处置固定资产、无形资产和其他长期资产收回的现金净额"项目

本项目反映企业出售固定资产、无形资产和其他长期资产所取得的现金,减去为处置这些资产而支付的有关费用后的净额。处置固定资产、无形资产和其他长期资产所收到的现金,与处置活动支付的现金,两者在时间上比较接近,以净额反映更能准确反映处置活动对现金流量的影响。由于自然灾害等原因所造成的固定资产等长期资产报废、毁损而收到的保险赔偿收入,在本项目中反映。如处置固定资产、无形资产和其他长期资产所收回的现金净额为负数,则应作为投资活动产生的现金流量,在"支付的其他与投资活动有关的现金"项目中反映。本项目可以根据"固定资产清理"、"现金"、"银行存款"等科目的记录分析填列。

4)"处置子公司及其他营业单位收到的现金净额"项目

本项目反映企业处置子公司及其他营业单位所取得的现金减去子公司或其他营业单位持有的现金和现金等价物以及相关处置费用后的净额。本项目可以根据有关科目的记录分析填列。

处置子公司及其他营业单位收到的现金净额如为负数,则将该金额填列至"支付其他与投资活动有关的现金"项目中。

5)"收到的其他与投资活动有关的现金"项目

本项目反映企业除上述各项目外,收到的其他与投资活动有关的现金。其他与投资活动有关的现金,如果价值较大的,应单列项目反映。本项目可以根据有关科目的记录分析填列。

2. 投资活动产生的现金流出项目

1)"购建固定资产、无形资产和其他长期资产支付的现金"项目

本项目反映企业购买、建造固定资产,取得无形资产和其他长期资产支付的现金,包括购买机器设备所支付的现金及增值税款、建造工程支付的现金、支付在建工程人员的工资等现金支出,不包括为购建固定资产、无形资产和其他长期资产而发生的借款利息资本化部分,以及融资租入固定资产所支付的租赁费。为购建固定资产、无形资产和其他长期资产而发生的借款利息资本化部分,在"分配股利、利润或偿付利息支付的现金"项目中反映;融资租入固定资产所支付的租赁费,在"支付的其他与筹资活动有关的现金"项目中反映,不在本项目中反映。本项目可以根据"固定资产"、"在建工程"、"工程物资"、"无形资产"、"库存现金"、"银行存款"等科目的记录分析填列。

2)"投资支付的现金"项目

本项目反映企业进行权益性投资和债权性投资所支付的现金,包括企业取得的除现金等价物以外的交易性金融资产、持有至到期投资、可供出售金融资产而支付的现金,以及支付的佣金、手续费等交易费用。企业购买债券的价款中含有债券利息的,以及溢价或折价购入的,均按实际支付的金额反映。

企业购买股票和债券时,实际支付的价款中包含的已宣告但尚未领取的现金股利或

已到付息期但尚未领取的债券利息,应在"支付的其他与投资活动有关的现金"项目中反映;收回购买股票和债券时支付的已宣告但尚未领取的现金股利或已到付息期但尚未领取的债券利息,应在"收到的其他与投资活动有关的现金"项目中反映。

本项目可以根据"交易性金融资产"、"持有至到期投资"、"可供出售金融资产"、"投资性房地产"、"长期股权投资"、"库存现金"、"银行存款"等科目的记录分析填列。

3)"取得子公司及其他营业单位支付的现金净额"项目

本项目反映企业取得子公司及其他营业单位购买出价中以现金支付的部分,减去子公司或其他营业单位持有的现金和现金等价物后的净额。本项目可以根据有关科目的记录分析填列。

整体购买一个单位,其结算方式是多种多样的,如购买方全部以现金支付或一部分以现金支付而另一部分以实物清偿。同时,企业购买子公司及其他营业单位是整体交易,子公司和其他营业单位除有固定资产和存货外,还可能持有现金和现金等价物。这样,整体购买子公司或其他营业单位的现金流量,就应以购买出价中以现金支付的部分减去子公司或其他营业单位持有的现金和现金等价物后的净额反映,如为负数,应在"收到其他与投资活动有关的现金"项目中反映。

4)"支付的其他与投资活动有关的现金"项目

本项目反映企业除上述各项目外,支付的其他与投资活动有关的现金。其他与投资活动有关的现金,如果价值较大的,应单列项目反映。本项目可以根据有关科目的记录分析填列。

(三) 筹资活动产生的现金流量的编制方法

1. 筹资活动产生的现金流入项目

1)"吸收投资收到的现金"项目

本项目反映企业以发行股票、债券等方式筹集资金实际收到的款项净额(发行收入减去支付的佣金等发行费用后的净额)。以发行股票等方式筹集资金而由企业直接支付的审计、咨询等费用,不在本项目中反映,而在"支付的其他与筹资活动有关的现金"项目中反映;由金融企业直接支付的手续费、宣传费、咨询费、印刷费等费用,从发行股票、债券取得的现金收入中扣除,以净额列示。本项目可以根据"实收资本(或股本)"、"资本公积"、"库存现金"、"银行存款"等科目的记录分析填列。

2)"借款收到的现金"项目

本项目反映企业举借各种短期、长期借款而收到的现金。本项目可以根据"短期借款"、"长期借款"、"交易性金融负债"、"应付债券"、"库存现金"、"银行存款"等科目的记录分析填列。

3)"收到的其他与筹资活动有关的现金"项目

本项目反映企业除上述各项目外,收到的其他与筹资活动有关的现金。其他与筹资活动有关的现金,如果价值较大的,应单列项目反映。本项目可根据有关科目的记录分析填列。

2. 筹资活动产生的现金流出项目

1)"偿还债务所支付的现金"项目

本项目反映企业以现金偿还债务的本金,包括:归还金融企业的借款本金、偿付企业到期的债券本金等。企业偿还的借款利息、债券利息，在"分配股利、利润或偿付利息所支付的现金"项目中反映，不在本项目中反映。本项目可以根据"短期借款"、"长期借款"、"交易性金融负债"、"应付债券"、"库存现金"、"银行存款"等科目的记录分析填列。

2）"分配股利、利润或偿付利息支付的现金"项目

本项目反映企业实际支付的现金股利、支付给其他投资单位的利润或用现金支付的借款利息、债券利息。不同用途的借款，其利息的开支渠道不一样，如在建工程、财务费用等，均在本项目中反映。本项目可以根据"应付股利"、"应付利息"、"利润分配"、"财务费用"、"在建工程"、"制造费用"、"研发支出"、"库存现金"、"银行存款"等科目的记录分析填列。

3）"支付的其他与筹资活动有关的现金"项目

本项目反映企业除上述各项目外，支付的其他与筹资活动有关的现金，如以发行股票、债券等方式筹集资金而由企业直接支付的审计、咨询等费用，融资租赁所支付的现金、以分期付款方式购建固定资产以后各期支付的现金等。本项目可以根据有关科目的记录分析填列。

第五节　所有者权益变动表

一、所有者权益变动表的性质和作用

所有者权益变动表是反映构成所有者权益的各组成部分当期的增减变动情况的财务报表。所有者权益变动表全面反映了企业一定时期内所有者权益变动的情况，不仅包括所有者权益总量的增减变动，还包括所有者权益增减变动的重要结构性信息，有助于报表使用者准确理解所有者权益增减变动的根源。

企业在一定会计期间内引起所有者权益变动的全部事项在该表中都能得到揭示，这些事项既包括引起所有者权益变动的综合收益，也包括当期所有者投入的资本和减少的资本、利润分配、所有者权益内部结构的变动，以及前期会计政策变更和差错更正的累积影响额等事项。

企业应当以矩阵的形式列示所有者权益变动表，一方面列示导致所有者权益变动的交易或事项，按所有者权益变动的来源对一定时期所有者权益变动情况进行全面反映，另一方面，按照所有者权益各组成部分（包括实收资本、资本公积、其他综合收益、盈余公积、未分配利润、库存股等）及其总额列示相关交易或事项对所有者权益的影响。

所有者权益变动表可以与资产负债表和利润表有关项目相互衔接，相互钩稽，起到连接资产负债表和利润表的作用。

二、所有者权益变动表的格式及编制

（一）所有者权益变动表的格式

为了清楚地揭示构成所有者权益的各个组成部分当期的增减变动情况，所有者权益变动表应当以矩阵的形式来列示。其一般格式见表8-9。

表8-9

所有者权益变动表

20×9 年年度

编制单位：甲股份有限公司　　　　　　　　　　　　　　　　　　单位：元

项目	本年金额							上年金额						
	实收资本（或股本）	资本公积	减：库存股	其他综合收益	盈余公积	未分配利润	所有者权益合计	实收资本（或股本）	资本公积	减：库存股	其他综合收益	盈余公积	未分配利润	所有者权益合计
一、上年末余额	5 200 000	148 840			505 000	121 000	5 974 840							
加：会计政策变更														
前期差错更正														
二、本年初余额	5 200 000	148 840			505 000	121 000	5 974 840							
三、本年增减变动金额（减少以"—"号填列）														
（一）综合收益总额						297 500	297 500							
（二）所有者投入和减少资本														
1. 所有者投入资本														
2. 股份支付计入所有者权益的金额														
3. 其他														
（三）利润分配														

项目	本年金额							上年金额						
	实收资本（或股本）	资本公积	减：库存股	其他综合收益	盈余公积	未分配利润	所有者权益合计	实收资本（或股本）	资本公积	减：库存股	其他综合收益	盈余公积	未分配利润	所有者权益合计
1. 提取盈余公积					29 750	-29 750	—							
2. 对所有者（或股东）的分配						-80 000	-80 000							
3. 其他														
（四）所有者权益内部结转														
1. 资本公积转增资本（或股本）														
2. 盈余公积转增资本（或股本）														
3. 盈余公积弥补亏损														
4. 其他														
四、本年年末余额	5 200 000	148 840			534 750	308 750	6 192 340							

（二）所有者权益变动表的编制

所有者权益变动表各项目分为"本年金额"和"上年金额"两大栏,以提供比较信息。

"上年金额"栏内各项数字,应根据上年度所有者权益变动表"本年金额"栏内所列数字填列。如果上年度所有者权益变动表规定的各个项目的名称和内容同本年度不相一致,应对上年度所有者权益变动表各项目的名称和数字按本年度的规定进行调整,填入所有者权益变动表"上年金额"栏内。

"本年金额"栏内各项数字一般应根据"实收资本(或股本)"、"资本公积"、"盈余公积"、"利润分配"、"库存股"、"以前年度损益调整"等科目的发生额分析填列。表格项目的反映内容及填列方法如下:

(1)"上年年末余额"项目,反映企业上年资产负债表中实收资本(或股本)、资本公积、其他综合收益、盈余公积、未分配利润的年末余额。

(2)"会计政策变更"和"前期差错更正"项目,分别反映企业采用追溯调整法处理的会计政策变更的累积影响金额和采用追溯重述法处理的会计差错更正的累积影响金额。

为了体现会计政策变更和前期差错更正的影响,企业应当在上期期末所有者权益余额的基础上进行调整得出本期期初所有者权益,根据"盈余公积"、"利润分配"、"以前年度损益调整"等科目的发生额分析填列。

(3)"本年的增减变动额"项目分别反映如下内容:

① "综合收益总额"项目,反映企业当年的综合收益总额,应根据当年利润表中的"其他综合收益的税后净额"和"净利润"项目填列,并对应列在"其他综合收益"和"未分配利润"栏。

② "所有者投入和减少资本"项目,反映企业当年所有者投入的资本和减少的资本。其中:

"所有者投入资本"项目,反映企业接受投资者投入形成的实收资本(或股本)和资本溢价或股本溢价,并对应列在"实收资本"和"资本公积"栏。

"股份支付计入所有者权益的金额"项目,反映企业处于等待期中的权益结算的股份支付当年计入资本公积的金额,并对应列在"资本公积"栏。

③ "利润分配"下各项目,反映当年对所有者(或股东)分配的利润(或股利)金额和按照规定提取的盈余公积金额,并对应列在"未分配利润"和"盈余公积"栏。其中:

"提取盈余公积"项目,反映企业按照规定提取的盈余公积。

"对所有者(或股东)的分配"项目,反映对所有者(或股东)分配的利润(或股利)金额。

④ "所有者权益内部结转"下各项目,反映不影响当所所有者权益总额的所有者权益各组成部分之间当年的增减变动。其中:

"资本公积转增资本(或股本)"项目,反映企业以资本公积转增资本或股本的金额。

"盈余公积转增资本(或股本)"项目,反映企业以盈余公积转增资本或股本的金额。

"盈余公积弥补亏损"项目,反映企业以盈余公积弥补亏损的金额。

根据例 8-1 提供资料,可编制所有者权益变动表见表 8-9。

第六节　财务报表附注

一、财务报表附注的含义和作用

尽管前述的资产负债表、利润表、现金流量表以及所有者权益变动表分别从不同角度揭示了企业的财务状况、经营成果及现金流量变动等情况,但是仅凭借基本财务报表表内这些格式化、数字化的信息还无法很好地满足信息使用者的需求。换言之,表内列报的信息具有局限性。为了更全面地了解企业的情况,信息使用者还需要利用和阅读财务报表附注。

财务报表附注是财务报表不可或缺的重要组成部分,它是对资产负债表、利润表、现金流量表和所有者权益变动表等财务报表中列示项目的文字描述或明细资料,以及对未能在这些报表中列示项目的说明。财务报表附注的作用主要在于扩充了财务报表信息的容量和提高了财务报表信息的质量。

资产负债表、利润表、所有者权益变动表等基本财务报表中的数字要受到企业所采用财务报表编制基础、会计政策和会计估计等的影响。不同的编制基础必然会采用不同的计价基础,相同的交易和事项采用不同的会计政策和会计估计将会导致不同的会计处理结果。通过在财务报表附注中对企业采用的报表编制基础、会计政策和会计估计进行披露,有助于信息使用者更好的理解基本财务报表揭示的信息的内涵,通过在附注中对企业采用的会计政策和会计估计变更进行披露,有助于提高会计信息的可比性。

资产负债表、利润表、现金流量表等基本财务报表是对企业财务状况、经营成果和现金流量的结构性表述,受到基本财务报表固定格式的限制,提供的信息高度浓缩和概括,而信息使用者往往还需要一些更为明细的信息为其所面临的各种决策服务,因此,通过在附注中披露对基本财务报表重要项目的构成或当期增减变动情况的说明,有助于信息使用者更好理解报表项目。例如,资产负债表中虽然提供了"货币资金"的金额,但为了使信息使用者了解更详细的货币资金构成的信息,还需要在附注中披露货币资金中库存现金、银行存款和其他货币资金的各自的金额。

基本财务报表的表内项目的确认具有严格的标准,不符合表内确认因而无法在基本财务报表内揭示的事项可能对信息使用者客观和全面判断企业目前或未来财务状况、盈利能力也具有重要影响,如或有事项、资产负债表日后非调整事项等,为此,也需要通过附注的形式把这部分信息披露给信息使用者。

二、财务报表附注的主要内容

1. 企业的基本情况

包括(1)企业注册地、组织形式、总部地址;(2)业务性质和主要经营活动。如企业所处的行业、所提供的主要产品和服务、客户的性质、销售策略和监管环境的性质等;(3)母公司以及集团最终母公司的名称;(4)财务报表的批准报出者和批准报出日。如果企业已经在财务报表的其他部分披露了财务报告的批准报出者和批准报出日信息,则无须重复披露；(5)营业期限有限的企业，还应当披露有关营业期限的信息。

2. 财务报表的编制基础

财务报表的编制应当以持续经营为基础。在编制财务报表时，企业的管理当局应当对企业的持续经营能力进行评估，若因为某些事项的高度不确定性对持续经营能力产生重大怀疑时，应当在附注中披露导致对持续经营能力产生重大怀疑的影响因素；处于非持续经营状态下的企业，财务报表编制应当采用其他基础，并在附注中声明未以持续经营为基础，并披露其原因和采用的编制基础。

3. 遵循企业会计准则的声明

企业应当声明编制的财务报表符合企业会计准则的要求，真实、完整地反映了企业的财务状况、经营成果和现金流量等信息，以此明确企业编制财务报表所依据的制度基础。

4. 重要的会计政策和会计估计

会计政策是指企业在会计确认、计量和报告过程中所采用的原则、基础和会计处理方法。企业应根据自身企业的实际情况来选择最能客观和真实反映其财务状况、经营成果情况的会计处理方法作为其会计政策。由于选择不同的会计政策会产生不同的会计核算数据，进而影响财务报表上相关信息的揭示。因此，为了便于信息使用者更好地理解财务报表上的信息，企业在附注中应当披露其所采用的重要的会计政策。如存货发出计价方法、固定资产的折旧方法、长期股权投资的核算方法等等，同时还需披露所采用的会计政策的确定依据，以便使信息使用者判断企业会计政策选择的合理性。

会计估计是指企业对结果不确定的交易或事项以最近可利用的信息为基础所作的判断。企业在附注中应当披露重要的会计估计，例如坏账准备的计提比例、固定资产预计使用寿命的估计和预计残值的估计等，与此同时，企业还应当披露会计估计中所采用的关键假设和不确定的因素。如固定资产可收回金额的计算需要根据其公允价值减去处置费用后的净额与预计未来现金流量的现值两者之间的较高者确定，而在计算资产预计未来现金流量的现值时要受企业对未来现金流量预测和折现率选择两个因素的影响，企业应当在附注中披露其对未来现金流量预测所采用的假设及依据、所选择的折现率为何是合理的等信息。

5. 会计政策和会计估计变更以及差错更正的说明

企业一旦选定了会计政策，一般情况下，前后各期应当保持一致，不得随意变更。但是也不是绝对不能变更，若出现相关会计准则所规定的允许变更的情况时，应当予以变更。并在附注中进行相应披露，披露的内容主要包括：重要会计政策变更的内容、理由及变更对企业财务状况和经营成果等所产生的影响(包括影响的项目和金额)，若产生的影响数不能确定的，应披露这一事实和原因等。

若企业所作的会计估计发生了变更，也应在附注中披露：会计估计变更的内容、理由及变更对当期及未来期间所产生的影响数，若会计估计产生的影响数不能确定的，应披露这一事实和原因等。

重大会计差错是指足以影响财务报表使用者对企业财务状况、经营成果和现金流量做出正确判断的会计差错，通常应在附注中披露重大会计差错的内容(包括事项、原因和更正方法)以及更正金额等信息。

6. 报表重要项目的说明

企业应当尽可能以列表形式披露报表重要项目的构成或当前增减变动情况。对重要项目的明细说明，应当按照资产负债表、利润表、现金流量表和所有者权益变动表的顺序以及报表项目列示的顺序进行披露，应当以文字和数字描述相结合进行披露，并与报表项目相互参照。

7. 或有和承诺事项、资产负债表日后非调整事项、关联方关系及其交易等需要说明的事项

1）或有事项

或有事项是指由过去的交易或者事项所形成的，其结果须由某些未来事项的发生或不发生才能决定的不确定事项。企业应当按照相关会计准则的规定，披露与或有事项有关的预计负债和或有负债情况。包括预计负债的种类、原因以及经济利益流出不确定性的说明等；或有负债的种类、原因以及经济利益流出不确定性的说明，或有负债预计产生的财务影响，无法预计影响的，应当说明其原因等。

2）资产负债表日后非调整事项

资产负债表日后事项是指资产负债表日至财务报表批准报出日之间发生的有利或不利事项。资产负债表日后事项包括调整事项和非调整事项两类。调整事项是指资产负债表日后至财务报表批准报出日之间发生、能对资产负债表日已存在情况提供进一步证据的事项。非调整事项，是指资产负债表日后至财务报表批准报出日之间发生、不影响资产负债表日的存在状况，但不加以说明将会影响财务报告使用者做出正确估计或决策的事项。例如，企业自资产负债表日至财务报告报出日之间发生的重大诉讼、承诺；资产价格、税收政策或外汇汇率发生重大变化；因自然灾害使资产发生重大损失；发行股票或债券以及其他巨额举债；发生企业合并或处置子公司等等。

重要的非调整事项虽然与资产负债表日的财务报表数字无关，但可能会对资产负债表日以后的财务状况和经营成果产生较大影响，因此，应对其在附注中进行披露，包括披露每项重要的资产负债表日后非调整事项的性质、内容及其对财务状况和经营成果的影响，无法做出估计的，应当说明原因。

3）关联方关系及其交易

一方控制、共同控制另一方或对另一方施加重大影响，以及两方或两方以上同受一方控制，共同控制或重大影响的构成关联方。关联方关系是指有关联的各方之间存在的内在联系。

关联方交易是指关联方之间转移资源、劳务或义务的行为，而不论是否收取价款。关联方交易形式多样，通常包括：购买或销售商品、购买或销售除商品以外的其他资产、提供或接受劳务、担保、租赁、提供资金往来（贷款或股权投资）、代理、研究与开发项目的转移、许可协议等等。

企业财务报表应该披露所有关联方关系及其交易的相关信息，具体包括：首先，企业无论是否发生关联关系，均应当在附注中披露与该企业之间存在控制关系的母公司和子公司有关的信息；其次，企业与关联方发生关联交易的，应当在附注中披露该关联方关系的性质、交易类型及交易要素，这些要素应当包括：交易的金额，未结算项目的金额、条款和条件以及有关提供或取得担保的信息，未结算应收项目的坏账准备金额，定价政策。

8. 有助于财务报表使用者评价企业管理资本的目标、政策及程序的信息

资本管理受行业监管部门监管要求的金融等行业企业，除遵循相关监管要求外，比如我国商业银行遵循中国银监会《商业银行资本管理办法（试行）》进行有关资本充足率等的信息披露，还应当在财务报表附注中披露有助于财务报表使用者评价企业管理资本的目标、政策及程序的信息。

第七节　小　结

财务报表是财务会计信息系统的最终产品，是提供财务信息的最主要的手段。它是企业以日常会计核算资料为主要依据编制的，是对企业财务状况、经营成果和现金流量的结构性表述。

完整的财务报表至少应当包括资产负债表、利润表、现金流量表、所有者权益变动表以及附注。

资产负债表是用来反映企业在某一特定日期（期末）财务状况的财务报表，揭示了企业期末资产、负债、所有者权益及其构成。利润表是反映企业一定期间经营成果的财务报表，揭示了企业特定时期收入的获得和费用的发生及其利润的构成情况，并提供反映企业获利能力的每股收益指标和企业综合收益的有关信息。现金流量表是反映企业在一定会计期间现金和现金等价物流入和流出情况的财务报表，它主要揭示了企业经营活动，投资活动和筹资活动所产生的现金流量，有助于信息使用者预测企业未来产生现金流量的能力，评价企业的支付能力和利润质量。而所有者权益变动表是反映构成所有者权益的各组成部分当期的增减变动情况的财务报表，全面揭示了引起企业净资产变化的事项及原因。

附注是财务报表不可或缺的重要组成部分，是对资产负债表、利润表、现金流量表和所有者权益变动表等报表中列示项目的文字描述或明细资料，以及对未能在这些报表中列示项目的说明等，其作用在于扩充了财务报表所提供信息的容量和提高了财务报表所提供信息的质量。

为了实现财务报表编制目的，保证会计信息质量，最大限度地满足信息使用者的信息需求，企业财务报表的列报必须遵循会计准则提出的基本要求。

思　考　题

1. 何谓财务报表？为何要编制财务报表？
2. 财务报表列报应遵循哪些基本要求？
3. 资产负债表有何作用？
4. 简述资产负债表的编制方法。
5. 利润表有何作用？
6. 简述利润表的格式和编制方法。

7. 简述所有者权益变动表揭示的信息内容。

8. 现金流量表有何作用？

9. 简述现金流量表中现金的范围和现金流量的分类。

10. 何谓财务报表附注？财务报表附注应披露哪些主要内容？

练 习 题

习 题 一

练习目的：掌握资产负债表的编制。

一、资料

开开公司 20×3 年 12 月 31 日有关账户期末余额见表 8-10。

表 8-10   开开公司科目余额表

20×3 年 12 月 31 日   单位：元

账 户 名 称	借方余额	贷方余额
库存现金	3 000	
银行存款	320 000	
其他货币资金	10 000	
应收账款—A 公司	2 500 000	
—B 公司	700 000	
—C 公司		1 000 000
原材料	2 000 000	
生产成本	700 000	
在途物资	1 500 000	
库存商品	400 000	
预付账款—D 公司	50 000	
—E 公司		20 000
坏账准备		84 000
固定资产	3 500 000	
累计折旧		500 000
固定资产减值准备		120 000
应付账款—甲公司		620 000
—乙公司	100 000	

二、要求

根据上述资料填列出开开公司 20×3 年 12 月 31 日的资产负债表有关项目的金额。

习 题 二

练习目的：掌握利润表的编制。

一、资料

东风公司 20×4 年 1 月 1 日至 12 月 31 日有关损益类账户的累计发生额见表 8-11。

表 8-11　　　　　　　　　东风公司科目发生额表

20×4 年年度　　　　　　　　　　　　　单位：元

账 户 名 称	借方发生额	贷方发生额
主营业务收入		6 000 000
其他业务收入		500 000
营业外收入		100 000
管理费用	400 000	
销售费用	100 000	
财务费用	50 000	
营业税金及附加	85 000	
主营业务成本	3 200 000	
其他业务成本	260 000	
营业外支出	40 000	
资产减值损失	250 000	
公允价值变动损益	450 000	
投资收益		820 000
所得税费用	646 000	

二、要求

根据上述资料为东风公司编制 20×4 年年度的利润表。

习　题　三

练习目的：掌握资产负债表，利润表和所有者权益变动表的编制。

一、资料

嘉实股份有限公司为一般纳税企业，适用的增值税税率为 17%，所得税税率为 25%，其 20×3 年 1 月 1 日有关会计科目的余额见表 8-12。

表 8-12　　　　　　　　　　　科目余额表

20×3 年 1 月 1 日　　　　　　　　　　　单位：元

科 目 名 称	借 方 余 额	科 目 名 称	贷 方 余 额
库存现金	10 000	短期借款	800 000
银行存款	3 160 000	应付账款	720 000
交易性金融资产	700 000	应付职工薪酬	24 000
应收账款	1 400 000	应交税费	12 000
原材料	140 000	其他应付款	22 320
库存商品	1 100 000	长期借款	200 000
应收票据	20 000	实收资本	10 400 000
长期股权投资	2 800 000	资本公积	297 680

科 目 名 称	借 方 余 额	科 目 名 称	贷 方 余 额
固定资产	5 000 000	盈余公积	1 010 000
在建工程	400 000	利润分配—未分配利润	242 000
无形资产	400 000	坏账准备	42 000
		累计折旧	1 000 000
		固定资产减值准备	240 000
		累计摊销	120 000
合 计	15 130 000	合 计	15 130 000

该公司 20×3 年发生如下经济业务：

(1) 销售产品一批，价款 1 200 000 元，增值税款 204 000 元，货款及税款已收妥入账。

(2) 从银行借入长期借款 2 000 000 元，借款已存入银行。

(3) 购入不需安装的机器一台，价款 200 000 元，支付的增值税款为 34 000 元，支付包装费、运杂费计 2 500 元，以上款项均已以银行存款付讫，机器已交付使用。

(4) 购入原材料一批，价款 500 000 元，增值税款 85 000 元，运杂费 5 000 元，共计 590 000 元，款项已以银行存款支付，材料已验收入库。

(5) 应收票据到期，收到到期票款本金 20 000 元，已存入银行。

(6) 购入股票作为长期股权投资，以银行存款支付价款 400 000 元，交易费用 2 000 元。

(7) 接受投资者甲以银行存款投入的资本共计 500 000 元。

(8) 发行面值为 2 000 000 元的公司债券，发行价格为 2 500 000 元，发行款已存入银行。

(9) 以银行存款偿还应付账款计 500 000 元。

(10) 以银行存款预付下年度财产保险费 24 000 元。

(11) 以银行存款支付产品广告费 45 000 元。

(12) 以银行存款归还短期借款本金共计 600 000 元。

(13) 收回应收账款 900 000 元，存入银行。

(14) 购入原材料一批，材料价款 1 000 000 元，增值税款 170 000 元，货款及税款均以银行存款付讫，材料尚未验收入库。

(15) 公司出售一台不需用设备，收到价款 800 000 元，该设备原始价值为 1 500 000 元，已提折旧 500 000 元，已提减值准备 120 000 元。

(16) 被投资企业实现净利 1 000 000 元，宣告分派现金股利 300 000 元，该股权投资采用权益法核算，嘉实公司的持股比例为 30%。

(17) 销售产品一批，价款 1 600 000 元，增值税款为 272 000 元，款项尚未收到。

(18) 向希望工程捐款 100 000 元。

(19) 基本生产车间生产产品领用原材料 60 000 元，车间管理上一般耗用 2 000 元。

(20) 从银行存款 500 000 购入专利权一项。

(21) 以银行存款支付新产品开发过程中发生的支出共计 750 000 元，该支出符合资本化条件。

（22）计提固定资产折旧共计 560 000 元,其中生产部门使用固定资产计提折旧计 400 000 元,行政管理部门使用固定资产计提折旧 160 000 元。

（23）分配应支付的职工工资 2 010 000 元,其中生产工人工资 1 440 000 元,生产部门管理人员工资 302 000 元,行政管理人员工资 268 000 元。

（24）摊销无形资产价值共计 75 000 元。

（25）本期生产产品均已完工,结转本期完工产品生产成本。（假定期初和期末均无在产品）

（26）结转本期产品销售成本共计 1 000 000 元。

（27）本期销售产品应缴纳的城市维护建设税 24 200 元,教育费附加 10 800 元。

（28）计提存货的跌价准备 220 000 元。

（29）计提应计入本期损益的借款利息共计 25 000 元,其中,短期借款利息 10 000 元,长期借款利息 15 000 元,该长期借款属到期还本付息借款。

（30）结转各损益类账户至"本年利润"账户。

（31）计算,记录应交所得税费用,并结转所得税费用账户。

（32）将净利润转入"利润分配—未分配利润"账户。

（33）按税后利润的 10% 提取盈余公积。

（34）向股东宣告分派现金股利 120 000 元。

（35）将利润分配各明细账户的余额转入"未分配利润"明细账户,结转本年利润。

二、要求

根据上述资料为嘉实公司编制 20×3 年年末的资产负债表和 20×3 年年度利润表和所有者权益变动表。

习 题 四

练习目的：掌握现金流量的分类和计算。

一、资料

东方公司 20×4 年发生如下经济业务：

（1）采购材料支付货款 200 000 元。

（2）出售长期投资,取得银行存款 500 000 元。

（3）销售产品收到银行存款 800 000 元。

（4）发行普通股取得银行存款 5 000 000 元。

（5）支付现金股利 200 000 元。

（6）收回应收账款 150 000 元。

（7）借入长期借款 1 200 000 元。

（8）支付银行借款利息 100 000 元。

（9）用银行存款购买机器设备 220 000 元。

（10）支付生产工人工资 80 000 元。

(11) 出售房屋取得银行存款 600 000 元。

(12) 交纳所得税 250 000 元。

(13) 收到债权投资利息收入 60 000 元。

(14) 支付的业务招待费 90 000 元。

二、要求

(1) 将上述经济业务产生的现金流量分别按经营活动产生的现金流量、投资活动产生的现金流量和筹资活动产生的现金流量进行归类。

(2) 分别计算经营活动、投资活动和筹资活动的净现金流量。

案例分析题

一、资料

ABC 公司是一家大型的家电制造厂商。2000 年至 2002 年间,是该公司快速发展的时期,无论是主营业务收入还是净利润都增长迅速,但从 2003 年至 2006 年间,随着所处行业逐渐步入成熟期,其主打产品市场需求日趋饱和,ABC 公司的业绩也随之迅速下滑,无论主营业务收入还是净利润从 2003 年起一直处于不断下降趋势。但从 2007 年起,该公司的财务报表显示其销售收入又有了较大的改观,比 2006 年增长了 31 亿,净利润也比 2006 年增长了 0.87 亿,但与销售收入和净利润大幅增长相背离的是现金流量表所揭示的经营活动现金净流量的急剧下降。

表 8-13 列示了 ABC 公司 2006 年至 2009 年间销售收入、净利润及经营活动现金净流量的金额比较。

表 8-13　　　　　　　　　　**2006 年至 2009 年比较表**　　　　　　　　　单位:亿元

项　　目	2006 年	2007 年	2008 年	2009 年
销售收入	95	126	141	115
净利润	0.89	1.76	2.50	−30.81
经营活动现金净流量	13.73	−29.73	−7.75	−3.12

ABC 公司 2007 年至 2009 年间其第一债权人甲公司在其应收账款中所占比例均高达 70% 以上,2009 年 ABC 因对甲公司应收账款计提高达 19.03 亿元的坏账准备而导致巨额亏损。

三、要求

(1) 思考企业净利润与经营活动现金流量为何会不一致,导致这两者不一致的因素有哪些?

(2) 你认为 ABC 公司净利润和经营性现金净流量的背离现象正常吗?这其中可能隐含的事实是什么?

(3) 你觉得应该如何正确认识企业净利润和经营活动现金净流量两者不一致的现象?

财务报告分析

1. 掌握财务报告分析的基本步骤；
2. 理解财务报表信息的典型特征；
3. 理解会计灵活性；
4. 理解盈余管理对财务报告分析的影响；
5. 掌握重要的财务比率和杜邦财务分析体系。

前面章节讲述的是"如何做会计"，而财务报告分析则强调从报告使用者的视角出发，强调"如何用会计"，强调会计信息的深度综合分析，目标是帮助信息使用者理解并有效利用财务信息，从而做出理性的投资、信贷或类似的决策。当前，会计准则与实践成为一个庞大复杂的体系，外部投资者已经不能容易地理解公司的财务报表。因此，掌握必要的财务报告分析技术，十分重要。

第一节　财务报告分析概述

财务报告分析是指财务报告使用者利用各种方法和手段理解和分析财务报告，从而尽可能充分、全面地获得决策信息的过程。本节系统阐述了财务分析的目的、信息基础、对象、基本步骤等问题。

一、财务分析的目的——与报表使用者的决策需求契合

财务报告分析是站在报表使用者的角度，因此，需要从使用者的决策需求出发，最大程度地挖掘与特定决策相关的财务信息，提高使用者的决策质量。首先，以上市公司为例，我们看一看哪些利益相关者会使用会计信息（见图9-1）。

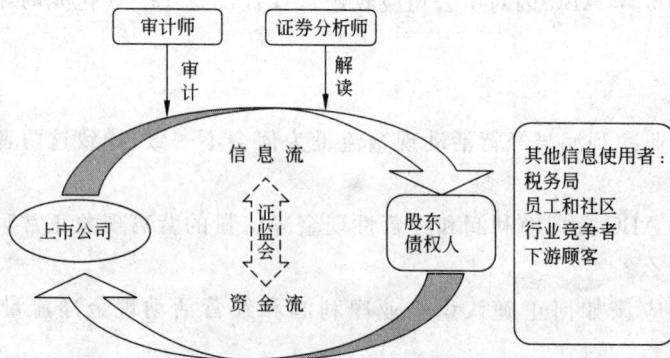

图 9-1　利益相关者和上市公司信息披露

对于上市公司来说,股东和债权人是最重要的资金提供者,资金提供者在将资金委托管理层经营后,发生了资金的所有权和经营权的两权分离,资金提供者很大程度上依赖于财务报表来了解上市公司的经营状况、监督管理层,并做出增资、减资等决策。因此,上市公司的信息披露对于外部股东和债权人的利益保障尤为重要。为了提高财务报表可靠性,证监会要求上市公司的年度报告必须经过独立中介机构的审计。由于会计报告是在会计准则框架编制的综合而专业性的报告,所以诞生了一个专业的信息中介一证券分析师。他们长期追踪某家上市公司,对其财务报告进行分析、解读并做出估值分析。

(一) 股东

股东的构成是非常复杂,既有能够对公司经营管理施加重大影响的大股东,也有持股份额有限的中小股东,以及拥有专业分析力量且对公司管理层有一定影响力的机构投资者,比如基金公司、证券公司。除了第一大股东和重要大股东以外,其他股东都面临两权分离、远离上市公司经营的问题。他们解读财务报告最主要的目的是股票定价和投资决策,即从历史和当前的财务报告中评价公司的盈利能力,预测公司未来的业绩趋势和评估公司的股价。为了评估股票的内在价值,股东需要糅合相关的宏观、行业和公司的财务性和非财务性信息,因此,股东对报表的分析最为综合。本章主要基于股东的视角讲述如何综合分析财务报告。

(二) 债权人

债权人主要有与公司存在赊购关系而提供商业信用的供货方、贷款给公司的银行以及购买了公司债券的投资者。总的说来,公司的偿债能力是他们关注的重点,因为这直接关系到债权能否及时足额兑现。提供长期性债务的债权人面临的偿债风险和不确定性更大,另外,在多个债权人并存的情况,清偿次序居后的债权人面临的偿债风险要远远大于清偿次序优先的债权人,他们对公司的财务状况也会更加关注。

(三) 公司管理层

管理层既是财务报告的提供者又是财务报告的使用者。鉴于财务报告对公司财务状况和经营成果的高度综合性,财务报告分析同样可以为内部管理层改善经营水平指明方向。管理层通过财务报告分析,可以发现公司的竞争优势和劣势,分析外部环境中的机会和威胁对公司带来的影响,据此找到改进的方向。

(四) 监管机构

监管机构主要是政府财政部门、税务部门、中国证监会、证券交易所等。税务部门分析财务报告,主要从保障税款足额计算和缴纳的角度出发,关注公司的收入和费用的确认情况,关注应税所得与净利润的偏离原因。证监会和交易所对上市公司的融资活动和信息披露进行监管,制定财务报告的披露规范,并对财务欺诈等行为进行惩罚。

其他的报告使用者包括员工、社区、下游顾客等,这些都是公司的利益相关者,他们也会关注公司的持续盈利能力、产品质量、社会贡献等。

二、财务分析的信息基础

上市公司有义务向监管层编制并报送定期财务报告和各种临时重大公告。在互联网时代,投资者的信息获取途径广泛,成本大大降低。公司官网、交易所网站、财经媒体(巨潮资讯网、证券之星等)、股票交易软件以及常用的门户网站(如新浪、网易等)的股票栏目上都有大量、详细的、经专业化处理的上市公司资讯。另外,还有一些需要付费的金融服务提供商(比如万德 wind 数据库)专门提供大量的宏观、行业和公司资讯。这些网站中提供了常规的定期财务报告、临时重大公告、财务比率分析、投资评级、资金流向、公司治理等上市公司的财务和非财务信息,也提供了当前最新的宏观和同行业重大信息,以便投资者基于全面、相关的信息做出合理的投资决策。当前,财务分析面临的难点不在于财务信息的获得性,而在于如何在海量信息中筛选和挖掘有用的、具有预测价值的信息,形成有意义的公司分析。

按照信息层级和范畴来分,投资者可获得的信息分为宏观层面的信息、行业层面的信息和公司层面的信息。

宏观层面的重要信息主要是经济环境方面的数据,包括汇率、利率变动、GDP 增长、就业水平、物价水平、国际市场的动态等指标,这些信息便于我们分析整个宏观经济的经济周期和整体健康水平,有助于评价公司或行业的发展前景。举例来说,假设你正在评价一家零售业上市公司,仅依靠公司财务数据来评价和预测公司的业绩,是不够的。国家消费支出、物价水平、收入增长等影响居民消费行为的宏观信息也不可或缺。房地产行业受到的宏观调控政策、经济周期影响很大,对房地产公司的财务分析不能脱离宏观经济环境。

行业层次的信息当然也很重要。朝阳产业和夕阳产业、成熟产业和新兴产业所面临的发展机会、风险是不一样的,除了行业生命周期属性外,分析人员还要关注公司所在行业的竞争程度和格局、行业政策环境等重大问题。因此,分析人员通常会去搜集以下常用的行业数据,包括行业的生产总值、产品发货量、存货量、订货量、工厂产能利用率等。

公司层面的信息从内容上可分为财务性信息和非财务信息。

财务性信息主要包括了公司的财务状况和经营成果,主要来自定期财务报告。非财务信息包括经营和投资、产品开发和技术创新等重大活动、兼并收购活动、公司战略、公司产品的市场份额和市场地位等。公司的全面财务分析需要关注非财务性重大事件,这些事件有助于解释公司的财务状况。例如,公司正在开发新产品吗?公司正在收购另一家公司吗?甚至,我们需要去关注同行业竞争对手的重大事件,判断行业竞争格局的变化趋势。比如国美电器和苏宁电器一直是电器零售业的两大巨头,在国美出现黄光裕事件后,国美的股价出现了下挫,而苏宁电器的股价同期出现了上涨,苏宁的股价变动主要基于黄光裕事件引致的市场竞争格局变动。

三、财务分析的主要对象——定期财务报告

本章所关注的财务分析聚焦于定期财务报告的分析。

定期财务报告综合地提供了公司层面的重要信息,是外部利益相关者了解、评价公司的最重要的信息来源。以上市公司的年度财务报告为例,包括财务报表、附注和独立审计报告。定期财务报告的主体部分是四张基本的财务报表,即资产负债表、利润表、现金流量表和股东权益变动表,综合反映了公司的财务状况、经营成果、现金流量状况。财务分

析所用的数据大多来自公司的财务报表。

财务报表附注提供了补充或解释财务报表数据的额外信息,它内容丰富,包括公司采用的重大会计政策和处理方法、公司管理层讨论与分析以及关联交易、十大股东、管理层薪酬和变更、业务分部的收入、重大经营或投融资事项等。

附注中披露公司采用的重大会计政策,这有助于分析人员理解表内数字,与其他公司进行横向比较,与同一公司历史年度纵向比较,以及评估会计方法选择的稳健性。

附注的管理层讨论与分析包含着很多有价值的信息:公司管理层会讨论与公司相关的风险、非经常事件和不确定性,提出未来无法实现盈利预期的潜在各种风险因素;这种讨论与分析也是管理层就公司战略、近期行为(如兼并或重大投资)以及公司竞争地位来解释财务成果的一种有效工具;此外,管理层还会讨论收入和费用的主要构成,这对理解公司的经营成果具有重要意义。

业务分部的收入和利润信息也有助于更加了解公司的经营业绩。关注业务分部的原因主要有两个。首先,就未来期间的预测而言,公司业务分部的业绩可能受不同因素的影响,预测公司单个业务分部要比预测整个公司相对容易些。其次,有助于评估盈利质量。如果公司利润大部分来自公司非主要业务和资产投资分部,那就可能说明公司盈利是不可持续的。

财务分析主要基于财务报表。我们需要了解财务报表的几个典型特征:

(一)偏向于反映历史和当前的财务信息

财务分析与财务报表编制不同,财务分析是前瞻性的。财务分析的重要任务是从历史和当前的财务报告中评价公司的盈利能力,最终预测公司未来的经营业绩和公司价值。因此,在财务报告分析时,更关注一些反映公司持续增长能力和盈利能力的指标,比如分析者对主营性业务的毛利率、主营业务利润、营业利润等指标的关注度要高于营业外收入或支出指标,后者的可持续性很差。

(二)财务报表的编制灵活性很大

会计准则赋予经理层较大的会计方法抉择权。比如,存货的发出计价方法就有先进先出法、个别计价法、加权平均法等多种方法可选择,不同方法下计算的当期主营业务成本差别很大,直接导致利润结果的不同。不同公司在会计方法选择的稳健性上存在很大差异。有的公司倾向于采用更稳健的会计方法,比如收入确认标准更严格、提取足额的减值准备、使用加速折旧计提固定资产折旧、提取足额的各类预计负债等,这样的公司形成的会计利润和净资产更加稳健。

(三)由于会计确认的门槛,会计信息存在局限性,分析人员需要关注低估资产、隐性资产、表外负债

货币计量前提强调了财务报表上只能确认那些以货币计量的定量性资产,而不能确认那些有未来经济利益但没有可靠的成本和价值的定性资产,如重要的人力资本、创新能力;即使是定量资产,会计对自创型无形资产的确认条件是苛刻的,这使得账上反映的无形资产要远远低于公司实际拥有的无形资产,因此,在财务报表外,还有很多的隐性资产、低估资产。当然,也还存在很多的隐性负债。这些隐性的表外资产和负债对公司的价值

评估是至关重要的。

四、财务分析的基本步骤

（一）信息搜集

财务分析需要搜集与对象公司相关的宏观层面、行业层面和公司层面的重要信息。分析常用的信息包括：

(1) 识别那些已经对公司造成影响的和将来可能对公司有影响的主要因素（如经济、竞争或法律因素）；

(2) 公司经营的行业和主要竞争对手；

(3) 行业和公司重大事件，比如收购和剥离；

(4) 过去至少 5 年的财务报告和主要竞争对手的财务数据。

（二）公司战略分析

公司战略分析是财务分析的基础。分析公司所在行业的特征，了解公司的竞争策略和战略定位，预测公司的发展潜力和可能的风险。公司战略分析是公司历史业绩分析和公司前景分析的基础，通过公司战略分析，可确定公司的利润动因和主要风险，并对公司未来经营做出合理的预测。战略分析对于解释财务数据的含义、形成合理的财务预测具有重要的作用。

（三）财务报表项目分析和财务信息质量分析

财务报表是分析的主要对象，分析者要理解财务报表项目的含义，对重点项目进行深入分析，同时不要忽视一些低估资产项目、隐性资产项目和隐性负债问题。另外，分析者还需要深入分析财务信息质量，对整体会计方法选择的稳健性程度以及盈余操纵程度进行评价，形成更可靠的数据源。

（四）财务定量分析—财务比率和综合财务体系分析

最后，对财务报表数据进行定量分析，比如计算重要财务比率，将财务比率与历史水平进行纵向对比、与竞争对手进行横向对比，从不同侧面评价财务状况和业绩表现。杜邦财务分析体系建立了财务比率之间的内在关联，为定量财务分析提供了一个较完整的框架。

第二节　公司战略分析

公司战略分析是指分析公司所在行业的特征，了解公司的竞争策略、战略定位和核心竞争优势，预测公司的发展潜力和潜在风险。公司战略分析通常包括行业分析、公司竞争策略分析。公司战略分析是公司历史业绩分析和公司前景分析的基础，通过公司战略分析，可确定公司的利润动因和主要风险，并对公司未来经营做出合理的预测。

一、行业分析

分析者可以通过查找公司财务报表附注，识别公司的主营业务范围。对行业的分类可根据证监会公布的《上市公司行业分类指引》，依据公司的主营业务进行行业归类。行业归类越细致，分析的结果就越准确，因为一个行业中的各个子行业的特性也有较大的差异，比如同为汽车行业，农用车、商用车、家用车的利润率就存在差异。

行业分析的着眼点在于分析行业的盈利能力和发展前景，判断行业投资价值，揭示行业投资风险。行业分析包括行业经济周期分析、生命周期分析、行业竞争强度分析、行业政策环境分析。

（一）行业经济周期分析

1. 周期型行业

周期性行业受宏观经济周期的波动影响较大，随经济周期大起大落。典型的周期性行业如金融行业、房地产行业、有色金融、钢铁行业等。在宏观经济繁荣时，周期性行业进入需求旺盛、销售扩张的时期，呈现繁荣景象，财务业绩也一片向好；但当宏观经济紧缩和衰退时，周期性行业受到的负面冲击也更大，业绩下滑较明显。

2. 防守型行业

防守型行业的产品需求相对稳定，不受经济周期的影响。如医药、食品、公用事业即是典型的防守型行业，这些行业多是居民生活必需的商品或服务，不会因为整体经济的冷暖而显著减少或增加，因此这类行业通常波动平缓，被视为安全或保守的投资领域，特别是在经济周期走软时，是理想的避风港。处于防守型行业的公司业绩波动较小。

（二）行业生命周期分析

一个行业具有自己的生命周期，行业的生命周期一般分为初创阶段、成长阶段、成熟阶段和衰退阶段。对行业的生命周期判断可以运用一些行业统计数据，比如竞争程度、进入成本、市场消费容量增长率等。成长阶段的进入成本和竞争强度相对小、市场消费容量增长快，而成熟阶段的进入成本和竞争强度大、市场消费容量饱和。发展阶段则处于二者之间。一般来说，如果行业进入衰退阶段，除非出现新技术突破或进行行业结构调整，否则整个行业中的公司都会面对困境。

行业所处的生命周期阶段制约着或决定着公司的生存和发展。投资者在考虑新投资时，不能投资到那些快要没落的"夕阳"行业。另外，在公司的行业周期或产品周期切换的重要阶段，分析者尤其要小心。在股票分析时，人们容易被公司历史的高增长魅力所迷惑，以为这种高增长可以一直持续，所以容易给高增长公司很高的市场溢价，但经济规律终究会起效，在行业由成长阶段转入成熟阶段后，原来的高增长势头势必减缓，公司的估值也会随之大幅下降。所以一个好的分析者能先于他人，觉察出行业（或产品）生命周期的切换。比如招行在 2007 年前的收入增长都快于同行业，源于招行最早挖掘和开拓了信用卡业务，信用卡业务增长迅速，市场因而给予招行较高的溢价。但在 2007 年后，其他银行也逐渐进入信用卡市场，信用卡业务的市场逐渐饱和。2007 年招行股价在达到历史最高点之后，就进入长期的下降通道，招行相对其他银行的溢价幅度也在缩小。如果分析者在 2006 年或 2007 年就能预测到信用卡市场的生命周期切换，提前减持招行的股票，就能避免之后的股价下调风险。

明确行业的生命周期，对于解释和预测公司的投资活动和现金流量变化是有益的。

处于成熟行业阶段的公司一般都具有稳定和大量的经营活动现金流入、投资活动的现金流出减少，因为其投资机会有限，比如微软公司的资产负债表上现金持有量很大，而投资活动不多。相反，处于初创和成长行业阶段的公司投资活动的现金缺口很大，而经营活动净现金流量为负。

（三）行业竞争强度分析—波特的五力分析

根据美国著名的战略管理学者迈克尔·波特（Michael E. Porter）的观点，在一个行业中，存在着五种基本的竞争力量，即潜在的加入者、产品替代品、购买者、供应者以及行业中现有竞争者间的抗衡（见图9-2）。这五种力量反映了一个行业的竞争强度。

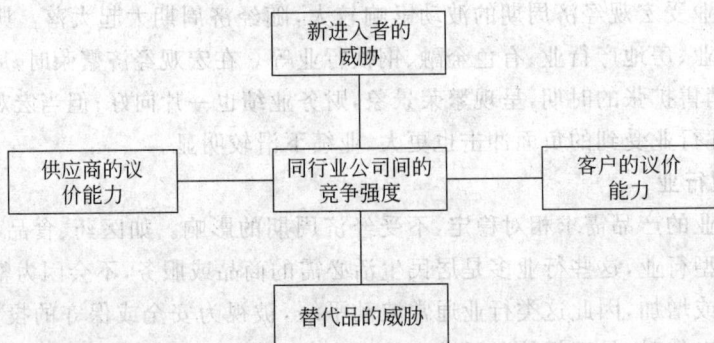

图 9-2　波特的五力分析图

供应商的讨价还价能力与供应商提供的产品和服务有关。如果供应商运营的市场被少数几家大公司主导，不存在可以替代的投入要素，或者供应商联合以获取高价，则此时供应商的力量占优。若供应商有高的固定成本，存在原料的替代品，购买方较为集中，则此时购买方的议价能力占优。

进入壁垒少时，新进入者的威胁就大。进入壁垒是指一些进入障碍，比如高启动成本、高资本需求、已进入者的成本优势和规模经济、专利权等技术壁垒、政府管制措施等限制行业进入的保护政策。

若顾客对品牌的忠诚度低，缺乏密切的顾客联系，商品或服务的转换成本低，替代品的价格低，则此时替代品的威胁就大。

行业内现有成员间的竞争强度受到以下因素的影响：行业内公司的数量和相对规模、产品差异以及行业消费容量的增长能力。

（四）行业政策环境分析

在我国，行业的政策环境对整个行业的发展趋势影响很大。如果所处行业是国家鼓励、大力支持的行业，比如符合国家"十二五"规划支持的新能源行业，往往能享受或者在未来享受到国家财政补贴、信贷等多方面的支持。而高污染或高耗能行业的经营成本预期将加大。

二、公司竞争策略分析

即使在同一行业中，不同公司的利润率也不同，这与公司的竞争优势和竞争策略有关。在 2008 年金融危机冲击下,宝钢由于产品的高端性,受到的冲击较小,而邯钢等低端产品的钢铁生产商受到的冲击就较大,销售降幅较大。

(一)公司的行业地位

公司的行业地位取决于市场占有率、技术领先度、品牌等。

一个公司的竞争优势和竞争力最终体现在市场上,市场占有率是体现公司行业地位最有力的指标。

公司在行业核心技术上的领先度决定了公司的行业地位。无论是对于传统的工业公司还是新兴的高科技产业,技术上的领先和创新都是其价值增长的主要驱动力。比如格力电器通过掌握空调的核心技术占据了空调业老大的地位,其销售收入每年都稳定高速增长。

(二)公司的竞争策略分析

公司最基本的竞争策略有两种:即低成本竞争策略和差异化策略。如果公司选择了低成本竞争策略,在评价财务业绩时,应该更加关注公司管理层对成本费用的控制能力,与往年相比或与竞争对手相比,公司的成本优势是增强了还是弱化了。如果公司的竞争定位是产品差异化策略,那在财务业绩表现的评价时,更应该关注公司在研发上的投入变化、产品利润率变化。公司是否具有并保持核心竞争优势,是否采用与竞争优势相匹配的竞争策略,这是未来财务业绩的关键驱动因素,也是分析者预测公司未来业绩的重要基础。

第三节　财务报表项目分析和财务信息质量分析

财务报表是分析的主要对象,分析者要理解财务报表项目的含义,对重点项目进行深入分析,同时不要忽视一些低估资产项目、隐性资产项目和隐性负债问题。另外,分析者还需要深入分析财务信息质量,对整体会计方法选择的稳健性程度以及盈余操纵程度进行评价,形成更可靠的数据源。

一、财务报表项目分析

由于会计确认的门槛和会计稳健性的惯例,会计信息存在局限性,分析人员需要关注隐性资产、低估资产、表外负债。

广义的资产是公司可以用来创造价值的经济资源。但进入资产负债表的会计资产需要满足两个确认条件:第一,该项经济资源必须能够为公司带来未来经济利益,即有价值;第二,它的成本或未来经济利益(价值)金额能可靠计量。第二个确认条件将一些重要的经济资源排除在资产负债表外,比如,有未来经济利益但没有可靠的取得成本和价值的经济资源,如重要的人力资本、首席执行官的能力、公司的自创品牌和良好口碑、公司的成熟销售渠道等。这些都是公司的核心竞争优势,影响公司的未来业绩,但不出现在公司的报表上,我们将其称为公司的隐性资产。隐性资产对公司的价值评估非常重要。苹果公司备受投资者追捧,很大程度上取决于首席执行官乔布斯的魅力和贡献,但乔布斯的价值由于没有可靠的价值金额而排除在报表外。可口可乐的品牌价值数百亿美元,也不在公司的无形资产之列。

会计对自创型无形资产的确认条件是苛刻的,这使得账上反映的无形资产要远远低于公司实际拥有的无形资产,比如公司自己研发的技术,只有进入开发阶段的研发费用和注册费用作为无形资产成本,而把前期的研究阶段费用排除在外;对于长期形成的自创品牌,只有注册费用作为无形资产成本。因此,在技术、创新、人才制胜的高科技行业,隐性资产的价值可能要大于表内的资产价值。

另外,稳健性惯例对会计具有深远影响,表内确认的资产以历史成本计量为主,当资产贬值(即历史成本高于其市场价值)时,稳健性要求通过计提资产减值损失来调低资产的账面价值,但当资产升值(即历史成本低于市场价值)时,稳健性要求以更低的历史成本继续作为资产的账面价值。因此,由于稳健性惯例的深远影响,报表上的净资产账面价值被低估。在分析特定行业的公司时,要关注重要的低估资产项目。比如,在 2007 年新会计准则实施前,投资性房产都是以历史成本入账的,在房价快速上涨的时期,那些囤积大量投资性房产的上市公司,房产市场价值和账面价值的差距很大,在财务分析和价值评估时如果不考虑这些低估资产,将可能导致错误的结论。

因此,在财务分析和价值评估中,我们应该发掘出重要的低估资产和重要的隐性资产,评估它们对业绩预测的影响,从而更好地评估公司价值。

在分析负债项目时,我们需要警惕一些表外的、潜在的负债。由于会计准则规定的原因或公司盈余操纵的目的,资产负债表并不一定确认了公司的全部负债。

会计资产是满足资产确认条件的狭义的经济资源概念,会计负债也是在满足负债确认条件后的狭义的公司义务概念。公司的义务是指公司在将来可能需要付出经济资源来履行的责任,但是并不是所有的公司义务都表现为会计负债。会计负债要满足三个确认条件:第一,负债表明公司未来需要付出经济资源来履行;第二,未来需要付出的经济资源的额度能合理准确的估计;第三,引起这项公司义务的事件必须是过去发生的。由于后两个条件,一些已发生但结果未知的公司义务或潜在的义务(导火索还未出现)没有在表内确认为负债。但是这些表外(潜在)的负债对公司价值具有重要影响,分析者需要加以考虑。如高污染行业的上市公司潜在的环境负债和诉讼风险是很大的。

会计准则要求公司在报表附注中披露重大的表外义务,这为我们识别公司的表外(或潜在)负债提供了线索。比较常见的表外义务包括未决诉讼、环境成本、员工的退休养老费用等。在一些特定行业中,表外义务可能对公司价值评估带来重大影响。比如,双汇瘦肉精事件、三鹿的毒奶粉事件发生初期,分析者就要敏感地意识到负面的质量索赔事件带来的诉讼损失和股价影响。

二、会计灵活性和财务信息质量

财务报告的编制灵活性很大。经理层最了解公司的财务状况和经营业绩,为了使财务信息更恰当地反映公司的客观情况,会计准则赋予经理层较大的会计方法选择空间。比如,存货的发出计价方法就有先进先出法、个别计价法、加权平均法等多种方法可选择,不同方法计算的当期主营业务成本差别很大,导致利润结果的不同;固定资产的折旧计提方法也有直线折旧法、多种加速折旧法可选,选用不同的折旧方法自然会导致折旧费用的不同,进而影响利润的最终数字;八项减值准备的估计很大程度上依赖于管理层的主观估计;很多公司存在售后维修的服务承诺,对于这部分预计负债的计提金额也存在主观的成分。当前,一种新的趋势是,公允价值在更多的报表项目中使用,而资产的公允价值的确定相对于历史成本来说,更加依赖于管理层的主观判断,比如一项证券投资可以根据管理层的持有意图确定为交易性金融资产或可供出售的金融性资产,而两种不同的归类决定了证券资产的账面盈利或亏损是否影响净利润数字。总而言之,即使不考虑管理层的有目的性的操纵动机,假设管理层总是基于公司客观环境来选择最合适的会计方法和估计,不同公司在会计方法选择的稳健性上存在很大差异。有的公司倾向于采用更稳健的会计方法,比如收入确认标准更严格、提取足额的减值准备、使用加速折旧计提固定资产折旧、提取足额的各类预计负债等,这样的公司形成的会计利润和净资产就更加稳健,相反,另外一些公司倾向于采用更激进的会计方法,其形成的会计利润数字就包含更多的水分。因此,在财务分析时,尤其是同行业公司的横向比较时,不能直接比较他们的净利润,要首先分析这些公司的关键项目采用的会计方法。

三、盈余管理

在关注会计方法的稳健性问题之外,我们还应关注并甄别公司的盈余操纵动机和程度。在代理冲突严重时,管理层利用会计灵活性来操纵盈余,牟取私利。

股东、债权人很大程度依赖公司的财务报表来进行契约控制。管理层的薪酬合约往往与会计利润和股价挂钩,这使得管理层有很强的动机进行上调的盈余管理,以获得更高的薪酬和股票奖励;债权人为了保障自身的利益,在长期债务合约通常设置偿债能力、盈利能力指标来实时监控公司的财务状况,并将财务指标与贷款的利率、是否续贷或提前还款等贷款条件挂钩,这使得公司在面临短期的财务困境时有动机进行盈余管理,以避免触犯债务契约中的财务门槛。另外,中国的上市、再融资、退市监管都是基于会计利润指标的,比如,配股的条件是三年净资产收益率平均达到 6％;如果公司利润连续两年亏损,股票将暂停上市。监管与会计利润挂钩使得上市公司为了满足这些监管标准而进行盈余管理。

盈余管理是为了实现公司利益或管理层个人利益的最大化,而对会计方法进行有目的的选择。盈余管理与盈余操纵不同,盈余操纵更多时候是贬义词,不过管理和操纵有时很难区分。盈余管理是在会计准则框架允许的范围内进行的,而盈余操纵则违反了会计准则。中外各国证券市场都出现了很多恶性盈余操纵的会计丑闻事件,如美国安然、世通丑闻、中国银广夏等。

(一)盈余管理的模式

1. 利润最大化

在薪酬与利润直接挂钩的情况下,管理人员为了拿到更多的奖金而将当期利润最大化的现象是很普遍的。

2. 利润平滑化

一些公司的利润是周期性波动的,有时波动的幅度很大,这样就会增加银行信用违约的风险,因此很多公司会通过盈余管理来平滑利润。在利润较多的时间段,管理人员倾向于少记收入,而在利润较少的时间段则进行相反的操作。

3. 利润最小化

避税考虑和为获得某种政治关注会提供利润最小化的动机,其具体方式与利润最大化恰好相反。

4. "洗大澡"

这种模式类似于利润最小化,但是表现得更极端。比如在新任首席执行官接任的当年可能会要求计提大量的资产减值损失,这不仅可以将亏损归咎于前任,还能降低当年的利润基数、提高未来利润增长的概率。

(二)盈余管理的方法

公司为了达到某种目的进行盈余管理,主要方法包括:

(1)利用会计方法和会计估计改变(不安排交易)来操纵盈余。比如,改变资产减值准备的提取金额、改变存货核算方法、改变折旧方法、改变投资性房地产的计量模式、多记或少记收入等。

(2)构造关联交易。关联交易的形式多样,包括关联购销、资产租赁、资产重组等。

(三)盈余管理的迹象

盈余管理或操纵的方式有多种,识别它们是分析人员所面临的一项挑战,对于近些年发生的几起财务丑闻,运用基本的财务分析和常识都能发现。尽管发现所有的欺诈和操纵不大可能,但仍存在一些值得一提的迹象。比如:

收入增长、毛利率与同行业的其他公司相比相差悬殊,或在目前的经济环境下并不合理。比如紫金矿业的毛利率是同行业的一倍,这与他们采用破坏环境、违反环境监管的矿石提取方法有关,终有一天,公司的环境问题爆发。

利润增长速度远远快于经营活动现金净流量的增长,公司的应计性项目金额很大,这些应计收入转化为现金流量的能力存在怀疑。

研究公司不同时期的现金流量,可以大致评价该公司的财务健康状况。例如,公司若长期依赖外部融资来维持经营,即现金流量表中融资活动现金流量为正,而经营活动现金净流量长期为负,这是公司将陷入财务困境的早期预警信号。

第四节 财务定量分析的基本方法

对财务数据进行定量分析时,最常见的方法有比较分析法和因素分析法。

一、比较分析法

报表分析的比较法,是对两个或几个有关的可比数据进行对比,揭示差异和问题的一种分析方法。

比较分析按比较对象(和谁比)分为:

(1)与本公司历史比,即将不同时期指标纵向对比,这称为"趋势分析"。趋势分析可以发现公司经营活动的异常趋势和可疑迹象。

（2）与同类公司比，即与行业平均数或竞争对手比较，这也称为"横向比较"。

（3）与计划预算比，即实际执行结果与计划预算指标比较，看执行效果，这称为"预算差异分析"。

比较分析按比较内容（比什么）分为：

（1）比较会计要素的总量：总量是指报表项目的总金额，例如，总资产、净资产、净利润、主营销售收入等。总量比较主要用于时间序列分析，如研究利润的逐年变化趋势，看增长潜力。有时也用于同行业对比，看公司的相对规模、市场份额等。

（2）比较结构百分比：把资产负债表、利润表、现金流量表转换成结构百分比报表。

例如，以销售收入为100％，看其他利润表项目的比重；以总资产为100％，看各项资产子项目所占的比重。

（3）比较财务比率：财务比率是各会计账户之间的数量关系，反映它们的内在联系。

财务比率是相对数，排除了规模的影响，具有较好的可比性，是最重要的比较内容。

二、因素分析法

因素分析法，是依据财务指标与其驱动因素之间的关系，从数量上确定各因素对指标影响程度的一种方法。因素分析法可以帮助我们抓住关键的因素和主要矛盾。

财务分析是个研究过程，是不断追溯异常差异或趋势原因的深化过程。因素分析法提供了定量解释差异成因的工具。

在实际的应用中，如果指标与其影响因素之间是乘积关系则使用连环替代法，如果是加成的关系则更多地采用差额分析法，此外还有指标分解法、定基替代法等。其中主要的是连环替代法，在采用这一方法是要注意必须假定只有所考察的因素在变动，而且还要注意替代的顺序，一般而言，替代的顺序原则是：数量因素在前，质量因素在后；实物数量因素在前，价值数量因素在后；主要因素在前，次要因素在后。

第五节　报表分析的指标体系

我们了解一个公司可以从其偿债能力、营运能力、盈利能力、成长能力、现金能力和社会贡献能力等很多方面入手，而对于每一个方面我们都可以构造若干个指标来反映。

一、偿债能力指标

偿债能力是指公司偿还到期债务（包括本息）的能力。能否及时偿还到期债务，是反映公司财务状况好坏的重要标志。通过对偿债能力的分析，可以考察公司持续经营的能力和风险。公司偿债能力包括短期偿债能力和长期偿债能力两个方面。前者主要针对流动负债的偿债保障而言，最常用的指标包括流动比率、速动比率和经营现金流动负债比率等；后者主要针对长期负债的偿债保障而言，最常用的指标包括资产负债率和利息保障倍数等。

（一）流动比率

流动比率是指公司流动资产与流动负债的比率,表明公司每一元流动负债有多少流动资产作为偿还的保障,反映公司用短期内可转变为现金的流动资产偿还到期的流动负债的能力。其计算公式是:

$$流动比率 = 流动资产 \div 流动负债$$

一般来说,从偿债能力的角度来看,流动比率越高越好,但是过高的流动比率意味着公司在流动资产上占用的资金量较多,这部分占用资金的回报率较低。西方公司的长期经验表明 2：1 的流动比率比较适宜,但是流动比率的合理性不能一概而论,要结合公司的行业特征以及流动资产的结构来综合判断。高的流动比率也可能是由积压的存货、收账期长的应收账款导致的,这样的流动比率是有欺骗性的,为此可以引入速动比率指标作为补充。

（二）速动比率

速动比率是指公司速动资产与流动负债的比率,又称酸性试验比率。其计算公式是:

$$速动比率 = 速动资产 \div 流动负债$$

式中:

速动资产＝流动资产－存货－预付账款－一年内到期的非流动资产－其他流动资产

由于速动资产在流动资产的基础上减去了存货等变现能力较差的资产,因此速动比率能够较好地评价公司的短期偿债能力。一般认为 1：1 的速动比率是较为适当的,但是也不能考察速动资产的实际变现能力,特别是应收账款的变现能力。如果我们再保守一些,只考察公司现时支付现金清偿债务的能力,那么现金比率是一个较好的选择,其计算公式是:

$$现金比率 = （现金＋现金等价物） \div 流动负债$$

（三）经营现金流动负债比率

以上比率都只涉及资产负债表,如果我们把现金流量表也考虑进来,那么我们就可以构造出经营现金流动负债比率来反映公司的短期偿债能力,其计算公式是:

$$现金流动负债比率 = 年经营现金净流量 \div 年末流动负债$$

由于有利润的年份不一定有足够的现金来偿还债务,因此利用以收付实现制为基础的经营现金流动负债比率指标,能充分体现经营活动产生的现金净流量可以在多大程度上保证当期流动负债的偿还,直观地反映了公司偿还流动负债的实际能力。

（四）资产负债率

资产负债率是指负债总额对全部资产总额之比,也称负债比率或举债经营率,用来衡量公司利用债权资本进行融资的能力,反映债权人发放贷款的安全程度。其计算公式是:

$$资产负债率 = 负债总额 \div 资产总额$$

对债权人来说,资产负债率越低越好;对股东来说,只要公司的总资产利润率高于举债的利息率,负债是划算的。公司经营者必须平衡公司的债务风险和股东的利益,做出恰当的选择。产权比率和权益乘数也经常被用来衡量公司的长期偿债能力,这二者都与资产负债率之间存在换算关系,它们的计算公式分别是:

$$产权比率 = 负债总额 \div 所有者权益总额$$
$$权益乘数 = 资产总额 \div 所有者权益总额$$

（五）利息保障倍数

利息保障倍数是指公司的息税前利润与利息费用的比率,也称为已获利息倍数,用来反映公司经营所得支付债务利息的能力,用来衡量盈利能力对债务偿付的保障程度。其计算公式如下:

$$利息保障倍数 = 息税前利润 \div 利息费用$$

息税前利润是指公司支付利息和缴纳所得税之前的利润,可以用利润总额加利息费用来计算。利息费用包括公司本期发生的全部利息,包括财务费用中的利息和计入固定资产成本的资本化利息。使用利息保障系数时,最好使用连续几年中最低指标年度的数据作为标准。一般来说,该指标至少应等于1。

二、营运能力指标

营运能力是指公司经营管理中资金运用的能力,一般通过资产周转比率来衡量。一般来说,资产的周转速度越快,资产的使用效率越高,营运能力也就越强。因此,周转率和周转天数是反映公司营运能力的主要指标,前者是指在一定时期内资产周转的次数,后者是指资产周转一次所需要的天数。需要特别注意的是计算营运能力的指标所使用的销售收入和销售成本在分析我国现行财务报表时可以分别用营业收入和营业成本代替。

（一）存货周转率

存货周转率是一定时期销售成本被平均存货所除得到的比率,即存货的周转次数。它用来衡量和评价公司购入存货、投入生产流转、销售卖出等各环节管理状况的综合性指标。计算公式是:

$$存货周转率（次数） = 销售成本 \div 存货平均余额$$
$$存货周转天数 = 360 \div 年存货周转率$$

公式中的销售成本来自利润表,存货平均余额是资产负债表中"存货"项目期初数和期末数的平均数。一般而言,存货周转率越高,存货占用水平越低,流动性越强。但是有条件的财务报告使用者还应当结合行业内其他公司的存货周转率数据、季节性等因素来对存货周转率进行分析。此外,我们还可以分析存货的结构和影响存货周转度的重要项目。

（二）应收账款周转率

应收账款周转率是一定时期销售收入与平均应收账款的比值。它反映特定时期应收账款转为现金的平均次数,说明应收账款流动的速度。应收账款周转天数也称"应收账款回收期"或"收现期",表示公司从取得应收账款到收回款项所需要的时间,是用时间表示的应收账款周转速度。计算公式是:

$$应收账款周转率（次数） = 销售收入 \div 应收账款平均余额$$
$$应收账款周转天数 = 360 \div 年应收账款周转率$$

公式中的应收账款平均余额是指未扣除坏账准备的应收账款金额,是资产负债表中

"应收账款余额"期初数与期末数的平均数。一般来说,应收账款周转率越高,平均收账期越短,说明应收账款的收回越快;否则,公司的营运资金会过多地滞留在应收账款上,影响正常的资金周转。影响该指标正确计算的因素主要有季节性经营、大量使用分期付款结算方式、大量使用现金结算的销售和年末销售的大幅度增加或下降等。

（三）其他周转率指标

除了以上所述的指标外,流动资产周转率、固定资产周转率和总资产周转率经常被用来反映公司的营运能力。他们的计算公式分别是:

$$流动资产周转率 = 销售收入 \div 流动资产平均余额$$
$$固定资产周转率 = 销售收入 \div 固定资产平均余额$$
$$总资产周转率 = 销售收入 \div 总资产平均余额$$

以上周转率指标同样是越高越好,高的周转率反映了高的资产使用效率,反之,则会形成资产的浪费,降低公司的盈利能力。只有结合行业平均水平、历史最好水平、期望水平等来进行比较分析,才能判读公司各项周转率高低,进而对公司的营运能力做出判断。

三、盈利能力指标

盈利能力是指公司在正常的经营状况下获得利润的能力。公司作为盈利性的经济主体,获得利润的能力是公司经营绩效的集中体现,也是财务报告使用者最关心的问题之一。因此,我们以利润为中心构造指标并将这些指标与对应的行业平均水平、历史最好水平、期望水平等来进行比较,进而判断公司的盈利能力。

（一）销售毛利率

销售毛利率是毛利占销售收入的百分比。计算公式是:

$$销售毛利率 = （销售收入 - 销售成本）\div 销售收入$$

销售毛利率表示每1元销售收入扣除销售成本后,有多少钱可以用于各项期间费用和形成盈利。也就是说销售毛利率为正,公司不一定是盈利的,因此我们还需关注销售净利率指标。由于我国现行的财务报告中并不直接给出销售收入和销售成本,因此我们可以用公司的营业收入代替销售收入、用营业成本代替销售成本来进行计算。

（二）销售净利率

销售净利率是指净利润与销售收入的百分比,其计算公式为:

$$销售净利率 = 净利润 \div 销售收入$$

该指标反映每1元销售收入带来的净利润是多少,体现销售收入的收益水平。与计算销售毛利率时一样,我们可以用营业收入替代销售收入来进行计算。

（三）资产净利率

资产净利率又称为资产报酬率、投资报酬率或资产收益率,是公司在一定时期内的净利润和资产平均总额的比率,计算公式为:

$$资产净利率 = 净利润 \div 资产平均总额$$
$$资产平均总额 = （期初资产总额 + 期末资产总额）\div 2$$

由于公司的资产来自于债务人和股东,而利润来自于公司的经营管理过程,因此这是一个综合的指标,对于公司财务报告的各个使用者都有意义。

(四)净资产收益率

净资产收益率是反映所有者对公司投资部分的盈利能力。在会计上,净资产收益率的计算公式是:

净资产收益率 = 净利润 ÷ 所有者权益平均余额

所有者权益平均余额 =(期初所有者权益余额 + 期末所有者权益余额)÷ 2

在中国证监会《公开发行股票公司信息披露的内容与格式准则第 2 号—报告的内容和格式》中用年末股东权益来代替所有者权益平均余额来计算净资产收益率。

(五)普通股每股收益和市盈率

判断上市公司股票价值时经常用到普通股每股收益和市盈率这两个指标,其计算公式是:

普通股每股收益 =(净利润 − 优先股股利)÷ 发行在外的普通股股数

市盈率 = 普通股每股市场价格 ÷ 普通股每股收益

净利润的多少和优先股股利发放政策都会影响到普通股每股收益。影响市盈率的包括公司所处行业、公司风险、股市情况、公司交叉持股、公司成长速度和公司债务比重等等多种因素,因此很难判断公司市盈率是否合理。

四、成长能力指标

成长能力是指公司通过一定时期的经营使其资产、销售和利润等规模变大的能力。

(一)总资产增长率

总资产增长率是特定时期公司资产规模的变动额与基期资产总额的比率。计算公式为:

总资产增长率 = 报告期总资产增长额 ÷ 基期总资产额

总资产增长额 = 报告期资产总额 − 基期资产总额

高的总资产增长率表明公司的资产扩张很快。

(二)营业收入增长率

营业收入是公司正常年份的利润来源,作为专业化的公司来讲更是非常重要的项目。营业收入增长率体现了公司在业务规模扩张方面的成长能力,计算公式是:

营业收入增长率 = 报告期营业收入增长额 ÷ 基期营业收入总额

营业收入增长额 = 报告期营业收入 − 基期营业收入

营业收入的高速增长并不一定就能带来利润的高速增长,因此我们还要关注公司的利润增长。

(三)净利润增长率

如果没有新的资本加入,公司的未来发展主要靠利润的积累。利润是投资者回报的保障。因此净利润增长率是非常重要的指标,其计算公式是:

净利润增长率 = 报告期净利润增长额 ÷ 基期净利润总额

$$净利润增长额 ＝ 报告期净利润 － 基期净利润$$

净利润增长率指标只有和资产规模和业务规模的增长结合起来考察才有意义。利润、资产、业务收入三者增长速度的同步性反映了公司规模扩大的质量,比如公司利润的增长速度远远落后于业务规模的增长速度,那么业务规模的增长可能是低效的。

五、现金能力指标

现金能力至少包含两个方面的内容:公司的现金流量满足正常现金支出的能力和公司收益获取现金的能力。

(一)强制性现金支付比率

强制性现金支付比率反映的是公司是否有足够的现金来支持强制性的现金流出。这些必须支付的现金流出包含生产经营活动中必须支付的现金、偿还本金、支付利息等必须支付的现金等。计算公式是:

$$强制性现金支付比率 ＝ 现金流入总量 ÷ (经营现金流出量 ＋ 偿还到期本息付现)$$

公司的现金流入量至少应当满足公司强制性现金支出的需要,否则公司就会出现支付危机。因此,这一比率越大,公司的现金支付能力就越强。

(二)现金股利或利润支付率

现金股利或利润支付率反映公司股利支付和利润分配是否有足够的经营现金支撑,其计算公式是:

$$现金股利或利润支付率 ＝ 现金股利或分配的利润 ÷ 经营现金净流量$$

这一比率越低,公司支付现金股利和进行利润分配的能力越强。

(三)净收益现金率

净收益现金率从利润转换为现金的能力反映了公司收益的质量,其计算公式是:

$$净收益现金率 ＝ 经营现金净流量 ÷ 净利润$$

一般来说,该比率越大,公司收益的质量越高。如果该比率较低,即使公司有盈利也可能出现现金短缺。

第六节　财务报表综合分析

虽然不同的财务报告使用者解读财务报告的侧重点是不同的,但是很多财务报告使用者都希望得到对公司财务状况的总体评价,因此我们有必要介绍财务报表综合分析体系——杜邦分析体系。

杜邦分析体系,是美国杜邦公司在 20 世纪 20 年代首创并因此得名。其特点是将净资产收益率层层向下分解,逐步覆盖企业经营活动的每一个环节,从而实现系统、全面评价企业经营成果和财务状况的目的。杜邦分析体系是一个多层次的财务比率分解体系,具有直观明了、简单实用的优点。

一、杜邦分析图及其中的指标关系

杜邦分析图及其所反映的各指标的关系,见图 9-3。

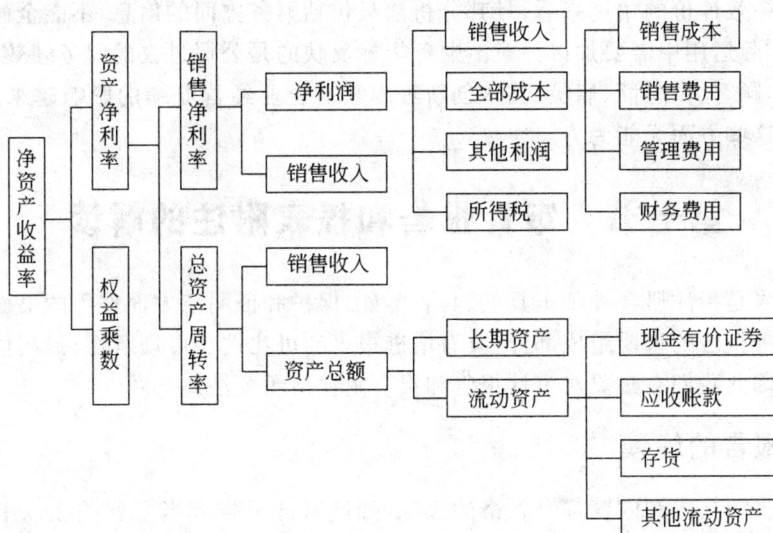

图 9-3 杜邦分析图

杜邦分析法中主要的财务指标关系为:

净资产收益率 = 资产净利率(净利润／总资产)×权益乘数(总资产／净资产)

而:

$$资产净利率(净利润／总资产) = 销售净利率(净利润／销售收入)$$
$$× 资产周转率(销售收入／总资产)$$

即:

$$净资产收益率 = 销售净利率 × 资产周转率 × 权益乘数$$

(1) 净资产收益率是综合性最强的指标,是整个分析系统的起点和核心。该指标的高低反映了投资者的净资产获利能力的大小。

(2) 权益乘数表示企业的负债程度,反映了公司利用财务杠杆进行经营活动的程度。资产负债率高,权益乘数就大,这说明公司负债程度高,有较多的杠杆利益,但风险也高。

(3) 资产净利率是影响权益净利率的最重要的指标,具有很强的综合性,资产净利率是销售净利率和总资产周转率的乘积,是企业销售成果和资产运营的综合反映。总资产周转率反映总资产的周转速度。对资产周转率的分析,需要对影响资产周转的各因素进行分析,以判明影响公司资产周转的主要问题在哪里。销售净利率反映销售收入的创利水平。扩大销售收入、降低成本费用是提高企业销售净利率的根本途径,而扩大销售,同时也是提高资产周转率的必要途径。

二、杜邦分析体系的优点和缺点

杜邦分析体系最显著的特点是将若干个用以评价企业经营效率和财务状况的比率按

其内在联系有机地结合起来，形成一个完整的指标体系，并最终通过净资产收益率综合反映。采用这一方法，可使财务比率分析的层次更清晰、条理更突出，为报表分析者全面地了解企业的经营和盈利状况提供方便。

从企业绩效评价的角度来看，杜邦分析法只包括财务方面的信息，不能全面反映企业的实力，在实际运用中需要加以注意。财务指标反映的是公司过去的财务绩效，但在目前的商业社会，顾客、供应商、雇员、技术创新等因素对企业经营业绩的影响越来越大，而杜邦分析法在这些方面无能为力。

第七节　审计报告和报表附注的解读

审计报告是指注册会计师出具的、具有鉴证、保护和证明三方面作用的书面文件。报表附注是财务报告的重要组成部分，具有增进报表的可比性和可理解性、提高信息的完整性等作用。因此我们有必要对审计报告和报表附注给予关注。

一、审计报告的解读

审计报告的格式和内容都有严格的规定，阅读审计报告应当主要关注以下几方面的内容。

（一）要结合以往年份的审计报告来阅读

如果企业上一期被出具了非标准意见的审计报告，那么我们就要关注该非标准意见审计报告所涉及事项的不良影响是否可能消除以及在多大程度上消除。如果审计报告的意见类型发生了变化，我们也需要关注这种变化产生的原因。

（二）要关注会计师事务所是否发生变更

上市公司变更会计师事务所，特别是频繁地变更会计师事务所、由规模较大的会计师事务所变更为规模较小的会计师事务所，这被认为存在购买审计意见的嫌疑。上市公司不满于原审计机构出具的非标准意见而通过变更事务所来达到购买审计意见的目的。事务所变更的情形应当引起我们的警觉。

（三）财务报表是否被出具了非标准意见的报告及所涉及的事项的具体情况

一旦企业的财务报表被出具了非标准意见的审计报告，其影响往往是较为严重的。我们有必要对非标意见所涉及的具体事件的情况加以分析。

二、报表附注的解读

从篇幅来看，财务报表附注已经远远超过了财务报表本身。我们必须抓住重点，并使用恰当的方法才能在如此繁复的报表附注中找到我们所需要的信息。一般来说我们应当注重财务报表附注中以下几方面的内容。

（一）企业所处的行业

财务报表附注中的企业基本情况包含对企业业务性质和主要经营活动的披露，我们可以通过这一内容来了解企业所处的行业。现代大型企业一般都是跨行业经营的，而行业分析作为财务分析的中观层面是十分重要的。

（二）企业的关联方及关联方交易

公司的控股股东如果是集团,那我们需要重视公司与集团之间的关联交易问题。如果关联交易占全部收入或成本的比重很高说明企业与其关联方之间存在很强的经营业务依赖性,那么企业独立经营的能力就会大打折扣。我们还可以估计关联交易价格的合理性以确定是否发生了影响企业真实财务状况的利益输送。

（三）企业的会计政策和会计估计的选择及其变更

如前所述,企业在会计政策选择上拥有较大的灵活性,这种灵活性对利润结果影响很大,如果要判断公司利润的稳健性,或将不同时期、不同公司的利润数据进行对比,首先需要从附注中分析这些利润数字背后的会计方法。

（四）企业的重大事项

企业的合并、对外担保、未决诉讼等都会在企业财务报告的附注中体现。这是我们发现隐性负债、潜在风险事项的重要途径。

第八节　小　　结

财务报告分析是我们站在外部人的视角,利用财务报表及其他相关资料来评价公司的经营成果、财务状况,预测公司未来的盈利发展前景,做出相应的决策。财务报告分析需要我们从使用者的决策需求出发,通过解读财务报表来获取相关的信息。

财务报告分析通常遵循信息搜集、公司战略分析、财务信息质量分析、财务数据定量分析等步骤。我们首先需要了解公司所处的宏观经济环境、行业特征、经营业务性质和竞争策略,以更好地理解公司的财务数据。在定量分析财务数据前,我们还需要对会计灵活性下的财务信息质量进行评价,判断公司的会计方法整体的稳健性,识别管理层的盈余管理程度,同时,由于会计确认固有的门槛,我们还要关注一些隐性资产、低估资产、隐性负债问题,这些报表外的信息在分析时不可忽视。财务分析最后一步,才是综合运用定量化的分析技术,通过计算偿债能力、盈利能力等财务比率,判断公司的财务状况和经营成果水平。杜邦分析法是全面系统、内在联系强的一套财务指标体系,为定量财务分析提供较好的框架,在实务中得到广泛应用。

思　考　题

1. 财务报告分析遵循什么样的步骤?
2. 盈余管理有哪些模式、方法和迹象?
3. 财务报告分析时如何考虑低估资产、隐性资产和隐性负债?
4. 为什么在财务报告分析时要关注会计灵活性的影响?
5. 杜邦分析法的优点和缺点是什么?

练 习 题

习 题 一

练习目的：掌握财务指标的计算和分析。

一、资料

表 9-1 是 ABC 公司连续几年的部分财务数据（单位：万元）。

表 9-1   ABC 公司财务数据   单位：万元

项 目 名 称	第五年	第四年	第三年	第二年	第一年
流动资产	140	138	135	130	120
流动负债	128	125	115	105	100
存货	70	68	64	60	50
负债总额	141	140	137	134	123
资产总额	270	268	260	250	235
营业收入	530	500	470	450	400
应收账款	26	24	23	19	15
营业成本	520	490	459	438	377
固定资产	100	95	93	92	92
利润总额	9	9	10	11	12
净利润	6	6	6	7	7
普通股股数	100	100	100	100	100
年经营现金净流量	27	28	32	35	33
财务费用	5	4	3	2	1

二、要求

（1）根据上述数据计算 ABC 公司的偿债能力指标、资产管理能力指标和盈利能力指标。

（2）分析 ABC 公司各项财务指标的变化趋势。

习 题 二

练习目的：掌握经济事项对报表分析的影响。

一、资料

以下是有关 ABC 公司的一些资料。

（1）ABC 公司上期库存商品销售时的成本按后进先出法核算，本期出于国家政策调整的原因改为先进先出法。

（2）ABC 公司的机器设备的预计使用寿命由上期的 20 年调整为本期的 10 年，经查其他同类公司并未进行类似调整。

（3）ABC 公司上期被出具了无法表示意见的审计报告，本期注册会计师出具的审计意见是无保留意见。我们注意到,ABC 公司本期所聘请的会计师事务所发生了变更。

二、要求

(1)分析上述事项对公司财务报告解读的影响。

(2)讨论公司管理层做出上述决策的意图。

案例分析题

一、资料

上网找一家自己感兴趣的上市公司,下载其多年的财务报告作为自己的案例加以详细分析。

二、要求

(1)收集公司所处行业的信息、公司经营策略来进行公司战略分析。

(2)计算该公司的各项财务指标,并描述在公司审计报告、报表附注中发现的问题。

(3)综合宏观和微观的因素进行财务分析,评价公司的股价合理性和未来趋势。

第十章

管理会计简介

学习目标

1. 了解管理会计的形成和发展、管理会计与决策的关系以及决策的流程;
2. 掌握成本性态、机会成本、边际成本等概念及利息计算方式;
3. 理解货币时间价值和现金流量等概念;
4. 掌握本章所列的经营决策和投资决策的方法、指标和典型的决策类型;
5. 理解企业预算的目的、要求、方法、全面预算的编制要点。
6. 理解责任会计及其内部结算价格等概念。

本书的第二章到第九章都是属于财务会计的内容。本章简要介绍管理会计的基本内容。

第一节　管理会计概述

一、管理会计的形成和发展

管理会计是会计学的一个重要分支,是用一系列的专门方法对会计工作提供的资料和其他相关数据进行分析,从而为管理和决策提供信息的一整套会计信息系统。管理会计的服务对象主要是企业管理当局,旨在提高企业的经营管理绩效。管理会计的理论和方法深深根植于社会经济活动和经济理论的发展,不断开发和引入新的方法和理论来为企业管理层提供服务。

管理会计发端于 19 世纪的工业革命时期,最早只为管理当局提供成本控制的信息。但是随着经济组织和经济活动的日益复杂化,管理会计逐渐从以成本控制为核心的阶段过渡到以预测和决策为核心的阶段,在这一阶段管理会计的核心任务是为管理当局的经营决策和投资决策提供信息。20 世纪的最后几十年,全球化和技术的进步所引起的竞争愈演愈烈,企业为了在激烈的竞争中立于不败之地不得不进行所谓战略性考虑,管理会计作为企业的重要信息系统之一也随之发展到了战略管理会计阶段,该阶段的基本特征是重视环境适应性,为企业管理当局确定战略目标和实施战略构想提供信息。

二、管理会计与决策

管理会计作为一整套为企业管理当局提供帮助的信息系统首先必须能够提供给管理当局必要的决策信息和决策方法。这些决策信息主要是会计信息,而决策方法则更多地需要经济学的理论和方法。

以下是决策的一般流程。

（一）识别决策问题

决策的类型是多种多样的,从时间上来看,有短期决策和长期决策之分;从决策所涉及的战略导向看,有经营决策和投资决策之分;从决策所涉及的范围来看有局部决策和总体决策之分;从是否直接涉及收入看,有收益型决策和成本型决策之分。此外,还有很多种不同的分类方法。识别决策、确定其类型,有助于我们抓住问题的关键,从合适的角度,选择适用的方法分析问题,作出决策。

（二）确定选择标准

决策总是包含着一定的目标,比如在成本型决策中,成本最低就是决策的目标,那么成本最小化就成为我们选择的标准。又比如在收益型决策中,利润最大化就是我们决策的标准。在某些情况下决策的目标是多元化的,而且各个目标不能同步变动,那么我们还要区分目标之间的权重关系,从而建立一个标准体系来衡量备选方案的优劣。

（三）提出备选方案

只要能够在一定程度上达到决策目标的方案都可以作为备选方案,比如工厂所使用的设备因为老旧而经常出故障,那么我们就可以提出大修理和换新设备两种解决方案,在换新设备时我们可以有租赁和购买两种方案,在租赁时又有租赁方式的选择。因此备选方案可以有很多种,我们要尽量找到更多的备选方案,以利比较分析和最终的选择。

（四）比较备选方案

既然已经确定了选择的标准和备选方案,那么接下来就是要比较各个备选方案在实现决策目标上的优劣,我们通常会将比较的过程简化成为一个个的模型,然后将各个方案的数据纳入模型当中来比较。要注意模型的合理性和数据的准确性。

（五）执行和反馈

通过之前的比较,我们一般都会得到一个最优的方案,接下来就是执行这一方案,但需要指出的是在方案的执行过程中我们要跟踪指标的变动,及时与原定方案进行比较,以确定是否对正在执行的方案进行调整。比如我们在自制还是外购原材料的问题上选择了外购,但是不可预见的事件使外购原材料的价格大幅上涨,那么我们就有必要重新比较方案的优劣。

第二节　在管理会计中应用的主要概念

成本分析与决策涉及很多与本书前面的财务会计不同的概念,这些概念是我们构建会计分析决策体系的基础,深刻地理解这些概念是理解后续内容的前提。

一、成本概念

成本是我们日常生活中经常用到的一个概念,但当这个概念被引入到管理会计当中时就呈现出了其丰富的内涵。

（一）成本性态

成本性态也称为成本习性，是指成本总额对业务量的依存关系。影响成本的因素多种多样，但是在某一范围内或者某一时间段内，业务量和成本之间存在某种特定的关系。我们可以将业务量看成自变量，而将成本总额看成应变量，那么成本性态就是二者之间的函数关系。全部成本按其性态可分为固定成本、变动成本和混合成本三类。这一分类是短期预测与决策的基石之一。

1．固定成本

固定成本是指在特定的期间和业务量范围内，成本总额受业务量增减的影响而保持固定不变的成本。理解这一概念时，我们必须注意：第一，固定成本是有前提的，即在特定的业务量范围内；第二，固定成本的稳定性是相对的，即对于产量来说它是稳定的，但并不意味着每月该项成本的实际发生额都完全一样。固定成本总额不随业务量的变化而变化，因此，单位成本随着业务量的变化呈现反比例变化。

按照固定的程度，固定成本可以分为约束性固定成本和酌量性固定成本。约束性固定成本，即经营能力成本，是企业为维持一定的业务量所必须负担的最低成本，不能通过当前的管理决策加以改变。如固定资产折旧费、长期租赁费等。要想降低约束性固定成本，只能通过合理利用经营能力加以解决，因此又被称为承诺性固定成本。酌量性固定成本，即经营方针成本，是企业根据经营方针可以加以改变的固定成本。如广告费、研究与开发费、职工培训费等。由于酌量性固定成本的数额大小直接取决于企业管理层根据当前的经营状况而作出的决策，因此又被称为选择性固定成本或者任意性固定成本。

2．变动成本

变动成本指在特定的业务量范围内其总额随业务量变动而正比例变动的成本。单位变动成本不随业务量的变动而变动。

变动成本按照管理层是否可以改变其支出数额分为约束性变动成本和酌量性变动成本。约束性变动成本又称为技术性变动成本，是利用生产能力所必须发生的变动成本。如直接材料成本、直接人工成本。酌量性变动成本，是指通过管理决策行动加以改变的变动成本。如与销售收入直接挂钩的销售佣金和技术转让费等。

3．混合成本

混合成本指随着业务量的变化而变化，但不成严格的正比例关系的成本。我们可以将混合成本按其发生的具体情况分为：

（1）半变动成本。半变动成本通常有一个初始量，类似于固定成本，在这个初始量的基础上随业务量的增长而正比例增长，又类似于变动成本。如电话费等。

（2）阶梯式成本。阶梯式成本，又称为半固定成本，这类成本随业务量的变化而呈阶梯式增长，业务量在一定限度内该类成本总额不变，当业务量增长到一定限度后，这种成本就跳跃到一个新的水平，并在新的限度内保持不变。如质检员、化验员工资。

（3）延伸变动成本。延期变动成本，是指在一定产量范围内，成本总额保持不变，超过特定业务量范围则随业务量的变化而正比例变化。如固定工资加超产量工资。

（4）曲线成本。曲线成本，是指成本总额随业务量的增长而呈曲线增长的成本。

（二）作业成本

从管理角度看,作业就是指企业生产过程中的各工序和环节。从作业成本计算的角度看,作业是基于一定目的、以人为主题、消耗一定资源的特定范围内的工作。我们可以将传统的生产过程描述为:生产导致作业发生,产品耗用作业,作业耗用资源,从而导致成本发生。作业成本就是将作业作为成本计算对象而进行成本归集得到的成本。

（三）其他成本概念

在企业的短期经营决策中还经常采用机会成本、差量成本、边际成本、沉没成本等概念,而付现成本和非付现成本、专属成本与联合成本、相关成本与无关成本作为三对形成对举关系的概念也常常会涉及。在长期投资决策中资本成本的概念是不可或缺的。

1. 机会成本

机会成本是经济学中使用最广的成本概念,这一概念是基于选择而建立的,指的是无可避免的最高代价。我们选择了甲选项,就不得不放弃与甲选项同时存在的其他选项,这些其他选项当中价值最高的选项就是选项甲的机会成本。比如某人对其两个小时的时间有且仅有三种选择:工作、睡眠和陪朋友聊天,这三种选择分别值 50 元、40 元和 60 元,那么陪朋友聊天的机会成本就是 50 元,而其他的选项是不用考虑的。

2. 差量成本

企业在进行决策时,各种备选方案之间的成本差异就是差量成本。计算差量成本时,各个备选方案的效益不一定是相等的,比如在比较企业不同的生产能力利用率在成本上发生的差别时由于各个备选方案的产量不同,因此差量成本实际上是在原来基础上提高生产能力利用率、追加批量产品的产量所增加的成本数额。也就是说如果我们将不同的产量作为不同的备选方案,这些方案之间的成本差异也是差量成本。

3. 边际成本

理论上,边际成本是指产量或者销量每发生一个无限小的变动时,成本随之发生的变动额。在实际的经济活动中,业务量的变动至少为一个单位,因此我们可以将边际成本定义为业务量每增加或减少一个单位时引起的成本变动数额。当业务量在不至于引起固定成本发生变动的区间内进行变动时,单位边际成本在数额上等于变动成本,除此之外二者是存在差异的,例如在区间临界点上单位边际成本会出现急速的升降。

4. 沉没成本

沉没成本是过去已经发生,现在或将来的任何决策都不可能改变其数额的成本。从概念可知,沉没成本是我们在决策当中不需要考虑的成本,如在决策中以前为购置固定资产、无形资产等已经支付的现金就属于沉没成本。

5. 付现成本和非付现成本

付现成本是指在一定的经营期内必须以现金支付的成本费用。非付现成本是相对于付现成本而言的,一般包括固定资产的折旧、无形资产的摊销额、开办费的摊销额以及全投资假设下经营期间发生的借款的利息支出等。如果企业的现金储备不足,或者现时资金的筹备能力有限,那么付现成本就成为方案选择过程中必须着重考虑的因素。

6. 专属成本与联合成本

专属成本和联合成本是对固定成本的一个划分。专属成本是指可以明确归属于某种产品或某个部门的固定成本,其特点在于不需要在多种产品或多个部门之间进行分配。联合成本是指应当同时由多种产品或者多个部门共同分担的固定成本。如果不实施该决策就不会发生的固定成本就可以归属为专属成本。因此,专属成本是我们选择方案时必须考虑的。

7. 相关成本与无关成本

以是否与方案的选择有关,可将成本分为相关成本与无关成本。相关成本是指决策时必须考虑的各种形式的未来成本,如机会成本、专属成本等,其他对决策没有影响的成本可以被称为无关成本,如沉没成本。但相关成本与无关成本的划分是会变化的,某些成本在某些决策中是相关成本,但是在另外的决策中可能是无关成本。

8. 资本成本

资本成本是财务决策中使用的重要概念,指的是企业取得和使用资本时所付出的代价。资本包括股权资本和债权资本,分别由企业的股东和债权人提供。因此,从股东和债权人的季度看,资本成本是企业的投资者对投入企业的资本所要求的收益率。从投资项目的角度看,资本成本是投资某项目的成本。因此,企业会尽力选择资本成本最低的筹资方式,以提高企业的经营和投资绩效。

二、货币时间价值

(一) 利息的计算方式

如果你今天借来 100 元钱,1 年之后要还 110 元,多出的 10 元被称为利息。100 元是本金,所经过的 1 年是计息期,一年后的今天是计息日。用利息除以本金得到的数字被称为利率。我们到银行办理存取款业务可以看到很多种不同的利息计算方式,以下介绍几种:

1. 单利

单利是指按照固定的本金计算的利息。其特点在于对已经过了计息日而不提取的利息不计利息。比如现在存入 100 元,年利息 10%,单利计息,三年后一次性还本付息,那么三年后可以取款 130 元,但是期间不可以提取利息或者本金。如果用 C 表示利息额,用 P 表示本金,用 r 表示利息率,用 n 表示计息期,用 S 表示本金和利息之和(简称本利和),那么一次性还本付息时就有如下计算公式:

$$C = P \times r \times n$$
$$S = P \times (1 + r \times n)$$

2. 复利

相对于单利,复利除了要对本金计利息外,还要对过了计息日而不提取的利息计利息。也就是利上有利。其特点是把上期末的本利和作为下一期的本金,在计算时每一期本金的数额是不同的。比如现在存入 100 元,年利息 10%,复利计息,三年后一次性还本付息,那么三年后可以取款 133.1 元。如果用 C 表示利息额,用 P 表示本金,用 i 表示利息率,用 n 表示计息期,用 S 表示本金和利息之和(简称本利和),那么一次性还本付息时就有如下计算公式:

$$S = P \times (1 + i)^n$$

$$C = P \times (1+i)^n - P = P[(1+i)^n - 1]$$

式中,S是计算一次性还本付息时的本利和,又被称为复利终值,即一定量的资金经过一段时间后一次性将本息取出,按复利计算的最终价值。用复利终值除以对应的本金得到的系数叫做复利终值系数,公式中的$(1+i)^n$。可以用$(S/P,i,n)$来表示复利终值系数,例如$(S/P,10\%,10)$表示当本金为1元,利率为10%时,经过10个计息期后的终值。

如果已经知道复利终值而来求需要投入的本金,那么求出来的本金额被称为复利现值。其计算公式是

$$P = S/(1+i)^n = S \times (1+i)^{-n}$$

用复利现值除以对应的复利终值得到的系数叫作复利现值系数。即公式中的$(1+i)^{-n}$,也就是复利终值系数的倒数。可以用$(P/S,i,n)$来表示复利现值系数,例如$(P/S,10\%,10)$表示当利率为10%时,为了取得10个计息期后的1元,现在应当投入的本金。

3. 年金

年金是一系列的等额、定期的收支。根据每次收支发生的时点不同,可以将年金分为普通年金、预付年金、递延年金和永续年金。年金现值,年金终值是指所有期的年金按照复利计算的最终本利和,年金现值是指按照复利计算为了取得指定的年金现在需要投入的本金数。

1)普通年金

普通年金,又称为后付年金,是在每期期末收付的年金。如果设每期支付的金额为A,支付期为n,利率为i,复利终值为S,复利现值为P,那么就有如下公式:

$$S = A[(1+i)^n - 1]/i$$
$$P = A[1-(1+i)^{-n}]/i$$

上述公式中的$[(1+i)^n - 1]/i$为普通年金终值系数,用$(S/A,i,n)$表示,比如$(S/A,10\%,10)$表示普通年金每次支付1元,当利率为10%时,经过10期后的终值。普通年金终值系数的倒数$i/[(1+i)^n - 1]$被称为偿债基金指数,用$(A/S,i,n)$表示。$[1-(1+i)^{-n}]/i$为普通年金现值系数,用$(P/A,i,n)$表示,比如$(P/A,10\%,10)$表示每期1元的10期普通年金的现值。普通年金现值系数的倒数$i/[1-(1+i)^{-n}]$称为投资回收系数,用$(A/P,i,n)$表示。为了便于计算,可利用普通年金现值系数表和普通年金终值系数表来查询相关系数。

2)其他年金

预付年金是在每期期初收付的年金。递延年金是指首次收支不发生在第1期,而发生在第2期或者以后某期的年金。永续年金是指无限期支付的年金,其特点之一是没有终值。

(二)货币时间价值的意义

利息是由很多种因素共同导致的,至少包含货币时间价值、通货膨胀和风险三种主要的因素。当不存在通货膨胀、风险、交易费用等因素时,利息就是货币的时间价值。也就是说,货币时间价值是货币经过一段时间的使用后所发生的增值,其本身不包含通货膨胀

因素和风险报酬。

我们只要将货币看成一种普通的具有稀缺性的物品，就可以理解货币为何会存在时间价值。一般来说，消费者都有急于消费，急于享受的倾向，因此早消费比晚消费具有更高的价值。比如李四借了张三 100 元钱，约定 1 年后归还，那么即使在没有通货膨胀和风险的情况下，张三也会要求李四在归还这 100 元钱的同时对自己在过去的一年中损失的消费机会予以补偿。也就是说，一旦一定量货币被我们选择投入的某一活动当中，那么我们在特定的时间内就不能再把这些货币投入到其他的活动当中。因此，货币的时间价值就是我们在一段时期内选择使用货币进行某种活动的机会成本。

三、现金流量

这里的现金流量是专指在投资决策中所考虑的，引入投资项目所导致的新增现金支出和现金收入。这里的现金概念是广义的，不仅包含现金和现金等价物，还包括与投资项目相关的非货币资源的变现价值。

如果将一个投资项目分为投资期、经营期和终止期三个时期，那么净现金流量还可以通过以下公式计算：

净现金流量＝投资现金流量＋营业现金流量＋项目终止现金流量

如果将税收的因素考虑进来，那么

投资现金流量 ＝ 投资在流动资产上的资金＋设备的变现价值－（设备的变现价值
－折余价值）×税率

营业现金流量 ＝ 税后净利润＋折旧
＝ 税前利润×（1－税率）＋折旧
＝ （收入－付现成本－折旧）×（1－税率）＋折旧
＝ 收入×（1－税率）－付现成本×（1－税率）＋折旧×税率

项目终止现金流量 ＝ 实际固定资产残值收入＋原投入的流动资金
－（实际残值收入－预计残值）×税率

在进行投资项目分析时，实际上并不必完全按照以上的现金流量的分类依次计算，而是引入现金轴的概念。现金轴是用一条向右的坐标轴表示时间的推移，0 点表示项目的开始，向下的箭头表示现金流出，向上的箭头表示现金流入，将从项目准备到项目完结的所有年份的现金流量标示在现金轴上，以此可作进一步的分析和比较，见图 10-1。

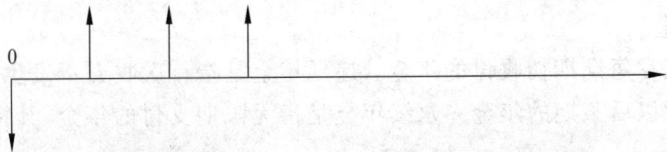

图 10-1　用现金轴图示的项目各期现金流量

第三节 企业经营决策

企业经营决策指的是企业通过对各种可能的方案进行分析和比较以达到最佳经济效益的过程。由于经营决策所涉及的时间一般在一年以内，因此我们在比较各种备选方案的优劣时基本不必考虑货币的时间价值。本节将介绍企业经营决策常用的方法。

一、经营决策的方法

（一）贡献毛益法

某些决策既会带来直接的收入又会有成本，这种决策被称为收益型决策。一般而言，企业的总收入大于企业的总成本后才会贡献利润。然而，在现实当中，很多企业是亏损的，即总收入低于企业的总成本，企业仍然没有选择停产，这是因为停产只能停止变动成本的支出，而固定成本却仍然存在，如果企业继续生产所产生的收入能够弥补一部分的固定成本，那么就可以减少亏损。因此选用收入与变动成本的差额，即贡献毛益来判定各个方案的优劣比用收入与成本的差额来判断更为合理。以贡献毛益为基础来比较各种方案的方法叫作贡献毛益法。

人们遇到收益型决策时经常使用贡献毛益法。一般可直接比较贡献毛益总额的大小，当然，也可以进行收入、成本和损益之间的差量分析来间接比较。当备选方案存在专属成本时应当比较贡献毛益减去专属成本后的余额。

（二）成本无差别点法

某些决策看起来不直接涉及收入，而是要在各个方案中选择成本最小的一个，这种决策被称为成本型决策。成本无差别点法是成本型决策常用的一种方法。一般而言经过成本性态的分类之后，各种方案的成本都可以分成固定成本和变动两部分。如果我们用 x 表示业务量，对于方案 i，用 f_i 代表固定成本，用 v_i 代表单位变动成本，用 y_i 表示总成本，于是对于方案 1 和方案 2 就有：

$$y_1 = f_1 + v_1 x$$
$$y_2 = f_2 + v_2 x$$

令
$$y_1 = y_2$$

则
$$f_1 + v_1 x = f_2 + v_2 x$$

那么
$$x = (f_1 - f_2) \div (v_2 - v_1)$$

可以用图 10-2 来表示方案 1 和方案 2 的关系，可以看到在点 (x^*, y^*) 上方案 1 和方案 2 是没有差异的，因此这个点被称为成本无差异点。当 $0 < x < x^*$ 时应当选择方案 2，而当 $x > x^*$ 时，应当选择方案 1。

（三）概率分析法

在决策中经常会遇到有关条件不确定的情况，如果可以确定每种条件出现的概率，就可以使用概率分析法。所谓概率分析法就是估计决策各因素的变动范围和发生概率，进而计算期望值来比较各种方案的优劣的方法。

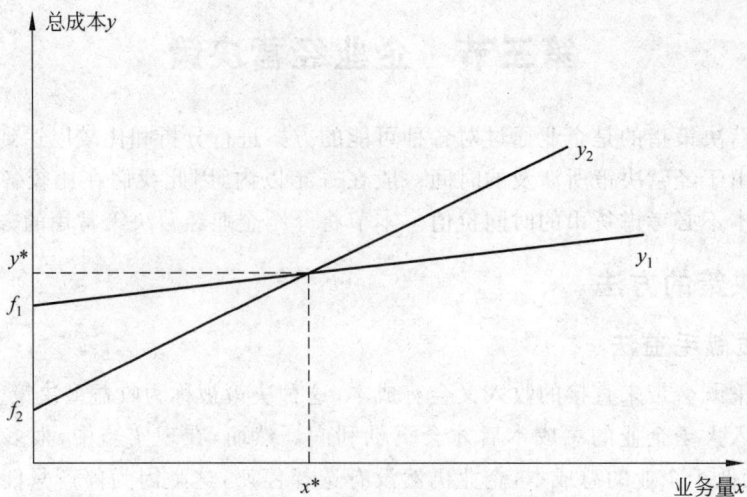

图 10-2　方案 1 与方案 2 的关系

二、几种常见的经营决策

经营决策的类型可谓纷繁复杂,这里只简要介绍其中几种常见的决策。

(一)新产品生产决策

企业为了延长产品线,必须在多种可供选择的产品中选择一种或几种新产品投入生产,可使用贡献毛益法来进行决策。

例 10-1　某企业原本只生产甲产品,现出于市场需要,希望再从乙、丙两种产品中选择一种来投入生产,乙产品或丙产品的生产不会导致固定成本的增加,仍旧为 10 000 元。其他资料见表 10-1。

表 10-1　　　　　　　　　　　　某企业产品产销　　　　　　　　　　　　单位:元

产品名称	甲	乙	丙
产销数量	5 000	2 000	3 000
售价	10	9	6
单位变动成本	5	5	4

乙、丙两种产品的贡献毛益:

乙产品的单位贡献毛益 $= 9 - 5 = 4$(元)

乙产品的贡献毛益总额 $= 4 \times 2\,000 = 8\,000$(元)

丙产品的单位贡献毛益 $= 6 - 4 = 2$(元)

丙产品的贡献毛益总额 $= 2 \times 3\,000 = 6\,000$(元)

从以上计算可知,乙产品的贡献毛益总额要高于丙产品的贡献毛益总额,因此乙产品是更优的选择。

(二)自制或外购决策

企业所使用的原材料和某些设备既可以在本企业内部制造,也可以向外界购买,于是就产生了自制或者外购的决策问题。

例 10-2 某企业每年要耗用某零件 300 件,可以外购,也可以利用企业的剩余生产能力来自制,但是如果自制则需要每年增加专属固定成本 100 元,自制的单位变动成本是 1 元。

我们可以将上述两种方案的情况标示在图 10-3 中。

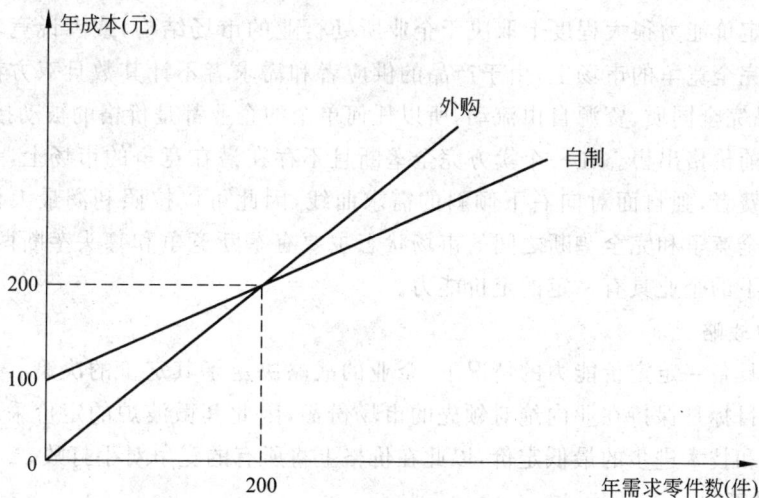

图 10-3　两种方案情况

从图 10-3 中可以看到,当零件的年需求量在 200 件以下时应当外购,而当零件的年需求量在 200 件以上时则自制更有利。由于该企业每年要领用零件 300 件,因此要选择自制。

我们也可以直接比较年领用 300 件零件时,外购和自制两种方案的成本:

外购的增量成本 $= 1 \times 300 = 300$(元)

自制的增量成本 $= 100 + 0.5 \times 300 = 250$(元)

可见,当零件的年需求量是 300 件时,自制比外购节约成本 50 元。

(三)涉及不确定因素的决策

当决策的各种方案面临不确定的因素而人们能够判断其概率时,概率分析法会被采用。

例 10-3 某企业新近购入 1 吨原材料将于 1 周后一次性使用,有两种存放的方案:第一种是露天存放,第二种是租用仓库存放。如果露天存放那么一旦下雨就将全部损失掉,但是可以在使用时立即以另外支付加急费 1 200 元为代价购得;无雨就不会有损失。如果租用仓库存放,那么无论有没有雨都不会有损失,但是要支付仓库使用费 1 000 元。该原材料价值 1 800 元。根据近期的天气预报,1 周内下雨的概率为 50%,不下雨的概率为 50%。

这一问题主要是看在满足原材料要求的情况下,两种方案预期总成本的高低。

露天存放的预期总成本 $= 1\,800 \times 50\% + (1\,800 + 1\,200) \times 50\% = 2\,400$(元)

租用仓库存放的预期总成本 $= 1\,800 + 1\,000 = 2\,800$(元)

可见，露天存放的预期总成本低于租用仓库存放的预期总成本，为最优方案。

（四）定价决策

企业在不违反国家法律法规的情况下拥有定价自主权，但是产品的价格是最终由供求关系决定的，而不是企业的"一厢情愿"就可以确定价格。以下是影响价格的几个因素。

1. 市场结构

企业的定价能力很大程度上取决于企业所处行业的市场结构，或者说竞争的激烈程度。在一个完全竞争的市场上，由于产品的供应者和需求者不计其数且双方都拥有充分的信息、产品完全同质、资源自由流动，所以任何单个的企业都是价格的被动接受者，其产品只能以当前价格出售。在一个卖方完全垄断且不存在潜在竞争的市场上，一家企业应付所有的消费者，独自面对向右下倾斜的需求曲线，因此可以按照利润最大化来决定价格。处在完全竞争和完全垄断之间的市场状态主要有垄断竞争和寡头垄断两种，处在这些市场状态下的企业具有一定的定价能力。

2. 企业战略

在企业具备一定定价能力的情况下，企业的战略决定了其定价的决策。比如格兰仕的市场战略目标是保持在业内绝对领先的市场份额，因此其微波炉的定价采取的是伴随着规模优势和技术进步的最低定价，以此在价格上将所有的竞争对手打败。

3. 政府管制

政府的行为会对市场的运作产生直接的影响。比如政府会出台一些反垄断的规章制度从而使垄断企业的定价能力受到影响。最低限价、最高限价等直接的价格管制措施会对定价的空间产生影响，而市场调节措施同样会影响企业的定价决策。

应当着重指出的是，在自由市场经济条件下企业定价时更多考虑的是消费者对产品价值的评价和消费者的支付能力，而对产品生产成本的考虑是很次要的。如果现在一家企业花费了不低于一架飞机的制造成本的资金去生产了一支再普通不过的牙刷，然后说其将以成本价出售，大家都会认为其行为是荒谬的。同样，只要企业具有定价权利，即使其产品生产成本非常低，只要市场愿意接受超高的价格，并且产品供不应求，那么企业完全不会考虑因为成本低而要低价销售。但是由于我国曾经长期处在计划经济体制下，而且至今某些行业仍然有计划经济体制的残余，因此不可避免地要强调以成本为基础的定价策略，那是因为在计划经济体制下由于市场发现价格的能力受限，计划的制定者只能参考成本来定价。随着市场经济体制的不断完善，市场的价格发现功能会受到越来越多的重视。

第四节　企业投资决策

企业投资决策所涉及的现金流入和流出一般都超过一年，比如购置厂房、机器和土地等决策都涉及未来几年甚至几十年的现金流量，因此一般需要考虑货币的时间价值。投资决策主要有投资与否和投资方案选择两种。本节主要介绍几个投资决策的指标，并将其用于几种常见的投资决策当中。

一、投资决策的指标

投资决策的指标按照是否考虑货币的时间价值来分,可以分为非贴现指标和贴现指标。前者主要包括投资回收期和投资报酬率等;后者主要包括净现值和内部报酬率等。

(一)非贴现指标

1.投资回收期

投资回收期反映的是从投资开始到完全收回投入的资本所需要的时间,一般以年计算。如果将投资的投入和产出全部用现金来表示,用 n 来表示投资回收期,用 I_t 表示在 t 年投入的现金,用 O_t 表示在 t 年产出的现金,那么满足以下公式的 n 就是投资回收期。

$$\sum_{t=1}^{n} I_t = \sum_{t=1}^{n} O_t$$

投资回收期计算简便,在实务当中经常被用来反映项目的风险。应当说,投资回收期越短,资金回收得越快,回收的资金便可以用来更快地再投资,那么这样的投资项目更好。但是投资回收期没有考虑货币的时间价值,因此存在片面性。

2.投资报酬率

投资报酬率有时也称为平均回报率或者会计利润率,表示的是年平均利润在总投资中所占的比例。

$$投资报酬率 = 年平均利润 \div 投资总额$$

投资回报率的计算也很简便,但是同样忽略了货币的时间价值。

(二)贴现指标

1.净现值

净现值是指在整个投资项目的实施过程中,所有现金净流入年份的现值之和与所有现金净流出年份的现值之和的差额。因此,如果用 n 表示项目实施的总年份,用 I_t 表示在项目实施的第 t 年的净现金流入值,用 O_t 表示在项目实施的第 t 年的净现金流出值,i 代表预定的贴现率,那么,净现值的计算公式如下:

$$净现值 = \sum_{t=1}^{n} \frac{I_t}{(1+i)^t} - \sum_{t=1}^{n} \frac{O_t}{(1+i)^t}$$

计算净现值所用的贴现率是由企业管理层根据项目的性质、相对的利润率、投资目的、融资成本、必要回报率等因素综合考虑确定的。只有当净现值大于或等于零时才能说方案的报酬率大于或等于设定的贴现率,即该方案是可行的。但是如果有多个方案的净现值都大于或等于零,那么就不能仅仅比较净现值的大小。

2.内部报酬率

内部报酬率是指在整个投资项目存续期间中,当所有现金净流入年份的现值之和与所有现金净流出年份的现值之和相等时的报酬率,即当投资项目的净现值为零时的报酬率。内部报酬率需要满足方程:

$$\sum_{t=1}^{n} \frac{I_t}{(1+i)^t} = \sum_{t=1}^{n} \frac{O_t}{(1+i)^t}$$

内部报酬率的计算比较复杂,一般用逐步测算法经过多次运算求其近似值。

3. 净现值和内部报酬率的比较

就独立的、常规的项目而言,净现值法和内部报酬率法的结论是一致的,但是对于互斥项目和非常规的项目则会出现二者结论相反的情况。净现值法以计算中采用的资金成本作为再投资报酬率,而内部报酬率法以项目本身的报酬率作为再投资报酬率,一般认为,前者更加合理。因此,总体而言,净现值法要优于内部报酬率法。

二、几种常见的投资决策

(一)固定资产更新决策

企业为了维持其生产能力必须保有一定量的固定资产,随着技术的进步和固定资产的逐渐陈旧必然会面临更新固定资产的决策。在固定资产完全报废后再更新在很多时候并不是最佳的选择,也可能在固定资产的使用期限内就购买运行费用更低、效率更高的固定资产来替代现有固定资产是更好的选择。那么什么时候更新固定资产最合算呢?

例 10-4 某企业有一台旧设备,其原值是 110 000 元,重置成本是 80 000,变现价值为 30 000 元,年运行成本为 35 000 元,如果继续运行需要立即花费 8 000 元大修一次,两年后还需要再花费 8 000 元大修一次,该旧设备的使用寿命是 10 年,已经使用了 4 年,报废后无残值。现在市场上出现了一种新设备,其售价是 120 000 元,使用寿命也是 10 年,报废后的残值是 15 000 元,因为该设备使用了最新的发明专利,所以年运行成本仅为 20 000 元,而且在其使用寿命期间不必进行修理。企业的资本成本率为 10%,不考虑企业所得税的影响。假定新旧设备的生产能力相同。

例子中新旧设备带来的收入相同,那么我们就选择成本最少的方案,但是由于旧设备还能使用 6 年,新设备可以使用 10 年,因此我们不能直接比较二者的总的现金流出,而且还要考虑货币的时间价值,因此,更好的办法是用年金现值系数去除未来使用年限内的现金流出的总现值,转化为年均的固定资产使用成本,即平均年成本。

如果把旧设备也看作一台需要购买的设备,那么重置成本 80 000 元就是其购买价格,但是现在设备已经买来并且使用了 4 年,此时只有卖不卖的选择而没有买不买的选择,因此只能将变现价值,即把这台旧设备拿去卖的现金收入 30 000 元作为购买新设备的机会成本的一部分。继续使用旧设备和购买新设备的两个方案的平均年成本计算如下。

(1)方案一:继续使用旧设备

旧设备变现价值 = 30 000(元)

旧设备大修理费用的现值 = 8 000 + 8 000 × (P/S,10%,2) = 14 611.20(元)

旧设备年运行成本的现值和 = 35 000 × (P/A,10%,6) = 35 000 × 4.355 = 152 425(元)

旧设备平均年成本 = (30 000 + 14 611.20 + 152 425) ÷ (P/A,10%,6) = 45 243.67(元)

(2)方案二:购买新设备

新设备的购买价格 = 120 000(元)

新设备报废后残值回收的现值 = 15 000 × (P/S,10%,10) = 5 790(元)

新设备年运行成本的现值和 = 20 000 × (P/A,10%,10) = 20 000 × 6.145 = 122 900(元)

新设备平均年成本 = (120 000 + 5 790 + 122 900) ÷ (P/A,10%,10) = 40 470.30(元)

从以上计算可以看出购买新设备的平均年成本低于继续使用旧设备的平均年成本，所以选择更新设备是合适的。但是必须指出的是，由于新旧设备的使用年限不同，而且之后还可能出现这样或那样的不可预见的情况，加之没有考虑税收的影响，我们计算和选择是简化的。

（二）固定资产租赁或购买决策

相对于一次性付款购买固定资产而言，租赁的现时支付压力要小得多，接近于使用贷款购买固定资产，具有融资的性质，因此逐渐成为企业获得固定资产使用权的主要手段之一。一般来说，购买大宗固定资产的一次性支出会比较大，企业会向金融机构贷款。于是，企业的管理层在需要使用新的固定资产时就面临着租赁还是购买的决策。

例 10-5 某企业需要一台生产用设备，其使用寿命是 10 年，售价 40 000 元，报废后无残值。企业在考虑是通过购买还是租赁的方式获得这一设备。如果选择购买，那么需要一次性支付 40 000 元的购买价款，银行提供这 40 000 元贷款的条件是：10 年内以 10% 的单利计息，年末结息，最后一年年末一次性支付本金 40 000 元。如果选择租赁，那么每年年末需要支付 6 000 元，租赁期为 10 年。假设经理层认定的折现率是 10%，不考虑税收因素，企业采用直线折旧法。

由于无论是贷款购买还是租赁都得到的是同一设备，因而两种方案带来的现金流入是一样的，不同只在于成本，我们来比较两种方案的成本现值总额：

$$贷款购买设备成本现值总额 = 4\ 000 \times (P/A, 10\%, 10) + 40\ 000 \times (P/S, 10\%, 10)$$
$$= 4\ 000 \times 6.145 + 40\ 000 \times 0.386$$
$$= 24\ 580 + 15\ 440$$
$$= 40\ 020(元)$$

$$租赁设备成本现值总额 = 6\ 000 \times (P/A, 10\%, 10)$$
$$= 6\ 000 \times 6.145$$
$$= 36\ 870(元)$$

可见，租赁设备的成本现值总额更低，因此选择租赁更合算。但是，由于租赁与购买的法律关系不同，风险是不同的，在具体选择时还要考虑到诸如此类的很多其他因素。

三、投资决策的扩展

之前我们所讨论的投资决策是简化了的，因此我们有必要对现实决策中会涉及的一些问题予以专门的说明。

（一）所得税的因素

所得税会导致企业的现金流出，因此需要考虑所得税对投资项目现金流量的影响。我们在上面给出现金流量的计算公式的同时考虑了所得税的作用，实际上只要按照实际的所得税支出调整现金轴上的现金流量就可以了。这里有必要强调折旧的抵税作用。计提折旧增加了企业的成本，而成本的增加会导致利润的减少，从而减少所得税，这一作用被称为折旧的抵税作用。但应当注意，利润与净现金流量之间的不同步性是由折旧本身导致的，而不是折旧的抵税作用导致的。

（二）物价变动的影响

物价水平在一段时期内持续而普遍的上涨被称为通货膨胀,反之则称为通货紧缩。通货膨胀会使未来现金流的实际购买力下降,因此在进行投资决策时必须考虑其影响。举例来说,在发生通货膨胀的条件下按照现金流量计算出来的内部报酬率实际上是包含通货膨胀因素的名义内部报酬率而不是实际的内部报酬率,如果用 i 表示名义的内部报酬率,用 r 表示实际的内部报酬率,用 f 表示通货膨胀率,那么就有以下关系式:

$$1+i=(1+r)(1+f)$$

因此,$i=(1+r)(1+f)-1$

当然在进行利率的计算,如资金成本的计算时也应当参照以上方法对利率进行调整以排除物价水平的变动带来的"水分"。

（三）敏感性分析

一个投资项目在其几年甚至几十年的运作中可能会发生很多不可预见的事件从而使项目的现金流量偏离原先的预计,甚至会使该项目变得不再合适。那么多大程度的偏离会使项目继续有效呢? 这一问题的解答能够使企业做到有备无患。

例 10-6　某企业正在考虑这样一个投资项目,项目之初的现金净流出量为 1 000 000 元,以后 10 年每年的现金净流入量为 200 000 元,该公司的必要回报率为 10%。

首先计算该项目的净现值:

$$200\ 000 \times (P/A,10\%,10) - 1\ 000\ 000 = 229\ 000(元)$$

假设项目的 10 年收益期不变,那么每年的净现金流入量的下限,也就是使项目的净现值为零的年净现金流入量是:

$$1\ 000\ 000 \div (P/A,10\%,10) = 162\ 734(元)$$

如果项目的年现金净流入量不变,那么我们通过解方程

$$(P/A,10\%,10) = 1\ 000\ 000 \div 200\ 000$$

得到:

$$n \approx 7.28$$

因此,该项目的回收期的下限是 7 年到 8 年之间。

该方案的内部报酬率为约为 15%,如果内部报酬率降低到 10%,那么每年的净现金流入量将减少 37 266 元(200 000 - 162 734)。

第五节　企业预算与责任会计

无论经营决策还是投资决策最终都要落到企业各个职能部门的分工协作上,而且各部门和个人的业绩评价也必须及时纳入其中以使企业能够良好地运作下去。企业预算涉及企业目标在各职能部门的分解和部门之间的分工,而责任会计涉及对企业各个职能部门的考核与控制,二者共同构成了以企业会计信息为基础的绩效管理的主干,是管理会计不可或缺的部分。

一、企业预算

预算是一种用货币表示的反映企业未来特定期间的财务计划。这一计划为企业实现

其财务目标和经营目标指明了方向。

（一）企业预算的目的

1. 分派工作任务

在实行预算之前企业的总目标是既定的,那就是说,企业预算的目的之一是将这一目标分解成为一个个的任务,并将这些任务落实到每一个职能部门中去。这种任务的分派过程实际上就是目标的细化和计划的制定。

2. 沟通和协调

企业的各个部门的行动必须统一于企业的目标,而预算恰恰为部门之间的沟通协调提供了依据,各个部门在交换意见时应当以预算为基础。如果哪个部门没有完成预算,那么就会影响到其他部门的正常运转,进而接到来自上层和其他部门的沟通意见。

3. 明确权、责、利

任何部门完成任何任务都必须得到与之相配套的财力、物力和权力,否则任务就不可能完成,但是如果条件都具备而任务没有如期完成,那么负有责任的部门和个人必须接受处罚,而如果完成的好则应当有必要的奖励。因此,预算应当为我们提供事前资源配置和事后奖惩的依据。

4. 控制实施过程

俗话说"计划赶不上变化",我们必须实时跟踪经营活动和投资项目的实施过程,考察其目标的达成程度。但是我们的跟踪和调整应当由一个依据,那就是预算。

（二）企业预算的要求

1. 切实性

如果预算指标定得太高,脱离了企业的实际,那么不仅起不到预算应有的作用,而且会适得其反,打击各部门的积极性或者造成各部门为了完成任务而虚报瞒报数据。

2. 挑战性

常言道:"取其上者得其中",企业不能把预算指标定得太过宽松,否则预算就形同虚设甚至成为一种负面的评价工具。在僵化的管理体制下,下属部门为了造成超额完成预算的假象会故意设置不具有挑战性的预算指标,因此企业应当鼓励下属部门提供准确而有一定挑战性的预算。

3. 整体性

各个职能部门的预算目标之间可能存在不一致甚至发生直接的冲突,那么企业层面的预算就要从企业整体目标的角度考虑加以协调,以保证企业整体的利益。

4. 激励性

企业的预算应当能够与职能部门的考核激励密切联系起来,防止其出现道德问题,真正起到激励的作用。

（三）企业预算的方法

以下我们介绍四组编制预算的方法,每一组都是从某种角度对预算编制方法的一种分类,因此,组与组之间是有交叉的,即某企业采取的预算编制方法可能属于固定预算又属于基础预算,同时还属于定期预算。

1. 固定预算与弹性预算

固定预算所涉及的预定指标均为固定数据,反映指标在某一个水平下的预期结果,即使情况发生了改变也不对预算本身进行修改。与固定预算相对应的是弹性预算,弹性预算在确定编制预算范围的基础上给定指标在多个水平下的预期结果。因此,固定预算的数据只有一列,而弹性预算有相互并列的多列。

2. 基础预算与零基预算

基础预算是在现有数据的基础上,通过对相关项目的增减来编制预算,一般是以上一期为基础编制下一期的预算,这种预算编制方法在简化手续的同时也很可能将基础数据中业已存在错误估计和假设带入新预算的编制中。零基预算克服了基础预算的缺陷,其基本思路是从零开始,依据现有情况对预算每一项目的合理性进行考察来完成预算的编制。但是零基预算也存在编制过程复杂等缺陷。

3. 定期预算与滚动预算

定期预算只针对某一特定时期,各期预算之间在所涵盖的时间段上没有交叠。比如第一期涵盖第一年的 1 月到 12 月,第二期则涵盖第二年的 1 月到 12 月。滚动预算后一期所涵盖的时间段是在前一期的基础上减去一段时间再加入新的时间段而形成的,每一期在时间长度上是保持一致,但是时间段存在交叠。比如第一期涵盖第一年的 1 月到 12 月,第二期涵盖第一年的 2 月到第二年的 1 月。相对于定期预算,滚动预算的连续性更强,也更接近实际,但是预算的工作量要更多。

4. 短期预算与长期预算

所涵盖时间不超过 1 年的预算被称为短期预算;时间超过 1 年的预算被称为长期预算。长期预算必须具有战略性的考虑而不能仅仅是多期短期预算的简单相加。

(四) 全面预算及其编制要点

全面预算是由企业管理层所作的关于企业未来经营过程和结果的总体财务计划。全面预算的编制要建立在很多的估计和假设的基础上,由经营预算、资本支出预算和财务报表预算三部分内容组成。全面预算编制一般是"以销定产",也就是说从销售预算开始编制逐渐扩展到其他预算。接下来我们分别全面预算各子预算的编制要点。

1. 销售预算

销售预算是在销售预测的基础上,根据企业年度目标利润确定的预计销售量、销售单价等参数,根据如下公式计算销售收入:

$$销售收入 = 销售单价 \times 销售量$$

销售预算用于规划预算期销售活动,是编制全面预算的关键和起点。

2. 生产预算

生产预算是全面预算体系中唯一不使用价值计量单位的预算,它应根据预算期的销售量并按产品品种分别编制。

$$预计生产量 = 预计销售量 + 预计期末产品存货量 - 预计期初产品存货量$$

3. 直接材料预算

直接材料预算在预计生产量和单位产品的直接材料消耗量的基础上编制,同时考虑到期初和期末的原材料存量。计算时有如下公式:

$$销售收入 = 预计生产量 \times 单位产品耗用量 + 预计期末材料存货量$$
$$- 预计期初材料存货量$$

4. 直接人工预算

直接人工预算同样在预计生产量的基础上编制可以反映预算期内人工工时的消耗水平和人工成本。

$$预计直接人工成本 = 小时工资率 \times 单位产品直接人工工时定额 \times 预计产量$$

5. 制造费用预算

制造费用预算应按照成本形态分别按变动性和固定性两类编制。固定制造费用可以在上年的基础上根据预算期情况加以调整,作为期间成本直接列入利润表。变动制造费用由于与生产量之间存在线性关系,有以下公式:

$$变动性制造费用 = 预计分配率 \times 预计分配标准$$

6. 产品成本预算

产品成本预算就是对生产预算、直接材料预算、直接人工预算、制造费用预算的汇总。

7. 销售及管理费用预算

销售及管理费用预算是为产品销售活动和一般的管理活动以及有关的经营活动编制的预算。销售及管理费用预算涉及除制造费用以外的其他所有费用,编制方法与制造费用一样,也是分为固定部分和变动部分来分别编制。

8. 现金预算

现金预算是指用于规划预算期现金收入、现金支出和资本融通的一种财务预算。通常应当包含现金收入、现金支出、现金余缺和资金融通四个部分。现金预算是企业现金流管理的重要手段,目的在于降低资金链断裂的风险和尽可能降低资金成本。

9. 预计利润表

预计利润表以货币形式综合反映了预算期内企业经营活动的成果。预计利润表的编制依据是销售预算、年末产成品存货预算、制造费用预算、销售及管理费用预算等,编制方法与编制财务报告中的利润表的方法相同。

10. 预计资产负债表

预计资产负债表反映了企业预算期末的财务状况,其编制方法是在期初资产负债表的基础上,依据经营预算、现金预算和资本预算的结果进行调整,以求反映预算的影响。

二、责任会计

(一)分权与责任会计

随着商业社会的深入发展,某些企业的规模变得越来越大。很多跨国企业集团的业务涉及多个行业、多个大洲、多个分部,庞大的规模和复杂的业务使完全的集权管理成为不可能,因而,分权成为现代大型企业的典型特征。但是分权管理使得企业内部出现了多个具有一定独立性的业务单元,虽然这些业务单元都是通过相互之间的协作共同为企业整体目标的实现服务的,但是它们也有自己的利益,相互之间也有利益的冲突,如果没有控制和考核的体系,那么企业的整体目标和各业务单元的目标都无法实现。责任会计就是在这样的背景下产生的。责任会计是将企业内部的业务单元作为会计主体和资金运动节点来收集和提供会计信息,从而对各个业务单元进行控制和考核的系统。这些对其财务结果负责的业务单元被称为责任中心。很多责任中心可以细分为更小的责任中心,以利于层层考核。

(二)责任中心的建立

责任中心的建立必须遵循权责利相结合的原则和有效可行的原则。一般来说,责任中心有成本中心、利润中心、投资中心三类。

1. 成本中心

成本中心是指只发生成本(费用)而不直接取得收入,因此仅需对归属于本部门的成本负责的责任中心。比如企业的生产车间、内部仓库、管理部门就属于成本中心。

2. 利润中心

利润中心是指既发生成本又发生收入,从而能够直接计算利润,因而要对归属于本部门的利润负责的责任中心。根据其收入是自然流入还是人为确定,利润中心可以分为自然利润中心和人为利润中心。完全的自然利润中心具备材料采购权、生产决策权、价格制定权和产品销售权。人为利润中心需要以某种内部结算价格转移本中心完工产品来创造所谓"内部利润",而事实上并没有现实的利润。比如海尔集团从 1998 年开始建立的冰箱、空调、电视机等事业部就是典型的利润中心。

3. 投资中心

投资中心是指既发生成本又发生收入进而取得利润,还有权为了获得利润而进行投资,因而要对投资负责的责任中心。投资中心在很多时候已经形成了一家独立的分公司,比如微软(中国区)就是这样一个分部。

(三)内部结算价格

企业内部各责任中心之间的产品转移是不可避免的,为了厘定各责任中心的经济责任和考核各责任中心的生产经营成果,我们有必要给内部转移的产品赋予一定的价格,然后按照这一价格进行虚拟结算。这种进行内部虚拟结算所使用的价格就是内部结算价格。

内部结算价格的制定方法主要有市场定价为基础的市场价格法、以协商定价为基础的协商价格法和以成本为基础计算的成本价格法,其中的成本定价法又包含计划变动成本定价法、成本加利润定价法等多种方法。此外还有双重定价法,即供方和需方采取不同的价格其差额由会计部门调整的定价方法。

内部结算价格的制定方法是根据管理的要求和责任中心的特点来选择的。

第六节 小 结

管理会计是直接将会计信息与管理实践相对接的会计分支。本章首先描述了管理会计的形成及发展、管理会计与企业管理的关系、管理会计应用的基本概念,其后着重阐述了管理会计在企业决策、计划与控制中的作用。

管理会计常用的一些概念,主要是各种成本、复利、货币时间价值和现金流量等,只有深刻地理解和掌握这些概念才能进一步在现实的分析和决策中运用它们。本章还简要介绍了管理会计信息在几个常见的经营决策和投资决策中的运用,经营决策是短期决策,决策中考虑因素主要是成本、贡献毛益等;而投资决策是长期决策,因此货币时间价值是必须考虑的因素,从而需要现金流量信息。最后,本章对企业预算和责任会计作了介绍。企业预算是企业目标在企业各职能部门的货币性细化,而责任会计则提供了控制和考核企业各职能部门的系统。

思 考 题

1. 机会成本和沉没成本之间存在什么关系?
2. 货币时间价值和机会成本之间有什么关系?
3. 投资决策中净现值指标和内部报酬率指标各有什么适用性。
4. 所得税、物价变动对投资决策的影响如何。
5. 企业预算和责任会计对于提高企业管理绩效的作用如何?

练 习 题

习 题 一

练习目的:掌握复利概念与计量。

一、资料

ABC 企业提供的退休金支付计划有以下几种。

(1) 从该退休人员退休次年年底开始支付退休金,每年年底支付一次,每次支付40 000 元,支付到退休人员去世当年年底为止。

(2) 从该退休人员退休次年年初开始支付退休金,每年年初支付一次,每次支付39 000 元,支付到退休人员去世当年年初为止。

(3) 从该退休人员退休后第三年年底开始支付退休金,即如果该退休人员 20×5 年退休,则从 20×8 年年底开始支付。每年年底支付一次,每次支付 50 000 元,支付到退休人员去世当年年底为止。

(4) 从该退休人员退休次年年底开始支付退休金,每年年底支付一次,每年支付20 000 元,该支付将永远持续下去。

二、要求

(1) ABC 企业提供的各种退休金支付计划分别属于何种年金形式?

(2) 假设某人在 2×09 年 12 月从 ABC 企业退休,于 2×59 年 12 月去世,折现率为1%,又知道(P/A,1%,50)为 39.196,求 ABC 企业每一退休金计划对于该退休人员在 2×10 年年初的年金现值。

习 题 二

练习目的：掌握经营决策和长期决策中相关的管理会计概念与方法的运用。

一、资料

ABC 企业面临如下决策问题。

（1）接到一份外销订单，对方希望每月以 25 元的价格订购 A 产品 1 000 件。已知 ABC 企业 A 产品的月生产能力是 6 000 件，目前的月产量只有 4 000 件，每月的固定成本是 20 000 元，单位变动成本是 23 元，A 产品现在市场单价是 31 元。经过销售部门评估，外销订单对企业当前的产品销售不会有任何影响。

（2）接到策划部门递交的一份投资方案，该方案的初始投资为 320 000 元的一台设备，该设备使用寿命和折旧期均为 4 年，采用直线折旧法，报废无残值，4 年内依次可以给企业带来 80 000 元、20 000 元、10 000 元和 4 000 元的增量税后净收入。ABC 企业要求的必要回报率为 12%。

二、要求

（1）通过计算来判断 ABC 企业是否应当接受外销订单。

（2）计算策划部门所提交方案的净现值和内部报酬率。

案例分析题

一、资料

小李在一家电器生产公司担任分部销售业务经理，负责一个中型城市的销售工作，该公司生产包括彩电、洗衣机、空调、冰箱等在内的十几种家用电器。最近公司下达了新一年的销售分部费用预算。为了开源节流，公司总部规定公司将按照各分部所节约费用额的一定的比例给予分部人员现金奖励。同时公司要求各分区业务经理上报新一年的销售计划，其中的销售数量和销售额的数据会被公司编入预算，并作为考核销售业绩的基础之一。也就是说如果最终的销售业绩高于上报的销售计划就会得到奖励，反之就会受到惩罚。另外，公司总部鉴于小李在前一阶段的突出表现希望给小李升职的机会，他可以在公司物流中心的主任、彩电事业部的主任和公司某子公司的经理三者中进行选择。

二、要求

请回答：

（1）公司所出台两项政策有问题么？如果有，问题在哪里？

（2）如果你是小李，你会选择哪一职位？为什么？

主要参考文献

[1] 财政部.企业会计准则编审委员会.企业会计准则(2015年版).上海:立信会计出版社,2015.

[2] 财政部.会计从业资格管理办法.北京:中国法制出版社,2005.

[3] 全国人大常委会.中华人民共和国注册会计师法.北京:中国法制出版社,2014.

[4] 财政部会计司编写组.企业会计准则讲解2010.北京:人民出版社,2010.

[5] 财政部.会计基础工作规范.北京:经济科学出版社,1996.

[6] 陈信元.会计学.上海:上海财经大学出版社,2008.

[7] 全国会计专业技术考试领导小组办公室.会计员实务.北京:中国财政经济出版社,2008.

[8] 浙江省会计从业资格无纸化考试辅导教材编写组.会计基础.北京:中国财政经济出版社,2014.

[9] 企业会计准则编审委员会.企业会计准则案例讲解(2014年版).上海:立信会计出版社,2014.

[10] 中国注册会计师协会.会计(注册会计师全国统一考试辅导教材).北京:经济科学出版社,2014.

[11] 中国注册会计师协会.税法(注册会计师全国统一考试辅导教材).北京:经济科学出版社,2014.

[12] 全国人大常务委员会.中华人民共和国票据法.北京:法律出版社,2012.

[13] 全国人大常务委员会.中华人民共和国公司法.北京:中国法制出版社,2014.

[14] 全国人大常务委员会.中华人民共和国证券法.北京:中国法制出版社,2014.

[15] 财政部会计资格评价中心.初级会计实务.北京:中国财政经济出版社,2012.

[16] (美)帕梅拉·P.彼得森.财务报表分析.第2版.大连:东北财经大学出版社,2010.

[17] 姜国华.财务报表分析与证券投资.北京:北京大学出版社,2008.

教学支持说明

尊敬的老师：

　　您好！为方便教学，我们为采用本书作为教材的老师提供教学辅助资源。鉴于部分资源仅提供给授课教师使用，请您填写如下信息，发电子邮件或传真给我们，我们将会及时提供给您教学资源或使用说明。

- -

课程信息

书　　名			
作　　者		书号（ISBN）	
课程名称		学生人数	
学生类型	□本科　　□研究生　　□MBA/EMBA　　□在职培训		
本书作为	□主要教材　　□参考教材		

您的信息

学　　校			
学　　院		系/专业	
姓　　名		职称/职务	
电　　话		电子邮件	
通信地址		邮　　编	
对本教材建议			
有何出版计划			

_____ 年 ___ 月 ___ 日

清华大学出版社

E-mail：tupfuwu@163.com　　　　　　网址：http://www.tup.com.cn/
电话：8610-62770175-4903/4506　　　传真：8610-62775511
地址：北京市海淀区双清路学研大厦 B 座 506 室　　邮编：100084